U0143027

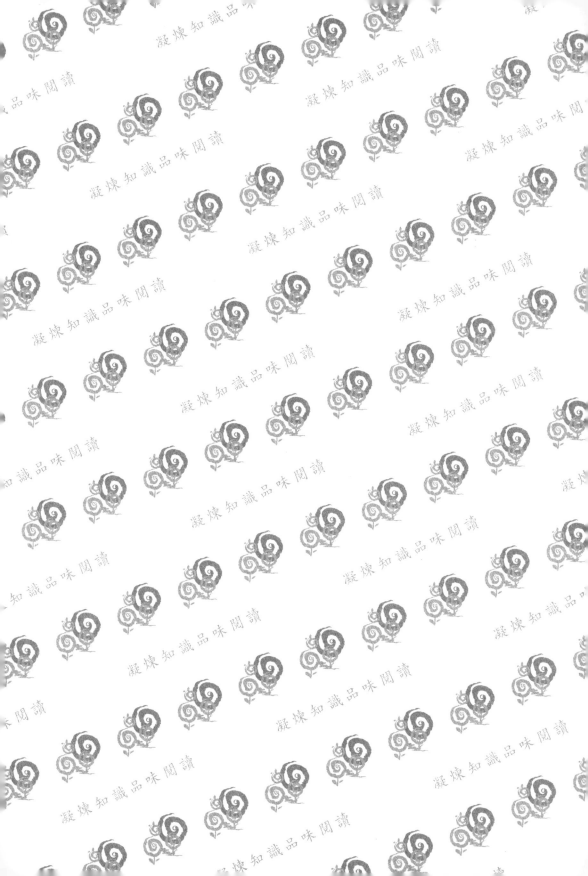

幼兒園行政

理論與實務

張弘勳 著

五南圖書出版公司 印行

推薦序一

　　人才是國家社會發展的基石，人才的培育須靠教育，而幼兒保育與幼稚教育又是各級各類教育的基石。只有幼兒保育與幼稚教育做得成功，其上的各級各類教育才能有效實施。惟幼兒保育與幼稚教育要做得成功，就須有良好的行政與管理來領導與支援。有怎樣的幼兒園的行政管理，就有怎樣的幼兒保育與幼稚教育品質，因此幼兒園行政與管理乃是一門非常值得重視與研究的領域。

　　幼兒園行政與管理雖然非常重要，但過去對它的研究較為零星。近年來才逐漸有人進行系統化的研究，本書作者張弘勳博士即為其中之一。他將歷年來的研究心得撰成本書，以與各界切磋琢磨，對本門學術的發展將有相當貢獻。

　　本書除討論幼兒園的意涵與策略管理外，還分別探討幼兒園行政與管理的各個實務與程序層面。其中實務層面又包括幼兒園的教務、保育、總務、人事、公關與危機管理等面向；程序層面也包括計劃、組織、溝通、領導、決定等面向，涵蓋範圍頗為完整，很值得從事相關研究或實務工作者的參考。

　　作者張弘勳博士專攻教育行政與學校行政學，於大學校院任教幼托機構經營管理、幼教政策、人力資源管理等課程多年。他又曾有擔任國小教師十多年之資歷，對於幼兒園行政與管理的理論與實務瞭解甚深，目前仍持續開設幼托機構經營管理等相關課程，故撰寫本書既能兼顧理論與實務，又能旁

徵博引，使得全書內容充實有料。本人對作者用心寫作本書深感敬佩，故樂意為其作序。

謝文全　謹識
於國立臺灣師範大學教育政策與行政研究所
2008年2月24日

推薦序二

　　隨著少子化的發展趨勢，幼兒教育的品質也日益受到家長們的重視，希望能提供子女更為優質的幼兒教育環境及內涵。而幼兒園行政管理的良窳，則直接關係幼兒教育的成效。因此，如何做好幼兒園的行政與管理，應是提升幼兒教育品質的關鍵。

　　張弘勳教授於國立臺灣師範大學碩士班及博士班修業期間，係主修教育政策、教育行政及學校行政的相關課程，渠於修業時學習態度認真，對於教育問題的探究有其深入獨到之處，本人曾經擔任其論文指導教授，對其論文品質亦予以高度肯定。

　　張教授任教大學幼兒保育系多年，茲將其多年教學相關資料及曾經發表之論文集結出版成書，其提供修習幼兒保育相關系科學生與幼兒園教師及教保服務人員之參考。該書內容充實，涵蓋幼兒園行政管理的重要項目，極具實務應用參考價值，本人樂之為序。

國立臺灣師範大學教育政策與行政研究所教授

張明輝

2008年2月1日

二版序

　　歷經14年的推動歷程，攸關我國學前教保制度變革的「幼兒教育及照顧法」終於在民國100年6月10日立法院第7屆第7會期院會完成三讀，並由總統命令公布，自民國101年1月1日起正式實施，幼稚園及托兒所改制為幼兒園，招收2歲以上至入國民小學學齡前兒童，由教育部負責監督管理。

　　因應「幼兒教育及照顧法」施行，相關改制事項包含：原由社政部門辦理的托兒所業務移撥至教育部門辦理、幼稚園及托兒所的名稱改制為幼兒園及教保服務人員職稱轉換等。由於依「幼兒教育及照顧法」幼托園所改制期間長達1年，自民國102年起，全國公私立幼稚園、托兒所全數改制為幼兒園，過去幼托分流之現象已走入歷史。而「幼兒教育及照顧法」相關授權之法規命令，其中授權教育部訂定之20項子法，已全數訂定並發布完成。

　　本書再版乃是因應「幼兒教育及照顧法」和相關子法的頒布與施行，在第一章至第七章刪除過時的資料和相關法規，並增加新資料與新法規相關內容，以提供學前教保服務的學校和人員，以及教保相關系所在校學生，增加對幼兒園教保制度變革的瞭解，進而發揮幼兒園行政的功能，達成幼兒園的教保目標。

　　本書得以再版，除了感謝教導過我的師長外，更感謝我的恩師——兩位博士論文指導教授謝教授文全老師和張教授明輝老師的辛勤指導與教誨，以及他們為本書初版作序；同時感謝雙親張明輝先生和錢月英女士的養育之恩，內人昭儀的鼓勵與支持，以及小女淳硯的體諒與寬容；五南圖書出版公

司陳副總編輯念祖先生和編輯李敏華小姐、校稿陳玉琴小姐的協助，亦銘感於心。本人學識淺陋及經驗淺薄，謬誤之處仍多，尚祈方家先進不吝指正。

張弘勳　謹誌

於臺南應用科技大學幼兒保育系

2014年8月

初版序

　　幼兒是國家未來的主人翁，幼兒的養護與教育是相當重要的，影響幼兒的發展甚鉅。幼兒除了在家庭受到養護與教育之外，亦在幼兒園中接受園方的保護、照顧與教育，因此，幼兒園的事務都與幼兒息息相關，幼兒園能透過良好的行政與管理，來促進和提升幼兒受保護、照顧和教育的品質，是我們期盼的目標。本書旨在介紹幼兒園的行政與管理，以期讓修習幼兒保育相關科系的學生與幼兒園的教師與保育人員，能瞭解和學習幼兒園行政事務的內容、歷程與相關議題。

　　本書共分為十二章，各章安排如下：

　　第一章是幼兒園行政的意涵：主題包含幼兒園行政的意義與範圍；我國教育及社福行政與幼兒園行政的關係；幼兒園的籌備與成立；幼兒園的發展計畫。

　　第二章是幼兒園的教務行政：主題包含幼兒園的學級編制與教保活動型態；幼兒園的學籍管理與作息時間安排；規劃舉辦特殊活動與建立教學支援系統；教學進度、幼兒學習評量與圖書管理。

　　第三章是幼兒園的保育行政：主題包含幼兒園的始業輔導與常規輔導；幼兒園的導護工作與衛生工作；幼兒園的餐點管理；幼兒園的安全教育、幼童意外傷病處理和交通安全。

　　第四章是幼兒園的總務行政：主題包含文書管理；財務管理；庶務管理；校園規劃與維持。

　　第五章是幼兒園的人事行政：主題包含幼兒園的人員編制與職責；幼兒園的人事規則；幼兒園教保人員的專業倫理與專業守則；幼兒園人員的招

募；幼兒園教保人員的成長與進修。

第六章是幼兒園的公共關係：主題包含親職教育；家長參與園所活動；社會資源的利用；幼兒園與社區關係。

第七章是幼兒園的評鑑：主題包含幼兒園評鑑的意義與目的；幼兒園評鑑的方法與內容；幼兒園評鑑的實施程序與原則；幼兒園評鑑的檢討與接受評鑑的準備。

第八章是幼兒園的行政歷程：園所行政人員與教師應瞭解行政歷程的運作需包括計畫、組織、溝通、領導、決定、與評鑑，因為評鑑已在第八章介紹過，本章則介紹其他行政歷程：計畫、組織、溝通、領導、決定。

第九章是幼兒園的公辦民營：主題包含國內外幼兒園實施公辦民營的背景原因；幼兒園實施公辦民營的可能方式；幼兒園實施公辦民營的優缺點；對我國幼兒園實施公辦民營之啟示。

第十章是幼兒園的策略管理：主題包含策略管理的意義；策略形成的分析架構；策略管理的規劃程序；策略管理的領導者角色；策略管理對幼兒園經營者的啟示。

第十一章是幼兒園的危機管理：主題包含幼兒園危機管理的意涵；幼兒園危機管理的模式；幼兒園危機管理的原則；幼兒園運用危機管理時面對媒體採訪的因應措施。

第十二章是幼兒園教師的工作倦怠：主題包含教師工作倦怠之意義與特徵；教師工作倦怠之徵候與影響；教師工作倦怠的成因；教師工作倦怠的預防與因應。

本書得以出版，除了感謝教導過我的師長外，更感謝我的恩師——兩位博士論文指導教授謝教授文全老師和張教授明輝老師的辛勤指導與教誨，以及他們為本書作序；同時感謝雙親的養育之恩，內人昭儀的鼓勵與支持，以及小女淳硯的體諒與寬容。五南圖書出版公司陳副總編輯念祖先生和編輯李敏華小姐的協助，亦銘感於心。本人學識淺陋及經驗淺薄，謬誤之處仍多，尚祈方家先進不吝指正。

張弘勳　謹識

2008年2月

目　錄

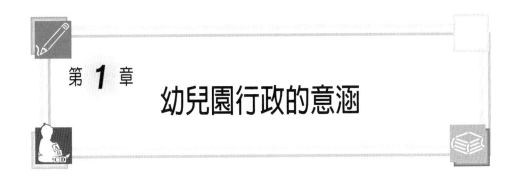

第 1 章　幼兒園行政的意涵

　　本章幼兒園行政的意涵共分四部分加以敘述，首先，釐清幼兒園行政的意義和範圍；其次，說明我國社福及教育行政與幼兒園行政的關係；第三，幼兒園的籌備與成立；第四，幼兒園的發展計畫。

第一節　幼兒園行政的意義與範圍

壹　幼兒園行政的意義

　　托兒所行政是指托兒所行政機構的一切事務處理，包括經營托兒所事業、維持托兒所秩序及改進托兒所教育等項業務；即是依據教保原理與經濟原則，按一定的計畫與方法，對於托兒所內一切組織上、設施上、工作上的所有問題，做最適當的處理，藉以增進托兒所行政的功能，達成托兒所教保的使命，研究托兒所行政的目的，在提高辦理托兒所行政的成效，和避免單憑經驗而發生了紊亂與浪費的執行方法（王靜珠，民89a）。幼稚園行政可說是依據教育原理與經濟原則，按一定的計畫和方法，對於幼稚園內一切組織上、設施上、工作上的所有問題，作最適當的處理，藉以增進幼稚園行政的功能，達成幼稚園教育的使命（王靜珠，民89b）。

　　幼保機構行政是指托育機構依據教保理論，運用有效和科學的方法，對於機構內的人、事、財、物等業務，作最妥善而適當的處理，以達到教保目標的一種過程；詳言之，其行政的主體是指托育機構，行政的內容是指托育機構的人、事、財、物，而行政的方式是依據教保理論，運用有效和科學

的方法，作最妥善而適當的處理，所謂有效的方法是指運用計畫、組織、溝通、協調及考核等各種方式（王立杰，民95）。

幼兒園行政是教育行政的一部分，其任務在提供幼兒良好的學習情境，使老師能專心教學，發展並維持園所與社區間動態的和諧關係，使家庭瞭解與支持園所的教保活動，與園所共同努力，讓幼兒獲得健全的快樂童年；幼兒園行政是園所依據教育與保育原則，運用有效和科學的方法，對園內的人、事、財、物等業務，做最妥善而適當的處理，以增進幼兒健全發展，達成幼兒教育目標的一種歷程（蔡春美、陳素珍，民101）。

綜合上述學者專家的意見，將幼兒園行政的意義定義為：「幼兒園行政是園所依據幼兒教育、保育原理與經濟原則，運用有效計畫和科學的方法，對幼兒園內的一切事務處理，包括人、事、財、物等相關業務，做最妥善而適當的處理，以促進幼兒健全發展，增進幼兒園行政的功能，達成幼兒園教育與保育目標的一種歷程。」

貳 幼兒園行政的範圍

幼兒園行政的目的在提供適當的環境，並協調人力與物力，以促進幼兒身心健全發展，並提高行政效率，就實務上其範圍如下（王立杰，民95）：

1. **教保行政工作**：包括幼兒資料建立與保管；班級之編排，如採用年齡編班或混齡編班；教保活動行事曆之擬定；招生及註冊事宜；親職教育之實施；餐點設計與管理；幼兒安全管理。

2. **總務工作**：包括文書管理、經費管理、財產管理、房舍修建、遊戲器材維修或增購、校車管理、工友管理。

3. **人事管理**：包括行政人員、教職員工的任用、待遇、敘薪、退休、撫卹、資遣、保險、福利、請假、進修等事項。

依據幼兒園行政的意義可列出其行政的範圍（蔡春美、陳素珍，民101）：

1. **行政組織編制**：幼兒園視規模大小、公私立及人員多寡，來決定幼兒園行政組織編制，需注意法令依據和管理的便利。私立幼兒園尚須注意董事會組織，是否申請成立財團法人等問題。

2. **行政計畫與園務分掌**：幼兒園為求行政績效，需擬定周密行政計畫，包括園務實施計畫、行事曆、各部門年度工作計畫等，而每一部門的工

作人員如何分工合作，需明訂園務分掌明細表，以推動業務之順利進行。

3. **各項會議與規則章則**：會議通常有園務會議、教保會議、總務會議、各類研究會與家長會等。可依實際需要，訂定規程章則。

4. **教務工作**：如招生報名、班級編班分配、建立幼兒資料、訂定生活作息時間表、規劃幼兒學習評量等工作，以促進教學品質的提升。

5. **保育工作**：保育工作包括導護、室內外活動安排、每日餐點調配與管理、健康安全教育與設施之規劃、家庭訪問與聯絡。

6. **總務工作**：包括文書、圖書、庶務、經費等工作，即公文、檔案管理、教具、學用品、圖書等採買與保管；園所建築、房舍設備修繕；經費的分配管理。

綜合上述學者專家的意見與考量園所實際需求，將幼兒園行政的範圍界定為下列數項，在本書中，依照下列範圍，分章節敘述：

第一、幼兒園行政的意涵。

第二、幼兒園的教務行政。

第三、幼兒園的保育行政。

第四、幼兒園的總務行政。

第五、幼兒園的人事行政。

第六、幼兒園的公共關係。

第七、幼兒園的評鑑。

第八、幼兒園的行政歷程。

第九、幼兒園的公辦民營。

第十、幼兒園的危機管理。

第十一、幼兒園教師的工作倦怠。

第二節　我國社福及教育行政與幼兒園行政的關係

我國現行社福及教育行政組織系統，分為中央、地方縣市兩級，中央層級為內政部與教育部；地方層級為縣市政府，縣市政府之主管業務單位為社會局（處）和教育局（處），辦理縣市社福及教育行政事務。原本幼兒托育

相關業務（托兒所）為內政部與縣市政府社會局（處）的主管業務，幼兒教育相關業務（幼兒園）為教育部與縣市政府教育局（處）的主管業務，在幼托整合之後，將幼稚園與托兒所於民國101年12月底，全部改制為幼兒園，歸由教育部與縣市政府主管。

幼托整合前，招收學齡前幼兒之教育及照顧機構主要為幼稚園與托兒所，幼稚園係依據幼稚教育法及相關法令規定設立之學前教育機構，招收4足歲至入國民小學前之幼童，由直轄市、縣市政府教育部門主管；托兒所係依據兒童及少年福利法及相關法令規定設立之托育機構，收托2足歲至未滿6歲之幼童，由直轄市、縣市政府社政部門主管；二者之主管權責分別隸屬教育及社政體系，在法規依據、主管機關、師資、設備、課程規定等，均有所不同，導致相同的學前教育階段，卻有不同的照顧與教育二系統，實在有必要加以整合改善。政府為使幼兒接受良好的學前教育，避免形成品質落差，於是積極推動幼托整合政策；此外，為了追求社會正義，協助弱勢家庭幼兒都能接受優質的學前教育，提高學前幼兒入園率，使人民無性別、年齡、能力、地域、族群、宗教信仰、政治理念、社經地位及其他條件，都能接受優質的學前教育。

歷經14年的推動歷程，攸關我國學前教保制度變革的「幼兒教育及照顧法」終於在民國100年6月10日立法院第7屆第7會期院會完成三讀，並奉總統以民國100年6月29日華總一義字第10000133881號令公布，自民國101年1月1日起正式實施，幼稚園及托兒所改制為幼兒園，招收2歲以上至入國民小學學齡前兒童，由教育部負責監督管理（教育部，民102）。

因應「幼兒教育及照顧法」施行，相關改制事項包含：原由社政部門辦理的托兒所業務移撥至教育部門辦理、幼稚園及托兒所的名稱改制為幼兒園及教保服務人員職稱轉換等。由於依「幼兒教育及照顧法」幼托園所改制期間長達1年，自民國102年起，全國公私立幼稚園、托兒所全數改制為幼兒園，過去幼托分流之現象已走入歷史。而「幼兒教育及照顧法」相關授權之法規命令，其中授權教育部訂定之20項子法，已全數訂定並發布完成。

政府為了減輕家長育兒負擔，提升5歲幼兒入園率，教育部於100學年度全面實施「5歲幼兒免學費教育計畫」，比照國民小學教育階段，學生就學免繳納學費的概念，凡就學當學年度9月1日前滿5歲幼兒，就讀公立幼兒

園入學即免繳學費，每名幼生每學年最高可節省學費1.4萬元，就讀私立合作園者，每名幼生每學年最高可節省學費3萬元；至經濟弱勢家庭，依家戶年所得級距，再加額補助其他就學費用，二項合計，經濟最弱勢者，得免費就讀公立幼兒園，就讀私立合作園者，每名幼生每學年最高得補助6萬元。100學年度補助受益人數約有19.3萬人，101學年度整體5歲幼兒入園率達94.53%，經濟弱勢5歲幼兒入園率達95.55%（教育部，民102）。

　　擴大幼兒教保公共化計畫之預期目標：擴大近便性與可及性兼具之公共化教保服務，增加幼兒入園之機會，並確保弱勢幼兒接受教保服務之機會；協助企業設置托兒設施供員工就近托育，營造友善家庭、婦女及兒童之環境。實施策略或推動重點：以穩健提升、公私共好之原則，提升幼兒入園率、增加幼兒入園機會及提供4成幼兒有機會進入公共化幼兒園為目標，協助各地方政府增設公共化幼兒園（教育部，民106）。

　　少子女化原因包括育兒成本高、工作職場與家庭照顧難兼顧、公共化教保服務量不足、適婚年齡有偶率下降及婚育年齡延後及婚姻價值觀改變；依OECD國家推動經驗，社會政策以提高兒童公共化照顧比率、完善工作與家庭調和政策，有助於提高生育率；因此，行政院107年7月25日核定「我國少子女化對策計畫（107年至111年）」，完整規劃「0-5歲全面照顧」、「友善家庭的就業職場對策」、「兒童健康權益與保護」及「友善生養的相關配套」等四構面的策略；其預期目標為至113年平價幼兒園的服務人數，預估約可以滿足近70%就學幼兒的需求（〔公共化核定人數約27萬人+準公共約23.9萬人〕／全國公私立幼兒園核定人數約75萬人）。其中「0-5歲全面照顧」構面，以「擴展平價教保」及「減輕家長負擔」為二大重點，透由公共化、準公共及育兒津貼等三大策略，加速提升平價教保服務量能，增加就近選擇托育場域的機會，達到0-5歲全面照顧，不因幼兒所在縣市財政而有差異，營造全國一致之友善育兒環境，讓年輕人兼顧職場與家庭需求，說明如下（教育部、衛生福利部、勞動部、內政部、財政部、經濟部、科技部、交通部、人事行政總處、國家發展委員會，民107）：

　　1. **策略一「加速擴大公共化供應量」**：持續擴大公共化教保服務是政府首要且不變的施政主軸，為提供平價、近便、優質的公共化教保服務，行政院108年6月公告「我國少子女化對策計畫」修正計畫，規劃8年內（106-

113年）增加公共化幼兒園3,000班，提供8.6萬個就學名額。

2. 策略二「建置準公共機制」：政府雖已積極增加公共化幼兒園，惟供應量尚無法滿足家長需求，若透由符合要件之私立幼兒園與政府合作，家長每月繳費約4,500元、第3名以上子女再減繳1,000元，低收及中低收免費，其差額由政府支付，確實讓家長感受到平價的教保服務。因此，自107年8月起，於非直轄市的縣市先行辦理，108年8月推動至全國，準公共機制訂有6項要件，為教保服務基本品質把關，除收費數額及薪資如下列說明外，其他要件是現行相關法令的規定：

(1) 收費數額：108學年度「收費數額」合作要件，酌調每級核定招收人數及合作費用上限，3-5歲維持3級，每級人數差異90人，費用差異500元，2歲則不分級。各規模幼兒園合作費用如下：群組A（核定招收人數≦90人）每月平均收費新臺幣10,000元；群組B（核定招收人數介於91-180人）每月平均收費新臺幣9,500元；群組C（核定招收人數≧181人）每月平均收費新臺幣9,000元。

(2) 教師及教保員薪資：基於教師及教保員是幼兒主要之教育與照顧者，訂定教師及教保員之每月固定薪資至少2.9萬元，幼兒園應訂定調薪機制；至準公共第二期（110學年度），在園內服務滿3年者，每月固定薪資至少3.2萬元；以助於幼兒園聘任優秀人才及降低人員流動率，穩定教保服務品質。

3. 策略三「發放2-4歲育兒津貼」：為達0-5歲全面照顧，銜接衛福部0-2歲育兒津貼，自108年8月起，津貼發放對象擴大為4歲以下者，家庭綜所稅率未達20%的2-4歲幼兒、未就讀公共化及準公共教保服務，且符合未請領育嬰留職停薪津貼等條件者，每月發給津貼新臺幣2,500元，第3名以上子女再加發1,000元，減輕家長育兒負擔。

第三節　幼兒園的發展計畫

要實現園所的教育目標，應擬定中長程發展計畫，這些計畫要能反映園所的教育目標，並根據此中長程發展計畫，規劃設計每學期的課程和工作計

畫，亦可作為改進教學活動之參考。進行中長程計畫，實宜先考慮下列幾項基本因素（張翠娥，民96）：(1)幼兒的發展階段和需要；(2)教師的能力、經驗、專長與人格特質；(3)室內、室外空間的安排與配合；(4)資源的利用；(5)作息時間的安排；(6)教學研究與發展的需要。

幼兒園的計畫是達成園所教育目標的實施途徑，亦是全園行政管理的準則。因此，幼兒園的成立，應先參照法令規章、幼兒身心發展狀況、社區的需要，以及創辦者的人生哲學、價值觀念、教育理想等，確立園所的教育目標。根據教育目標，在擬定園所的方針時，主要需包括下列五個項目（信誼基金會學前兒童教育研究發展中心主編，民72）：

1. **一般行政方針**：(1)招收幼兒的年齡、班別、人數和時間（全日制、半日制）。(2)招生、報名、註冊、收費的辦法。(3)園所財務管理的方式。(4)園所的行政組織。

2. **人事管理的方針**：(1)教職員的甄選與聘任。(2)教職員的工作分配。(3)人事的規則。

3. **環境規劃的方針**：(1)戶外場所的設計。(2)室內場所的設計。(3)設備用品的種類。

4. **幼兒教保的方針**：(1)幼兒健康的管理。(2)幼兒安全的管理。(3)幼兒的輔導計畫。(4)幼兒學習活動的計畫。(5)幼兒餐點的管理。

5. **與家長聯繫的方針**：(1)家長與園所的關係。(2)與家長聯繫的方式。(3)親職教育的計畫。

園所每一學期的工作計畫可分為開學前、學期間、學期終三個階段分別擬定，再按照計畫督導教職員工共同執行，每一學期一般的工作內容可包括（信誼基金會學前兒童教育研究發展中心主編，民72）：

1. **開學前的工作計畫**：(1)一般行政方面：向教育局呈報新學期的園務、所務資料；擬定本學期的行事曆；編擬本學期的預算；擬定本學期的收費辦法；辦理招生、註冊事宜。(2)教職員工方面：甄選新進的教職員工；檢核每位教職員工的人事資料，核定或調整薪資；分配每位教職員工的工作；召開教職員工會議，討論本學期的計畫；計畫本學期教師的在職進修活動。(3)環境設備方面：教師布置每間教室；增購設備用品；設備器材的安全檢查；列出各項設備的清單。(4)幼兒方面：開出幼兒輔導計畫；擬定

幼兒的作息時間表；擬定教學活動大綱；設計幼兒的餐點內容。(5)家長方面：編擬、印製「家長須知」；籌備開學初的家長會。

2. **學期間的工作計畫**：(1)一般行政方面：擬定每個月和每週的工作計畫；每個月收支的結算；與相關機構和人士聯繫；(2)教職員工方面：召開教職員工會議；教師的研習、進修活動。(3)環境設備方面：更換教室布置；增購設備用品。(4)幼兒活動：幼兒的健康檢查；幼兒的安全演習；擬定每週的教學計畫；舉辦參觀、郊遊活動；舉辦運動會、園遊會等特別活動；計畫每週的餐點內容。(5)家長方面：召開家長會；辦理「家長參與」；發行園所通訊。

3. **學期終的工作計畫**：(1)一般行政方面：本學期收支的總結算；舉辦社區活動，作為招生的準備。(2)教職員工方面：確定下學期教職員工是否繼續任職；如有需要，準備甄選新的教職員工。(3)環境設備方面：清點需要修理、更新的設備；園所環境的總整理。(4)幼兒方面：準備新學期的招生工作；分發本學期幼兒在園所的學習狀況表。(5)詢問家長下學期是否讓幼兒繼續就讀；舉辦家長參與的檢討會。

定期召開教職員會議，可使園所維持著相互交流的氣氛。更具體的說，教職員會議可以發揮下列幾項功能：(1)使教職員融合為一個整體，產生歸屬感。(2)讓教職員有發表自己的想法和感覺的機會。(3)檢討過去的工作得失，討論目前及未來的工作計畫。(4)討論幼兒或家長的個別問題。(5)分享彼此的工作經驗與心得。開會的時間，最好利用幼兒午睡的部分時間，而不宜占用教職員下班或休息的時間。每次會議之前，園所長應先確定及說明討論的重點，並檢討上次會議中決議事項的執行情形，以切實發揮開會的功能，同時請教師輪流擔任紀錄。在日常的教職員工會議中，主要的討論內容包括：最近的園所工作計畫；需要增添的設備、器材用品的使用與維護問題；教職員間的工作協調與檢討；教學的計畫與檢討；幼兒保育工作的檢討；幼兒的特殊行為問題；與家長聯繫溝通的問題；家長對園所的批評或建議；家長會、郊遊、社區活動的籌備事宜。有時也可利用每次會議的部分時間選定一個有關教學與輔導的實際問題。例如：如何為幼兒講故事？如何輔導一個過分好動的幼兒？如何設計數學教具？這也是一種日常可行的教師在職進修方式（信誼基金會學前兒童教育研究發展中心主編，民72）。

園務發展計畫並不一定有一定格式，以下提供不同類型的園務發展計畫以供參考。（請參閱表1-1、1-2、1-3、1-4）

表1-1 新北市○○幼兒園五年園務發展計畫

壹、依據：
　　一、幼稚教育宗旨。
　　二、幼稚園教育目標。
　　三、本園願景。
　　四、園務發展會議。
貳、計畫年限：自93年8月1日至98年7月31日。
參、園務發展目標：
　　一、提升行政效率。
　　二、營造優質的學習環境。
　　三、結合社區資源，發展本園特色。
　　四、推展親子共讀活動。
肆、執行工作項目：
　　在本園【快樂學習、健康成長】的願景及園務目標下，執行下列項目：

實施目標	實施項目	實施方法	進度（學年度）					經費預算	執行成效					
			93	94	95	96	97		預算內	超出預算	佳	可	不佳	無法執行
提升行政效率	一.行政電腦化	1.依工作職掌建立行政簿冊電子檔	✓					3,000	✓		✓			
		2.增購電腦設備	✓		✓			30,000	✓		✓			
		3.鼓勵教師參加電腦研習		✓	✓	✓	✓	0	✓			✓		
營造優質的學習環境	一.整修園舍	1.幼兒活動室更換地板	✓			✓		120,000						
		2.活動室牆面增設防火設備		✓				40,000						
		3.粉刷遊樂場牆面			✓			25,000						
	二.增購教學設備	1.語文教學設備		✓			✓	30,000						
		2.健康保健設備	✓			✓		20,000						
		3.扮演遊戲設備	✓		✓			20,000						
		4.美勞教材設備		✓			✓	10,000						
		5.體能遊戲設備		✓	✓			10,000						

大項	中項	子項						經費						
結合社區資源發展本園特色	一.建立社區互動網絡	1.促進社區交流活動	✓	✓	✓	✓	✓	5,000						
		2.成立社區互動網站		✓				2,000						
	二.規劃鄉土課程	1.邀請地方耆老進行鄉土教學	✓	✓	✓			2,500						
		2.邀請社區團體經驗分享			✓	✓	✓	1,500						
		3.參觀社區廟宇古厝等	✓					1,000						
推展親子共讀活動	一.鼓勵閱讀風氣	1.擬定並執行親子共讀活動計畫	✓					5,000						
		2.邀請劇團表演或幼兒戲劇表演					✓	10,000						
		3.招募說故事媽媽	✓	✓	✓	✓	✓	1,000						
		4.舉辦說故事比賽		✓	✓	✓	✓	5,000						
	二.充實圖書資源	1.圖書添購	✓	✓	✓	✓	✓	30,000						
		2.開放圖書借閱	✓	✓	✓	✓	✓	2,000						
		3.圖書角落規劃與布置	✓		✓		✓	10,000						

資料來源：園務參考，新北市幼兒教育資源網，民國102年7月31日，取自：http://kidedu.ntpc.edu.tw/files/11-1000-83.php

表1-2　新北市○○幼兒園年度發展計畫

壹、依據
　　一、幼稚教育宗旨暨幼稚園教育目標。
　　二、本園園務發展計畫。
　　三、本園實際狀況與需求。
貳、計畫年限：自93年8月1日至94年7月31日。
參、年度發展目標：
　　一、提升行政效率。
　　二、營造優質的學習環境。
　　三、結合社區資源，發展本園特色。
　　四、推展親子共讀活動。
肆、執行工作項目：在本園【健康學習、快樂成長】的願景及園務目標下，以推動園務效率、優質教學、社區融合、親子閱讀為前提，執行下列項目：

實施目標	實施項目	實施方法	進度（月份）												經費預算	執行成效					
			8	9	10	11	12	1	2	3	4	5	6	7		預算內	超出預算	佳	可	不佳	無法執行
行政電腦化	一.依工作職掌建立行政簿冊電子檔	1.建立A類行政組簿冊電子檔	✓	✓	✓										300	✓		✓			
		2.建立B類教學組簿冊電子檔		✓	✓	✓									300	✓		✓			
		3.建立C類保育組簿冊電子檔		✓	✓	✓									300	✓		✓			
		4.建立D類總務組簿冊電子檔	✓	✓	✓										300	✓		✓			
	二.增購並提升電腦設備	1.購買17吋液晶螢幕一臺							✓						10,000	✓					
		2.三臺電腦安裝不斷電系統		✓											5,000	✓					
		3.電腦升級為XP作業系統							✓						5,000	✓					

大項	項目	內容									經費				備註
整修園舍	三.更換幼兒活動室地板	1.更換班級教室地板（複合式地板）海豚教板式	✓								60,000		✓		✓ 施工不良
增購教學設備	四.戲劇扮演遊戲設備	1.購買扮演醫生玩具組							✓		4,500				
		2.購買組合式布偶臺						✓			3,000				
	五.美勞教材設備	1.室內塗鴉幼兒牆90×180cm								✓	6,000				
建立社區互動網絡	六.促進社區交流互動	1.邀請社區參加團體聖誕節活動				✓					1,000				
		2.舉辦跳蚤活動				✓					2,000				
		3.參加社區舉辦登山健行活動或運動會。				✓			✓		1,000				
規劃鄉土課程	七.參觀社區廟宇古厝等	1.觀賞介紹社區里的錄影帶鄉相			✓						0				
		2.參觀老街並排者解說老地方安講明				✓					500				
		3.邀請社區母語至行教學團體進入園園		✓	✓	✓	✓		✓	✓	500				

領域	活動	工作項目													經費				
鼓勵閱讀風氣	八.擬定閱讀活動計畫	1.每週借閱二本圖畫書	✓	✓	✓	✓	✓	✓	✓	✓	✓	✓	✓	✓	0				
		2.影印親子共讀學習本（60本）	✓												800				
	九.招募媽媽說故事	1.製作招募海報		✓											100				
		2.舉辦故事媽媽研習活動		✓											3,000				
充實圖書資源	十.添購圖書	1.購買大科學雜誌1～12（信誼出版）				✓									3,500				
	十一.開放圖書借閱	1.訂定圖書借閱規則		✓											0				
		2.製作圖書借閱卡	✓												200				
	十二.規劃圖書角布置	1.購買桌椅組	✓	✓											5,000				
		2.購買靠枕			✓										500				
		3.購買圖書展示櫃					✓								3,500				

資料來源：園務參考，新北市幼兒教育資源網，民國102年7月31日，取自：http://kidedu.ntpc.edu.tw/files/11-1000-83.php

表1-3 臺南市公私立幼兒園園務發展計畫

一、計畫總目標：
二、計畫原則：
三、計畫項目、內容、進度表（詳計畫表）：
四、計畫執行策略：
五、配合措施：
計畫表

類別		
計畫項目		
計畫目標		
計畫內容		
經費	來源	
	概算	
預定進度	學年	
	學年	
	學年	
	學年	
執行單位	協辦	
	主辦	
執行百分比	學年	
	學年	
	學年	
	學年	
備註說明		

資料來源：臺南市公立幼稚園幼教行政表格，臺南市特幼課網站，民國96年10月1日，取自：http://spc.tn.edu.tw

表1-4　臺北市○○托兒所發展計畫

項目	內容	第一階段：開發期（第一年）	第二階段：充實期（第二～三年）	第三期：發展期（第三～五年）
行政業務	招生	1. 調查社區1～6歲幼兒人口數 2. 拜訪社區相關單位，如區長、里長、鄰長、派出所、住戶委員等 3. 展開招生活動 4. 設置托兒所指示標及招牌、週知群眾	1. 加強宣傳服務 2. 建構服務網站，介紹托兒所之特色及教保內容 3. 訪問社區有關人士，到所參觀及交換意見 4. 設計簡介等，介紹托兒所服務內容	1. 充實服務網站，定期提供資訊 2. 加強宣導服務內容 3. 配合政府宣導育兒基本概念
	人事管理	1. 建立人事組織職掌 2. 編擬員工手冊、差假管理辦法 3. 撰擬員工工作守則、員工福利制度 4. 完成員工健保、勞保加保	1. 加強人事管理，擬定優良工作人員及全勤等獎勵制度 2. 定期辦理員工聯誼活動 3. 協助員工之生涯發展規劃	1. 加強保育員專業技能 2. 結合社區或自辦成長講習 3. 培育保育員第二技能
	財產管理	1. 完成文書及分類檔案建立 2. 建立財產卡及管理制度 3. 建立請購、請領規則 4. 建立各類物品借用規則	1. 加強公文分類管理 2. 定期清點財產及折借登記 3. 加強員工使用公物規則	持續執行完整之財務管理
	員工成長	1. 規劃員工所內成長計畫 2. 擬定所內外教保計畫 3. 規劃教保專業訓練計畫	1. 定期辦理員工成長 2. 輪派參加研習或觀摩 3. 辦理教保專業講習	1. 定期辦理保育人員專業訓練 2. 擬定員工成長獎勵制度
教保工作	教保活動	1. 購置教保教材、教具 2. 保育員製作教具 3. ……	1. ……	1. 開發教材、教具之設計 2. ……
社會工作	親職教育	1. 建立親師溝通管道 2. 辦理親職講座及親子活動 3. 舉辦家長參觀活動	1. 加強親師互動 2. 加強家長成長活動 3. ……	1. 加強宣導推行親職教育 2. 定期發行所訊 3. 人力資源分工與運用 4. 定期辦理父母效能訓練
	社區互動	1. 規劃社區敦親計劃 2. 辦理社區親職講座 3. 配合社區參與各項活動	1. 加強辦理親職講座 2. ……	社區資源之開發與運用

衛生教育與安全管理	1. 擬定員工衛生安全教育研習計劃 2. 師生安全教育及參觀活動 3. 環境安全防護措施	1. 參與或舉辦衛生教育講座（消防、CPR、防護救災訓練等） 2. 幼兒安全教育之實施 3. 協助政府宣導環境衛生	配合衛生單位舉辦各項醫療保健工作與宣導
環境與設備	1. 教保設備之規劃與購置 2.……	1. 加強週邊綠化及安全防護 2. 環保教育之實施與分類	環保概念之宣導

資料來源：臺北市托兒所行政管理手冊，臺北市社會局網站，民國102年7月21日，取自：http://www.bosa.tcg.gov.tw/i/i0300.asp?fix_code=2703010&group_type=1&l1_code=27&l2_code=03

第 **2** 章　幼兒園的教務行政

本章共分四節，第一節為幼兒園的學級編制與學籍管理，第二節為幼兒園的教保活動型態與作息時間安排，第三節為規劃舉辦特殊活動與建立教學支援系統，第四節為教學進度、幼兒學習評量與圖書管理。以下分別敘述之。

第一節　幼兒園的學級編制與學籍管理

　壹　幼兒園的學級編制

班級是幼兒園的基本單位。學級編制又稱班級編制或編班，其編制的種類為（王靜珠，民89；謝文全，民91）：

1. **單式學級（分齡編班）**：把同一年級的幼兒編為班級者，稱為單式學級編制。換言之，在此種編制方式之下，同一班級裡的幼兒均屬於同一年級。單式學級內僅有一個年級，是最理想的學級編制。規模較大或幼兒較多的情形，適合採用此種學級編制方式。

2. **複式學級（混齡編班）**：把兩個或兩個以上年級的幼兒編在同一個班級裡，稱為複式學級。換言之，在此種編制方式下，同一班級裡的幼兒分屬兩個或兩個以上的年級。當幼兒人數不足時，或實施蒙特梭利教育時，可採用複式學級分班方式，可有助於幼兒社會行為和語言行為的發展。

但是，混齡編班和分齡編班各有其優點和困難之處，如下所述（張翠娥，民96a）：

1. **混齡編班的優點**：(1)異質團體有助於幼兒語言的發展；(2)可減少較小幼兒自我中心式的語言；(3)年長的幼兒可成為團體中的模範，並提供較小幼兒正向的社會增強；(4)此團體中幼兒的自我概念較好；(5)較小幼兒給較大幼兒較好的社會配合；(6)學習遲緩的幼兒在異質團體中學習得較好。**混齡編班的困難之處**為：(1)異質性團體較同質性團體難以經營，因為需要較多的材料與設備；(2)教師需要有豐富經驗和專業技巧；(3)教師在課程教材準備上需要付出較多心血；(4)較小年齡層的混齡，比較大年齡層的混齡難帶。

2. **分齡編班的優點**：(1)資優的幼兒在同質團體中學習較好；(2)較異質性團體容易經營；(3)教師在教學準備上較容易掌握，不必同時準備不同程度的教材；(4)團體活動的帶領較容易配合幼兒的能力、需要。**分齡編班無法達到的效果**，恰好是混齡編班的優點。

此外，尚有二部制編班方式，即當幼兒人數過多，而班級教室、教保人員又不夠分配時，可將幼兒分為上午和下午二部，輪流上課。換言之，每天上午部幼兒，上午到園方上學，下午在家；下午部幼兒下午到園方上學，上午在家（王靜珠，民89）。此種方式，較常發生在以前公立國民小學附幼，或公立幼兒園中，現在因出生率下降，已無此種情形發生。年度招生計畫與新生入園注意事項，請參考表2-1、2-2。

表2-1 臺北市○○區○○國小附設幼兒園○○學年度招生工作計畫

一、主旨：辦理本園○○○學年度招生事宜。
二、依據：臺北市教育局公立幼兒園○○○學年度招生注意事項（○○年○月○○日北市教前字第○○號函）辦理。
三、準備工作：

編號	項目名稱	負責人	完成日	備註
1	組織招生工作小組人員、工作分配召開校內招生工作會議（○○/○/○）	校長（召集人）園主任	（○○/○/○）	招生工作會議地點：○○室
2	招生宣傳製作與張貼（公告、海報、布條）	教保員	（○○/○/○）	

3	招生簡章製作與上網刊登	保育組長	(○○/○/○)	警衛室備簡章200份、日程表備查
4	辦理家長參觀日（海報～文宣）	園主任 教保員	(○○/○/○)	5/25(一)～27(三)參觀日（見第四點）
5	招生登記標誌牌製作與張貼名單	教保員	(○○/○/○)	6/4(三)張貼
6	資訊設備維護 公立幼兒園招生系統安裝測試	資訊組 系管師	(○○/○/○)	104/5/13、14全市系統測試
6	會場布置	教務組長 事務人員	(○○/○/○)	5/28(四)優先入園在展覽室
7	報表名冊用紙準備、登記卡編碼	教保員	(○○/○/○)	
8	招生登記與報到	全體教師	(○○/○/○)	需拍照存檔
9	其他有關資料及事務	園主任	(○○/○/○)	

四、家長參觀日活動：
　　(一) 辦理時間：自○○年○月○○日（星期○）至○○年○月○○日（星期○），
　　　　每日兩個參觀時段，上午9：00～11：00及下午14：30～16：30。
　　(二) 參觀流程：

	時間	負責人	地點
1.入園登記、繳交證件		警衛先生	警衛室
2.填寫幼兒基本資料	9：00～11：00 及 14：30～16：30	9：00~11：00　○○○ 14：30~16：30　○○○	辦公室
3.招待、贈送紀念品			
4.幼兒園簡介及影片			
5.幼兒園校園導覽		○/○○(一)○○○ ○/○○(二)○○○ ○/○○(三)○○○	○○○
6.領回證件		警衛先生	警衛室

五、招生地點、日期與時間：
　　(一) 招生地點：本校展覽室。
　　(二) 第一階段登記（優先入園）：
　　　　◎直升入園、教職員工子女、設籍本市且在學區內之符合優先入園規定幼兒。
　　　　◎時間：○○○/○/○○（星期○）上午8：30至14：00止。
　　　　◎公告：優先入園人數統計表於○○○年○月○○日上午8時30分公布於抽籤場
　　　　　所。

(三) 第二階段登記：

◎本校學區及戶籍所在地學區之國小未設幼兒園之5足歲、3足歲及2足歲幼兒及國小附幼未設3歲專班及2歲專班跨學區幼兒。

◎時間：○○○/○/○○（星期○）上午8：30至14：00止；如有超額，14:30抽籤。

◎報到：○○○/○/○○（星期○）下午14：30至17：00止。

◎公告：第二階段錄取名單於○○○年○月○○日下午14時30分布於抽籤場所。

(四) 第三階段登記：

◎設籍本市跨學區5足歲、4足歲幼兒。

◎時間：○○○/○/○○（星期○）上午8：30至14：00止；如有超額，14:30抽籤。

◎報到：○○○/○/○○（星期○）下午14：30至17：00止。

◎公告：第三階段錄取名單於○○○年○月○○日下午抽籤後，公布於抽籤場所。

六、第一、二、三階段招生登記程序：

編號	工作項目	負責人員	工作重點或要目及備註
(一)	＊審查證件 ＊發登記卡 ＊發新生報到注意事項	○○○/○/○○（○）～ 8：30-14：00 ○○○ ○○○/○/○○（○）～ 8：30-14：00 ○○○ ○○○/○/○○（○）～ 8：30-14：00 ○○○	1.檢視戶口名簿之幼兒資料，分發登記卡、新生報到注意事項。 2.幼兒年齡：5足歲幼兒○○○年○月○日至○○○年○月○日 4足歲幼兒○○○年○月○日至○○○年○月○日 3足歲幼兒○○○年○月○日至○○○年○月○日 2足歲幼兒○○○年○月○日至○○○年○月○日 3.一般入園： ◎第二階段：5足歲、3足歲及2足歲幼兒，設籍本校學區內幼兒及戶籍所在地學區之國小未設幼兒園之適齡幼兒。 ◎第三階段：設籍本市跨學區5足歲、4足歲幼兒招生登記及報到。
(二)	招生線上系統登記	○○○/○/○○（○）～ 8：30-14：00 ○○○ ○○○/○/○○（○）～ 8：30-14：00 ○○○ ○○○/○/○○（○）～ 8：30-14：00 ○○○	於臺北市公立幼兒園招生系統登錄幼生資料。

(三)	*投籤 *收回「新生報到注意事項確認回條」	○○○/○/○○（○）～ 8：30-14：00 ○○○	1.審核戶口名簿與登記卡資料是否相符。 2.入園登記卡一、二、三聯蓋章並檢視有無騎縫章。 3.籤長完全裝入塑膠管中，不得突出。 4.檢查籤確實投入抽籤箱中。 5.如雙胞胎幼兒應分別登記，分開或合併抽籤則由家長決定。 6.收回新生報到注意事項回條。 7.確認第一、二階段「就讀本園及國小兄姊」優先入園條件名單。 8.協助投籤區資料回收。
		○○○/○/○○（○）～ 8：30-14：00 ○○○	
		○○○/○/○○（○）～ 8：30-14：00 ○○○	
(四)	招生系統與資訊設施維護	○○○/○/○○（○） 8：30-14：00 ○○○ ○○○/○/○○（○） 8：30-15：30 ○○○	1.招生系統連線與資訊設施維護。 2.下載抽籤作業系統與作業維護。
(五)	現場秩序維護	○○○/○/○○（○） 8：30-14：00 ○○○ ○○○/○/○○（○） 8：30-15：30 ○○○	1.現場動線與秩序維護。 2.協助家長填寫報名表與諮詢服務。

七、抽籤：

　　(一) 時間：第一階段：○○○/○/○○（○）15：00

　　　　　　第二階段：○○○/○/○○（○）15：00

　　　　　　第三階段：○○○/○/○○（○）15：00

　　(二) 地點：本校展覽室

　　(三) 程序：

編號	工作項目	負責人員	工作重點或要目及備註
1	指定抽籤人	校長	由校長或就家長中臨時推選，務必做到公平、公正、公開。
2	抽籤	○○○	由電腦操作線上抽籤。
3	唱名號	○○○	當眾唱出編號姓名。（若線上系統有問題時啟動人工作業）
4	抽取順序填寫	○○○	唱名號後立即在籤卡「抽取順序」欄內填寫序號。（若線上系統有問題時啟動人工作業）

5	榜示	○○○	1. 列印錄、備取名單在學校適當地點公布。 2. 張貼幼兒籤卡。（若線上系統有問題時啟動人工作業）
6	造冊與公告	○○○	◎錄取與備取名冊，一式二份備查及公布。 ◎在學校適當地點公布。（若線上系統有問題時啟動人工作業）
7	報到	○○○	◎第二階段○○○/○/○○於展覽室辦理報到。 ◎第三階段○○○/○/○○於展覽室辦理報到。

八、其他工作注意事項：
　　(一) 辦理招生完竣，登記卡、籤卡、錄取名冊應妥為保存1年。
　　(二) 辦理招生事宜，由校（園）長全程督導參與。
　　(三) 家長如偽造或出具不實之證件者，取消其錄取資格。
　　(四) ○○○年度首次採用招生系統，（可刪除）請資訊組協助支援資訊設備與維護。
　　(五) 本校警衛與保全與商請愛心志工家長隊，協助教師維持登記及抽籤時之秩序。
九、後續工作：

編號	工作項目	負責人	完成日期	工作重點或要目及備註
(一)	招生結果調查表報局	園主任	○○○/○	免備文送教育局學前教育科
(二)	遞補	園主任	○○○/○	報到後缺額，依備取幼兒順序遞補
(三)	開學及註冊繳費	全體教師	○○○/○	
(四)	註冊入學調查表報局	園主任	○○○/○	

十、人力支援：
　　(一)○○○/○/○○（○）～○/○○家長參觀日課務派代，每日1人；○○○/○/○○（○）課務派代3人。
　　(二)○○○/○/○○（○）加班補休2小時（16:30~18:30）人員：○○○。
　　(三)○○○/○/○○（○）加班補休8小時（8:00~16:00）人員：○○○；加班補休10小時（8:00~18:00）人員：○○○。
十一、本計畫陳校長核准後實施，修正時亦同。

承辦人＿＿＿＿＿＿＿　　　園主任＿＿＿＿＿＿＿　　　校長＿＿＿＿＿＿＿

資料來源：臺北市幼兒園行政管理手冊，臺北市學前教育資源網，民國109年7月7日，取自：http://www.kids.tp.edu.tw/download4teachers

表2-2　臺南市109學年度公立幼兒園新生入園注意事項

一、報名資格：
　　(一) 設籍臺南市（以下簡稱本市）且有居住事實之學齡滿2歲以上至入國民小學前之
　　　　幼兒，得向本市各公立幼兒園（以下簡稱各園）申請登記入園。
　　(二) 原住民籍幼兒。
　　(三) 外國人士持有居留證且居住本市，其子女年齡須符合前項規定。
　　(四) 非設籍本市之幼兒，各園得於完成第2次入園登記作業後且仍有缺額時招收之。
　　　　（惟不得享有本市預算之補助款）
二、各園109學年度辦理新生入園登記以下列日期爲原則，經各園園務會議決議通過
　　後，可提前6日（自109年4月23日起），惟第一階段新生入園登記仍應以109年4月
　　29日（星期三）下午3時30分爲截止日。
三、各園新生入園登記日期時間表如下：
　　(一) 第一次入園登記：
　　　　1.登記日期：109年4月29日（星期三）上午8時30分至下午3時30分止。
　　　　2.抽籤日期：109年5月1日（星期五）上午9時起。
　　　　3.榜單公布日期：抽籤完畢後公布，並書面通知家長或監護人。
　　(二) 第二次入園登記：（第一次招生不足時，辦理第二次）
　　　　1.登記日期：109年5月6日（星期三）上午8時30分至下午3時30分止。
　　　　2.抽籤日期：109年5月8日（星期五）上午9時起。
　　　　3.榜單公布日期：抽籤完畢後公布，並書面通知家長或監護人。
　　(三) 報到及註冊日期：由各園自訂。
　　(四) 爲配合教育部全國幼兒園幼生管理系統編班情形填報及導師費差額與教保費請
　　　　領作業期程，各園應於109年8月1日至109年8月15日期間，將錄取新生名冊登錄
　　　　於全國幼生管理系統。
四、凡符合下列情形之一者，列爲優先入園對象，且家長須主動提供本市機關規定之相
　　關佐證資料：
　　(一) 第一優先：（符合「臺南市公立幼兒園及非營利幼兒園優先招收需要協助幼兒
　　　　辦法」所稱之需要協助幼兒，其招收順序依下列各款辦理）
　　　　1.身心障礙。（指符合「特殊教育法」第3條規定，經本市特殊教育學生鑑定及
　　　　　就學輔導會鑑定安置，並領有證明文件者）
　　　　2.低收入戶子女。
　　　　3.中低收入戶子女。
　　　　4.原住民。（不限設籍本市）
　　　　5.特殊境遇家庭子女。
　　　　6.中度以上身心障礙者子女。
　　(二) 第二優先：（招收順序依下列各款辦理）
　　　　1.本校（園）現職教職員工之子女。（含幼兒園所在學校教職員工之子女）
　　　　2.育有3胎（含）以上子女家庭之幼兒學齡滿4足歲以上（幼兒人數計算含寄養
　　　　　家庭之子女）
　　　　3.在園特教生之兄弟姊妹。
　　　　4.公務人員因公死亡之子女。
　　(三) 第三優先：
　　　　參加本市偏遠學校附設幼兒園新生入園學區優先方案之學校學區幼兒。依設籍
　　　　先後錄取，若設籍時間相同者，以公開抽籤方式排定順序。

五、本市各園招收學齡滿2歲以上至3歲之班級，依下列順序招收幼兒入園：
(一) 2歲優先入園幼兒。
(二) 2歲一般幼兒。

六、本市各園招收學齡滿3歲至入國民小學前之班級，依下列順序招收幼兒入園：
(一) 5歲第一優先入園幼兒。
(二) 4歲第一優先入園幼兒。
(三) 3歲第一優先入園幼兒。
(四) 5歲第二優先入園幼兒。
(五) 5歲第三優先入園幼兒。
(六) 5歲一般幼兒。
(七) 4歲第二優先入園幼兒。
(八) 4歲第三優先入園幼兒。
(九) 3歲第二優先入園幼兒。
(十) 3歲第三優先入園幼兒。
(十一) 4歲一般幼兒。
(十二) 3歲一般幼兒。

七、各園應依下列事項辦理新生入園申請登記事宜：
(一) 各園應依據臺南市政府教育局（以下簡稱本局）核定之幼兒招收總人數，擬訂招生簡章，並對外公告。各園每班招收新生之名額，應確實遵照幼兒教育及照顧法、本注意事項及相關法規之規定辦理，不得超額招收。
(二) 各園應成立招生工作小組分別辦理各項招生事宜，不得以聯合或委託方式進行，並一律採自由申請方式登記，嚴禁採用測驗、口試或任何類似考試等方式作為錄取新生入園之依據。
(三) 幼兒登記人數未超過可招收名額時，應一律准其入園；如登記人數超過可招收名額，或符合同一順位須判定先後順序時，應本公平、公正、公開之原則，採公開抽籤方式決定之。抽籤方式請依據「臺南市109學年度公立幼兒園新生入園登記及抽籤作業流程」，並先行公告抽籤地點及時間。
(四) 各園辦理新生入園抽籤作業時，雙（多）胞胎幼兒可由家長自行決定是否合併為同一籤，若雙（多）胞胎幼兒登記為同一籤，於可招收名額內被抽中時，均可入園就讀。若最後剩餘正取名額被登記為同一籤之雙（多）胞胎幼兒抽中時，應依剩餘正取名額依序錄取，超出可招收名額時則依序列為備取，不得超額招收（如剩餘2名正取，被3胞胎幼兒抽中時，仍僅2名幼兒得列為正取，另1名幼兒則為備取）。若備取名額被雙（多）胞胎幼兒抽中時，應依序備取，不得有雙（多）胞胎幼兒登記為同一備取序號之情形，惟最後剩餘備取名額被雙（多）胞胎幼兒抽中時，各園得增列備取名額。
(五) 各園完成新生入園登記作業後，仍有缺額時，得以受理登記方式補足之，不得以任何理由拒絕幼兒入園就讀，並應以需要協助幼兒或其他確有必要就讀之幼兒優先招收（須檢附各項證明文件或切結書）。
(六) 各園第一優先入園招收之身心障礙幼兒係指依「臺南市學前特殊幼兒教育安置原則」進行教育安置之新生，若未經本市特殊教育學生鑑定及就學輔導會（以下簡稱本市鑑輔會）決議安置之特殊幼兒，視同一般生入園，不占公立幼兒園每班安置2位特殊幼兒之名額。各班已有2名經本市鑑輔會決議安置之特殊幼兒時，得轉介未經安置之特殊幼兒至他園登記，若未經安置之特殊幼兒家長同意以一般生辦理入園登記時，各園亦不得拒絕其登記。
(七) 另每班每班招收1名身心障礙幼兒，得透過各校（園）特教推行委員會會議決議減收1至2名幼兒（每班幼生數仍不得低於20名），並將會議紀錄及各項證明文件

留存園內備查。各園於新生入園登記後，若依前述規定減收幼兒時，應於抽籤作業前重新公告可招收名額。

(八) 幼兒申請新生入園登記應個別辦理，每一幼兒以登記一園為限；各園不得擅自招收未足學齡之幼兒。違反規定者取消其錄取入園資格。

(九) 各園於辦理新生入園登記時，應於該幼兒戶口名簿姓名欄空白處加蓋登記戳記，以為識別，避免其重複登記入園，戳記樣式由本局訂定之。各園報名登記卡可自行設計印製，辦理登記時須有家長或監護人簽名或蓋章；若幼兒於登記入園後，申請取消登記，應請家長填列取消登記單，並由園方及家長各持一份留存。

(十) 已在園就讀之幼兒可直升該園繼續就讀，不必另行登記抽籤。

(十一) 各園辦理新生入園登記及抽籤時，本局得視需要派員監督辦理。

(十二) 各園公布之正取及備取名單候用期限至110年2月28日止。

(十三) 本注意事項未盡事宜依相關規定辦理之。

資料來源：臺南市公立幼兒園109學年度新生入園注意事項，臺南市特幼教育科網站，民國109年7月7日，取自：http://boe.tn.edu.tw/boe/wSite/public/Attachment/fl582688571620.pdf

貳　幼兒園的學籍管理

幼兒註冊入學之後，園方就要編製名冊，來調查記載幼兒的各種有關資料，作為管理幼兒之依據。幼兒之有學籍，正如住戶有戶籍一般。通常學籍所記載的資料，包括有幼兒個人資料、家庭環境、生活狀況、生活適應、重要輔導記錄、記錄異動、畢業、健康狀況、健康檢查記錄等九項。以下為學籍編製的目的和程序、學號編列方式（王靜珠，民89；謝文全，民91）：

1. **學籍編製的目的**：(1)明瞭幼兒環境、個性，作為因材施教之依據；(2)明瞭幼兒進步情形，作為改進教學和教保設施之參考；(3)瞭解幼兒異動情形而作為行政管理的依據；(4)瞭解幼兒各方面發展趨向，而作為保育研究、計畫和統計之依據。

2. **學號的編列方式**：學生學號只需四、五位數左右即可，首位數字代表該生入學年度（只寫其末位數或末二位數），其餘各位數代表學生數，依學生註冊先後次序或其他標準（如出生序）依次編列。如：98學年度入學新生有567名，其學號由「8001」號起，至「8567」號止；若只寫末二位數時，其學號便由「98001」號起，至「98567」號止。幼兒學號編定後，自入學至畢業，該幼兒永久使用此學號，不宜變更。轉學生入學時，應重編學號，不宜沿用原園方之學號。

3. **學籍編製的程序**：(1)學籍表的填寫：蒐集整理新生入學報名表後，編定學號，填入幼兒綜合記錄表，為確保學籍表所填內容的正確性，得要求家長提交相關證件（如身分證、戶口名簿影本），以供核對；(2)學籍表的整理：學期中應隨時登錄幼兒健康狀況、生活狀況、生活適應等情形；按時登錄學期、學年資料，若有遷移、轉學、休學等異動情形，需隨時註明異動年月日及種類，並隨時更正資料。學期終了，交還保育組保存；(3)學籍表的歸檔：學生畢業時應逐項檢查其學籍表，如發現有應填而未填之情形，應予以填妥，然後裝訂成冊，並書明年屆、學年度、學號、名稱等，專櫃存放以備日後查閱。（參見表2-3）

表2-3 臺南市公立○○幼兒園幼兒名冊

編號	姓名	性別	出生日期	家長姓名	職業	電話		住址	備註
						公			
						宅			
						公			
						宅			
						公			
						宅			
						公			
						宅			
						公			
						宅			
						公			
						宅			

資料來源：臺南市公立幼兒園96學年度新生入園注意事項，臺南市特幼課網站，民國96年10月1日，取自：http://spc.tn.edu.tw

要做好**學籍管理**，宜掌握以下**原則**（謝文全，民91）：(1)各種學籍資料要齊全；(2)學籍記載要精確；(3)學籍應按規定處理並按時呈報核備；(4)應設專櫃分類保管；(5)應作定期與不定期的抽查與改進；(6)充分運用學籍資料協助教學實施。

第二節　幼兒園的教保活動型態與作息時間安排

壹　幼兒園的教保活動型態

　　爲符合「幼兒教育及照顧法」第12條對幼兒園教保服務內容之規定，教育部制定幼兒園教保活動課程大綱，作爲幼兒園研訂教保活動課程之依據，指引幼兒園提供合宜的教育及照顧服務內容，達成教保的目標。

　　幼兒園教保活動課程大綱（以下簡稱課程大綱）之宗旨在陶養幼兒具備「仁」的教育觀，承續孝悌仁愛文化，愛仁愛己、關懷環境、面對挑戰、踐行文化的素養，並奠定終身學習的基礎，進而成爲重溝通、講道理、能思考、懂合作、有信心、會包容的健康未來社會公民。本課程大綱的內涵以個體與生活環境互動爲基礎，型塑幼兒心智能力爲核心，兼顧幼兒全人發展及其所處文化環境的價值體系兩層面，規畫幼兒學習的領域和能力。

　　課程大綱的內涵依據幼兒的需求與社會文化的期待，劃分爲身體動作與健康、認知、語文、社會、情緒和美感六領域，然實施時須符合幼兒的生活經驗，以統整方式實施。各領域的學習面相彼此關聯，相互統整；各領域的能力彼此串結，環環相扣，以支持幼兒發展統合的六大能力，面對未來多變的社會。本課程大綱從人的陶養出發，確立課程大綱的宗旨和總目標，並將課程分爲身體動作與健康、認知、語文、社會、情緒和美感六大領域。透過統整各領域課程的規劃與實踐，陶養幼兒擁有下列六大能力：(1)覺知辨識：運用感觀，知覺自己及生活環境的訊息，並理解訊息及其間的關係。(2)表達溝通：運用各種符號表達個人感受，並傾聽和分享不同的見解與訊息。(3)關懷合作：願意關心與接納自己、他人、環境和文化，並願意與他人協商，建立共識，解決問題。(4)推理賞析：運用舊經驗和既有知識，分析、整合及預測訊息，並以喜愛的心情欣賞自己和他人的表現。(5)想像創造：以創新的精神和多樣的方式表達對生活環境中人事物的感受。(6)自主管理：根據規範覺察與調整自己的行動。

　　本課程大綱的實施通則：(1)根據課程目標編擬教保活動課程計畫，以統整方式實施。(2)依據幼兒發展狀態與學習需求，選擇適宜的教材，規劃合宜的教保活動課程。(3)配合統整的教保活動課程計畫，規劃動態的學

習情境，開展多元的學習活動。(4)重視幼兒自由遊戲及在遊戲中學習的價值，讓幼兒得以自主的探索、操弄與學習。(5)嘗試建構學習社群，以分齡、混齡或融合教育的方式進行，在協同合作溝通中，延展幼兒的學習。(6)教保服務人員需關照有特殊需求的幼兒（包括區域弱勢、經濟弱勢和特殊幼兒），提供合宜的教育方式。(7)教保服務人員在課程進行中根據目標扮演多重角色；並在課程規劃前、課程進行中和課程進行後省思自己。(8)幼兒的學習評量須在平常有計畫而持續的蒐集資訊，並定期整理與分析，以瞭解幼兒的能力與學習狀況，以及提供教保服務人員檢討其教保活動課程與教學，進而規劃後續的課程。(9)自幼兒園到國民小學是幼兒從非正式覺遇到正式教育的一大轉變。幼兒園宜主動扮演銜接的角色，協助幼兒園面對新情境的挑戰。(10)建立幼兒園、家庭與社區的網路，經營三者間的夥伴關係。透過教保活動課程，以培養幼兒對文化的投入與認同。面對多元文化的社會，培養幼兒面對、接納和欣賞不同文化的態度。

　　幼兒園的教保活動型態，主要有團體活動、分組活動及個別活動三種，分項說明如下（王靜珠，民89）：

　　1. **團體活動**：是實施團體生活指導的教保活動，這種活動方式常以一個班級或二個班級以上，乃至全校幼兒一同參與活動。團體活動的內容除了包括經驗分享、作品欣賞及生活常規討論之外，還可包括：兒歌教唱、故事、遊戲、討論、認知思考、律動、遊戲、感官體驗等活動。在進行團體活動時應注意：(1)鼓勵幼兒積極參與，使活動氣氛和諧；(2)活動要計畫周詳，且具彈性變化；(3)活動所需器材和教具應準備充分；(4)選擇適當時間和地點；(5)活動時應把握時間，並顧及幼兒興趣，活動時間不宜太長。

　　2. **分組活動**：即是將幼兒分成若干小組，各小組進行不同的活動。分組活動的方式可分為：(1)指定分組：保育人員或教師依據幼兒的能力、年齡來進行分組，同時並指定該組進行活動的內容，然後經過一段時間，各組輪流交換活動內容；(2)自由分組：則是讓幼兒依據自己的興趣來選擇組別，或和自己的玩伴組成一個小組。初次進行分組活動時，可先採指定分組方式，等幼兒熟悉分組活動的教學型態後，再採行自由分組活動方式。在進行分組活動時應注意：(1)保育人員與教師應進行巡視與輔導，並適時予以鼓勵；(2)教具、教材、工具應事先準備妥當，最好能配合人數，多準備幾

份；(3)可利用走廊、庭院等空間作為分組活動的場地；(4)活動結束前，提醒幼兒做好結束活動的準備，並收拾器材，歸回原位。

3. **個別活動**：個別活動又稱自由活動。即是幼兒自由選取自己喜愛的活動，例如：活動室內的學習區活動、遊戲場的活動。進行此種活動時，保育人員與教師應加強巡視，並進行個別輔導。進行個別活動時應注意：(1)充實活動的教材、教具，以供幼兒自由取用；(2)多鼓勵幼兒嘗試不同的教材、教具；(3)宜多注意活動場地安全性；(4)宜多巡視與觀察，並給予適時的輔導。

貳　幼兒園的作息時間安排

每學期的行事曆是讓家長瞭解孩子在幼兒園的生活作息，方可配合幼兒園的步調提升親子之間的互動品質，也可知道非假日所舉辦的親子活動，預先保留差假與孩子共同參與。學期行事曆的內容規劃是可以和教學主體做結合，也可單獨呈現（臺北市社會局，民96）。（參見表2-4、2-5）

表2-4　臺北市○○幼兒園○○年○期園曆

日　期	週次	行　事　要　項	生活學習
8月29日 ｜ 9月2日	一	1.8月29日學期開始 2.9月2日家長座談會 3.第一次園務會議	
9月5日 ｜ 9月9日	二	1.量身高、體重 2.幼兒棉被帶回清洗（太陽組）	小手洗一洗
9月12日 ｜ 9月16日	三	1.星星組幼兒進行天氣紀錄 2.戶外教學—天文科學教育館 3.幼兒棉被帶回清洗（星星、彩虹組）	同　上
9月19日 ｜ 9月23日	四	1.幼兒棉被帶回清洗（太陽組） 2.8、9月份慶生會 3.9月18日中秋節	營養的食物
9月26日 ｜ 9月30日	五	1.9月28日孔子誕辰紀念日 2.幼兒棉被帶回清洗（星星組、彩虹組）	同　上
10月3日 ｜ 10月7日	六	1.幼兒棉被帶回清洗（太陽組） 2.量體重	天天如廁

10月10日 ｜ 10月14日	七	1.10月10日 國慶日放假一天 2.戶外教學活動—參觀國慶街景及中正紀念堂 3.幼兒棉被帶回清洗（星星組、彩虹組）	同　上
10月17日 ｜ 10月21日	八	1.幼兒棉被帶回清洗（太陽組） 2.親子郊遊活動	眼睛亮晶晶
10月24日 ｜ 10月28日	九	1.幼兒棉被帶回清洗（星星組、彩虹組） 2.10月31日萬聖節	同　上
10月30日 ｜ 11月4日	十	1.幼兒棉被帶回清洗（太陽組） 2.10、11月慶生會	我會穿衣服
11月7日 ｜ 11月11日	十一	1.量身高、體重 2.幼兒棉被帶回清洗（星星組、彩虹組） 3.家長參觀週暨親職講座	同　上
11月14日 ｜ 11月18日	十二	1.戶外教學活動—臺北海洋館 2.幼兒棉被帶回清洗（太陽組）	避難逃生 別慌張
11月21日 ｜ 11月25日	十三	1.所內消防演習 2.幼兒棉被帶回清洗（星星組、彩虹組） 3.12月24日感恩節—彩蛋活動	同　上
11月28日 ｜ 12月2日	十四	1.幼兒棉被帶回清洗（太陽組）	勇敢説不
12月5日 ｜ 12月9日	十五	1.量體重 2.幼兒棉被帶回清洗（星星組、彩虹組）	同　上
12月12日 ｜ 12月16日	十六	1.主題學習綜合評量 2.幼兒棉被帶回清洗（太陽組）	誰的姿勢 最漂亮
12月19日 ｜ 12月23日	十七	1.12月25日行憲紀念日及聖誕節 2.親子活動—歡樂聖誕餐會（12/24） 3.幼兒棉被帶回清洗（星星組、彩虹組）	同　上
12月26日 ｜ 12月30日	十八	1.1月1日開國紀念日 2.戶外教學活動—聖誕街景、臺北偶戲館 3.幼兒棉被帶回清洗（太陽組）	喜歡自己
1月2日 ｜ 1月6日	十九	1.幼兒棉被帶回清洗（星星組、彩虹組） 2.12、1月慶生會	同　上
1月9日 ｜ 1月13日	二十	1.量身高、體重 2.體能評量活動 3.幼兒棉被帶回清洗（太陽組）	我會幫忙 大掃除

1月16日 │ 1月20日	二一	1.主題學習綜合評量 2.戶外教學活動──過年街景、大賣場 3.幼兒棉被帶回清洗（星星組、彩虹組）	期末綜合評量
1月23日 │ 1月27日	二二	1.暖冬圍爐活動 2.期末園務會議	期末綜合評量
備　註			

資料來源：臺北市托兒所行政管理手冊，臺北市社會局網站，民國102年7月21日，
　　　　　取自：http：//www.bosa.tcg.gov.tw/i/i0300.asp?fix_code=2703010&group_
　　　　　type=1&l1_code=27&l2_code=03

表2-5 新北市○○幼兒園○○年○期行事曆

○○學年度第一學期	月　份	行　政	教　學	保　育	總　務
	9月份 |	日	一	二	三	四	五	六 | 第一週｜　｜8/30｜8/31｜1｜2｜3｜4 第二週｜5｜6｜7｜8｜9｜10｜11 第三週｜12｜13｜14｜15｜16｜17｜18 第四週｜19｜20｜21｜22｜23｜24｜25 第五週｜26｜27｜28｜29｜30	＊9/1日園務會議 ＊學保投保	＊8/30日新生家長座談會 ＊9/1日IEP會議 ＊9/2日教學會議	＊環境消毒與整理 ＊9/1日慶生會 ＊9/13日視力身高、體重測量	＊遊戲器材檢核 ＊保險名單造冊 ＊沙坑更換沙
	10月份 |	日	一	二	三	四	五	六 | 第五週｜　｜　｜　｜　｜　｜1｜2 第六週｜3｜4｜5｜6｜7｜8｜9 第七週｜10｜11｜12｜13｜14｜15｜16 第八週｜17｜18｜19｜20｜21｜22｜23 第九週｜24｜25｜26｜27｜28｜29｜30 第十週｜31	＊10/6日園務會議 ＊公共意外責任險投保	＊10/1單元綜合活動 ＊10/4日教學會議 ＊10/12日參觀樂器行 ＊視力保健教學觀摩	＊10/6日慶生會 ＊10/8日防火逃生演習 ＊10/15視力異常轉介追蹤	＊儲藏室整理 ＊用電安全檢核
	11月份 |	日	一	二	三	四	五	六 | 第十週｜　｜1｜2｜3｜4｜5｜6 第十一週｜7｜8｜9｜10｜11｜12｜13 第十二週｜14｜15｜16｜17｜18｜19｜20 第十三週｜21｜22｜23｜24｜25｜26｜27 第十四週｜28｜29｜30	＊11/3日園務會議 ＊11/25日園刊出刊	＊11/5日教學會議 ＊1/18日單元綜合活動 ＊11/30日參觀玩具店	＊11/3日慶生會 ＊健康篩檢	＊戶外遊戲器材保養

12月份				
(第十四週～第十八週行事曆)	＊12/1日園務會議 ＊12/27日下學期續讀調查	＊12/8日教學會議 ＊12/24日單元綜合活動	＊12/1日慶生會 ＊12/3日防震逃生演習	＊教具室整理（清點教具）
1月份				
(第十八週～第二十一週行事曆)	＊1/5日園務會議 ＊1/17~1/19日下學期註冊 ＊擬定下學期行事曆 ＊1/21日園務會議	＊1/7日教學會議 ＊擬定下學期單元 ＊1/12日IEP檢討會議	＊1/5日慶生會 ＊1/17日測量身高、體重 ＊1/21日期末大掃除	＊圖書清點 ＊財產設備查核 ＊遊戲器材檢核

12月份行事曆：第十四週（三1、四2、五3、六4）；第十五週（日5、一6、二7、三8、四9、五10、六11）；第十六週（日12、一13、二14、三15、四16、五17、六18）；第十七週（日19、一20、二21、三22、四23、五24、六25）；第十八週（日26、一27、二28、三29、四30、五31）。

1月份行事曆：第十八週（六1）；第十九週（日2、一3、二4、三5、四6、五7、六8）；第二十週（日9、一10、二11、三12、四13、五14、六15）；第二十一週（日16、一17、二18、三19、四20、五21、六22）；（日23、一24、二25、三26、四27、五28、六29）；（日30、一31）。

資料來源：園務參考，新北市幼兒教育資源網，民國102年7月31日，取自：http：//kidedu.ntpc.edu.tw/files/11-1000-83.php

　　教學活動進度表為全園教學活動之依據，應於每學期開始前來編寫，以便教保人員易於掌握教學重點，並清楚整個學期之重點活動，事先安排計畫。另一方面提供給家長，使家長瞭解孩子的學習內容重點，及該與學校配合之事項能清楚的呈現。其內容大致可包含下列各項，但可針對各園方的需求彈性增減（林佩蓉等，民84）：(1)週次、日期；(2)單元名稱（或活動主題）；(3)活動目標（教學內容重點）；(4)生活教育；(5)重要活動（如：運動會、校外教學、慶生會、週末活動等）；(6)家長配合事項。

　　園方應事先統一編印教學活動進度表之空白表格，在學期開學前，提供教學活動進度表和園方之行事曆給教師編寫及參考；教師在編擬教學進度時，先參照學校行事曆扣除不能上課的日期（如星期例假日、節日）後，再參考過去的進度、學生的能力高低、教材的性質及時令季節，將教材妥善分配於能上課的時間；教學進度表最好在開學一週內儘速完成，各班級教學進度表應列印若干份，由教師自存參考，並送交行政人員備查；園方行政人員蒐集各班級教學進度表後，應加以審核，並彙訂成冊，以便隨時查閱。擬定教學活動進度表時，較常使用的方式有（謝文全，民91）：(1)由各位教師自行擬定；(2)推選教師代表組成小組負責擬定；(3)利用教學研究會共同商

訂；(4)先推選一位教師代表負責擬定，再由相關教師開會修訂；(5)運用各學年會議開會擬定；(6)由園方及教學研究會訂定一些原則，再由各位教師據以擬定。

　　園方行政人員可在教學研究會議中協調場地的使用、調配車輛問題。此外，園方行政人員可查閱各班級教師所填寫的教學日誌，以瞭解幼兒的出席狀況、特殊事件、特別需要輔導的幼兒等資料，以提供教師必要的協助。教學日誌的功用是一方面作為園方長瞭解保育人員教學實況的參考；另一方面可供園方評鑑教保活動的重要依據（王靜珠，民89）。同時，為了協助教師專業成長，可透過教學觀察與討論，提供教師教學改進意見；定期召開教學會議，提供教師交換教學心得，討論教學困境之機會。協助教師專業成長的活動，最好能配合教師的意願，以符應個別專業成長的需求。

　　近年來，為因應職前師資教育與在職專業成長之需要，提倡反省性的教師專業成長，對教師實際教學產生轉變心態、反省教學、開展經驗、揭露盲點、推廣反省等影響，以下為較常使用的反省性教師專業成長策略（張翠娥，民96a）：(1)每日填寫工作反省日誌：對每日教學歷程做反省式的思考。(2)教學觀察：可請未擔任教學的教師、資深教師或園方行政人員協助觀察。觀察重點通常包括：整體教室氣氛、師生互動狀況、教師班級經營技巧、幼兒反應、教師輔導策略等。觀察時間則需配合觀察項目出現的時間、頻率等狀況。(3)教學錄影、錄音：應經教學者同意後再錄影、錄音，透過影像、錄音進行反省記錄和討論，若由督導者進行個別會談或小組討論的方式進行效果會更好，若公開討論時，應給予教學者正面的肯定和建議較佳。(4)小組會談：可先提出優點部分，再提出缺點的檢討，透過共同討論，分享彼此經驗和意見，以增進輔導知能。督導者可扮演提問和催化者的角色。(5)訪談：訪談者最好由教師信任的專業人士進行，內容可包括反省札記中所提出的省思問題、教學觀察、活動錄音與錄影記錄，以協助研究對象如何從省思觀點檢討自己的教學行為。(6)督導會議：若一位督導需輔導二、三十位教師，或如大專校園幼教、幼保系科、高中職幼保科的教學實習課程，可運用定期舉行的督導會議方式，由輔導督導或輔導教師主持，會中大家提出教學上所面臨的問題，彼此交換意見。(7)行動研究：教師可運用行動研究方式，試著選擇一個主題進行行動研究，透過行動研究自行發現問題

並解決問題。

園方教學行政人員在評估教師教學效能時，可透過長期的觀察與瞭解幼兒、教師、家長的反應，或透過長期的評量表評量方式，瞭解教師的教學情形。（參見表2-6、2-7、2-8、2-9）

表2-6 新北市○○幼兒園主題教學活動記錄

教學主題	書	教學者	王○○	班級	河馬班
活動週次	第11週 ～ 第15週	活動日期	11/17~12/11		
目標	△會測量也會記錄。				

發展內容與過程

第一天 11月17日

一、引起動機：老師手持一本書，翻開每一頁讓孩子看之後，老師做某一頁的動作，請小孩出來翻翻看作哪裡，並說出在第幾頁。

二、討論活動：你看過什麼樣的書？

幼兒答：恐龍、動物、小飛俠、故事書、音樂的書、挖土機的書、看過圖鑑（就是有很多的圖片）、英文、陶土、健保的書。

老師問：哪裡有這麼多不一樣的書？

幼兒答：餐廳、家裡、書局、圖書館、文具店、學校等。

老師問：圖書館是什麼樣子？

幼兒答：△有架子、櫃子是很多層的。

△很高很高的地方的書是不能拿。

△圖書館要脫鞋才能進去。

△圖書館裡有推車把新出來的書推出來放在架子上。

△有一些書像圖書角的方法擺，有的書是放在架子上，一本一本靠在一起。

△有蓋印章的才可以借書。

△圖書館有三樓，有冷氣、影印機、椅子等。

三、分組活動：△蓋二樓

△製作推車

△製作櫃子

四、遊戲：人名、地點、做什麼事

《玩法》全班分成三組，第一組商量人名，第二組商量什麼地方，第三組商量做什麼事。時間到了，老師請各組發表組成一個完整的句子。例如：大王老師在大樹上洗衣服。

五、請每個孩子帶5本書

第二天 11月18日

一、引起動機：傳訊號

《玩法》老師傳給第一個小孩，第一個小孩再傳給第二個小孩，以此類推到了第五個，再傳第二個訊號。

二、角落活動：分類圖書

一早看到每個孩子帶著5本書進入教室。有小朋友很得意的和他的好友們說：「我有帶5本書。」後來有眼尖的孩子看見一旁有工作服，便紛紛過去說：「我要穿。」動作快的就推著昨天製作的推車，把書載回圖書館。老師就拋了一句話：「這些書要怎樣處理？」立刻聽到孩子說：「要分類」，於是二話不說就開始工作了。

三、討論活動：為什麼書要分類？

幼兒答：△因為有大人看的書和小孩看的書，如果分開，就不會拿到大人的書。

△如果沒放好，有人要拿雜誌，就會混亂不知道放在哪了。

△如果隨便放，大家就不知道要放在哪一個位置，也找不到要看的書。

△亂放，如果人家要看，沒有分類好，書就沒法放回去。

△沒放好，有時人家要看很好看的書，本來要放到7號櫃子，後來放到8號櫃子，客人就找不到了。

△如果不分號碼，人家要放書，就會放錯。

四、分組活動：△蓋櫃子 △製作招牌 △製作二樓的圍牆裝飾 △包裝桌子

第三天 11月19日

一、引起動機：

1. 請和旁邊的好朋友的動作不一樣，當老師說「變」，就再變一個動作。

2. 由一個動作變成同時兩個不一樣的動作。

二、角落活動：貝殼圖書館

工作員忙著製作借書證，而且是有造冊的。在外等候的客人已按耐不住了，就主動進入。每個人都遵守工作員的規定，排隊等候辦理借書證。有時客人會站著看書，工作員會提醒客人可以到一樓或二樓的桌子前看書。

〈縫工角〉→ 縫坐墊

〈益智角〉→ 孩子都能有耐心的輪流挑戰關卡，尤其在第三關使用螺絲和螺絲帽結合紙條的變化。好特別，有狐狸、形狀…等。

三、討論活動：為什麼看書要坐著看？

幼兒答：△因為如果在地板看書，有人不小心會踩到。

△不然會近視，就是戴眼鏡。 △會害人跌倒。

老師又問：怎麼樣幫助我們不會近視？

幼兒答：△在桌子前看書就不會近視。 △吃飯一直看電視太近。

△光線不夠也會近視。 △不能躺著看書。

老師又問：萬一眼睛不舒服，怎麼辦？

幼兒答：△去看眼睛。△去洗把臉。△休息睡一下，就是躺著休息。

△去看醫生拿眼藥，每天點一次，再閉眼睛休息一下。

主 題 發 展 藍 圖	
貝殼圖書館→漂亮坐墊公司→大榮鷹眼科→蘋果造紙工廠→河馬商店	
角落活動	角落資源
〈創作角〉 → 貝殼圖書館	書面紙、彩色筆、白膠、自製印章、印臺、釘書機、工作服、全班的名字、筆、小孩帶來的書、借書證的字、畫好格子的紙、標籤
〈玩具角〉 → 大榮鷹眼科	小藥瓶、顏料、自製掛號單、自製印章、工作名牌、自製眼科檢查儀器、醫生服、壓舌板、自製藥袋、印臺、全班名字、白膠、筆、彩色筆、家長提供眼睛方面的資料
〈縫工角〉 → 漂亮坐墊公司	圓形不織布、棉花、工作帽
〈益智角〉 → 圓圓長長變化園 功能：△小肌肉練習。 　　　△會使用螺絲和螺絲帽。 　　　△想像空間。 　　　△手眼協調。 　　　△數字大小概念。	工作服、尺、瓶蓋、記錄表格、各種長短紙條、數字表格、螺絲、螺絲帽、乒乓球、棍子、自製撞球臺
〈科學角〉 → 研究家博士 功能：△能分辨不同的紙。 　　　△實驗不同質材其重量有何變化。 　　　△遠近和力道的關係。 　　　△輕重的不同，降落時間有何不同？	各種紙類、膠帶、名牌
〈創作角〉 → 蘋果造紙場	絹網、報紙、果汁機、大盆子、吹風機、工作圍裙、牙籤、棉花棒、顏料、牙刷、針筒
〈美術角〉 → 河馬商店	色紙、條紋紙、白膠、白紙、造型打洞器

資料來源：園務參考，新北市幼兒教育資源網，民國102年7月31日，取自：http://kidedu.ntpc.edu.tw/files/11-1000-83.php

表2-7　新北市○○幼兒園教學日誌(一)

主題名稱			教師簽名		
日　　期	年　　月　　日		星期　　　天氣：晴、陰、雨		
本日活動流程					

教師自我評量	檢 核 項 目	良	可	待改進	備註（情況說明）
	1.課前教具準備。				
	2.課後教室收拾與整理。				
	3.課程安排均顧及動靜態。				
	4.班級常規的控制。				
	5.活動流程的銜接。				
	6.活動符合幼兒的興趣及需求。				
教學分享與省思					
偶發事件處理					

園長簽章：　　　主任簽章：　　　導師簽章：

資料來源：園務參考，新北市幼兒教育資源網，民國102年7月31日，取自：http：//
kidedu.ntpc.edu.tw/files/11-1000-83.php

表2-8　新北市○○幼兒園教學日誌(二)

教 學 主 題			第　　　天	
週次	第　　週	年　　月　　日　　星期	天氣：晴、陰、雨	
教學流程				
教學省思				

偶發事件處理	

園長簽章：　　　主任簽章：　　　導師簽章：

資料來源：園務參考，新北市幼兒教育資源網，民國102年7月31日，取自：http://kidedu.ntpc.edu.tw/files/11-1000-83.php

表2-9　新北市○○幼兒園單元教學活動設計

單元名稱	健康寶寶	設計者	陳○○	班別	大班
活動週次	第一週～第四週	活動日期	8月30日～9月20日		
活動目標	一、知道自己的容貌。 二、認識身體各部位的名稱及功能。 三、瞭解健康的重要性。 四、養成良好的運動習慣。 五、培養合作的團隊精神。				
活動綱要	〈活動一〉照鏡子：認識自己的容貌 〈活動二〉手在哪裡：以兒歌律動的方式，認識自己的身體 〈活動三〉五官拼圖：認識眼睛、耳朵、鼻子、嘴巴、眉毛的功能及保健方法 〈活動四〉喜怒哀樂：瞭解情緒並適當的表達 〈活動五〉我的身體：利用音樂遊戲做肢體活動 〈活動六〉超級比一比：用肢體做大小、高矮、胖瘦等相對概念的認識 〈活動七〉健康一級棒：利用故事給予幼兒各種基本的保健概念 〈活動八〉趣味競賽：以有趣的競賽遊戲，培養幼兒喜好運動的習慣 〈活動九〉綜合活動：『親子運動會』				
學習區	一、語文區：自己動動手 二、音樂區：肢體韻律 三、美勞區：創意水彩畫 四、科學區：量一量				
參考書籍目錄	我小時候長什麼樣子？【上人文化】 自己上廁所【三暉圖書】 好想上廁所【人類文化】 我為什麼有肚臍【人類文化】 不偏食【三暉圖書】 一口好牙【三暉圖書】 小恐龍拔牙記【兒童心理叢書】				

	幼兒健康100%【世一文化】 小熊包力刷牙記【上人文化】 小象的牙刷【人類文化公司】 幼兒生活常規【世一文化】 血的故事【漢聲圖畫書】 幼兒危機處理【世一文化】 眼睛的故事【漢聲圖畫書】 我們的頭腦【漢聲圖畫書】 手和手指頭【漢聲圖畫書】 鼻孔的故事【漢聲圖畫書】 著涼【漢聲圖畫書】 今天要打預防針【人類文化】 把身體挺直【跨世紀文化】 不愛乾淨的亮亮【企鵝圖書】 身體打電話【人類文化】、 哇！洗澎澎嘍！【幼兒腦力圖書】 眼淚小精靈【跨世紀文公司】
多媒體	錄影帶：1.箭靶小牛—教育篇【羅慧夫顱顏基金會】 　　　　2.箭靶小牛—兒童篇【羅慧夫顱顏基金會】 　　　　3.視力保健專輯【臺灣婦幼衛生研究所】 　　　　4.預防燒燙傷的知識—噴火小恐龍【行政院衛署】 　　　　5.預防中毒—包著彩衣的毒藥【行政院衛署】 　　　　6.預防兒童跌倒、墜落【行政院衛署】 　　　　7.水果親子動一動【公視出品】 　　　　8.藍色水果跳跳兔【公視出品】 錄音帶：1.健康體操專輯【幼聲企業】 CD：1.胖國王、瘦皇后【信誼基金出版社】 　　　2.眼鏡公主、蛀牙王子【信誼基金出版社】

資料來源：園務參考，新北市幼兒教育資源網，民國102年7月31日，取自：http：//
kidedu.ntpc.edu.tw/files/11-1000-83.php

　　園方通常都擬定有每日的作息時間表，以便於教師安排幼兒的活動，
作息時間並無一個固定版本，各園方應配合自己的教學理念、教學課程架構
和重點，以及園方內幼兒身心發展狀況，來規劃符合幼兒學習特性的作息時
間。作息時間的規劃安排原則有（信誼基金會學前兒童教育研究發展中心主編，
民72；林佩蓉等，民84；張翠娥，民96a）：

　　1. 顧及幼兒基本需求：幼兒生理上的需要應予特別注意，因此上廁
所、點心、午餐和午睡時間的安排，要儘量讓幼兒覺得舒適而滿足，時間長
短應適中；幼兒活動力強但卻不知控制，應注意活動和休息的相互調配；幼

兒持續力較弱，應注意每項活動時間的長短。全日班的幼兒經過一個上午的活動，到了下午時間，最好儘量讓他們有輕鬆、舒適的感覺。午睡過後，可安排些輕鬆自由的活動，讓不同年齡的幼兒一起玩，或由教師扮演媽媽，使幼兒覺得好像在家裡一樣。擬定作息時間表時，除了要注意時間與活動內容的配合之外，還需考慮到幼兒的學習經驗與目的。

2. 注意幼兒來園和離園的感受：在幼兒來園時有個愉快的開始，與幼兒個別交談，並作日常性的健康檢查，亦可進行快樂的韻律活動與顧及個別需求的自由活動時間；離園前，亦要有美好的放學時光，如與幼兒討論今天做過的活動，固定的放學音樂，道別或預告明日的活動、交代注意事項，皆應有被關心和輕鬆愉快的感覺，並協助幼兒做好開始和結束的心理準備。

3. 兼具各類型活動：戶外活動和室內活動、團體活動和個別活動、教師安排的活動和幼兒自己選擇的活動，各項活動時間的安排，要注意各類型活動間的平衡。團體活動、分組活動、個別學習和自由活動等，各類型活動於一天中該占多少比例？幼兒時期的自我成長和社會行為發展同等重要，各園方宜針對自己的教學理念、重點，規劃一天中各類型活動所占的比例，期能提供幼兒多元的學習環境，也可安排戶外教學、戲劇或藝術活動等。

4. 動靜活動的均衡：戶外活動是每日每位幼兒所不可缺少的活動，園方應安排固定且足夠的時間，讓幼兒跑、跳、爬等，促進幼兒大肌肉的發展，在此，建議每半日中至少有半小時的戶外活動時間，可按此比例安排規劃適合自己園方內幼兒的戶外活動時間；但是，長時間的靜態活動會使幼兒情緒不穩定，過度的動態活動會使幼兒變得過度疲憊，動、靜活動適當且交互的進行，不但可緩和幼兒的情緒，亦可讓幼兒得到充分的活動和休息。

5. 作息活動不宜匆促或經常變動：每段活動的時間不要太匆促或經常變換，應該讓幼兒很從容地進行活動，並且熟悉接著要進行的活動，而覺得有安全感。

6. 有變通調整的彈性：作息安排和教學活動計畫必須具備彈性，可配合幼兒的年齡和季節氣候，或依其興趣、能力發展，彈性調整和變更。

幼兒園依據家長和幼兒的需求，作息時間規劃可分為半日制與全日制，其作息時間的規劃宜注意下列要點（林佩蓉等，民84）：

1. 半日制的安排：(1)半日制幼兒在園方時間較短，和小朋友互動的機

會也相對減少，故應注意安排較多的分組和自由活動，增加同儕間的互動、交流；(2)因全、半日制幼兒的共同時間集中在上午，故主要的教學活動、重要團體活動，皆應安排於上午，以注意到幼兒學習的平等性；(3)點心時間若能將點心早餐化或自由取用點心，較能符合幼兒需求。

2. 全日制的安排：全日制除了上午的課程安排外，還包括中午和下午的課程安排。(1)午餐、午休之實施，應考慮午餐與午休之間應間隔適當的時間、午休的時間長短、不需午睡幼兒的安排；(2)全日制幼兒在園方時間較長，且主要活動已在上午進行，故應可規劃一個輕鬆愉快、偏重遊戲及運動的下午活動課程。

不同的教學模式有不同的作息時間安排，無論以何種課程架構，幼兒需求所編排的作息時間，皆須注意「彈性運用」，要有變通性，隨時考量實際需要來改變。下列依照主題式課程、蒙特梭利課程與華德福課程，提供不同的作息時間表，以供參考（參見2-10、2-11、2-12）：

1. 主題式課程：主題式課程的作息時間很少訂定固定的作息時間，只彈性訂出基本作息要項，其每週計畫也很彈性。

2. 蒙特梭利課程：蒙特梭利課程就每個分段時間的長度而言，原則上都是以大時段方式分割，甚至有的將時間表列為參考資料，實質上，幾乎所有時間的分配都是由兒童自己決定（簡楚瑛、張孝筠，民93）。

3. 華德福課程：華德福課程是以活動、模仿與示範、規律與反覆引導幼兒有目標、有方向地發揮意志；以需要意志的活動提供幼兒適當的感官刺激，並發揮想像、創造的遊戲與工作能力；以規律富節奏的生活經驗，薰陶幼兒，以預備他成為「感恩、有愛、有責任感」的成人；並以「從心所欲，不逾矩」的規範，預備他邁向自由的未來（林玉珠，民93）。

表2-10　主題式課程作息時間表

時間　　星期	星期一	星期二	星期三	星期四	星期五
7：30~8：30	幼兒入所－快樂時光（趣味遊戲）				
8：30~9：30	混齡學習區（教具操作及創作時間）				

9：30~10：10	上午點心時間				
10：10~11：30	假日生活分享	田園尋蹤	衛教活動	主題及田園活動	大家一起動一動
	主題及田園活動	主題及混齡活動	幼兒體能活動	創意美術活動	主題及混齡活動
11：30~12：20	美味的午餐、出外走走				
12：20~14：30	美夢時刻				
14：30~14：40	整理寢具時間				
14：40~15：30	主題分組活動	主題及田園活動	主題及田園活動	主題分組活動	主題及田園活動
15：30~15：50	下午點心時間				
15：50~16：15	休閒活動及分享時間				
16：15~18：00	收拾分享、互道再見				
18：00~19：00	延托晚餐&活動時間				

資料來源：臺北市托兒所行政管理手冊，臺北市社會局網站，民國102年7月21日，取自：http://www.bosa.tcg.gov.tw/i/i0300.asp?fix_code=2703010&group_type=1&l1_code=27&l2_code=03

表2-11　蒙氏幼兒園作息時間表

時間	活動
8：30~11：20	上午工作時間
11：20~11：30	團體時間、半天班放學（*1）
11：30~14：00	午餐、刷牙、中午休息時間（*2）
14：00~14：50	團體時間、下午工作時間
14：50~15：00	放學

*1：團體時間由老師視當天情形，或課程需要來進行，或是在放學前，提早集合進行。
*2：中午休息時間並不是像別的學校一般地午覺時間，而是讓幼兒可以玩非蒙氏的玩具，當然幼兒也可以操作蒙氏的工作。
資料來源：「蒙特梭利課程模式」，簡楚瑛、張孝筠，民93，載於簡楚瑛（主編），幼教課程模式（頁383）。臺北市：心理。

| 表2-12 | 華德福作息課程表 |

時間	星期一	星期二	星期三	星期四	星期五
8：00~9：20	歡迎小朋友／戶外創意遊戲				
9：30~10：00	晨頌				
10：00~10：30	早點心				
10：30~11：00	水彩畫	蜂蜜蠟捏塑	日文歌謠	烹飪、手工	英文歌謠
11：00~11：40	創意遊戲				
11：45~12：00	故事				
12：00~15：00	午餐與午睡				
15：00~15：30	午點心				
15：30~16：00	大班戲劇扮演／創意遊戲	布偶戲	大班戲劇扮演／創意遊戲	布偶戲	大掃除
16：00~17：20	放學／戶外創意遊戲				

參考資料：娃得福幼教課程模式之理論與實踐，林玉珠，民93，載於簡楚瑛（主編），幼教課程模式（頁287）。臺北市：心理。

第三節　規劃舉辦特殊活動與建立教學支援系統

　　幼兒園需將每日的重要記事、學生出缺席和教師出差勤情況、偶發事件和訪園人士等相關事項，由輪流值日教師填入園務日誌中，以供日後查考。同時，在舉辦各項活動前，也需召開各項會議，並將會議做成記錄，以供作執行依據、查核與留存。將園方務日誌與會議紀錄之型式，如表2-13、2-14和2-15所示。

表2-13　臺北市公私立幼兒園園務日誌(一)

週次：　　　　　　　　　　　　　日期：

主題名稱	○○組：					○○組：	○○組：		
星期	幼兒出缺席狀況					重要事項紀錄	值班老師	延托老師	隨車老師
	組別	大	中	小	小小	合計			
一	就托人數								
	出席人數								
	缺席人數								
┊	就托人數								
	出席人數								
	缺席人數								
五	就托人數								
	出席人數								
	缺席人數								

紀錄：　　　　　　　組長：　　　　　　　所長：

資料來源：臺北市托兒所行政管理手冊，臺北市社會局網站，民國102年7月21日，取自：http://www.bosa.tcg.gov.tw/i/i0300.asp?fix_code=2703010&group_type=1&l1_code=27&l2_code=03

表2-14　臺北市公私立幼兒園園務日誌(二)

主任：所長：	重要事件紀錄	今日餐點	合計	病假	事假	出席	就托人數	班級	教學活動（主題）	第週
		早上點心						班	大班　中班　小班　小小班　寶貝班	年　月　日
								班		
		中餐						班		
組長：								班		星期
								班		天氣
								班		監護
	參觀來賓	下午點心						班		隨車　在所
								工作人員		

資料來源：臺北市托兒所行政管理手冊，臺北市社會局網站，民國102年7月21日，取自：http：//www.bosa.tcg.gov.tw/i/i0300.asp?fix_code=2703010&group_type=1&l1_code=27&l2_code=03

表2-15　臺南市幼兒園園務日誌

中華民國　年　月　日　　星期　　天氣					第　　週
值日教師		自上午　時　分起 至下午　時　分起	值日工友		自上午　時　分起 至下午　時　分起
本日記事			幼兒出缺席狀況	班別 / 出席 / 缺席	教職員工動態：公出／病假／事假 生活輔導記事 偶發事項 訪園者
園長批示					填表人

資料來源：臺南市公立幼稚園幼教行政表格，臺南市特幼課網站，民國96年10月1日，
　　　　　取自：http://spc.tn.edu.tw。

　　會議記錄是會議結束後的執行依據及日後必要時查核追蹤的資料。依據內政部之議事紀錄，其主要項目如下（臺北市社會局，民96）：(1)會議名稱及會次；(2)會議時間；(3)會議地點；(4)出席人姓名及人數；(5)列席人姓名；(6)請假人姓名；(7)主席姓名；(8)紀錄姓名；(9)報告事項；(10)討論事項、方法及結果；(11)其他重要事項。如表2-16和2-17所示。

表2-16　臺北市○○幼兒園第○次教保（園務）會議記錄

一、時間
二、地點
三、主席　　　　　紀錄
四、列席
五、上次會議決議事項執行情形
六、報告事項（業務或活動報告，包括上次教保活動檢討及下週教保活動計劃）
七、討論或研習分享
八、決議事項
九、臨時動議
十、散會：（時間）

傳閱簽名：

資料來源：臺北市托兒所行政管理手冊，臺北市社會局網站，民國102年7月21日，
　　　　　取自：http://www.bosa.tcg.gov.tw/i/i0300.asp?fix_code=2703010&group_
　　　　　type=1&l1_code=27&l2_code=03

表2-17　幼兒園會議記錄

一、主席致詞：
二、業務報告：
三、上次會議提案執行情形：
四、討論提案：
（一）提案：
案由：為提高服務士氣，並增進同仁之間情誼，請擇期舉辦員工自強活動，如 　　　　　　說明，請討論。
說明：
1.日期：85年1月13日
2.地點：屏東縣美濃
3.參加人員：全體員工及眷屬
4.經費：員工部分由本園負擔
5.工作分配：
決議：照案通過
五、臨時動議：
六、散會

資料來源：臺南市公立幼稚園幼教行政表格，臺南市特幼課網站，民國96年10月1日，
　　　　　取自：http://spc.tn.edu.tw。

壹　規劃舉辦特殊活動

　　大部分的園方會在開學日、幼兒生日、畢業典禮、聖誕節、新年、兒童節、清明節、母親節、端午節、父親節⋯⋯等，舉辦特殊活動。這些特殊活動的型式包括：運動會、親子同樂會、聚餐、園遊會、表演活動、野炊、露營、化妝遊行、交換禮物、同樂會、參觀旅行⋯⋯等（參見表2-18）。教師除了要花心思準備設計活動外，在行政上也有許多要配合聯絡和協調的事宜，通常舉辦特殊活動在行政上配合的事項有（張翠娥，民96a）：

　　1. 召開特別活動行政會議：包括討論活動的目的和意義何在？活動型式如何呈現？哪個活動日期和時段較為適合？活動場地為何？並應推舉活動主要策劃人，可由園方教師輪流擔任；並應訂出工作流程與工作分配。

　　2. 準備、聯絡與協調：許多準備、聯絡與協調的事情，需要行政人員來處理。如去函告知參觀訪問的機構；與相關廠商洽談票價、旅遊時間、方式；租用或借用場地；道具、服裝、禮品的製作採購；寄發活動通知；聘請演講學者專家；邀請與會貴賓、特別人士；臨時的人員調度和聯繫等。

　　3. 工作進度的督導：行政人員需要督導工作進度，瞭解工作分配狀況，安排臨時人員的調度，並處理各種偶發狀況。

　　特殊活動雖與平日教學活動不同，但兩者之間亦有其關連性，以教學活動為主，特殊活動為輔，互相配合，以期增加幼兒的生活經驗、提高幼兒的學習興趣、增進親子間的關係、提升園方與家長的瞭解和溝通等，故特殊活動所擔負的意義和目的，亦是相當重要的。因特殊活動對幼兒、家長、園方皆有其重意義，所以應事先妥善規劃安排，期能達到最理想的程度，亦不失為展現園方特色的良好時機。以下為規劃活動的準備和程序（林佩蓉等，民84）：

　　1. 活動規劃前的準備：預先考慮評估：(1)舉辦特殊活動的意義、目的與對象；(2)舉辦較符合園方需要的特殊活動；(3)配合不同節日舉辦特殊活動；(4)考量經費、資源和場地。活動型態的蒐集：(1)配合教學活動；(2)配合節慶活動；(3)校外教學；(4)畢業典禮；(5)親子活動。

　　2. 活動規劃程序：(1)召開會議，擬訂計畫；(2)執行計畫，聯絡協調；(3)督導執行進度，機動調度；(4)活動檢討。

　　為了配合教學上的需要及擴展幼兒的見聞，園方經常會舉辦參觀、郊遊等活動，讓幼兒去拜訪一些有趣的人或有趣的地方，例如：去看工人蓋房子、去看警察指揮交通，或到百貨公司、動物園、牧場等地參觀郊遊，在辦理這些參觀和郊遊活動時，應注意的要點包括（信誼基金會學前兒童教育研究發展中心主編，民72）：(1)幼兒的年齡：年齡越小，活動的時間宜越短，可選擇距離園方較近的目的地。(2)目的地：教師應先去察看目的地，確定該場地適合幼兒活動，再設計好活動的路線及內容。(3)出遊日期：宜在一星期前就決定，以便及早準備有關事宜。(4)時間的安排：事先與目的地的負責人聯絡好，並將活動時間安排妥當，不要太匆忙，宜給幼兒充分的活動時間，但時間也不宜太長，以免幼兒過於疲勞。事前宜預定好出發時間和返回時間，讓家長按時接送幼兒。(5)交通工具：除了安排來回的汽車外，最好能多開一輛小轎車，以防萬一有幼兒發生意外，需要醫療急救，或在車子拋錨時可代用。若需租用遊覽車，可向家長酌收交通費。(6)通知家長：教師若要帶幼兒出外參觀、郊遊，一定要先寄發通知單告訴家長參觀、郊遊的時間、地點與應準備事項。(7)與幼兒討論：事前與幼兒討論將去哪裡、如何去、應注意哪些事項，使他們更熱衷於該項活動，並對活動有參與感。(8)幼兒與成人的比例：照顧幼兒的成人包括教師、助理教師、家長、實習學生等。(9)預先準備攜帶的物品：包括餐點、茶水、紙杯、急救箱、毛巾、塑膠袋、衛生紙等。(10)離開園方前，教師應注意：上車前讓幼兒上廁所（3歲幼兒應加帶換洗衣物）；清點幼兒人數，檢查每位幼兒是否已掛上名牌；再向幼兒交代一些必須注意的安全事項：必須兩人手牽手排好隊；不准橫越過馬路；搭乘車子時，頭手不可伸出車外，或在車上東奔西跑。(11)在每次參觀、郊遊結束後，應作個檢討，包括地點是否事宜、幼兒的照顧管理有無疏忽、時間是否控制得當等，以作為日後舉辦的參考。

表2-18　新北市○○幼兒園93學年度第一學期畢業典禮實施計畫

壹、活動目的：一、知道參加典禮的禮儀。
　　　　　　　二、體驗首次畢業的感覺。
　　　　　　　三、學習與人分享。
　　　　　　　四、增進親師情感交流與互動。
貳、活動日期：93年6月30日　上午9：00~12：00
參、活動地點：小學活動中心
肆、參加對象：全體教師及家長
伍、活動流程：
　　　　　　　09：00~09：30集合、簽到
　　　　　　　09：30~09：35典禮開始—畢業生進場
　　　　　　　09：35~09：45來賓禮讚—校長致詞
　　　　　　　09：45~10：00我長大了—頒發畢業證書
　　　　　　　10：00~10：05愛的叮嚀—爸爸媽媽的話
　　　　　　　10：05~10：15愛的祝福—中班的話
　　　　　　　10：15~10：30成長的喜悅—畢業感言
　　　　　　　10：30~10：50愛的禮物—頒獎
　　　　　　　10：50~10：55愛的歌曲—感謝有你
　　　　　　　10：55~11：00禮成
　　　　　　　11：00~12：00畢業餐會暨畢業展
陸、工作分配：

	項目	完成日期	備註	負責人員
1	擬定典禮計畫、流程安排、工作分配	93.6.1		園長（主任）
2	擬定通知單與調查表及受獎名單彙整	93.6.10	司儀程序稿	
3	參加人員統計、各項事宜聯繫、發邀請函	93.6.20	各處室及校長	
4	畢業證書及獎狀印製	93.6.25	證書60張	教學組
5	表演訓練（畢業感言、中班的話）	93.6.27	週二~週四下午	
6	籌備畢業展項目	93.6.10	靜態展覽	
7	典禮會場設計、海報及邀請卡製作	93.6.18	150個座位	總務組
8	申購畢業禮物（含包裝）及各項用品、道具	93.6.10	畢業胸花60朵	
9	典禮音樂錄製與播放	93.6.25	柔和的背景音樂	

10	統籌畢業餐會事務、設計餐會內容	93.6.15	餐具150人份	保育組
11	預訂餐盒、統計家長提供餐點份數與內容	93.6.20	餐盒60份	
12	製作餐點標示卡（名稱、提供者）、餐桌布置	93.6.28	鋪設桌巾	
13	典禮暨餐會會場布置與收拾整理	93.6.29	請志工家長協助	全體教師
14	畢業典禮司儀	93.6.30	6/29上午預演	王老師
15	活動拍照與攝影	93.6.30	6/29借DV攝影機	志工家長

柒、經費：幼兒園餐點費與活動費。
捌、本計畫經○校長核可後實施，修正時亦同。
校（園）長：　主任：　承辦人：

資料來源：園務參考，新北市幼兒教育資源網，民國102年7月31日，取自：http：//
　　　　　kidedu.ntpc.edu.tw/files/11-1000-83.php

貳　建立教學資源的支援系統

　　建立良好的教學資源的支援系統，可讓老師運用資源提升教學品質，對老師教學提供不少的助益。教學資源系統包括（張翠娥，民96a）：(1)教材教具的編類整理；(2)常用教學主題資源：蒐集相關圖片，製作與教學主題有關的兒歌圖卡，充實視聽媒體，充實教材教具；(3)可應用社會資源人士名單；(4)可參觀旅遊的地方名冊；(5)專業教學資訊的提供：幼教相關的專業雜誌與書籍、數位資料，單元主題設計的教學說明和參考書籍，幼兒保育或教育的最新消息、資訊。

　　每所園方的孩子特質不同，師資之氣質特性也不同，園方環境更具差異，因此，園方應發展適合自己園方內幼兒學習的課程教材，所以，在建立教學資源系統時，應以發展園方內合宜的課程教材為目標，可透過下列各項加以檢視（林佩蓉等，民84）：(1)符合幼兒的興趣與需求：從幼兒的興趣點進入，激發學習的動力，再供給孩子所需之態度、知識、技能，期能培養出愉快健全的幼兒。(2)融合環境教育：除了讓幼兒熟悉園方的環境之外，更重要的是對於周遭生活環境的認識，進而產生愛護關懷之心。(3)發揮教師

潛能：教師為教學的實際工作者，對幼兒有更多的認識與經驗，由第一線工作者所設計的課程定較符合幼兒的需求，發揮園方教師之專業能力。(4)展現園方特色：根據園方之教育目標、教學宗旨來規劃設計課程內容，建立自己的課程活動模式，顯現園方的特色。

而發展適合園方自己的課程教材之重點包括（林佩蓉等，民84）：(1)根據園方的教學理念：教學理念為各項工作推展的依據，尤其是教學課程的設計，更應以此為依據。(2)瞭解社區環境特質：社區的人文、地理環境，都應融入幼兒的課程活動中，不但能認識自己的生活空間，亦能增進人際關係之和諧。(3)觀察幼兒行為表現：課程活動進行之主角為幼兒，故課程設計應顧及幼兒的舊經驗、興趣和需求，此則需從幼兒平日的行為表現中觀察而得。(4)參考坊間各種教學資料：坊間出版許多相關教材，有些的確是內容豐富、架構清晰，可作為輔助參考之用，但不宜全盤抄襲。(5)聯合教師集思廣益：經由全園方教師開會研討，共同編寫發展課程內容，不但能集思廣益，亦能增進教師間感情的融洽，參與感強，利於溝通，何樂而不為。

第四節　幼兒學習評量與圖書管理

壹　幼兒學習評量

幼兒園的教學活動如同各級學校的教學活動，其基本歷程從教學目標、起點行為、教學活動到教學評量環環相扣，教學評量可以評估教學的效果作為補救教學、修正教學內容與教學方法的依據。目前幼兒園的教學評量是教學活動中比較弱的一環，茲就評量的意義、目的、種類、幼兒園教學評量的特點與實施分述如下（教育部，民83）：

一、評量的意義與目的

1. 評量的意義：評量又稱為評價或評鑑，一般人常把評價和測驗混為一談，其實兩者不同。測驗中在數量的測定，因而教育客觀性，評量則質量並重，兼有主客觀的方法；測驗中在客觀事實的獲得，也就是現狀之決定，而評量則重在事實之「解釋」、「診斷」與「價值」之判斷；測驗的結果重

在考核、獎懲，因此其對象為人，且其關係是上對下，而評量之結果，旨在經由事實之瞭解，進而求其缺點之改進，其對象是「在事不在人」，其關係是平行的，也可以由上對下，或由下對上。

2. 評量的目的：包括：(1)分析課程設計與教學得失：分析課程設計之目標是否達成，活動的內容、組織的方法、教學的方式是否合宜；(2)瞭解幼兒學習的狀況：瞭解活動設計是否適合幼兒的能力、需要和興趣；(3)作為個別輔導的依據：評量的目的不但可以瞭解全體幼兒的學習狀況，也可以瞭解幼兒個別身心發展的差異及學習的狀況，以作為個別輔導內容的依據；(4)作為下次課程設計及教學改進的參考：評量結果可作為下次課程設計及教學改進的參考。

二、評量的種類

課程的要素包括目標、內容、方法和評量四項，評量的種類有前評量、過程評量、後評量和追蹤評量：

1. 前評量：由於每一幼兒的身心發展、學習狀況、文化背景及過去的經驗不同，因此在活動設計前，教師有進行事前評量的必要，瞭解幼兒在開始學習新經驗之前，所具備的能力和就經驗到底有多少？有哪些？前評量可作為設計活動之參考，並可和活動後所獲得的學習成果作一前後的比較。

2. 過程評量：幼兒教育課程設計，教師常無法掌握幼兒的身心發展狀況，甚至有時還會不自覺地用成人的觀點來設計活動；有時雖把握住其發展狀況和能力，但所設計的活動，缺乏變化性、新奇感，因此往往無法迎合幼兒的需要和興趣。為補救此項缺失，教師在教學活動的過程中，要不斷地進行評量，不斷地調整原來的活動設計，使它成為最合宜於幼兒的活動。教師如此再次觀察、評量，不停地改進活動內容，改進活動方法，以符合幼兒的能力、興趣和需要，使幼兒的潛在能力發揮無遺，達到活動的教學目標，達到教育的最高效果。因此教師在進行整個單元教學活動的歷程中，活動、評量、研討、計畫修正（或重新計畫），四者是循環不已的。

3. 後評量：教學活動實施後之評量與前評量相互比較，就可以瞭解幼兒學習的狀況是否達成教學目標。

4. 追蹤評量：教學活動實施後，過了一段時間再予以評量，藉以瞭解

幼兒獲得的學習效果是否仍舊有效？幼兒是否真正瞭解，還是一時的記憶？幼兒的興趣是否仍舊持續著？是否能以舊經驗去延伸發展新活動？學習區（或角落）往往是最好的追蹤評量的觀察區域。

通常評量以四分之三以上的幼兒通過為基準，活動前先預測一下，如有四分之三的幼兒會作答、會操作時，便表示此項活動太容易了。不過大部分的幼兒都喜歡一再重複的遊戲，只要幼兒感興趣，此類簡易的活動仍舊可以繼續安排，否則教師有重新設計或選擇較高層次的學習經驗的必要。活動過程中，幼兒沒有興趣，或顯示不耐煩，或活動結束後，進行評量時，只有少數的幼兒能答出正確答案或操作的話，便表示此項活動太難，或是活動設計不新穎或沒有吸引力，也可能是教師的啟發不夠、教具不當、輔導方法不宜。在此種狀況下，教師必須探討其原因，重新改變設計再進行活動，活動結束後再評量。如果大部分的幼兒仍不感興趣，且無法有四分之三幼兒通過基準時，此項活動宜延後安排。

評量的方式很多，較簡易的評量方法是觀察幼兒在整個活動過程中，是否能持續注意力及興趣。幼兒能維持長時間的注意力和興趣，便表示教師活動設計的成功。但不具教育意義或有損身體健康或心理健康的活動，即使幼兒顯示興趣也不宜選取為活動的題材。對於評量的結果未達到教學目標的幼兒，教師宜在適當時間內進行個別輔導。

三、幼兒園教學評量的特點

(一) 一般教學活動的評量特點

1. 遊戲化、趣味化、生動化：幼兒的學習要過遊戲，因此實施評量時如何使它遊戲化、生動化、趣味化是值得教師研討的。幼兒的遊戲具有「自發性」、「自由性」、「興趣性」、「探索性」、「創造性」等特質，故在設計評量時，也宜顧及到這些特點為原則。

2. 過程評量重於結果評量：啟發式教學法重視幼兒潛能的啟發、重視幼兒能力的培養與獲得、重視幼兒素質的提升，因此它重視過程的學習、過程的評量。而結果評量重視結果的具體呈現，如成品的呈現、會數數、會寫字、會背注音符號等，這些並不代表幼兒具有真正的能力，如真正數的能力、語文能力、發表能力，以及注意力、記憶力、自信心、思考、推理、組

織能力等。

3. 形式多樣化：在幼兒園課程標準中，遊戲的種類可分為感覺運動、創造性、社會性與模仿想像、思考和解決問題以及體能遊戲。因此評量的設計可採多樣化的特點，如透過模仿、角色扮演、藝能活動、體能遊戲、故事接龍、造詞、分類、配對、序列、拼圖等等的遊戲方式。

4. 方法多重化：幼兒在不同的情境、不同的時間，對不同的人常會有不同的反應，因此教師可在不同的情況、不同的活動下進行評量，以瞭解幼兒在不同情況下的不同反應，而做適當的輔導，不要以單一的評量，就斷定幼兒的能力。

(二) 不同教學活動型態的評量特點

1. 團體活動：希望全班幼兒學習的內容，可設計團體活動，並有明確目標引導，此時教師往往處於主導的地位，因此教師可在團體活動中進行個別評量，觀察幼兒的動作、技巧、情意、習慣、態度、社會、情緒等表現。至於認知方面，小班的幼兒宜用口頭或透過遊戲整方式評量，中大班者可從團體遊戲中實施個別評量，至於設計評量表的評量方式，則較適合大班的幼兒，惟評量的設計宜以遊戲化方式呈現。

2. 分組或小組活動：分組活動和小組活動之不同，乃是小組的人數比分組更少，分組約在6~10人之間，而小組的人數在2~6人之間。無論是分組或小組，往往都有活動的具體目標要達成，包括認知、情意、技巧。因此教師均會作示範或引導，以便達成目標，其評量明確而具體，顧此類活動往往是老師在主導活動。教師可在分組和小組活動中實施個別評量。

3. 個別活動：在個別活動中教師所扮演的角色是玩伴者、輔導者、指導者、示範者，和幼兒之間作個別一對一的活動。對於年齡幼小、行為有問題、殘障幼兒、學習緩慢以及資優的幼兒，更需要教師和幼兒間作一對一的個別教學輔導，並從操作中實施一對一個別的評量。

4. 自由活動：(1)戶外自由活動教師可觀察幼兒在戶外遊戲時的社會行為、情緒狀態以及與友伴間的互動關係，此外還需觀察評量幼兒在操作遊樂器材的技巧、身體動作的發展，以及協調力、平衡感與瞬發力等。在認知方面，可觀察幼兒是否具有安全的認知及應變和解決問題的能力等。(2)學習

區（角落）活動：學習區或角落其本身的教育功能，主要目的在於培養幼兒能依興趣選擇、自動自發、自我指導學習、自律、社會互動、自信心、獨立性、尊重別人等社會品德，因此著重在情意、習慣、態度及社會行為方面的評量，至於認知的學習較適合在團體活動及小組或分組活動中進行，事後可將此項活動的教材教具，提供在相關的學習區（角落）開放時間自行選擇操作。因此，學習區活動又可作為分組活動和小組活動的追蹤評量。

四、評量的實施

(一) 評量的方法

1. 觀察、紀錄與評量：日常生活中觀察幼兒的自我概念、認知、身體和動作發展、各種能力以及習慣、態度、社會行為等各項紀錄，以獲得評量的資料。

2. 口頭評量：教師在活動前、中、後，提出問題問幼兒，讓他們回答，亦可由教師說出答案，讓幼兒確定教師所說的答案是否正確。

3. 實作評量：(1)觀察幼兒操作過程中的動作、習慣和態度；(2)從成品、作品等評量幼兒的認知、創造思考、想像、組織能力等。

4. 評量表評量：(1)適合大班的幼兒；(2)評量表可事先作預先評量，以瞭解是否合理、適合幼兒的能力；(3)設計的答案要明確具體；(4)操作方式宜生動有趣。

5. 家長訪談及檢查評量：(1)透過和家長的訪談獲得評量的資料；(2)可由家長在家評量幼兒的習慣、態度和行為等，並與在園的學習評量作一比較；(3)透過健康檢查或特殊檢查獲得資料，以作為評量的參考。

(二) 評量的對象

依照幼兒園的課程標準，評量的對象可分為教師及幼兒兩方面：

1. 教師方面：(1)活動設計與評量：教師在教學之前，宜有簡單的活動計畫，說明當日的活動主題、預期目標、教材教具的準備，過程及情境的安排布置等。(2)情境設計與評量：學習區或角落的布置，除了提供過去及該週單元延伸的幼兒感興趣的教材教具外，也可提供配合學習區的相關資源，讓幼兒有更多選擇的機會，提高學習的興趣，引導幼兒自我學習的態度和能力。學習區或角落情境設計的評量與修正之依據：①興趣：幼兒是否有興

趣？如很少人去玩，就該更換期中的資源；②難易：觀察幼兒的操作情況，偏難或過於簡單，都應更換合宜的資源；③安全：有損壞情況，或有危險性時，也宜取換，另提供合宜的資源；④數量：如感興趣幼兒較多，不敷使用時，可增加數量；⑤單元延伸：隨單元的活動主題，更換學習區或角落有關的資源，如幼兒感興趣，亦可延長前面單元的教材教具於學習區的時間；⑥位置及空間：物品放置的位置及擺設宜便於取用，注意足夠的活動空間，且無干擾的現象，否則就要更改位置，增加活動空間或減少人數。(3)**自我評量**：教師可採用教師自我評量方式，以進行對教師自己教學上的省思和改進。

　　2. 幼兒方面：(1)**學習評量**：①單元教學活動綜合評量：此部分主要是單元活動方面，包括團體、分組、小組及分享活動部分，涵蓋認知、情意和技能等三方面的評量；②學習區（角落）評量：教師可隨單元的內容或在一定時期內，評量幼兒在學習區（角落）的行為。角落通常是班級內的活動，而學習區是打破班級成混齡的型態，二者皆著重習慣、情意和社會行為方面的評量。至於評量的標準，只宜作幼兒本身活動前後的比較，不宜作不同年齡層幼兒間評量的比較。角落的內容隨單元更換，角落開放時，教師的角色是觀察者和紀錄者；③自我評量：教師可在學習區活動完之後，請幼兒自我評量，當天自己的情緒反應，在所選的角落上貼上情緒反應圖，並透過分享活動，彼此討論分享，如何處理情緒和解決問題的方法，以建立良好的自我概念和尊重他人的態度，並分享他人的成果，增進發表的能力。學期末時，可讓幼兒圈選本學期中，他最喜歡的角落和最不喜歡的角落，最為教師設計布置並瞭解幼兒興趣的參考。(2)**發展評量**：教師可在學期末，提供一份整學期幼兒的學習及發展狀況給家長，著重在教師對幼兒一個學期來觀察紀錄的總評，比較學期初和學期末進步情況，及希望家長共同輔導的建議事項。（參見表2-19、2-20、2-21、2-22、2-23、2-24）

表2-19 單元教學評量表

項目	評 量 內 容	評量結果
認知	1.會說出二項以上自己的特徵	☆
	2.會正確指認身體的各部位	△
	3.會正確拼出五官的位置	☆
	4.會說出三項以上身體保健的方法	☆
情意	1.樂於參與團體遊戲	☆
	2.會適當的表達情緒	□
	3.喜愛戶外活動	☆
技能	1.會動手完成一件美勞作品	☆
	2.飯前、便後會洗手	☆
	3.會正確刷牙	△

單元名稱：健康寶寶　　日期：8/30～9/25　　幼兒姓名：林○○

評量標準： 好棒☆　尚可△　發展中□

觀察記錄	△9/10團體律動「頭兒肩膀膝腳指」時，會按照歌詞節奏，正確指認身體的各部位。 △9/12團體遊戲「臉兒拼圖」時，會正確拼出五官的位置。

家長簽名：

資料來源：園務參考，新北市幼兒教育資源網，民國102年7月31日，取自：http：//
kidedu.ntpc.edu.tw/files/11-1000-83.php

表2-20　新北市○○幼兒園學習區觀察評量表（範例一）

主題名稱：　書　第一週至第五週　　幼兒姓名：李○○

學習區：☑ 語文 □ 益智 □ 科學 □ 娃娃 □ 工作 □ 生活

評量內容　＼　日期	9/10							
1 喜歡閱讀	☆							
2 複述故事	□							
3 操作布偶	☆							
4 會仿寫書寫符號	△							
5 遵守規則	☆							
6 主動學習	△							
7 愛惜物品	☆							
8 收拾整理	☆							
觀察記錄	△9/10 和友伴操作布偶及布偶臺，簡略複述老師說過的故事（三隻小豬）。							

評量標準：　好棒☆　尚可△　發展中□

資料來源：園務參考，新北市幼兒教育資源網，民國102年7月31日，取自：http：// kidedu.ntpc.edu.tw/files/11-1000-83.php

表2-21 新北市○○幼兒園學習區觀察評量表（範例二）

主題名稱：

學習區：☐ 語文　☑ 益智　☐ 科學　☐ 娃娃　☑ 工作

日期	評量項目 幼兒姓名	能正確使用膠帶臺	遇到困難會主動求援	能使用廢棄物創作	會收拾整理	觀察記錄
9/29	張○○	☆	△	△	□	使用空瓶蓋描繪圓形
9/29	王○○	☆	☆	△	☆	摺紙工 嘗試按照摺紙書摺出瓢蟲 遇到問題會求助老師
9/29	陳○○	☆	□	△	☆	使用2張8K圖畫紙製作皮包
9/29	李○○	☆	☆	△	☆	先觀察他人作品 再請求他人協助
9/29	許○○	△	☆	☆	△	
9/30	王○○	△	☆	☆	☆	
9/30	林○○	☆	☆	△	☆	
10/1	王○○	☆	□	△	☆	

評量標準：　好棒☆　　尚可△　　發展中□

資料來源：園務參考，新北市幼兒教育資源網，民國102年7月31日，取自：http：//kidedu.ntpc.edu.tw/files/11-1000-83.php

表2-22 新北市○○幼兒園學習區觀察評量項目

　　觀察評量項目，可依單元的性質、活動內容及教具的內容作決定。

　　下面列舉八個學習區(角落)可觀察評量的項目，以作為選擇評量項目的參考。

區	評量項目		
益智區	1.依興趣、能力選擇玩具	2.和友伴共同操作	3.耐心操作
	4.集中注意力	5.解決問題能力	6.自信心
	7.喜歡獨自玩	8.有始有終	9.遇到困難會求助於人
	10.肯幫助別人	11.滿足於自己的成就	12.分享別人的成就
	13.希望別人注意自己的成就	14.小心操作（愛惜物品）	15.收拾整理

娃娃家	1.扮演娃娃家角色 4.自信心 7.尊重別人 10.專注力 13.與友伴間的互動 16.分工合作 19.情緒穩定	2.自主性 5.照顧較小的幼兒 8.善於用語言表達 11.想像力 14.能禮讓不爭先 17.輕聲細語 20.領導力	3.獨立性 6.喜歡助人 9.扮演時間（持續時間） 12.善於利用道具 15.物歸原位 18.愛惜物品
美勞區	1.自選材料能力 4.遇到困難求助於人 7.專注力 10.分享別人的作品 13.利用成品布置活動室 16.細心	2.善於應用各種資源 5.想像力 8.耐心完成作品 11.愛惜別人的作品 14.分工合作完成作品 17.協助較小的幼兒	3.遇到困難自行解決 6.創造力 9.使用工具能力 12.愛惜自己的作品 15.等待輪流 18.收拾整理
語文區	1.安靜閱讀圖書 4.操作偶戲能力 7.喜歡和友伴一起看書 10.聆聽別人說話的態度 13.共同創作合作能力	2.愛惜圖書 5.喜歡聽故事 8.製作故事書 11.語言表達能力 14.陪較小的幼兒看書	3.輕聲細語 6.喜歡寫前的點畫遊戲 9.認字能力 12.專注力 15.物歸原位
玩具區	1.小心操作 4.輪流等待 7.欣賞別人的作品 10.注意自己的安全 13.物歸原位	2.愛惜玩具 5.分工合作 8.依自己的興趣選擇玩具 11.注意別人的安全 14.收拾整理	3.創造力 6.與友伴共同創作 9.手眼協調 12.尊重別人 15.遵守規則
生活自理區	1.小心操作 4.依循指示操作 7.注意自己的安全 10.自助能力 13.收拾能力	2.輪流等待 5.專注力 8.注意別人的安全 11.自信心	3.動作靈巧 6.喜歡重複玩 9.獨立性 12.物歸原位
科學區	1.好奇進取心 4.喜歡探索 7.自信心 10.耐心 13.自動自發 16.思考能力(解決問題的能力) 19.愛惜別人的東西 22.欣賞別人的成果 25.物歸原位	2.觀察能力 5.愛惜物品 8.注意自己的安全 11.發表能力 14.喜歡嘗試新事物 17.推理 20.愛惜自己的東西 23.分工合作 26.收拾整理	3.比較事物能力 6.細心 9.注意別人的安全 12.願意修正自己的錯誤 15.創造力 18.尊重別人 21.責任感 24.助人

資料來源：園務參考，新北市幼兒教育資源網，民國102年7月31日，取自：http：// kidedu.ntpc.edu.tw/files/11-1000-83.php

表2-23　臺南市公立○○幼兒園○○學年度學習區（角落）觀察記錄評量表

單元名稱：＿＿＿＿　　班別：＿＿＿＿　　幼兒姓名：＿＿＿＿

分項評量結果／日期	益智區				娃娃家				美勞區				語文區				生活自理區				玩具區				觀察記錄
日期	1	2	3	4	1	2	3	4	1	2	3	4	1	2	3	4	1	2	3	4	1	2	3	4	
觀察評量項目	一、依興趣、能力選擇玩具	二、專注力	三、解決問題能力	四、自信心	一、喜歡扮演角色	二、善於照顧人或幫助人	三、和友伴分工合作	四、物歸原位	一、能自選材料創作	二、有始有終完成作品	三、分享友伴作品	四、收拾	一、喜歡閱讀圖書	二、愛惜書本	三、發表能力	四、輕聲細語	一、專注力	二、動作技巧	三、能依循指示	四、收拾	一、小心操作	二、輪流等待	三、富創造力	四、與友伴合作	表現的評量符號：可○發展中▷優☆良◎

資料來源：臺南市公立幼兒園幼教行政表格，臺南市特幼課網站，民國96年10月1日，取自：http://spc.tn.edu.tw

表2-24　新北市○○幼兒園幼兒行為觀察輔導記錄表

幼兒姓名		性別		班別		生日	
一、行為問題描述：							
二、輔導過程：							
三、追蹤輔導：							

輔導老師：

資料來源：園務參考，新北市幼兒教育資源網，民國102年7月31日，取自：http://kidedu.ntpc.edu.tw/files/11-1000-83.php

近年來有學者提倡運用表現評量，其意義在讓兒童經由從事教室活動展現其所知所能的方法，評量即在真實的學校或教室生活中進行，評量兒童在真實生活情境中的表現過程與結果。表現評量的一般特徵有三：(1)學生主動建構答案或回應，而非從既定的一些答案中選擇；(2)直接觀察學生工作或活動的行為，而這些工作或活動，需要學生展現類似一般校外實際生活中所需的技能；(3)在學生建構答案的過程中，顯現學生的學習與思考歷程。為達到上述特徵，表現評量的設計有六個準則：(1)評量統整的知能，而非分割的知能；(2)強調高層次的思考之能，而非低層次的記憶；(3)重點在於發現兒童的所知所能，而非兒童不知不能；(4)鼓勵兒童思考自己的思考與行為，即鼓勵兒童自我評鑑；(5)評量存在於兒童自然的學習情境中，而不是脫離兒童經驗；(6)是長期而持續的，而非一時一刻的（廖鳳瑞、陳姿蘭編譯，民91）。

貳 幼兒園的圖書管理

在園方圖書管理方面，依據「幼兒園設備標準」中圖書資料設備標準之原則有五（教育部，民78）：(1)圖書資料之放置，應設有專門場所，以利閱覽及管理。(2)圖書資料之選擇，應以配合教學活動，有助幼兒身心發展，能充實其生活經驗為原則。(3)圖書資料之管理，應有專人負責，以配合教學需要，協助教師及幼兒充分利用。(4)各園之圖書資料經費，以專款專用為原則，定期購置圖書資料，並宜以幼兒讀物及教師基本參考用書為主。(5)圖書資料除應供全園教師、幼兒使用外，並得提供家長充分利用。圖書期刊定期作統計，每月應作圖書資料借閱量統計，每年應作圖書增加量統計；定期實施圖書資料設備評鑑（參見表2-25、2-26、2-27）。其圖書設備包括（教育部，民78）：

一、圖書資料

5班以下（150人以下）圖書總數不得少於300冊，多於5班之幼兒園，其圖書的計算，即以300冊為基數，每增1人，應依每人2冊之標準累計其應增圖書總數。期刊報紙數量：包括幼兒與教師用，按全園師生數之多寡，5班以下（150人以下），應訂閱雜誌3種，報紙2種；6至10班（151-300

人），應訂閱雜誌5種，報紙2種；11至20班（301-600人），應訂閱雜誌7種，報紙4種；21班以上，應參照上述標準及實際需要，依比例增加數量。交換或贈送者不包括在內。

(一) 種類

1. 幼兒園方藏圖書資料，除幼兒讀物及教師基本參考用書外，並應置備雜誌、報紙、小冊子、剪輯及圖片等有助於教學研究之資料。

2. 教師基本參考用書：包括法令規章、字典、百科全書、年鑑、手冊、指南、書目、索引、地圖等工具書。

(二) 選擇

1. 圖書資料之選擇，應配合課程之需要，以支援教學。

2. 幼兒讀物應顧及幼兒之閱讀興趣與能力。

3. 幼兒讀物應以圖書讀物為主。

4. 優良圖書應購備複本。

(三) 數量

1. 藏書每一幼兒至少2冊為原則。

2. 每年圖書增加量，最低限度每10人應增添新書1冊。

3. 教師基本參考用書，每園至少應有20種（100冊），每增加1人，另增添圖書2種。

4. 雜誌：至少訂購3種以上。交換或贈送雜誌不包括在內。

5. 報紙：至少2種以上。

6. 各類圖書購藏之分配比例，可參照下表：

類別	百分比（%）	類別	百分比（%）
總類	6	應用科學類	7
哲學宗教類	1	藝術類	7
社會科學類	15	文學類	28
語言學類	2	史地類	20
自然科學類	14		

註：幼兒圖畫讀物至少應占全園圖書總冊數之三分之二。

(四) 整理及保管

1. 所有圖書資料應按類別依次排架，幼兒讀物可採「簡易分類法」──以顏色區分。

2. 圖書資料目錄應隨時查核點架，以保持準確完整及良好之使用狀態。

3. 小冊子、剪輯資料及圖片應隨時蒐集整理。

4. 圖書資料之流通，應保持完整得出借紀錄。

5. 圖書資料應隨時整理，保持清潔，並注意防蛀、防潮、防火。

6. 圖書資料應隨時檢查，凡內容陳舊，不合時宜，殘破不全，無法修補及缺乏永久保存價值者，均應汰除，辦理報銷手續。每年平均淘汰率為圖書資料總數之0.5%以內。

二、圖書室

(一) 空間

10班以下（300人以下）以1間教室當作圖書室，設30人座位；11至20班（301-600人）以2間教室當作圖書室，設60人座位。且圖書室應有閱覽室、工作室之布置；工作室係為整理編目圖書所需。

1. 圖書室應注意採光、通風、防潮、防火、隔音、安全等設備。

2. 室內之布置，應以活潑、愉快為原則。

3. 室內之照明以自然採光為主，人工照明為輔，其照明度不得低於250勒克司（LUX）。

(二) 器具設備

包括書架、閱覽桌、閱覽椅、目錄櫃、出納臺、辦公椅、雜誌架、報夾等。其數量亦隨幼兒班級數（人數）不同，而有不同的數量規範，請參閱「幼兒園設備標準」。

1. **書架**：(1)以木質者為宜；(2)書架可靠牆安放；(3)書架規格：單面三層二格，格板高低要能自由調節，每座約可容書180冊；(4)書架尺寸：寬120公分，高105公分，深度45公分。

2. **閱覽桌、閱覽椅**：(1)以木質者為宜；(2)桌面油漆以無光漆為宜，避免光線反射；(3)桌腳、椅角應釘以橡皮墊，俾移動時不致發出聲音妨礙閱覽；(4)尺寸：①閱覽桌：a.長方形閱覽桌（可坐4人）：桌長120公分，桌寬

60公分，桌高50公分；b.圓形閱覽桌：直徑45公分，桌高50公分；c.梯形閱覽桌：上邊寬120公分，下邊寬60公分，長60公分，高50公分。②閱覽椅：椅寬30公分，椅深26公分，椅高（地面至椅面）25公分，椅面至椅背22公分；(5)桌面及椅面、椅背之角度，應帶弧形，以防幼兒跌倒碰傷。

3. **目錄櫃**：(1)木製或塑鋼者均可；(2)每櫃直排抽屜數五行，橫排抽屜數三列；(3)目錄屜之內面容積：長38.5公分，寬13.5公分，兩側及後面高5公分，正面板高10.5公分；(4)屜內裝活動三角形托版一塊，連於用以貫穿卡片之鋼條，以便承托卡片，免向後倒。每屜以容納卡片1,000-1,200張為度；(5)目錄櫃中應裝置活動抽板，板厚2公分，抽出之長度為30公分。

4. **出納臺、辦公椅**：(1)臺旁帶有書架，可存放圖書，桌下端兩旁抽屜供陳放卡片及文件用。(2)尺寸：出納臺長110公分，寬60公分，高75公分；辦公椅：採用成人用轉動靠背椅即可。

5. **雜誌架**：(1)木製或塑鋼製均可；(2)規格：全架分成五層，每層可陳列雜誌4-5種。(3)尺寸：寬110公分，高120公分，深度45公分。

6. **報夾**：(1)木製、鋁製或鋼製長棒均可；(2)連柄長85公分。

7. **各種設備之布置**：(1)圖書室之布置應力求整潔美觀寧靜，使幼兒有一安適之閱覽環境；(2)圖書資料之陳列應採開架式；(3)圖書室內兩閱覽桌之距離（連椅）不得少於120-150公分；(4)出納臺應靠近出入口；(5)閱覽桌之位置應避免面對光線。

表2-25 新北市○○幼兒園圖書登記表

類別：□A語文類　□B藝術類　□C自然科學類　□D生活健康類　□E人際關係類
編頁：第＿＿＿＿＿頁

編號	書名	出版單位	登錄時間	備註

資料來源：園務參考，新北市幼兒教育資源網，民國102年7月31日，取自：http://kidedu.ntpc.edu.tw/files/11-1000-83.php

表2-26　新北市○○幼兒園圖書借閱登記表

對象：□教師　　□家長　　□幼兒　　　　　　編頁：＿＿＿頁

編號	借　閱　書　名	借閱人姓名	借閱日期	歸還日期	保管人簽名

資料來源：園務參考，新北市幼兒教育資源網，民國102年7月31日，取自：http：//
kidedu.ntpc.edu.tw/files/11-1000-83.php

表2-27　新北市○○幼兒園圖書損毀暨遺失登記表

編號	書　　名	原　因	時　間	處　理　方　式
				□可維修□無法維修□更新□照價賠償
				□可維修□無法維修□更新□照價賠償
				□可維修□無法維修□更新□照價賠償
				□可維修□無法維修□更新□照價賠償
				□可維修□無法維修□更新□照價賠償

資料來源：園務參考，新北市幼兒教育資源網，民國102年7月31日，取自：http：//
kidedu.ntpc.edu.tw/files/11-1000-83.php

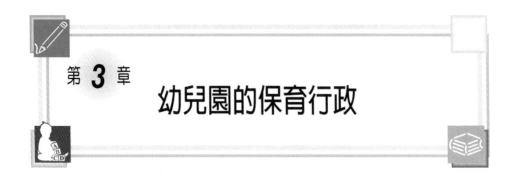

第 **3** 章

幼兒園的保育行政

本章共分四節，第一節爲幼兒園的始業輔導與常規輔導；第二節爲幼兒園的導護工作與衛生工作；第三節爲幼兒園的餐點管理；第四節爲幼兒園的安全教育、幼童意外傷病處理和交通安全。以下分別敘述之。

第一節 幼兒園的始業輔導與常規輔導

壹 幼兒園的始業輔導

幼兒園的新生幼兒進入園方後，幼兒園舉辦的一些幫助幼兒適應園方團體生活的學習活動，稱之爲始業輔導。始業輔導的實施，影響幼兒對園方的第一印象、學習興趣和態度，因此始業輔導的實施很重要。始業輔導的實施有下列要點、項目（王靜珠，民93）：

(一) 始業輔導的實施要點

1. 擬定始業輔導計畫和活動項目，活動內容宜輕鬆、愉快，符合幼兒身心發展需要，切記每項活動不宜過長。

2. 布置生動活潑的環境，以遊戲方式進行活動，激發幼兒學習興趣。

3. 始業輔導若有未盡完善之處，可在後續學習活動中繼續實施。

(二) 始業輔導的項目

1. 語言輔導：教保服務人員與教保服務人員應以身作則，使用國語或母語，以爲示範；採用直接教學，訓練幼兒聽、說語言的能力。對於語言有缺陷的幼兒，宜作個別輔導，避免當眾取笑或責罰。

2. 認識環境和小朋友：首先輔導幼兒認識活動室位置、自己座位、用具放置位置。其次為廁所、洗手、飲水的位置。在活動中多設計幼兒們彼此互相認識的活動，藉由活動機會讓幼兒找到玩伴，有助於幼兒樂於在園方學習的興趣。

3. 認識教保服務人員：介紹幼兒認識園內教保服務人員和相關職員工，以及教保服務人員辦公室、園長室的位置。讓幼兒知道到哪些地方可以找到相關人員的協助。

4. 作息時間和指令指導：幼兒要學習知道園內作息時間的相關規定，並學習辨別園內教保服務人員的口令、動作和哨音，並馬上行動。並學習注意聽廣播，能暫停動作和活動，仔細聆聽。

5. 生活和衛生習慣指導：輔導幼兒說話的態度和禮貌，能常使用「請」、「謝謝」、「對不起」等用語，並養成良好衛生習慣，如：每天要洗臉、刷牙、帶手帕。大小便要到廁所，完後應洗手，並將水龍頭關好。用過東西要收拾好，歸回原位；借用別人的東西應得到同意後，才能取用等。

每位幼兒入學時，及應請家長填寫一份幼兒的基本資料表，以作為照顧及輔導幼兒的根據與參考。幼兒基本資料表宜簡明實用，一般可包括幼兒的家庭狀況、生活狀況與健康狀況。對新進園方的幼兒而言，所有一切人事物都是陌生的，而幼兒必須在園內正式開始過團體的生活，幼兒常會表現出惶恐不安、焦慮的情緒，而必須一再地確定自己是否處在一個友善的地方，這種情形有時將會持續3-4週之久。因此，在開學初這段時間，需特別注意幼兒的身心需要與反應，以輔導幼兒逐漸適應園方的新環境，為日後的教學活動建立良好的基礎。輔導的方式和要點包括（信誼基金會學前兒童教育研究發展中心主編，民72；田育芬，民95）：

1. **可採取分批開學並通知家長相關事宜**：例如讓小班的幼兒先開學3、4天，再陸續讓中班、大班的幼兒開學；或事先讓新生來園方適應3、4天後，再讓所有的幼兒開學；這種方式可集中教保服務人員的人力，以特別照顧年齡較小及初入學的幼兒。教保服務人員務必在開學前與家長通過電話，若能進行一次家訪，將更能協助幼兒建立信任和親密感；開學必備的物品或須知，以郵寄或親自交給家長。

2. **適應困難的幼兒開學初可由上半日班漸進至全日班**：以免其長時間

留在陌生的園方裡，感到焦慮不安；可能的話，最好先上半日班，待逐漸適應之後，再改上全日班。對於適應較困難的幼兒，可請其家長來園方陪伴幾天；允許孩子特殊的睡眠、飲食習慣，或將他一件最喜歡的玩具帶至園方；有需要可允許家長進入教室，並提醒家長，若孩子可自行遊戲、玩玩具，請家長不要去干擾他；應多稱讚能獨自安靜玩耍的孩子，並詢問黏在家長身旁的孩子要不要玩玩具。

3. **教保服務人員要經常面帶笑容，讓幼兒迅速認識和接納**：隨時給予每位幼兒個別的關心和注意，接納幼兒可能產生的情緒反應，適時提供幼兒協助、給予鼓勵，說明你的角色，並讓孩子體會上學等於去玩。教保服務人員要應配戴名牌或穿著制服，以方便協助幼兒，或利用適當時機向家長和幼兒，說明你的角色及工作職責。

4. **帶領幼兒逐漸熟悉園方的環境設備及使用方法**：特別注意指導幼兒喝水、上廁所、吃點心、午餐及收拾玩具等基本的生活常規，使幼兒適應和熟悉園方的環境設備及使用方法。

5. **開學初的活動計畫要有很大的彈性**：盡量讓幼兒輕鬆地玩些簡單、自由，不須指導的玩具或遊戲，例如穿木珠、拼接積木，看書、辦家家酒等。教保服務人員可進行事先設計好的活動，但不必強求全部孩子參加，要尊重每個孩子的心理準備度及適應狀況，同時在帶活動時，要能眼觀八方，主動自然地邀請孩子加入活動。對於不願午睡的孩子，教保服務人員應先接納他的要求，讓孩子安靜下來；若孩子仍大哭大鬧，不妨帶離寢室，帶至辦公室請行政人員照顧。

6. **迅速熟悉幼兒的姓名與特性，並使幼兒認識其他師生**：在開學第一週內，可以讓每位幼兒在身上掛一個明顯易見的名牌，並在開學前要把各教室所在位置之平面圖和教保服務人員姓名和照片、全班幼兒姓名和照片，公布在園內的動線上，並在幼兒專屬的鞋櫃、工作櫃、茶杯等貼（寫）上幼兒的姓名和照片；或玩一些「認識姓名」的遊戲，如此也可以幫助幼兒們熟悉彼此的姓名。遊戲的方式例如：**(1)滾大球遊戲**：滾一個大球給幼兒時，一面叫出接球者的名字，接球的幼兒再將球滾出，同時也要說出接球者的姓名。**(2)地址遊戲**：告訴幼兒，老師知道他們每個人的家住在哪裡，然後假裝開一輛汽車，挨家去拜訪每位幼兒，同時說出幼兒的姓名。**(3)電話遊**

戲：跟幼兒玩打電話的遊戲。

　　為在充分瞭解幼兒與其家庭的基礎上，加強彼此信任與友善關係的建立，以利提供親子適切周全的服務，也方便所內教保行政等相關作業的進行，除了在家長來所詢問有關幼兒入園事宜時，把握機會請其填寫報名表外，從其決定正式入園起，即應開始為其建立一份完整的個人檔案，並隨著幼兒與家庭的發展變化，隨時補充或修正其內容（參見表3-1、3-2、3-3）。概括而言，這份檔案主要包括家長或實際照顧者的聯絡方式、家屬概況、家庭相關社經背景資料、幼兒個性特質、身心健康與發展情形、生活習慣與居家生活概況，以及幼兒健康相關資料等；為蒐集這些內容，在人力不足且園方人員與家長都忙碌的情況下，基本上是以在園內會談為主要方式，但如果雙方可以配合，或有實際上的需要，則最好能進行家庭訪問與會談（參見表3-4、3-5）。另外，在邀請家長填寫基本資料表時，須以親切尊重的態度向家長說明用意，避免家長有被打探隱私的負面感受（臺北市社會局，民96）。

表3-1　臺北市○○幼兒園幼兒入園登記表

填表日期：　年　月　日

兒童姓名		□女 □男	生日	年　月　日	身分證字號						
聯絡地址	市　　區　　里　鄰　街（路）　段　巷　弄　號　樓										
聯絡電話	住宅			家長公司		家長行動電話					
家長稱謂	姓　名		年齡	職業	職稱	教育程度		備註			
父親											
母親											
入園意願	□全日托□半日托□臨托			接送方式		□自行接送□搭交通車					

身分類別	□一般市民 □低收入戶 □發展遲緩或身心障礙兒童 □危機家庭或機構安置兒童及特殊境遇婦女之子女 □親屬為身心障礙者 □原住民子女 □中低收入戶子女 □大陸及外籍配偶子女 □本所員工子女	證明文件	□戶口名簿影本乙份 □低收入戶卡影本乙份 □發展遲緩證明或身心障礙手冊影本 □社會局公文或所屬各福利服務中心轉介文件 □身心障礙者之殘障手冊影本 □戶口名簿有原住民戳記或其他足以證明為原住民之文件 □全家人口戶籍資料、最新年度之財稅資料證明文件
消息來源：□親友介紹□看到招牌、文宣品□已有幼兒入園□其他：			
申請人簽章：　　　　與兒童關係：□父母□其他：			
審核結果	□符合，擬准予入園並編入　組 □不符合，原因：□接送無法配合□年齡 □繳費困難 □其他：			
簽核	教保組	行政組		園　長
備註				

資料來源：臺北市托兒所行政管理手冊，臺北市社會局網站，民國102年7月21日，取自：http://www.bosa.tcg.gov.tw/i/i0300.asp?fix_code=2703010&group_type=1&l1_code=27&l2_code=03

表3-2　臺北市○○幼兒園幼兒基本資料表

填表日期：　年　月　　　　　　　　　　頁1

兒童姓名			□女□男	出生日期	年　月　日		請貼幼兒半身照片
住址	市　區　里　鄰　街（路） 段　巷　弄　號　樓						
聯絡電話	（住宅）　　　　（家長公司）　　　　（家長行動）						
家庭成員	稱謂	姓名	年齡	教育程度	服務單位	職位	備註

主要接送人		關係		聯絡電話	
緊急連絡人		關係		聯絡電話	

幼兒健康狀況	曾患病症	□氣喘　　　　　　□癲癇　　　　　　□骨折 □熱性痙攣　　　　□肺炎　　　　　　□中耳炎 □食物過敏　　　　□心臟疾病　　　　□腦震盪 □蠶豆症　　　　　□血液疾病　　　　□嚴重外傷 □體質強健無特殊事項　□偶爾感冒　　　□經常感冒 □其他：
	重點囑咐	□特殊體質，需注意： □其他：

緊急情況處理	經常就診醫療院所	名　稱	電　話	地　址

緊急情況處理	處理原則	□希望園方先聯絡家長，再由家長處理 □由園方先行處理並同時通知家長 ※如無法聯繫家長或情況特別緊急則授權園方先行處理	家長簽章：

幼兒發展概況	語言	□已會清楚表達 □尚不能清楚用口語表達 □尚無口語 □慣用語言：□國語 □臺語 □客語 □其他____
	飲食	□會自己進食固體食物 □尚需協助餵食 □挑食 □偏食 □喜吃____ □不喜吃____ □忌吃____
	睡眠	□獨自睡 □與手足同睡 □與家長同睡 □其他：____ □容易入睡 □不易入睡 □睡眠安穩 □易驚醒 □特殊情況____ 　約晚上____時就寢，約上午____時起床共睡____小時
	穿著	□會自己穿脫鞋子 □會自己穿脫襪子 □會自己穿脫褲子 □會自己穿脫衣服 □會自己扣釦子 □會自己拉鍊子
	如廁	□會自理小便 □會自理大便 □會表達需要，但尚需協助 □不會自理也不會表達 □仍使用尿片 □特殊情況

	整潔	洗手：□會 □需協助　　洗澡：□喜歡 □不喜歡，＿＿一次 刷牙：□會 □需協助　　洗頭：□喜歡 □不喜歡，＿＿一次 收拾玩具：□會 □需協助　保管自己物品：□會 □需協助		
	個性特質	活動量：□大 □普通 □偏低 □特殊情況＿＿ 規律性：□很規律 □普通 □不規律 □特殊情況＿＿ 專心度：□高 □普通 □容易分心 □特殊情況＿＿ 堅持度：□高 □普通 □偏低 □特殊情況＿＿ 反應度：□強烈 □普通 □平和 □特殊情況＿＿ 合群性：□易與人相處 □喜歡交朋友 □害羞退縮 □易與人衝突 情　緒：□活潑快樂 □普通 □常鬧彆扭 □特殊情況＿＿		
	好惡	種類	最喜愛	害怕或討厭
		人物		
		動物		
		其他		
居家生活概況	之前照顧方式	□父母自己帶 □保母帶：□白天 □全天---□假日帶回□偶爾探望 □祖父母帶□托嬰中心：□白天 □全天---□假日帶回□偶爾探望 □其他：		
	家庭活動	看電視每日約＿＿小時，最常看的節目：＿＿ 親子閱讀（聽故事）：□無此習慣□有，每天約＿＿小時 戶外遊戲散步：□有 □無大約多久一次：＿＿ 全家出遊：□經常 □偶爾 □很少 □從來沒有 其他：		
	家庭關係	□和諧美滿 □常有爭執 □父母分居 □父母離婚 □單親 □其他：		
備　註		填表人簽名：＿＿		
簽　核	教保員	護士	教保組長	社工組長	園　長

資料來源：臺北市托兒所行政管理手冊，臺北市社會局網站，民國102年7月21日，
取自：http://www.bosa.tcg.gov.tw/i/i0300.asp?fix_code=2703010&group_
type=1&l1_code=27&l2_code=03

表3-3　幼兒綜合資料紀錄表

幼兒基本資料	姓名			性別		出生			電話	
	地址									
	親屬	姓名	年齡	教育程度	職業		服務機關	電話		
	父									
	母									
	兄　人	姐　人	弟　人	妹　人	緊急聯絡人			電話		

請家長詳填以下表格，作爲照顧及輔導幼兒根據

生活狀況	特殊的飲食習慣		獨處時常做的事	
	特殊的睡眠問題		經常一起玩的玩伴	
	最喜歡的室內活動		日常較親密的兄長或成人	
	最喜歡的戶外活動		特別害怕的人	
	最愛看的電視節目		特別害怕的事物	
	最常玩的玩具		特殊的行爲問題	
	幼兒晚上會尿床嗎		幼兒得過重病或受過重傷嗎	
	幼兒以前曾入過幼稚園嗎	有、無：幼稚園名稱	幼兒喜歡說話嗎？與誰說話最多？	
	什麼問題會讓你與幼兒發生衝突		你能告訴我們幼兒有什麼需要特別注意的地方	

健康狀況	種類	曾患病症						常患病症					補充說明
	病症	水痘	白喉	百日咳	外傷	麻疹	其他	感冒	扁桃腺炎	腹瀉	發燒抽筋	過敏症	其他	
	有												
	無												

●緊急事件處理順序（請依需要在○內填1、2、3順序）
○希望園方先聯絡父母，再由父母處理
○由園方自行處理，必要時送往就近醫院
○父母希望園方送往指定醫院。院址：＿＿　電話：＿＿
○其他：

填表人（簽章）		日期	

資料來源：臺南市公立幼稚園幼教行政表格，臺南市特幼課網站，民國96年10月1日，取自：http://spc.tn.edu.tw

表3-4 幼兒家庭訪視會談工作要領

一、意義：

「會談」（interviewing）是一種結構化有目的的談話，涉及參與人彼此間的語言與非語言的互動，透過這種過程，交換資訊與彼此的觀念、態度及感覺。

「幼兒家庭訪視會談」就是由托育機構或兒童福利相關工作人員到案主家中去拜訪，並進行會談，主導者是工作人員。

二、工作程序：

(一) 先熟悉幼兒基本資料。

(二) 事先以電話或信件約定訪視的日期、時間、地點，並確定父母家長或重要關係人、監護人在場。

(三) 按時訪視，注意下列事項：

1. 需備妥幼兒案家資料，及所需表格、紙張（如附件）、筆。

2. 最好有兩人以上同行，避免單獨行動，並明確告知主管去向及預定的時間安排。

3. 攜帶職員證等工作身分識別證件。

4. 衣著、儀表、舉止、言談力求樸實、端莊、誠懇、親切。

5. 實際談話時間，以40分鐘至60分鐘為宜，太短或太長均不理想。

(四) 訪談步驟：

1. 出示身分識別證，表明身分【簡單自我介紹：我姓○，是○○幼兒園的○○（教保員、工作人員……），也就是（幼兒姓名）的（老師、……）】。

2. 寒暄、表明來意：包括向所看到的成員均問好、示意，尤其注意與入園幼兒建立一下關係。【例：我們約好了在開學前先來拜訪，是希望讓我們互相瞭解更多，以便日後能彼此配合得更好，讓寶貝上學能夠更順利，各方面發展得更好，也讓家長更放心。】

3. 出示訪問紀錄表、幼兒基本資料表等表格，並表示要做紀錄。

4. 展開會談。

5. 結束會談、告別。

三、會談重點：

(一) 資料蒐集項目：

1. 幼兒生長史、個性特質、健康史……等。

2. 幼兒家庭生活狀況：包括硬體方面如居家環境、設備等以及家庭結構、家長婚姻與家庭關係狀況。

3. 家長對子女的期待、管教態度及具體作法。

4. 家長對幼兒園的認識、看法與期待。

(二) 注意事項：

1. 儘量讓家長多說。

2. 眼、耳……同時多觀察，多聽，注意蒐集所有明顯及隱藏的訊息。

3. 不要流於漫談或閒聊，訪視者要居於主導的地位。

4. 多留意幼兒的言行，並適時與其多建立關係。

5. 注意出入門戶安全，勿耽擱停留過久。

6. 結束訪視告別時，可留下本園電話，歡迎聯絡，切記不可留給私人通訊資料。

四、 訪視紀錄撰寫：

(一) 使用表格可包括：幼兒報名登記表、家庭訪問紀錄表、動態紀錄表等。

(二) 內容：

1. 家庭狀況：包括家庭成員關係、家系圖、家庭成員互動狀況、照顧人力資源、整體氣氛與特質等。
2. 住家環境狀況：含空間、設備、環境衛生、住屋周邊環境、與鄰居關係等。
3. 幼兒個人狀況：幼兒健康史（嬰兒期迄今）的健康狀況、特殊疾病、生活習慣、受撫育經驗、特殊經驗、幼兒的行為特質、個性及整體發展狀況等。
4. 幼兒與家庭過去及目前與相關社福單位或民間團體、專業機構之互動情況等。

五、紀錄會核：訪視會談後應儘早完成紀錄的撰寫，在園內依權責分工，知會相關同仁，並由園長審閱、核定。

資料來源：臺北市托兒所行政管理手冊，臺北市社會局網站，民國102年7月21日，取自：http://www.bosa.tcg.gov.tw/i/i0300.asp?fix_code=2703010&group_type=1&l1_code=27&l2_code=03

表3-5　家庭訪問紀錄表

幼兒姓名			性別		班別		出生日期		
住址					電話				
家庭狀況	親屬	姓名		年齡	教育程度	職業	服務機關	電話	
	父								
	母								
	兄　人		姐　人		弟　人	妹　人		其他　人	
	居家環境	優美（　）整潔（　）安靜（　）雜亂（　）吵鬧（　）其他（　）							
	生活設備	簡陋（　）簡單（　）充實（　）講究（　）豪華（　）							
	經濟狀況	貧困（　）小康（　）富裕（　）							
	家族氣氛	快樂（　）和諧（　）嚴肅（　）吵鬧（　）亂糟糟（　）							
幼兒習慣	飲食	定食（　）定量（　）偏食（　）愛吃零食（　）過敏之食物（　）							
	睡眠	獨睡（　）與父母共睡（　）定時睡覺（　）定時起床（　）有午睡（　）							
	整潔	自己洗澡（　）喜歡洗頭（　）常修剪指甲（　）飯前會洗手（　）飯後會刷牙（　）							
	情緒	笑口常開（　）愛哭（　）沉默安靜（　）喜怒無常（　）遇到挫折能忍耐（　）							
	自立性	能自己玩玩具（　）會收拾玩具（　）常要大人陪在身邊（　）會自己穿脫衣服鞋襪（　）							

幼兒習慣	社會性	主動大方的與人交談（）喜歡和朋友一起玩（） 常常自己玩（）人前會害羞（）
	喜歡的遊戲	玩玩具（）畫圖（）看電視（）玩沙水（）種植（）飼養（）
	對父母態度	害怕（）尊敬（）親熱（）撒嬌（）蠻橫（）
	健康	很健康（）體弱多病（）有特殊病症（）
家長態度	父母態度	愛護備至（）鼓勵自立（）放任（）打罵（）
	兄弟姊妹態度	友愛（）爭吵（）打架（）爭寵（）
	處理孩子打架	打罵（）勸解（）袒護一方（）嚴懲（）
	父母生活	美滿（）普通（）不和睦（）分居（）不住在一起（）
	0—4歲	自己帶孩子（）托別人帶（）祖母帶（）
	父母孩子相處情形	經常一起郊遊散步（）一起看電視（）父母常常不在家（）
	父母教育方針	隨孩子性格喜好發展（）有具體輔導方針（） 父母管教方式一致（）
家長建議	對幼兒的希望：	
	對本園意見：	

訪問日期		訪問者		填表人	

訪問日期	訪問內容摘要	訪問者

總評	

填表人		日期	

資料來源：臺南市公立幼兒園幼教行政表格，臺南市特幼課網站，民國96年10月1日，
　　　取自：http://spc.tn.edu.tw

家長可協助剛入學幼兒適應之輔導方法如下：（田育芬，民95）

1. 開學前，請家長在不影響在校幼兒作息，帶新生到校園方悉環境。

2. 請家長在開學前先幫幼兒做好心理準備，並加以鼓勵。

3. 請家長事先對幼兒介紹教保服務人員，並具體教他如何尋求協助。

4. 建議家長，孩子回家後，跟他分享今日在園方中快樂的事情，不要問負向情緒的話；當孩子有快樂的事跟您分享時，別吝嗇您的稱讚及同理心的鼓勵；若孩子跟您分享園方中不開心的事，傾聽他的感受，並具體的告訴孩子積極、有建設性的作法並反應孩子的情緒，並給孩子有機會學習如何去反應。

貳　幼兒園的常規輔導

常規輔導是輔導幼兒行為，使幼兒在日常生活中養成正確的觀念，優良的生活習慣和生活規律。因此，每學期開學時，園方教保服務人員或教保服務人員應加強幼兒生活常規輔導，以養成良好的生活規範與衛生習慣。常規輔導的實施，應訂定輔導項目與實施方法，並以獎勵和稱讚幼兒代替責罰；且全體教保服務人員應以身作則，作為幼兒的模範；並將實施常規輔導的項目和內容，送請幼兒家長在家配合實施輔導；最後應詳細檢討實施成果。有關**常規輔導項目**，應包括下列各項（王靜珠，民93）：

1. 飲食：(1)飯前要洗手，飯後要擦嘴、漱口。(2)飯前飯後不做劇烈運動。(3)自己進食。(4)進食時，不隨意走動，不大聲吵鬧。(5)不挑食、不偏食。(6)細嚼慢嚥。(7)不亂吃零食。(8)不吃不乾淨的東西。(9)會幫助布置及收拾餐具，清理桌面。(10)愛惜食物。(11)用餐姿勢端正，不妨礙別人。

2. 穿衣：(1)學習穿脫衣服。(2)能依天氣變化，增減衣服。(3)衣服應經常換洗。(4)注意衣服的整潔合身。(5)不穿拖鞋、睡衣外出。(6)適當挑選自己所喜愛的衣服。(7)自己會整理、折疊衣服。(8)要有穿著內褲的習慣。(9)衣服弄濕了，會立即換下。(10)遊戲後，會清理自己的衣服。

3. 睡眠：(1)睡覺前後會自己穿脫衣服、鞋子。(2)不蒙著頭睡覺。(3)睡前要先刷牙。(4)脫下的衣服，應整齊放好。(5)自己會鋪床，整理棉被。(6)睡前不做劇烈運動，不喝太多水。(7)在家要早睡早起。(8)在家裡要養成獨睡的習慣。(9)在臥室裡，不可笑鬧，妨礙他人睡眠。(10)不可躺著看書，或

在床上吃零食。

4. **上廁所**：(1)上廁所後要用肥皂或洗手乳洗手。(2)上廁所時能自己穿脫衣褲。(3)衣褲穿好後才出廁所。(4)便後能用衛生紙由前往後擦屁股。(5)便後會沖水，保持設備的清潔。(6)廁所人多時，要排隊守秩序。(7)不隨地大小便，也不要強忍不去上廁所。(8)不隨意把東西丟入馬桶，以免堵塞。(9)不要把玩具帶到廁所去玩。

5. **整潔**：(1)每天洗澡，經常洗頭、剪指甲。(2)流鼻涕時，會用衛生紙擦拭。(3)會收拾用過的東西，能物歸原處。(4)會整理自己的房間。(5)常隨身攜帶手帕、衛生紙，並保持衣服、頭髮整潔。(6)使用自己的毛巾、牙刷、茶杯。(7)不亂丟紙屑、果皮，會把垃圾丟進垃圾桶內。(8)不隨便在牆壁上亂塗亂畫。(9)不用手指挖耳、鼻或揉眼睛。(10)不隨地吐痰。

6. **社交**：(1)和小朋友和睦相處。(2)會說請、謝謝、對不起。(3)會向人說：好、早、再見等。(4)樂意幫助別人，照顧別人。(5)遵守團體活動規則。(6)能和別人分享玩具。(7)能和別人互相合作。(8)別人說話時不插嘴。(9)不任意拿取別人的東西。(10)不隨意說髒話罵人，或動手打人。

7. **交通安全**：(1)遵照紅綠燈的指示。(2)走路時靠邊走。(3)穿越馬路時，要走斑馬線或天橋、地下道。(4)不要在馬路上遊戲。(5)坐車時，頭手不伸出車外。(6)上下車要排隊，不可爭先恐後。(7)在車內不可吵鬧。(8)保持車上的清潔。(9)不要獨占座位。(10)不可在停放著的車後玩耍，以免倒車時被撞倒。

「**幼兒動態記錄**」或稱之為「**幼兒日常輔導記錄**」，則是由以帶班教保員為主的園方工作人員，將對幼兒所做的日常身心表現觀察或特殊狀況輔導情形做定期或不定期的記錄，此份資料為所內專業服務之工作記錄，與供作親師溝通用的「聯絡簿」、「親職手冊」、「親子橋」等資料的功能不同，除非有供作特別療育或家暴兒保案件處遇等專業服務參考的需要，原則上並不宜提供給家長，且須以專業保密之倫理守則，善加保管處理，不得任意開放供他人閱覽。為方便管理及運用，此份檔案的建立，最好是使用標準化的表單來蒐集上述資料，並以規格化的材料與方式加以裝訂（臺北市社會局，民96）（參見表3-6）。

表3-6　臺北市○○幼兒園幼兒動態記錄表

幼兒姓名：　　　編號：　　頁次：

日　期	重 點 記 述			
簽　核	紀錄人	教保組	社工組	所　長

資料來源：臺北市托兒所行政管理手冊，臺北市社會局網站，民國102年7月21日，取自：http://www.bosa.tcg.gov.tw/i/i0300.asp?fix_code=2703010&group_type=1&l1_code=27&l2_code=03

第二節　幼兒園的導護工作與衛生工作

壹　幼兒園的導護工作

　　導護工作的實施直接影響園方的秩序與幼兒安全，在積極方面，在輔導幼兒有正當的遊戲方法和態度；在消極方面，在防止幼兒活動時發生糾紛和危險，以及不守規則的行動。故在實施前應有週密的計畫與充分的準備，實施時應認眞執行，實施後應作詳細記錄，以便檢討改進（參見表3-7、3-8）。園方導護工作的實施要項與導護人員職責如下（王靜珠，民93）：

　　1. **導護實施要項**：擔任值日導護的人員，每日辦公時間，自上午7:30起至下午5:00止，實施要項列舉如：(1)訂定導護實施細則，由園方務會議通過後，確實施行。(2)每日導護時間，應自辦公時間前半小時起，至幼兒全部離所爲止。(3)每日升旗時，總導護應提出工作報告。(4)導護工作交接時間宜定於每週五上午。(5)導護日誌的各項記載，應力求詳細確實。

　　2. **導護職責**：園方應依其規模設置值週總導護一人，值日導護人員數人。導護人員由全園教保服務人員輪流擔任。有關其職責分別說明如下：(1)值週總導護：計畫並主持導護會議；聯絡並協助各導護人員推行導護工作；維護全園方秩序及清潔工作；處理遺失物品及招領事宜；接待來賓及聯

絡幼兒家長等事宜。(2)值日導護人員：負責幼兒上下學的交通車安排與安全事宜；負責幼兒行路與遊戲安全事宜；填寫導護日誌和園務日誌；統計全園方幼兒出缺席；園方巡迴輔導工作。

表3-7 新北市○○幼兒園教保服務人員值班工作表

週次 \ 人員 \ 地點	早值			晚值			午值		
	門口	○○班	辦公室						
1	李○○								
2									
3									
…									
25									
備註	1.早值時間：＿＿時＿＿分至＿＿時＿＿分 2.晚值時間：＿＿時＿＿分至＿＿時＿＿分 3.午值時間：＿＿時＿＿分至＿＿時＿＿分 4.責任認定以輪值表為準。								

資料來源：園務參考，新北市幼兒教育資源網，民國102年7月31日，取自：http://kidedu.ntpc.edu.tw/files/11-1000-83.php

表3-8 導護輪值表（參考用）

週別	值日（導護）老師		週別	值日（導護）老師		備註
一			十二			注意事項：
二			十三			1. 每天7：30前到校照顧
三			十四			幼兒，下午須等到幼兒
四			十五			全部回家才可離園。
五			十六			2. 接聽電話。
六			十七			3. 填寫園務日誌。
七			十八			4. 負責電話聯絡的登記 與連絡工作。

八			十九			
九			二十			
十						
十一						

資料來源：臺南市公立幼稚園幼教行政表格，臺南市特幼課網站，民國96年10月1日，
取自：http://spc.tn.edu.tw

貳　幼兒園的衛生工作

　　為確保幼兒的身體健康，園方規劃幼兒健康管理時，不僅要從大處著眼，也要從小處著手。因此，在實施下列幾項保健的措施時，園方應隨時給予教職員的指引，才不致使健康管理流於形式（信誼基金會學前兒童教育研究發展中心主編，民72；王靜珠，民93）：

　　1. 日常的健康檢查：每日入園方健康檢查，包括到園方後，先測量體溫，若有發燒症狀，應立即通知家長送醫診治，最好能在家長送幼兒到園方未離開前，取得聯繫，以免耽誤。在園方時間內，應注意檢查的項目包括：手帕、手、指甲、漱口、刷牙、身體整潔、頭髮等衛生習慣、身體異常、外傷、體溫、五官、皮膚之健康與否等項。幼兒在園方的日常生活中，身體或行為常可能出現異常的現象，因此，教保服務人員平日就得隨時留意，因為這可能是幼兒生病的徵兆。例如：扁桃腺腫大、口腔有異味、口角乾裂、蛀牙、視力不良、眼睛無神或發紅、咳嗽、打噴嚏、流鼻涕、有濃重的鼻音、發燒、臉色蒼白、皮膚發疹、紅腫、嘔吐、反胃、胃口不好、無精打采、想睡覺、脾氣暴躁、上廁所的次數過於頻繁、有反常的攻擊性行為。幼兒在園方如有嚴重的生病徵兆，應使其與其他幼兒隔離，立即通知家長帶回醫治，如果家長都在上班，則由教保服務人員陪著他，讓他躺著休息或看書、玩玩具，覺得舒服而且有安全感。如果幼兒的病症很嚴重，就必須立即帶他去看醫生；看診後應填寫出席檢查記錄簿，妥為記錄之。

　　2. 定期的健康檢查：定期健康檢查，是指定期實施之檢查，嬰兒（2歲以下者）每隔四個月應檢查一次，幼兒每年應檢查一次，發現歧異狀態，應儘速矯治。原則上，每個學期初和學期末，身高和體重可由園方教保服務

人員自行測量外，並且每學期可洽請地方衛生所醫師協助為幼兒作一次健康檢查，以瞭解幼兒的健康狀況。測量和檢查的結果都應做成紀錄，若發現幼兒有疾病或缺陷，即通知家長帶幼兒就醫診治。幼兒健康檢查的記錄表通常包括：身高體重、眼、耳、鼻、扁桃腺、牙、甲狀腺、淋巴腺、心、肺、腹部、皮膚、營養、關節運動、大便、小便、血液和其他等項目（參見表3-9、3-10、3-11、3-12）。

定期健康檢查項目：(1)身高體重測量：宜扣除衣服重量，以便能正確比較生長情形，檢查後應填入幼兒的相關記錄表中。(2)五官的檢查：檢查鼻部是否常流鼻涕，有無不適現象；眼部有無砂眼、結膜炎或其他眼病；口部是否有惡臭或白點；以及耳部聽覺是否靈敏，有無流膿情況；並應注意皮膚有無濕疹、白癬等疾病。(3)營養檢查：觀察幼兒是否面色蒼白，身體孱弱，營養不良。(4)牙齒檢查：檢查是否有腐牙或壞牙肉。(5)循環系統及呼吸系統的檢查：應檢查甲狀腺、淋巴腺、扁桃腺是否正常，醫師若認為必要時，可用X光和超音波檢查內臟，早期發現疾病。

幼兒園教保服務實施準則第9條：幼兒園每學期應至少為每位幼兒測量一次身高及體重，並依本法第31條第2項規定，載入幼兒健康資料檔案，妥善管理及保存。幼兒園應定期對全園幼兒實施發展篩檢，對於未達發展目標、疑似身心障礙或發展遲緩之幼兒，應依特殊教育法之相關規定辦理。

3.**缺點矯治和複查**：健康檢查後，需根據檢查結果，從事缺點的矯治，治療方式簡便的疾病，可由園方教保服務人員協助矯治；治療方式繁複的疾病，如扁桃腺、心、肺等疾病，可通知家長送往醫院診治。缺點矯治後，應定期檢查，直至痊癒為止。

4.**實施預防接種**：園方人員應定期辦理預防接種工作，若發現傳染病（腸病毒、百日咳、白喉、天花、麻疹、耳下腮腺炎）的幼兒，應立即隔離並請家長送醫或在家治療，直至痊癒。

5.**情緒的健康**：園方除了應注意幼兒身體的健康，也應該隨時注意幼兒是否有情緒困擾的徵兆，並給予適當的輔導，例如：煩躁不安、注意力不集中、對周遭事務不感興趣、有過度的攻擊性、極度緊張、容易激動、經常會頭痛、胃痛、過度害羞、安靜、經常哭鬧、動作不協調、經常撞倒東西、無法遵照指示做事、對於別人的期望或做好一件事過度焦慮、常想睡覺。以

上這些徵兆若只是偶爾出現，倒不必看得太嚴重，如果出現頻繁，那麼就需要另外的處理。例如：與家長聯絡以瞭解幼兒的家庭生活狀況，或者去請教心理輔導專家。

　　幼兒園應注意環境衛生，訂定工作計畫，依據計畫項目，編訂推行進度表，列入行事曆中實施。衛生工作實施的目的，在養成幼兒良好的衛生習慣，培養幼兒對健康的正確態度。幼兒衛生習慣的養成，除了園方的教育外，仍須靠幼兒家長的協助。因此園方應與家長聯繫，使家長瞭解養成衛生習慣的重要性，家長也應以身作則影響幼兒去實行（參見表3-13、3-14、3-15、3-16、3-17、3-18）。

表3-9　新北市○○幼兒園身高體重記錄表

_____學年度第_____學期　　　　　班級：_____

學號	幼兒姓名	身高			體重		
		年 月 日	年 月 日	年 月 日	年 月 日	年 月 日	年 月 日
1							
2							
3							
…							
30							

資料來源：園務參考，新北市幼兒教育資源網，民國102年7月31日，取自：http://kidedu.ntpc.edu.tw/files/11-1000-83.php

表3-10　新北市○○幼兒園視力檢查記錄表

　　　　　學年度第　　　　　學期　　　　　　　班級：

座號	幼兒姓名	檢查日期：　　年　　月　　日								檢查日期：　　年　　月　　日							
		裸視				矯正				裸視				矯正			
		視力		結果		視力		結果		視力		結果		視力		結果	
		左眼	右眼	正常	異常	左眼	右眼	正常	異常	左眼	右眼	正常	異常	左眼	右眼	正常	異常
1																	
2																	
3																	
…																	
25																	

說明：1. 檢查人數：　　　　人，視力不良率：　　　　％。
　　　2. 裸視：正常　　　　人，不良　　　　人。矯正：正常　　　　人，不良　　　　人。
資料來源：園務參考，新北市幼兒教育資源網，民國102年7月31日，取自：http://
　　　　　kidedu.ntpc.edu.tw/files/11-1000-83.php

表3-11　新北市○○幼兒園體溫測量記錄表

　　班級：　　　測量月份：　　　月　　　溫度計種類：□耳溫　□額溫　□腋溫

座號／姓名　　　日期／溫度									
1		36 / 36.5							
2									
3									
…									
30									

說明：1. 本表使用方式為早上、下午各測量一次。
　　　2. 日期部分請根據上課日數填寫在空格裡。
資料來源：園務參考，新北市幼兒教育資源網，民國102年7月31日，取自：http://
　　　　　kidedu.ntpc.edu.tw/files/11-1000-83.php

表3-12　臺北市立○○幼兒園幼兒健康紀錄卡

建卡日期 _____

編　　號 _____

一、基本資料：

幼兒姓名：_____　性別：男、女　　出生日期：____年____月____日

身分證統一編號：_____　住址：_____　電話：_____

父親姓名：_____　年齡：_____　職業：_____　電話：_____

母親姓名：_____　年齡：_____　職業：_____　電話：_____

二、健康史：

預防接種	日期	日期	日期	日期	曾患病症	曾患者打✓	特殊狀況
卡介苗					水痘		
B型肝炎疫苗					B型肝炎		
三合一疫苗					氣喘		
小兒麻痺疫苗					小兒麻痺		
麻疹疫苗					麻疹		
麻疹、腮腺炎、德國麻疹疫苗					日本腦炎		
日本腦炎疫苗					腮腺炎		
水痘疫苗					德國麻疹		
B型嗜血桿菌疫苗					其他		
其他							

三、健康檢查：

(一) 視力篩檢＋亂點視力圖篩檢

日　期			
右　眼			
左　眼			
亂點視力圖			

(二) 口腔檢查：蛀牙／缺牙X　已修補△　長牙中↑↓

日期：	日期：	日期：	日期：	日期：	日期：	日期：	日期：

(三) 兒童健康篩檢

日期＼項目	耳鼻喉	胸部	骨骼肌肉	聽力	生殖器	口腔	視力	學前兒童發展篩檢

(四) 寄生蟲檢查：正常0　需服藥✓

日期				
結果				

(五) 聽力檢查：正常＋　需複查－

日期				
結果				

(六) 身高體重

學年度＼月份項目	9	10	11	12	1	2	3	4	5	6	7	8
	身高 體重	體重	體重	體重	身高 體重	體重	身高 體重	體重	體重	身高 體重	體重	體重

四、健康情形處理：

日　期	狀　況	處　理

資料來源：臺北市托兒所行政管理手冊，臺北市社會局網站，民國102年7月21日，取自：http://www.bosa.tcg.gov.tw/i/i0300.asp?fix_code=2703010&group_type=1&l1_code=27&l2_code=03

表3-13　新北市○○幼兒園氟錠使用記錄表

_____學年度　第_____學期　月份：_____月　　班級：_____

座號／姓名　　日期　含氟記錄											
1											
2											
3											
…											
30											
每日小計											
每日累計											

使用記錄：服用者○　未服用者×　　　　本月總計____顆氟錠

資料來源：園務參考，新北市幼兒教育資源網，民國102年7月31日，取自：http://
kidedu.ntpc.edu.tw/files/11-1000-83.php

表3-14　新北市○○幼兒園醫護用品保存記錄表

班級：_____　　記錄者：_____

項次	內容	數量	保存期限	備註
1				
2				
3				
…				
24				

資料來源：園務參考，新北市幼兒教育資源網，民國102年7月31日，取自：http://
kidedu.ntpc.edu.tw/files/11-1000-83.php

表3-15 新北市○○幼兒園93學年度第一學期幼兒視力保健實施計畫

壹、實施依據：
　行政院臺八十八教字第三一八七八號函核定之「加強學童視力保健五年計畫」。
貳、實施目的：
　一、建立家長及幼童正確的視力保健知識。
　二、指導幼童養成正確的用眼習慣。
　三、導正家長「學歷重於視力」的觀念。
　四、改善教學環境與設備，以保護幼童視力。
　五、預防幼童近視，及早發現、矯治幼童之視力問題。
參、實施策略：
　一、加強視力保健宣導兼顧視力矯治的追蹤。
　二、改善幼童生活環境與校園美化綠化並進。
　三、實施多元化教學，結合生活教育，落實視力保健工作。
肆、實施方式：
　一、加強視力保健宣導
　　1.利用親師懇談會、分發親職教育文章、海報、單張、小冊，增進幼童家長視力保健常識。
　　2.幼兒欣賞宣導短片、故事、戲劇，認識眼睛、愛護眼睛。
　　3.鼓勵家長多陪幼童從事戶外活動，接近大自然。
　　5.重視幼童的生活教育，給予適當期望水準、不應給幼童過重的學習壓力。
　二、改善幼童視力保健生活及環境
　　1.注意教室照明設備，並隨時維修照明設備。
　　2.美化綠化校園。
　　3.推動均衡飲食行為，餐點設計加入有利視力保健食物。
　　4.輔導幼童每日充足睡眠與休息。
　三、實施多元化教學，結合生活教育，落實視力保健觀念
　　1.教學多元化，減少幼兒長時間、近距離用眼，多活動，少讀、寫。
　　2.每天安排時間，帶領幼兒做戶外活動，望遠凝視。
　　3.設計增加用耳學習並減少用眼的材料及教學活動。
　四、檢查治療追蹤輔導
　　1.定期檢查幼童視力，建立資料，瞭解幼童視力狀況。
　　2.通知家長幼童視力檢查結果，發現視力不良幼童，請家長帶至眼科醫院診所矯治，並追蹤處理情形。
伍、實施行事：

實施時間	實施項目	經費概算	負責人員
第一週	新生家長座談會，宣傳視力保健	0	保育組
第二週	美化綠化校園	3,000	總務組
第三週	幼童視力篩檢，結果通知家長	0	各班教保服務人員
第四週	指導幼兒愛眼操，望遠凝視。	0	各班教保服務人員

第五週	提供家長視力保健資訊	100	保育組
第六週	幼童視力保健宣導片欣賞	500	保育組
第七週	幼童視力不良矯治結果追蹤	0	各班教保服務人員
第八週	視力保健戲劇扮演活動	2,000	教學組
第九週	園內視力保健教學觀摩會	500	教學組
第十週	提供家長視力保健資訊	100	保育組
第十一週	視力保健說故事比賽	1,000	教學組
第十二週	幼童視力保健計畫實施結果檢討	0	全體教保服務人員
第十三週至學期末	進行生活評量	0	各班教保服務人員

陸、本計畫經○校長核可後實施，修正時亦同。
校（園）長：　　主任：　　承辦人：

資料來源：園務參考，新北市幼兒教育資源網，民國102年7月31日，取自：http://kidedu.ntpc.edu.tw/files/11-1000-83.php

表3-16　新北市○○幼兒園寢具清洗記錄表

_____學年度第_____學期

項目：□棉被、枕頭　□冷氣濾網　　頻率：□每週　□隔週　□每月清洗

月份＼星期	日	一	二	三	四	五	六	負責人簽名
月								

記錄方式：1.勾選清洗項目　2.填寫該月份日期　3.圈選清洗日期
資料來源：園務參考，新北市幼兒教育資源網，民國102年7月31日，取自：http://kidedu.ntpc.edu.tw/files/11-1000-83.php

表3-17　新北市○○幼兒園環境消毒記錄表

_____學年度_____學期

日　期	時　間	執行者簽名	監督者簽名	園方長簽名
月　　日	時　　分			
月　　日	時　　分			
月　　日	時　　分			

說明：1. 請於腸病毒流行期間，每週五下課後，進行環境消毒工作。
　　　2. 學校於其他時間進行環境消毒工作，亦可登記。
資料來源：園務參考，新北市幼兒教育資源網，民國102年7月31日，取自：http://
　　　　　kidedu.ntpc.edu.tw/files/11-1000-83.php

表3-18　新北市○○幼兒園環境清潔檢核表

_____學年度_____學期

次數 ＼ 日期	項目（負責人） 活動室（　）	寢室（　）	洗手臺（　）	廁所（　）	戶外（　）	（　）	考評人員（簽章）
1	年　月　日						
2	年　月　日						
3	年　月　日						
備註							

檢核符號：優良○　尚可△　待改進×
資料來源：園務參考，新北市幼兒教育資源網，民國102年7月31日，取自：http://
　　　　　kidedu.ntpc.edu.tw/files/11-1000-83.php

　　需要教保服務人員協助給藥的管理辦法，在開學之際就應通知家長知道。專業又細心的機構會請家長交付給藥同意書給園方教保服務人員，在同意書中，家長也同時填寫上需要用藥的幼兒姓名、用藥時間、劑量、途徑及其他叮嚀等重要事項，並隨同藥袋一併交給教保服務人員或隨車人員。教保服務人員拿到藥袋及同意書後，應詳閱其中的交代事項，並將藥袋置於乾燥、清潔而幼兒搆不到的高處，按給藥時序排放妥當，萬一教保服務人員對藥品的品質、劑量或給藥時間有任何的疑慮時，應立即向家長詢問清楚（田育芬，民95）（參見表3-19、3-20、3-21）。

表3-19　新北市○○幼兒園家長託藥暨教保服務人員給藥記錄表(一)　班級：＿＿＿

| 日　期 | 餵藥幼兒姓　名 | 傳遞藥品者 | 餵藥用量（1次） | | 其他藥品 | 餵藥時段 | 餵藥者簽名／時間 | 服用情形 | | 備註 |
			藥粉	藥水				正常	嘔吐	
						上午				
						中午				
						下午				

說明：1. 本記錄表放置在各班教室門口，請親自到園託藥的家長填寫。
　　　2. 左欄部分由託藥家長填寫，右邊粗欄的部分由給藥的教保服務人員填寫。
資料來源：園務參考，新北市幼兒教育資源網，民國102年7月31日，取自：http://
　　　　　kidedu.ntpc.edu.tw/files/11-1000-83.php

表3-20　新北市○○幼兒園家長託藥暨教保服務人員給藥記錄表(二)

| 日　期 | 班級 | 餵藥幼兒姓　名 | 餵藥用量（1次） | | 其他藥品 | 餵藥時段 | 餵藥者簽名／時間 | 服用情形 | | 備註 |
			藥粉	藥水				正常	嘔吐	
						上午				
						中午				
						下午				

| 日　期 | 班級 | 餵藥幼兒姓　名 | 餵藥用量（1次） | | 其他藥品 | 餵藥時段 | 餵藥者簽名／時間 | 服用情形 | | 備註 |
			藥粉	藥水				正常	嘔吐	
						上午				
						中午				
						下午				

說明：1. 本託藥單左欄由無法親自至園託藥的家長填寫，右邊粗欄由教保服務人員填寫。
　　　2. 請在家填寫一欄後，剪下放置藥袋內，交由幼生帶至園。
　　　3. 本託藥單請自行影印或用完向老師索取。
資料來源：園務參考，新北市幼兒教育資源網，民國102年7月31日，取自：http://
　　　　　kidedu.ntpc.edu.tw/files/11-1000-83.php

表3-21　幼兒服藥委託書

班級：　　　姓名：　　　服藥日期：　　　至

一、服務時間：□午餐前　□午餐後　□午睡後　□其他
二、服藥內容：□藥粉　□白包　□紅包　□中藥　□其他
三、緊急聯絡人：　　　與幼兒關係：
四、聯絡電話：

註：遇生病在園服藥時請填具家長委託書，交由護士統籌辦理，如發生任何副作用，請
　　家長自行負責。

委託人簽名：　　　日期：

資料來源：臺南市公立幼稚園幼教行政表格，臺南市特幼課網站，民國96年10月1日，
　　　　　取自：http://spc.tn.edu.tw

　　園方為了維護幼兒健康，應在平日督導教保服務人員隨時注意下列事
項（信誼基金會學前兒童教育研究發展中心主編，民72）：(1)向幼兒說明為什
麼當他覺得身體不舒服時，應該馬上告訴老師。讓幼兒學習對自己的健康
負責。(2)依照天氣的變化，指導幼兒留意自己身上的衣著，隨時穿脫衣
服。(3)體能活動或午睡之後，幫忙很容易流汗的幼兒，擦乾汗水，並更換
內衣。(4)在餐點之前或上廁所之後，指導幼兒用肥皂洗手。(5)指導幼兒在
上廁所、流鼻涕時，如何使用及處理衛生紙。(6)指導幼兒使用茶桶或飲水
器喝水，以隨時補充水分。(7)指導幼兒正確的刷牙方式，並說明照顧牙齒
的重要性。(8)讓幼兒在平靜輕鬆的氣氛中，食用餐點。(9)注意觀察幼兒平
時走路、坐椅子和使用工具等姿勢的正確性。(10)下雨天幼兒不能到戶外玩
時，提供他們活動性高的室內遊戲，例如可以增進音樂律動性的活動，讓他
們發洩情緒、消耗精力。(11)幼兒活動的安排，最好是動態的與靜態的互相
配合，讓幼兒在一段興奮的活動之後，有一段休息放鬆的時間來緩和情緒。
(12)在戶外活動時間，儘量鼓勵每一位幼兒到外面玩。如果幼兒身體不適或
情緒上的需要，才讓他留在教室裡玩些靜態的活動。(13)注意輔導幼兒上廁
所的習慣，因為對幼兒而言，上廁所不只是日常的瑣事而已，幼兒還可以從
中學習到自我認識、禮節、責任、獨立、清潔、滿足生理需要、遵照指示、
等待等許多經驗，而不應該讓幼兒覺得是個擁擠又急促的地方。

輔導幼兒上廁所，需注意下列幾個概念（信誼基金會學前兒童教育研究發展中心主編，民72）：(1)開學之初，年齡較小的幼兒大約每隔40分鐘，就帶他們去上廁所，指導他們上廁所的技巧和常規。(2)讓幼兒知道，在活動過程中，如果他想上廁所，向老師說一聲就可以去，不要勉強忍著。而教保服務人員也要隨時注意，上廁所的幼兒是否馬上就回來，否則就得去廁所看看，他是否需要幫忙。(3)如果有年齡較小的幼兒想上廁所，就不妨每次順便多帶幾位幼兒一起去，以節省來回往返的次數。(4)幼兒意外尿濕或大便，是成長過程中自然會發生的事，在幫他更換衣物時，態度應自然而平靜，不要讓幼兒覺得很難堪。(5)如果有位幼兒經常要小便或很容易尿濕褲子，可能表示著一些隱藏的生理疾病，或是情緒過度緊張，這時教保服務人員應和家長聯絡，看看是否要帶他去看醫生。(6)確實指導幼兒上廁所的常規，例如：上廁所後一定要洗手、用過的衛生只要丟入備用的垃圾桶內、上廁所後，馬桶一定要沖水等事項。

第三節　幼兒園的餐點管理

在園方裡，點心和午餐時間是幼兒每日生活的一部分，尤其是對於全日班的幼兒更為重要。兒童餐點的供應服務規劃應從菜單設計、採購、冷凍冷藏處理、食物準備、烹調到送餐的過程，都要用心規劃。此外，也應顧及服務氣氛、材料提供與設備安全。因此，需監督餐點計畫、採購、食物準備，並提供食物調製工作人員與兒童餐點相關人員的服務訓練。園方有關烹調與服務人員的要求，目前國內相關法令尚未明文規定需聘合格營養師擔任，但至少應聘身體健康，不帶有傳染病原菌或不是傳染病患，能隨時保持清潔的專人負責。園方供應點心的目的主要因幼兒胃腸消化系統尚未發育完全，吸收力有限，由正餐所吸收的養分有限，不足的部分，需由點心補充，其道理與胃腸消化力弱者需少量多餐是一樣的，但點心時間若與正餐時間太接近亦可能影響正餐的食慾，所以，供應點心的時間最好在正餐前後二小時左右，份量亦不宜太多（張翠娥，民96b）。

園方的餐點管理，一般可包括採購、調配、供應三項工作，以下分別列

出每項工作的注意要點（信誼基金會學前兒童教育研究發展中心主編，民72；張翠娥，民96b；田育芬，民95）（參見表3-22、3-23、3-24、3-25）：

(一) **餐點的採購**：採購食物前應先做好詳細的餐點設計、規劃出每日、每週或每月的採購清單，並查點現有的食物庫存量後，訂出真正需要的採購單。因為園方食物採購屬於大量且是經常性的作業，可找幾家商家作比較後，與其訂定長期的契約，以傳真、電子郵件方式下訂單，讓商家直接將物品送至園方，以節省人力和採購時間。若需園方人員採購，則應規劃採購路線，食物儘可能在同一地點採購，以節省往返時間。食物採購時須注意下列事項：

1. 儘量購買產量多且較便宜的季節性食物。

2. 購買前，最好多比較幾家的價格和品質，或直接向各類食品的批發商或經銷商採購，價格較為便宜。

3. 小心計畫食物需求量，清點、比較食物之購進量與實際食用量的差異，以控制採購的數量。

4. 可以儲藏的食物，不妨一次作大量購買，將較為方便。

5. 可配合教學單元採購食品，如端午節的粽子、元宵節、冬至的湯圓。

6. 選購食物時，要檢查其外觀色澤，注意食物的保存期限和儲存空間，以及是否有異味或發霉等現象。

7. 購買罐頭或食品時，注意檢查所標示製造日期及有關添加物說明。

8. 記錄所購食物的品質、價格及使用方式、時間，作為日後購物參考。

9. 有機會可讓兒童跟著去採購，讓兒童觀察、認識各種蔬菜、食物。

10. 可嘗試聯絡附近幾家園方，共同討論及擬定餐點內容，再一起向廠商採購，並請廠商送貨至園方，將較為便宜且方便。

(二) **餐點的調配**：食物處理的過程關係著食物營養的保存和是否容易消化，以下幾點可供作為食物處理的參考：

1. 食物要沖洗乾淨，尤其是蔬菜水果，可能殘留農藥，要多用水沖洗乾淨。

2. 食物切割的大小和形狀要適當，便於幼兒取拿與咀嚼；某些時候供應一些可用手取用的食物，並且允許幼兒用手取食是可以增強幼兒自行用餐的意願。對於蛀牙、換牙而無法順利咀嚼的孩子，將食物切割成更小塊或煮

得較爛些，使食物容易咬碎、吞嚥，將會使這些孩子不再視餐點時間是痛苦時間。

3. 視幼兒年齡提供適當烹煮方式的食物，注意色、香、味的調配，口味以清淡為宜，以引發幼兒的興趣和食慾。

4. 食物的軟硬度要適中，熱食在攝氏六十度上下，冷食在四度上下。

5. 烹調時宜注意食物營養的保持和食物的新鮮度，以食物原味為佳，避免添加色素、防腐劑、酸、辣等調味料。

6. 選擇搭配各類型營養素的食物，包括：肉品、蔬菜水果、奶與奶製品、五穀等。營養價值高，但幼兒較不喜歡的食物，可改變其烹調方式，讓幼兒慢慢適應；幼兒不熟悉的食物可先以小量加在幼兒熟悉的食物中出現。

7. 提供一餐吃得完的食物份量，避免給幼兒食用刺激性食品、太甜、太酸或含有大量砂糖的食物，如可樂、汽水、糖果蜜餞等，以及油炸食品，以免使幼兒消化不良或降低食慾。

8. 為配合節日或教學，偶爾可提供較特殊餐點，例如在端午節時吃粽子，在慶生會時吃生日蛋糕，在進行有關蔬菜單元時，煮食什錦蔬菜湯等。

9. 早上的點心可以提供不是那麼具飽足感的食物，例如：牛奶加玉米片、丸子湯等或是份量少些。但是下午的點心不但量要稍多，而且最好能提供具飽足感的食物，延長消化的時間，例如：茶葉蛋、熱狗或烤麵包塗果醬等。

10. 為顧及幼兒每日均衡的營養素，在調配每日的餐點時，宜經常變換，避免同一餐點在兩、三天內重複出現，並列成計畫表，貼在辦公室內，同時也可印發給家長參考。

此外，並應保持清潔衛生，廚房用具必須經過洗滌、消毒及適當的儲放；每次用過餐後，要立即將餐具清洗乾淨，不宜放置過久，以免招來螞蟻、蒼蠅、蟑螂、老鼠；注意清潔劑的使用與沖洗；每天的廚餘或廢棄物要及時處理（參見表3-26）。

(三) **餐點的供應**：用餐時間應避免延誤，餐點的運送動線最好是在棚子下或室內空間中，可免受雨淋或風沙之苦，每一份餐點宜在容器外註明是哪一個班級的，以免教保服務人員為了份量的不足，而來往奔波於廚房與各班級間；盛菜、飯的容器及盛水果的托盤，或用鍋蓋蓋上或保鮮膜罩上，可

以避免落塵及蒼蠅的騷擾；等待運送至各班的餐點也應放在檯面上等候，而不是置於人來人往的地上；運送的工作應由廚房工作人員或教保服務人員來執行，尤其不可交代幼兒協助運送，以免發生意外（田育芬，民95）。幼兒應在良好的物理與心理環境下愉快用餐，並學習用餐的禮儀和良好的飲食習慣，因此，幼兒的用餐室應注意座位空間的安排和環境的整潔工作（王靜珠，民89）。

如何供應幼兒餐點，使之成為愉快而有意義的經驗，園方可提供教保服務人員下列幾項建議：

1. **餐點供應的要點**：(1)**座位**：應保持適當的間隔，因為過於擁擠，容易引起幼兒的緊張，而弄翻餐點。(2)**氣氛**：在餐點時間可播放柔和的音樂，讓幼兒在恬靜的氣氛中，輕鬆地享用餐點。(3)**社交**：讓幼兒在用餐時間輕聲的交談，可幫助幼兒社會行為的發展；如有家長或客人來訪，也可邀請他們與幼兒共用餐點。(4)**時間**：點心時間最好安排在上午10時和下午3時左右，以不影響正餐的食慾為原則；而時間長短的安排也要充裕，並顧及每位幼兒的個別差異，可讓先吃完的幼兒，到一旁看看書或玩玩具。(5)**食慾**：如果幼兒身體發育良好，則應尊重幼兒的食慾，讓他依照自己的食慾和胃口，決定他能吃多少、想吃多少；開始時不妨給他少量些，如能吃完，再問要不要添加，如此不但能滿足幼兒的個別需要，且能避免因吃不完而浪費食物。(6)**自助**：餐點的供應及食用，盡量讓幼兒自己動手。例如：每天或每週由幾位幼兒輪流擔任「小助手」，幫忙排好桌椅，分發餐具、餐點以及收拾等工作，安排方式可選用不同顏色和長度的橡皮筋套到圖釘上；每天輪值時，只需改變圖釘的位置即可；讓幼兒自行找出自己的名字及分配的工作。食用餐點時，即使是年齡較小的幼兒，也要給他機會，讓他自己動手，容忍他可能將食物散了一桌，但卻可使他體會到自己完成一件事的信心和成就感。餐點用完後，讓幼兒自己清理桌面、收拾餐具，這也是一種獨立和責任的學習。

2. **餐點的供應方式**：不需每日一成不變，可以斟酌情況，變化各種不同的方式，讓幼兒領略其中不同的情趣。餐點的供應可選用下列幾種方式：(1)**分配式**：每一桌的幼兒坐好後，即將預先分配好的一份一份餐點，分給每位幼兒，一桌的餐點分好後，即可開始食用。(2)**家庭式**：像家裡用餐一

樣，將點心或午餐的菜餚，裝在大型的餐碗裡，放在桌子中央，讓幼兒圍坐一桌，自行取用；每桌最好有一位大人（助理或家長）同桌，給予幼兒適時的協助。(3)**自助餐式**：將餐點放在長桌上，讓幼兒自己拿餐碗，排隊輪流來盛取，事先向幼兒解釋清楚：「吃完了，如果需要，可以再來添一次，一次不要拿得太多。」這種方式可培養幼兒自制的能力，讓他學習盛取自己能吃完的份量，同時也是尊重幼兒個別的需要。(4)**野餐式**：用紙盤裝置餐點，到園方的戶外庭院或附近的公園野餐。(5)**烹飪活動**：讓幼兒作些簡單的烹飪活動，例如：搓湯圓、包飯糰、作三明治等，並作為當日的餐點，將能給予幼兒相當的滿足感。(6)**點心角**：如果教保服務人員裡設置有各種學習角，則可設一點心角，放置當日的點心，並在該角的牆上畫圖說明每位幼兒的點心份量，例如：一瓶養樂多和三塊餅乾。在各角落活動時間內，幼兒可視自己的需要，自己決定什麼時候去吃點心，在點心角可讓大班的幼兒輪流充當小主人，負責接待來吃點心的幼兒。

餐點的調配設計人員需要具備有關營養及兒童發展的基本知識，從營養學的觀點，**幼兒餐點設計應注意下列幾個原則**（張翠娥，民96b）：

1. **提供各種富有營養價值的食物。**
2. **營養種類要適合年齡的需要。**
3. **注意食物更換、變化，以維持幼兒對飲食的興趣。**
4. **依幼兒的個別差異性，適量提供。**

教保服務人員應指導幼兒營養知識、衛生習慣、用餐禮節外，且和幼兒共進餐點時，應給予正確示範，實施良好的生活教育，若發現幼兒不良的飲食習慣，應適時指導改進。此外，應常變化各種食物種類及烹調技巧和方法，教保服務人員與教保服務人員慈祥的面孔、和藹的態度，都可提高幼兒用餐情緒與興趣。若能配合幼兒的健康檢查結果，針對幼兒營養不良的情況，在其用餐時給予個別指導、鼓勵和協助；餐點工作的實施除了增加幼兒身心健康，訓練幼兒良好的用餐習慣外，並可培養幼兒勤勞節儉的服務精神與美德，使幼兒在用餐的生活教育中，體驗飲食行為對人生的重要性，並培養良好情操。**輔導幼兒用餐應注意下列要項**（王靜珠，民89；張翠娥，民96b）：(1)培養良好的飲食習慣，如餐前洗手，幫忙排餐具、分餐點，餐後刷牙或漱口、擦嘴、幫忙收拾等；鼓勵幼兒用餐時衣著整齊、雙手清潔，

在用餐完畢前，不可玩弄玩具，以符合衛生、安全的要求。(2)用餐氣氛宜輕鬆愉快，可播放輕快的音樂；幼兒可利用分配飯菜時間朗誦兒歌，兒歌內容有飲水思源之涵義，可激發幼兒感謝農夫、調配人員與教保服務人員、父母的辛苦；鼓勵幼兒食用各種蔬菜，亦可將各種蔬菜對於人體的益處編成兒歌，以優美的詞句教幼兒朗讀，可增加幼兒嘗食蔬菜的勇氣和興趣。(3)幼兒用餐應細嚼慢嚥，並鼓勵食用各種食物；遇有偏食及食慾欠佳的幼兒可慢慢糾正，儘量鼓勵偏食者取用其不喜歡的食物，並探究其原因，切勿勉強。(4)允許幼兒選擇餐點份量，教保服務人員可協助彈性調整；輔導幼兒不隨意拋丟菜屑，且儘量養成不剩飯菜的好習慣。(5)注意用餐的姿勢要端正，咀嚼食物和使用餐具宜儘量避免聲響；允許幼兒在餐點時間內輕聲交談，但口中有食物時避免說話，食物不掉出餐盤外。(6)採用分組值星制，指導幼兒清理桌面、清洗餐具、清掃活動等服務工作。(7)輔導幼兒用餐畢時向大家說：「我吃完了，請您們慢慢吃。」

訂定營養教育方案目標時須注意下列幾點（張翠娥，民96b）：

1. **提供合適的營養餐點**：園方至少應提供幼兒營養需要量的一半或三分之二的食物。

2. **實施營養教育**：園方應指導兒童認識各種食物的名稱與營養價值，瞭解有關食物的來源、儲存、準備等，養成幼兒對食物的正確觀念，亦可從製作食物的過程，幫助他們學習。

3. **培養良好的飲食習慣**：注意飲食前後的禮節、衛生習慣，包括協助整理餐具、注意飲食姿勢、咀嚼不出聲、細嚼慢嚥、口含食物不說話、廚餘回收於固定處、吃後主動收拾餐具；進餐時宜保持輕鬆愉快、定時定量、不偏食、用餐後刷牙或漱口，以培養兒童良好的飲食習慣。

4. **注意個別幼兒的營養問題**：對於過重、過輕、不良飲食習慣的兒童，應主動與父母取得聯繫，共同協助兒童改善。

5. **幫助父母實施營養教育**：提供父母有關營養教育的資訊，與如何協助兒童發展適當的營養概念和態度。

6. **顧及特殊幼兒的需求**：對於咀嚼能力弱、飲食動作遲緩、新陳代謝失常、盲聾與特殊需要的兒童，應給予特別的照顧。

表3-22　新北市○○幼兒園 4月份餐點表

日期	星期	早餐／點心	午餐	下午點心
4/1	四	蛋餅、米漿	瓜仔肉、蔥蛋、青菜、大黃瓜排骨湯、水果	餛飩湯
4/2	五	絲瓜麵線	香蒜鯊魚、花生麵筋、青菜、蘿蔔丸子湯、水果	牛角麵包、鮮奶
4/5	一	煎餃、豆漿	豉汁燒肉、玉米雞蓉、青菜、冬瓜蛤蜊湯、水果	蘿蔔糕湯
4/6	二	粿仔條湯	香蒜旗魚、香腸、青菜、馬鈴薯排骨湯、水果	小泡芙、鮮奶
4/7	三	生日蛋糕、鮮奶	什錦炒麵、青菜、味噌湯、水果	蔬菜餅、調味乳
4/8	四	小籠包、豆漿	京醬里肌、蛤蜊蒸蛋、青菜、豬血湯、水果	花枝羹
4/9	五	清粥小菜	清蒸鱈魚、香菇肉燥、青菜、海帶排骨湯、水果	蛋塔、果汁
4/12	一	鮪魚三明治、鮮奶	煎花枝排、菜脯蛋、青菜、冬瓜蛤蜊湯、水果	紅豆小湯圓
4/13	二	小魚粥	宮保雞丁、火腿玉米、青菜、紫菜蛋花湯、水果	蛋捲、鮮奶
4/14	三	葡萄土司、奶茶	咖哩燴飯、青菜、貢丸湯、水果	餅乾、果汁
4/15	四	小饅頭、米漿	瓜仔肉、蔥蛋、青菜、大黃瓜排骨湯、水果	綠豆湯
4/16	五	絲瓜麵線	煎鮭魚、花生麵筋、青菜、竹筍雞湯、水果	叉燒餃、麥茶
4/19	一	雞排三明治、鮮奶	豉汁燒肉、蛤蜊蒸蛋、青菜、豆芽大骨湯、水果	天婦羅湯
4/20	二	吐司夾蛋、鮮奶	香蒜鯊魚、炸雞塊、青菜、金針菇排骨湯、水果	地瓜湯
4/21	三	飯糰、豆漿	水餃、青菜、三絲丸子湯、水果	紅豆餅、鮮奶
4/22	四	起司蛋糕、鮮奶	梅干扣肉、蒸蛋、青菜、馬鈴薯排骨湯、水果	肉羹麵線
4/23	五	海鮮麵	紅蘿蔔絲炒蛋、茄汁甜不辣、青菜、玉米排骨湯、水果	銅鑼燒、麥茶
4/26	一	蜂蜜蛋糕、鮮奶	清蒸鱈魚、香菇肉燥、青菜、海帶排骨湯、水果	油豆腐細粉
4/27	二	粿仔條湯	炒豬肝、魚片蒸蛋、青菜、貢丸湯、水果	蛋捲、麥茶
4/28	三	花生吐司、奶茶	義大利肉醬麵、青菜、玉米濃湯、水果	夾心餅、鮮奶
4/29	四	玉米脆片、鮮奶	煎鮭魚、雞捲、青菜、冬瓜蛤蜊湯、水果	湯餃
4/30	五	饅頭夾蛋、豆漿	滷小雞腿、蛤蜊蒸蛋、青菜、金針菇排骨湯、水果	牛角麵包、果汁

資料來源：園務參考，新北市幼兒教育資源網，民國102年7月31日，取自：http://kidedu.ntpc.edu.tw/files/11-1000-83.php

表3-23　新北市○○幼兒園餐點檢核表

_____學年度　第_____學期　第_____週

日期	星期	餐別	烹調 炊煮：○ 半現成：△ 現成：×	新鮮度 新鮮：○ 尚可：△ 不新鮮：×	色香味 佳　：○ 尚可：△ 改進：×	份量 剛好：○ 太多：△ 不夠：×	營養 佳　：○ 尚可：△ 改進：×	送餐 準時：○ 提早：△ 延遲：×	廚工簽名
	一	早餐							
		午餐							
		點心							
	二	早餐							
		午餐							
		點心							
	三	早餐							
		午餐							
		點心							
	四	早餐							
		午餐							
		點心							
	五	早餐							
		午餐							
		點心							
教師意見					備　註				

資料來源：園務參考，新北市幼兒教育資源網，民國102年7月31日，取自：http://kidedu.ntpc.edu.tw/files/11-1000-83.php

表3-24　新北市○○幼兒園飲食衛生安全檢核表【每半年檢核】

查核日期：＿＿＿＿年＿＿＿＿月＿＿＿＿日

項目	項次	安全檢視應注意要點	檢查結果符合安全規定		知會單位簽章	備註
			是	否		
行政措施	1	訂定廚工工作守則。				
	2	指定專人負責餐飲衛生之安全檢核。				
	3	每天檢查餐飲調理、供應與廚工工作衛生並備有紀錄。				
餐飲場所設施	1	廚房烹調機具設備，能經常保持清潔，並注意使用安全。				
	2	出入口門窗及其他孔道，加裝紗門、紗窗或其他防止病媒侵入設施，並保持清潔。				
	3	廚房排水系統暢通、地面清潔，不得有積水現象。				
	4	調理場所有足夠之光度及良好的通風與排氣。（工作場所100米燭光，調理臺面200米燭光）				
	5	使用不銹鋼餐具及三槽式洗滌殺菌設備。				
	6	調理用之器具、容器及餐具不得直接接觸地面，能保持清潔，並妥善爲存放，防止再污染。				
	7	機械設備與食品接觸面，平滑完整，不可有裂縫。				
	8	冷凍、冷藏庫清潔：冷凍溫度須在-18℃以下，冷藏庫溫度須在7℃以下。				
	9	食物調理檯面，爲不銹鋼製品。				
	10	餐桶爲一體成型之不銹鋼製品，以符合衛生條件。				
	11	備有高溫消毒櫃，消毒各項餐具及容器。				
廚工個人衛生與習慣	1	廚工每年實施健康檢查，並備有紀錄。				
	2	廚工烹調能穿戴衣帽，不得蓄留指甲、塗指甲油、配飾物。				

校（園）長：　　　　主任：　　　　組長：　　　　承辦人：

資料來源：園務參考，新北市幼兒教育資源網，民國102年7月31日，取自：http://
kidedu.ntpc.edu.tw/files/11-1000-83.php

表3-25　臺南市○○幼兒園學年度○月份餐點計畫表

週別	日期	星期	早餐或上午點心	午　餐	下 午 點 心
校園長			保育			承辦人	

資料來源：臺南市公立幼稚園幼教行政表格，臺南市特幼課網站，民國96年10月1日，取自：：//http-spc.tn.edu.tw

表3-26　新北市○○幼兒園廚房設備清洗記錄表

93學年度第一學期
☑每日：茶杯、茶桶　□每週：冰箱、消毒櫃、飲水機　□每月：冷凍櫃

月份 ＼ 星期	日	一	二	三	四	五	六	負責人簽名
八月	1	2	3	4	5	6	7	
	8	9	10	11	12	13	14	
	15	16	17	18	19	20	21	
	22	23	24	25	26	27	28	
	29	30	31					
...				1	2	3	4	
	5	6	7	8	9	10	11	
	12	13	14	15	16	17	18	
	19	20	21	22	23	24	25	
	26	27	28	29	30			
一月						1	2	
	3	4	5	6	7	8	9	
	10	11	12	13	14	15	16	
	17	18	19	20	21	22	23	
	24	25	26	27	28	29	30	
	31							

記錄方式：1.勾選清洗項目　2.填寫該月份日期　3.圈選清洗日期
資料來源：園務參考，新北市幼兒教育資源網，民國102年7月31日，取自：http://kidedu.ntpc.edu.tw/files/11-1000-83.php

第四節　幼兒園的安全教育、幼童意外傷病處理和交通安全

壹　幼兒園的安全教育

安全教育就是提高教保服務人員對生活安全的警覺，確保幼兒身體生命的安全，避免或減少意外傷殘不幸事件的發生。換言之，園方應布置安全的生活環境，使幼兒儘量減少意外災害的發生，並輔導幼兒在日常生活中應具備的安全常識與良好生活習慣，使其在各種情況下，如交通、遊戲、運動、用水、用電、飲食、健康、起居、環境等各項安全方面，可以適應並避免危險（參見表3-27、3-28、3-29、3-30、3-31）。而**安全教育的目標**，一般可分為八項（王靜珠，民89）：(1)認識可能的危險，並加以避免。(2)幼兒看到其他幼兒欲做出危險動作時，能加以勸阻。(3)幼兒發現危險事件時，應立刻報告園方教保人員。(4)教保人員對工作任務的處理沒有把握時，應找園方其他人員的協助。(5)園方所有人員可提供改進安全情境的積極建議。(6)園方應謹慎評估與實施改進安全情境的建議。(7)仔細思考幼兒團體安全的問題。(8)養成適當且安全的行為舉止。

表3-27　新北市○○幼兒園93學年度第一學期安全教育實施計畫

壹、實施依據：一、學期行事曆。
　　　　　　　二、園務年度發展計畫。
貳、實施目的：一、加強教保服務人員對危機處理的反應能力。
　　　　　　　二、建立幼兒對自我保護的能力。
　　　　　　　三、訓練師生面對意外災害的逃生技巧。
參、實施時間：93年8月─94年1月
肆、參加對象：一、全體教職員工
　　　　　　　二、全園幼兒
伍、實施方式與經費概算：

類別	實施項目	辦理時間	辦理地點	器材	經費概算	負責單位（人員）	備註
防火	1.辦理全園教職員工防火逃生訓練	93/10/20	大辦公室	逃生繩、滅火器	1,000元	行政組	聯絡民間團體

	2.舉辦幼生防火逃生演習	93/11/15	各班教室	滅火器、毛巾、手帕、報紙	1,000元	保育組	邀請消防人員示範
	3.設計防火逃生學習單	93/11/15	各班教室	學習單、蠟筆	0元	教學組	
防震	1.舉辦幼生防震逃生演習	93/9/30	各班教室	桌子、防震掛圖、錄影帶、相關書籍	0元	保育組	
	2.設計防震教育學習單	93/9/30	各班教室	學習單、蠟筆	0元	教學組	
交通安全	1.介紹幼兒交通安全手冊	93/10/15	各班教室	幼兒交通安全手冊（上冊）	0元	教學組	
	2.觀察校外街道交通號誌/標誌	93/10/15	校外街道		0元	教學組	
交通安全	3.參觀臺北市兒童交通博物館	93/10/18	臺北市立兒童交通博物館	學習單、彩虹筆	15,000元	行政組	配合單元活動
	4.交通安全戲劇扮演	93/10/25	戶外遊戲場	扮演道具（例：交通號誌、車子）	500元	教學組	廢物利用製作扮演道具
意外傷害	1.介紹燒燙傷的處理過程	93/12/1	各班教室	掛圖、錄影帶、	0元	保育組	邀請校護示範講解
	2.觀賞燒燙傷錄影帶	93/12/2	視聽教室	小陽光的天空（陽光基金會出版）	0元	教學組	
	3.意外傷害戲劇扮演	93/12/4	體能教室	相機、麥克風、相關醫療道具	0元	行政組	邀請護理系學生扮演
用藥安全	1.舉辦用藥安全講習	93/8/30	海豚班教室	海報、單槍投影機、用藥安全宣傳單、麥克風	1,600元（講師費）	行政組	配合家長座談會

	2.指導幼兒用藥安全須知	93/9/10	各班教室	常見藥品、藥袋、消毒清潔用品	0元	保育組	
自我保護	1.教導幼兒走失的應變方法	94/1/5	各班教室	相關圖畫書、扮演道具	0元	教學組	
	2.教導幼兒如何面對陌生人的詢問	94/1/8	各班教室	相關圖畫書、錄影帶、扮演道具	0元	教學組	

陸、本計畫經○校長核可後實施，修正時亦同。

校　　長：　　　　　　　主任：　　　　　　　承辦人：

資料來源：園務參考，新北市幼兒教育資源網，民國102年7月31日，取自：http://kidedu.ntpc.edu.tw/files/11-1000-83.php

表3-28　新北市政府衛生局幼兒園保育工作考評記錄表

輔導內容	輔導結果	改善日期
身高體重是否每學期測量一次。	□ 有□ 無	
晨檢簿、晨間檢查、健康管理月報表是否按時填報正確。	□ 有□ 無	
學期教學單元設計是否包括安全教育、餐後潔牙、正確洗手方法、視力保健、事故傷害防範，並有相關資料存查。	□ 有□ 無	
腸病毒、肝炎、結核病、登革熱防治等列入教學單元。	□ 有□ 無	
是否確實執行兒童餐後刷牙、飯前便後洗手。	□ 有□ 無	
環境衛生及團體膳食（餐點）衛生是否確實執行。	□ 有□ 無	
砧板、刀具各備兩套，將生食熟食分開處理。	□ 有□ 無	
具冷藏、冷凍設備（食品冷藏留樣48小時以備查驗）所購食品包裝完整（廠名、住址、製造日期、有效日期）。	□ 有□ 無	
廚工每年定期體檢且合格。	□ 有□ 無	
食用水須定期檢查與存留記錄、使用自來水。	□ 有□ 無	
地面乾燥，垃圾桶、廚餘桶加蓋且每天處理。	□ 有□ 無	
三槽式（或二槽式）洗滌＋高溫消毒櫃、餐具以不鏽鋼製品（一人一具，禁用不鏽鋼以外製品）	□ 有□ 無	
每人一個飲水杯。	□ 有□ 無	

廁所地面每天清潔,並有紀錄存查。	☐有☐無	
每10人一個馬桶或小便斗,男女廁分開。	☐有☐無	
裝設紗窗、紗門,戶內外(含廚房)之清潔及通風設備是否良好。	☐有☐無	
每學期至少召開親子會一次以上,並邀請衛生所人員參加。	☐有☐無	
補助品與器材、教材是否列冊及妥善運用。	☐有☐無	
兒童健康篩檢、視力篩檢、口腔篩檢等異常個案轉介、矯治與追蹤是否確實配合辦理。	☐有☐無	
每一位兒童之預防注射卡均留底存查。	☐有☐無	
蟯蟲檢查及全面投藥是否確實辦理。	☐有☐無	
洗手臺備有肥皂、個人擦手紙、烘乾機,或每人設有一條專用之手巾。	☐有☐無	
每10人一個水龍頭。	☐有☐無	
活動及遊戲空間之安全設施定期維護,並製作執行。	☐有☐無	
備有急救箱(箱內藥品是否過期)、標準身高體重計、燈光式視力檢查表。	☐有☐無	
安全教育是否經常性演練。	☐有☐無	
教室使用兩管之燈具,桌面照度350勒克司以上(不反光之材料),白板照度500勒克司以上。	☐有☐無	
是否配合執行所其他業務。	☐有☐無	
輔導者意見: 1.＿＿＿＿＿＿＿＿＿＿＿＿ 2.＿＿＿＿＿＿＿＿＿＿＿＿ 3.＿＿＿＿＿＿＿＿＿＿＿＿	☐全部項目合格	
*輔導者: *園方受輔導者:		

資料來源:園務參考,新北市幼兒教育資源網,民國102年7月31日,取自:http://kidedu.ntpc.edu.tw/files/11-1000-83.php

表3-29　新北市○○幼兒園保育活動照片記錄表

活動名稱		活動日期	年　月　日
			照片說明：
活動名稱		活動日期	年　月　日
			照片說明：

資料來源：園務參考，新北市幼兒教育資源網，民國102年7月31日，取自：http://
kidedu.ntpc.edu.tw/files/11-1000-83.php

表3-30　新北市○○幼兒園93學年度保健行事曆

	月份	保　健　行　事　要　項	備　註
第一學期	8月	＊檢核並申購「保健藥品」 ＊檢核並維護「保健器材」如：身高、體重器及視力檢查表等器材的準確度 ＊全園清潔消毒	＊注意藥品時效及登錄新的藥品資料。 ＊環境消毒包括：室內、廚房及戶外等。
	9月	＊統計新生「預防接種卡」 ＊幼生期初健康檢查 ＊實施幼生含氟錠 ＊秋季傳染性疾病防治 ＊每週五環境消毒日 ＊洗手、刷牙、如廁……等衛生習慣指導 ＊隔週寢具清洗 ＊填報健康管理月報表	＊包括：身高、體重、視力測量及斜弱視篩檢等。 ＊如：腸病毒、登革熱等，每日腸病毒通報作業。
	10月	＊幼生視力保健教育宣導－望遠凝視等宣導活動 ＊追蹤視力異常轉介情形 ＊每週五環境消毒日 ＊隔週寢具清洗 ＊填報健康管理月報表	

	11 月	*幼兒健康篩檢 *每週五環境消毒日 *隔週寢具清洗 *填報健康管理月報表	*配合衛生所作業
	12 月	*用藥安全指導 *每週五環境消毒日 *隔週寢具清洗 *填報健康管理月報表	
	1 月	*期末幼生健康檢查－身高、體重測量 *每週五環境消毒日 *隔週寢具清洗 *填報健康管理月報表 *期末全園大掃除 *請專業公司來園進行園舍消毒	*全園師生
第二學期	2 月	*寒假工作項目 　1.醫藥用品及醫護器材檢驗、補充與維修 　2.開學前園舍消毒整理 *開學後工作項目 　1.保健親職講座 　2.期初幼生健康檢查：身高、體重、視力測量 　3.每週五環境消毒日 　4.填報健康管理月報表	*注意藥品時效及登錄新的藥品資料。 *環境消毒包括：室內、廚房及戶外等。 *視力異常者發轉介單。
	3 月	*幼生視力保健教育宣導－眼睛健康操等宣導活動 *追蹤視力異常轉介情形 *每週五環境消毒日 *隔週寢具清洗。 *填報健康管理月報表	*保育組負責。
	4 月	*蟯蟲投藥 *意外傷害處理指導 *每週五環境消毒日 *隔週寢具清洗 *填報健康管理月報表	*配合衛生所作業
	5 月	*學前兒童發展檢核表 *幼兒園學童視力保健工作考評表（自評表） *每週五環境消毒日。 *隔週寢具清洗。 *填報健康管理月報表	*配合衛生所作業 *彙整相關資料及記錄。

6 月	＊期末幼生健康檢查－身高、體重 　測量。 ＊每週五環境消毒日。 ＊隔週寢具清洗。 ＊填報健康管理月報表 ＊全園大掃除。 ＊請專業公司來園進行園舍消毒。 ＊召開工作檢討會。	＊全園師生
7 月	＊整理本學年度保健工作成果建 　檔。 ＊清理保健區藥品及器材等。	＊照片及書面資料整理。

資料來源：園務參考，新北市幼兒教育資源網，民國102年7月31日，取自：http://
kidedu.ntpc.edu.tw/files/11-1000-83.php

表3-31 新北市○○幼兒園教保服務人員急救訓練記錄表

研習日期 （年/月/日）	教保服務 人員姓名	急救訓練項目	證書 有效日期	證書字號	辦理地點

資料來源：園務參考，新北市幼兒教育資源網，民國102年7月31日，取自：http://
kidedu.ntpc.edu.tw/files/11-1000-83.php

　　安全教育的實施要點可從下列方面著手（王靜珠，民89）：(1)加強導護
工作，密切注意幼兒活動時的安全保護工作。(2)注意幼兒上學與放學時的
安全措施。(3)養成幼兒午睡與靜息的習慣，避免飯後激烈運動，並減少午
休危險事件之發生。(4)利用團體活動指導幼兒正確活動的方式，以減少危
險。(5)杜絕體罰，保護幼兒身心健康。(6)加強消防設備，舉行防災演練與

急救技能訓練。(7)加強幼兒交通安全的常識與行為。(8)加強衛生教育，充實各項衛生設備。(9)注意園舍設備與使用安全。(10)改善運動場所器械設備與管理。(11)園方幼童專用車的管理與幼兒乘車安全維護。(12)請幼童家長協助進行幼兒安全教育的教導與維護。(13)請家長禁止幼兒到危險場所玩耍或玩危險性的物品。(14)請家長協助幼兒建立良好的衛生習慣。(15)園方可商請地區衛生單位協助安全衛生宣導、維護園方環境衛生與實施預防注射。(16)可邀請社區人士或各相關機構到園方進行各項安全教育宣導。

當家長將幼兒送交園方後，園方及應對幼兒安全負起責任，應隨時注意下列原則和事項（信誼基金會學前兒童教育研究發展中心主編，民72）：

1. 維護幼兒安全的基本原則：(1)**預料**：事先預料可能會發生的危險，並採取必要之防範措施。(2)**管理**：適當與負責的管理是防止意外傷害最重要的因素。(3)**空間**：足夠的活動空間，可以避免幼兒因過於擁擠而發生危險。(4)**時間**：給予幼兒充分的活動時間，以避免在倉促匆忙間造成意外傷害。(5)**常規**：以簡單明白的話語，讓幼兒瞭解一些自我保護的規則。(6)**瞭解**：瞭解幼兒總是充滿了好奇心和喜歡奔跑、跳躍、探索的本能，因此，有關安全的常規，不宜過於限制了幼兒身心的需求。(7)**信任**：指導幼兒安全的常規時，必須同時對幼兒有信任感，相信幼兒有能力明白這些常規，並能適度的保護自己，而不宜因此過於禁止幼兒的自由活動。

2. 維護幼兒安全的注意事項：(1)**玩具安全**：下列性質的玩具，常可能危害幼兒的安全，園方應避免購置：邊緣銳利，會刺傷或割傷幼兒的玩具；容易破損或裂開的玩具；需要插電的電動類玩具；附有小零件，幼兒容易誤吞的玩具；容易刺傷眼睛，如弓箭類的玩具；聲音很大，可能傷害幼兒聽力的玩具；以有毒的材料或塗料製成的玩具。(2)**衣著安全**：避免穿長裙子。因為裙子容易使幼兒在活動時發生絆倒等危險事件；避免穿著高跟鞋、開口涼鞋，以防止發生絆倒或刺傷等意外；避免穿戴會蓋住眼睛的雨帽，以免下雨天阻擋了視線。(3)**活動安全**：事先教導幼兒如何使用剪刀、螺絲起子等這類較具危險性的工具。例如剪刀要交給別人時，要把剪刀的尖端握在手掌心，將刀柄遞給別人，以防刺傷對方，同時提醒幼兒不要拿著剪刀亂跑，且在用玩後要物歸原處；除非特別規定，否則不准幼兒玩弄電插座、插頭、電線和火柴；禁止幼兒將小的東西放入口中，以免誤吞；介紹幼兒戶外活動設

備正確的使用方法，嚴禁做出任何危險的特技動作；幼兒遊玩處和走道，都應有良好的照明設備；不要讓幼兒在通往街道而又無圍牆的地方玩球，以免幼兒衝出馬路去撿球；每天上學和放學時間，園方大門口應有值日教保服務人員守候，此外的時間，應該隨時注意鎖好大門，不能讓幼兒自行開啓。

(4)**實施安全檢查**：爲了確保園方環境的安全性，園方需實施每個月定期的安全檢查，這項檢查對於教職員也具有警覺的作用。檢查時可針對下列幾項重點確定室內、外每一區域的安全性：這個區域平日是否列入管理或容易疏忽？幼兒在這裡活動時，是否容易發生危險？這裡所擺置的設備器材是否恰當？是否需要整修？(5)**急救設施和辦理團體保險**：爲顧及幼兒健康與安全的保障，園方應備有急救的設施；此外，應找一家信譽良好的保險公司，爲幼兒投保團體保險。

　　安全意識的建立也是安全教育中重要的一環，尤其是園方行政人員、教保人員和其他職員工，都應具備安全意識，以下各項可協助檢查園方是否建立起安全意識與安全習慣的養成（張翠娥，民96b）：

　　1. **建立安全意識**：(1)是否擬定意外事故防範計畫，安排人員訓練和定期檢查。(2)是否熟悉各種相關法令規章，並訂定園方緊急事件處理辦法。(3)是否有預備必要的急救設備。(4)是否爲員工、幼兒投保意外保險。(5)是否成立緊急事件應變小組。(6)是否事先整合家長資源，聯繫網路，以備不時之需。(7)是否建立園方的責任代理制度。(8)危險物品或機械器物是否放置安全地點。(9)遊樂器材的設置位置是否考慮幼兒使用的安全。(10)園方是否有附近醫院診所門診科別和詳細聯絡資料。

　　2. **養成安全習慣**：(1)廚房是否禁止幼兒進出？(2)經常檢查種設備與設施是否關上或過期？(3)每天是否檢查各項遊樂設備與場地是否安全？(4)各種緊急聯絡電話是否放在明顯可見的地方？(5)幼童專用車是否定期保養？檢查待修的設備與設施是否加以區隔與標示？(6)活動前是否提醒器材的安全使用規則，與活動的安全規範？(7)家長接送幼兒時，是否記下接送時間？是否請家長簽名？是否查證代接幼兒人員的身分？(8)幼兒乘坐幼童專用車的名單是否確實清點？是否確實回到家或父母身旁？(9)幼兒的衣著與個人裝扮是否安全？

　　幼兒園的安全尚須注意消防安全設備檢修及建築物公共安全檢查、消防

防護計劃和門禁管理（臺北市社會局，民96）：

(一) 消防安全設備檢修及建築物公共安全檢查申報

　　幼兒園建造完工時，依建築法規或消防法規之規定，必須符合規定並具備合格的消防設備，才能完成立案開始營運。然而隨著營運時間增長，若疏於維護或因為人為或自然的因素，消防安全設備會有所損壞。所以必須定期確實檢修，一旦有火災發生，才能確實發揮功能。幼兒園防火管理權人應委託中央主管機關審查合格之消防設備師或消防設備士，每半年定期檢修消防安全設備，每年必須將檢修結果報請當地消防機關備查，（相關資料可查詢www.nfa.gov.tw）。

　　建築物公共安全檢查簽證及申報辦法是依「建築法」第77條第5項規定訂定，樓地板面積500平方公尺以上之幼兒園及附設兒童托育中心者，需每年申報一次；面積500平方公尺以下之幼兒園，則每兩年申報一次，申報日期為7月1日至12月31日止。檢查之項目為防火避難設施、昇降設備、避雷設備、緊急供電系統、特殊供電、空調風管及燃氣設備等，與消防安全設備檢修申報的法源及內容並不相同，但原則上，消防安全設備檢修及建築物公共安全檢查申報，幼兒園需委託中央主管機關審查合格之機構代為檢查申報。

(二) 消防防護計畫

　　火災會造成巨大的人身財物損傷，基於「自己的財產，自己保護」的觀念，政府於民國84年修正公布之「消防法」，以「預防火災，搶救災害及緊急救護」為主要三大任務，其中預防火災，增訂「防火管理」、「防焰物品」及「消防安全設備檢修申報」等制度。民國84年修正公布實施之「消防法」，將防火管理制度設置消防管理人員，由行政命令提升為法令，並增加罰責。所謂「防火管理制度」，簡單的講即是公共場所業主應指定專人（即防火管理人），接受適當的講習、訓練，就建築物特性策訂整體安全之消防防護計畫，並依據該防護計畫實施員工滅火報警訓練、消防安全設備維護、防火避難設施及能源設備使用管理監督等，以保障該公共場所之安全。擔任「防火管理人」者，需為管理或監督層次之幹部，並經直轄市、縣（市）消防機關或中央消防機關認可之專業機構，16小時以上之講習訓練合格領有證書始得擔任，每2年至少應接受講習訓練1次。防火管理業務主要有下列幾項內容：(1)制定消防防護計畫，規劃防災相關事項。(2)自衛消防編組：員

工在十人以上者，至少編組滅火班、通報班及避難引導班；員工在五十人以上者，應增編安全防護班及救護班。(3)規劃防火避難設施自行檢查，每月至少檢查一次，檢查結果如有缺失，應報告管理權人立即改善。(4)規劃消防安全設備之維護管理。(5)火災及其他災害發生時之滅火行動、通報連絡及避難引導等。(6)實施滅火、通報及避難逃生訓練，每半年至少應舉辦一次，每次不得少於4小時，並應事先通報當地消防機關。(7)防災應變之教育訓練。(8)用火、用電之監督管理，減少因用火、用電不慎所引發之火災。(9)制定防止縱火相關措施，杜絕縱火案件發生。(10)設置場所之位置圖、逃生避難圖及平面圖。(11)遇有增建、改建、修建、室內裝修施工時，需另定消防防護計畫，以監督施工單位用火、用電情形。(12)其他防災應變上之必要事項。

(三) 門禁管理

幼兒園應訂定門禁管理辦法，以維護幼兒、工作人員、設施及財務的安全。門禁管理辦法應包含：(1)上學及放學大門開啓、關閉時間，以及負責值班的人員；(2)人員進出管理；(3)物品進出管理。來訪者通常是家長、參觀人員、洽公人員等，需察明身分登記後進入。推銷人員、無法提出身分證明，及未經受訪對象同意的人士，不得進入幼兒園。訪客攜帶之物品亦應予以查詢，易燃、易爆物及刀械槍具、化學藥品等違禁品，都不得攜入幼兒園。而幼兒園攜出的物品應告之權責主管，並經同意後填寫借物單才能攜出。此外，幼兒園應制定接送制度以維護幼兒上下課之安全，幼兒接送卡是較常用的方法，也可用簽名留據的方式，若委託他人接送，必須先電話告知幼兒園，若非幼兒家長或熟悉的委託人來接幼兒，則應電話詢問家長確認後，方可將幼兒讓該委託人帶離。（參見表3-32、3-33、3-34、3-35、3-36、3-37）

表3-32 新北市○○幼兒園防火安全檢核表【每三個月檢核】

查核日期：＿＿＿年＿＿＿月＿＿＿日

項目	項次	安全檢視應注意要點	檢查結果符合安全規定 是	檢查結果符合安全規定 否	知會單位簽章	備註
宣導訓練	1	定期召開消防研討會議。				
	2	實施防火教育宣導。				
	3	實施電氣安全使用介紹。				
	4	實施防火器材使用訓練。				
	5	實施火災逃生避難演練。				
計畫組織	1	訂定消防防護計畫。				
	2	成立消防安全維護小組。				
警報設備	1	設有功能良好的火警警報設備。				
	2	設有功能良好的緊急廣播設備。				
	3	設有功能良好的緊急照明設備。				
	4	教職員工會操作使用各項警報設備。				
	5	定期維護、檢查警報設備。				
	6	有專人管理。				
滅火設備	1	設置數量足夠且可以使用的滅火器（每層樓地板面積在200平方公尺以下者，配置二具，超過200平方公尺者，每增加【包括未滿】200平方公尺，增設一具。）				
	2	滅火器的位置安放正確。（18公斤以上高度不能超過1公尺）（18公斤以下高度不能超過1.5公尺）				
	3	教職員工能操作使用滅火設備。				
	4	定期維護、檢查滅火設備。				
	5	有專人管理。				
避難、逃生設備	1	有避難逃生設備位置圖。				
	2	有明顯的緊急避難路線指標。				
	3	設置安全梯且有功能良好的緊急照明燈。				
	4	教職員工會使用防火避難逃生設備。				
	5	定期維護、檢查避難逃生設備。				
	6	有專人管理。				

項目			安全檢視應注意要點		
品之管理電氣、廚浴設備及危險物	電氣、廚浴設備及危險物	1	電氣配備及使用在水電管理檢核中符合規定。		
		2	瓦斯管線完整。		
		3	瓦斯熱水器依規定裝置。		
		4	易燃物依規定儲存和管理。		
		5	定期維護及檢查。		
		6	有專人管理。		

校（園）長：　　　　主任：　　　　組長：　　　　承辦人：

資料來源：園務參考，新北市幼兒教育資源網，民國102年7月31日，取自：http://kidedu.ntpc.edu.tw/files/11-1000-83.php

表3-33　新北市○○幼兒園校園門禁安全檢核表【每半年檢核】

查核日期：＿＿＿＿年＿＿＿＿月＿＿＿＿日

項目	項次	安全檢視應注意要點	檢查結果符合安全規定		知會單位簽章	備註
			是	否		
校園門禁安全工作之進行	1	校園全體師生共識之建立與宣傳。				
	2	門禁管理工作能確實有效施行。				
	3	校園偶發事件處理妥適。				
	4	建立師生緊急聯絡資料。				
	5	校園清潔工作及安全注意事項實施確實。				
	6	建立罹患宿疾及行為特殊學生名冊。				
	7	建立幼兒接送辦法規章。				
	8	校園清潔工作及安全注意事項實施確實。				
	9	建立幼兒接送辦法（含照顧早到及留園幼兒）				

校（園）長：　　　　主任：　　　　組長：　　　　承辦人：

資料來源：園務參考，新北市幼兒教育資源網，民國102年7月31日，取自：http://kidedu.ntpc.edu.tw/files/11-1000-83.php

表3-34　新北市○○幼兒園防範侵害安全檢核表【每月檢核】

查核日期：＿＿＿＿年＿＿＿＿月＿＿＿＿日

項目	項次	安全檢視應注意要點	檢查結果符合安全規定 是	否	知會單位簽章	備註
行政措施	1	調查有暴力傾向之幼兒，列冊輔導。				
	2	家庭背景特殊者，列冊並加強防範。				
	3	定期家庭訪視。				
	4	實施親職教育。				
	5	心理輔導措施完善。				
	6	各種諮詢支援機構、資料齊全。				
	7	暴露性行為、強暴案件、誘拐事件的預防及宣導。				
	8	指導幼兒防範侵害之具體措施。				
防範措施	1	偏僻地區的廁所限制使用時間。				
	2	偏僻的樓梯間能定時巡視。				
	3	屋頂進出管理良好。				
	4	避難室管理良好並能定期巡查。				
	5	偏僻地區，隱蔽死角定期巡查。				
其他	1	人員管制依校園門禁安全檢核表檢核。				

校（園）長：　　　　主任：　　　　組長：　　　　承辦人：

資料來源：園務參考，新北市幼兒教育資源網，民國102年7月31日，取自：http://
kidedu.ntpc.edu.tw/files/11-1000-83.php

表3-35 新北市○○幼兒園教學設備安全檢核表【每月檢核】

查核日期：＿＿＿＿年＿＿＿＿月＿＿＿＿日

項目	項次	安全檢視應注意要點	檢查結果符合安全規定 是	否	知會單位簽章	備註
活動室基本設備	1	場地設置地點適當。				
	2	訂有安全規則。				
	3	通風採光良好。				
	4	各種幼兒操作器具經過安全處理。				
	5	注意防晒、防潮、防鼠、防蟲、防火。				
	6	地面、牆壁、角落、及櫥櫃確無損壞之處				
	7	定期或不定期檢查各項設備並建立紀錄				
各學習區的工作執行	1	學習區內的矮櫃、地板、地毯保持清潔。				
	2	盛裝物、操作物、附屬工具必須安全妥當。				
	3	各種工具，依其功能使用，不得做為代用品				
	4	有危險性或失誤性的操作，教保服務人員能在旁指導				
	5	經常使用之器具用畢常清洗並保持乾燥。				
	6	定期舉辦教保服務人員各項安全講習及工具操作說明。				
寢室、活動室的特殊設備	1	冷氣機或空調設備定期維修保養並有紀錄。				
	2	臥床或寢具有良好的除濕設備或定期曝曬				
	3	電源插頭隱蔽或經過安全處理。				
	4	置物櫃（內務櫃）固定，高度適中。				
	5	寢室空間寬敞且安靜舒適。				
	6	稜角、死角或建築突出物經過安全處理。				

			是	否		
重要器材的維護與管理	1	教具經常整理修補。				
	2	訂有重要器材管理辦法。				
	3	重要器材與危險物品能妥善放置或專設擺置櫃。				
	4	工具或器材磨損能調整或予以潤滑。				
	5	各種重機械或煤氣、氣壓器具能遠離學習區				
	6	注重環保與資源回收利用。				

校（園）長：　　　　主任：　　　　組長：　　　　承辦人：

資料來源：園務參考，新北市幼兒教育資源網，民國102年7月31日，取自：http://
kidedu.ntpc.edu.tw/files/11-1000-83.php

表3-36 新北市○○幼兒園天然災害安全檢核表【每半年檢核】

查核日期：＿＿＿年＿＿＿月＿＿＿日

項目	項次	安全檢視應注意要點	檢查結果符合安全規定		知會單位簽章	備註
			是	否		
硬體方面	1	有清楚而明確的安全逃生標誌。				
	2	有安全衛生且符合規定的避難場所。				
	3	有符合規定的檢體取樣設施。				
	4	颱風來臨前之園舍、設施安全檢核確實，並留有紀錄。				
軟體方面	1	定期舉行防災救護教育演習。				
	2	實施防災救護教育宣導（如：專題演講、討論、教材編訂、藝文活動等）。				
	3	依規定設置預防接種登記卡。				
	4	依規定查報災害。				
	5	依規定配合疫情調查。				
	6	與社會資源機構保持密切聯絡。				

校（園）長：　　　　主任：　　　　組長：　　　　承辦人：

資料來源：園務參考，新北市幼兒教育資源網，民國102年7月31日，取自：http://
kidedu.ntpc.edu.tw/files/11-1000-83.php

表3-37 新北市○○幼兒園水電設備安全檢核表【每月檢核】

查核日期：＿＿＿＿年＿＿＿＿月＿＿＿＿日

項目	項次	安全檢視應注意要點	檢查結果符合安全規定		知會單位簽章	備註
			是	否		
行政措施	1	受電室及蓄水區設置隔離措施。				
	2	電力公司用電負載量定期檢視。				
	3	自來水公司水質水壓定期檢視。				
	4	檢查維修紀錄送行政人員查核。				
	5	維護保養正常。				
	6	危險區域加以標示。				
	7	檢修時效迅速。				
	8	水電安全教育隨機配合教學。				
	9	飲用水源與化糞池相隔距離符合規定				

校（園）長：　　　　主任：　　　　組長：　　　　承辦人：

資料來源：園務參考，新北市幼兒教育資源網，民國102年7月31日，取自：http://kidedu.ntpc.edu.tw/files/11-1000-83.php

貳　幼兒園幼童的意外傷病處理

在照顧孩子的過程中，除了積極預防意外的發生外，對於不幸受傷的幼兒，也應有一套處理緊急狀況的辦法以為應對，這套辦法中包括平日全體教職員工的急救技術訓練計畫；緊急狀況時，教保服務人員和行政人員的職責與職務代理順位；緊急聯絡的電話號碼及醫院等，可請家長簽署幼兒緊急送醫處理同意書，除了少數病況特殊幼兒的家長，會主動交代送醫的醫院及處理過程外，面對其他大部分的家長，學校應在開學時就讓家長瞭解到萬一有緊急狀況需就醫時，有哪些特約醫院是校方會將孩子送醫就診的。家長在詳閱這份同意書後，可於「同意學校先行送醫處理」或「等候家長處理」二項中勾選一項並簽上大名、日期後繳還學校，以為日後照顧幼兒的依據（田育芬，民95）。

　　園方應建立一套處理緊急情況的準備事項，包括全體教職員均須要接受急救訓練，家長簽署的兒童急救授權處理同意書，建立緊急聯絡電話簿（包括家長、醫院、消防單位、救護車、警察局、衛生單位等）和規劃緊急運送病患或傷患至醫院的急救路線，平日需準備適當的急救物品。一旦當有意外事故發生時，需緊急處理時，有專人負責協調和指導緊急事件之處理，應注意避免移動幼童或給予食物和藥物，並立刻打電話叫救護車尋求醫療單位的協助，同時聯絡幼童家長，通知他們幼兒的情況與園方處理情形，並派人請有關人員與對幼兒瞭解的人員來協助處理，並指定專人在幼童旁邊，予以鼓勵、安慰和照顧，且觀察紀錄幼童出現的症狀，園方教保服務人員應陪伴幼童到醫院直至幼童家長到醫院，園方也應記錄意外傷病的處理情形和護理資料，存放在幼兒檔案中，必要時，宜上報教育主管機關（張翠娥，民96b）。（參見表3-38、3-39）

表3-38 新北市○○幼兒園意外事故記錄表

____學年度第____學期　　填表日期：____年____月____日　填表人：_____

幼兒姓名		年齡	歲	班別	班	班級教保服務人員	

發生時間　____年____月____日 □上午 □下午 ____時____分

發生地點
遊戲場：1.戶外：□溜滑梯 □盪鞦韆 □攀爬架 □空地 □其他____
　　　　2.室內：□球池 □軟墊區 □其他____
活動室：□班級教室：____班 □資源教室：____室 □寢室 □其他
行政區：□辦公室 □其他
其　他：□廚房 □樓梯 □校門 □幼童專用車 □廁所 □走廊
戶外教學：_____

狀況簡述

受傷情形：
□撞傷 □割傷 □跌傷 □刺傷 □扭傷
□咬傷 □抓傷 □夾傷 □脫臼 □骨折
□用藥異狀 □頭部撞擊 □休克 □中毒
□異物入 ○鼻 ○口 ○耳 ○喉
□觸電 □燙傷 □其他：____

受傷部位：
□頭部 □臉部 □眼部 □鼻部 □口部
□耳部 □背部 □腹部 □手部 □胸部
□腕部 □手指 □小腿 □大腿 □膝部
□足踝 □其他_____

受傷狀況：□出血□疼痛□紅腫□瘀青□須縫合傷口（＿＿＿針）

事故類屬： □本身意外□他人意外 □他人故意□教保服務人員疏忽 □其他	處理情形： □園內包紮處理□送醫處理 □其他
送醫記錄：＿＿＿＿＿＿＿＿醫院（診所） 就醫情況：＿＿＿＿＿＿＿＿＿＿＿＿ 處理人：＿＿＿＿＿＿理賠辦理人：＿＿＿＿	
檢討事項： □設施維修□加強工作人員教育訓練 □懲處失職□加強常規□加強應變處理能力	家長反應： □無法諒解□諒解□提出告訴□和解 □其他
後續追蹤：	意見：

園長核示：

資料來源：園務參考，新北市幼兒教育資源網，民國102年7月31日，取自：http://kidedu.ntpc.edu.tw/files/11-1000-83.php

表3-39　新北市○○幼兒園幼兒保險理賠處理記錄表

＿＿＿＿＿學年度第＿＿＿＿＿學期

幼兒姓名	班級	處理時間	理賠內容	理賠金額	家長簽收	承辦人員

資料來源：園務參考，新北市幼兒教育資源網，民國102年7月31日，取自：http://kidedu.ntpc.edu.tw/files/11-1000-83.php

　　園方應備有急救的設施和滅火器，並視需要設置逃生門和逃生梯等安全設備，平時園方應預先擬有緊急狀況疏散計畫，並讓幼兒實際演練，以因應失火、地震等緊急狀況。演練的內容包括緊急狀況發生時的訊號、集合排隊的方式、疏散時的秩序、離開時的路線、撤離的地點和解除的訊號（信誼基金會學前兒童教育研究發展中心主編，民72）。

參　幼兒園幼童的交通安全

交通安全的維護，應在平日即加強指導幼兒基本的交通安全常識（信誼基金會學前兒童教育研究發展中心主編，民72）：(1)指導幼兒穿越馬路時，要先看清左右有無來車，才可以過馬路。(2)指導幼兒認識交通標誌，帶幼兒走到有紅綠燈的十字路口，讓幼兒學習每個燈號的意義；同時也要讓幼兒知道，縱使是綠燈時，也要注意兩邊是否有來車。(3)當幼兒團體排隊外出時，最好有兩位教保服務人員隨行，一前一後照顧幼兒。

幼童上學到校和放學回家時，都必須注意交通安全；此外，校外教學時，也必須乘坐幼童專用車或由遊覽車到校外教學的地點，因此，交通安全對幼童與園方來說，相當重要。幼童上放學的交通情況，可分為三種（張翠娥，民96b）：

1. **家長親自接送**：此種方式最為理想，除可確保幼兒安全外，亦可增加親師溝通的機會。園方應發給家長「接送證」，並請家長設立密碼，以利園方辨識。若不能親自接送，委由親友接送時，園方應請家長主動告知與聯繫，以維護幼童安全。

2. **路隊接送**：若家長無法親自接送，且家住園方附近，不需要幼童專用車接送者，可採用此種方式。在路隊安排上有下列幾點需加以注意：(1)設計路隊接送同意書，標明路隊行進路線圖，接送地點和時間，及家長未按時接送的處理方式，並請家長簽名同意後繳回園方。(2)安排路隊接送老師（可以導護老師輪值方式），負責護送幼童穿越馬路和行路安全。(3)負責路隊接送的老師，應在值勤時攜帶路隊接送圖和幼童名單，上面紀錄幼童姓名、家長姓名、地址、聯絡電話和特殊狀況說明等資料，以備需要時聯絡。

3. **幼童專用車接送**：園方應對幼童專用車的安全管理措施、車輛安全標準、工作人員等三方面作出詳細的安全規範：

(1) 在**安全管理措施**方面（信誼基金會學前兒童教育研究發展中心主編，民72；靖娟兒童安全文教基金會，民95；張翠娥，民96b）：

① **備有合格幼童專用車、聘用合格駕駛員及每臺車配有隨車人員。**

② **事先調查幼童乘坐幼童專用車之需求，試行接送路線，並記下每位幼兒接送時間和地點**：園方在幼兒報名註冊時，根據其住址，查明其是否需

要乘坐交通車，是否住在交通車可能接送的範圍內。先按照登記乘坐交通車的幼兒住址，先開車嘗試接送的路線，並記下每位幼兒的接送時間和地點。

③ **妥善的規劃路線，幼童乘車時間不超過30-40分鐘為原則，若超過時間應分為兩班車接送**：規劃路線時會考量搭乘幼童專用車幼童之通勤時間，避免因通勤時間過長，導致幼童過於疲倦而損及健康。

④ **製作幼童乘車識別證，可利用不同顏色來區分乘坐的車別**：確定每日上午、中午或下午，從園方發車接送幼兒的時間，每日放學時，請各班教保服務人員預作準備，指導乘車回家的幼兒先整理衣物。

⑤ **畫出接送路線圖，並印發接送時間表、路線圖給隨車人員及家長，並確認隨車工作的交接，與班級教保服務人員或家長作清楚交接**：畫出交通車的接送路線圖，以便另外有新生來註冊時，核對其地址和乘車的時間、地點。開學前先通知家長，每位幼兒上下交通車的時間（例如：上午8:30-8:40之間上車，中午11:40-11:50之間下車）及地點（例如在巷口或某商店門口），請家長務必按時在指定地點等候。

⑥ **確認隨車教保服務人員的職務，經常演練緊急事件發生時之處理與應變**：請隨車教保服務人員將乘車幼兒的姓名，按照乘車的班次和時間資料建檔並隨車攜帶，以便在開車前清點人數與緊急聯絡，並增進幼童專用車相關人員及幼童之應變能力。

⑦ **重視幼童專用車安全和瞭解家長的反應**：對於促進幼童專用車安全相關之意見與建議，均能虛心接受並妥善處理。

⑧ **督導工作人員的值勤，並加以抽檢和定期檢討**：徵選交通車的司機等，要確定其身體健康、性情溫和、生活起居正常、無不良嗜好；不聘用每日駕駛時間過長導致身心俱疲之兼職駕駛員。或可請擅長駕駛的人，實際考核應徵者的開車技術和態度。確實督導司機做好交通車的日常保養工作和定期的安全檢查，並加以抽檢和定期檢討。

(2) **幼童專用車安全標準**（靖娟兒童安全文教基金會，民95）：我們常說的「娃娃車」，指的是各縣、市政府登記有案幼兒園、幼兒園之「幼童專用車」，其安全標準如下：① **幼童專用車為獨立車種**：根據規定，幼兒園之幼童專用車，以供載送幼童為限，不得以他種車輛替代。② **幼童專用車車齡限制**：幼兒園、幼兒園購置幼童專用車應以新車為限，車齡超過十年

者，應即淘汰，不得拼湊改裝後繼續使用。③ 幼童專用車工作人員：根據規定，幼兒園之幼童專用車限由合格駕駛員駕駛，且須派有專人（即「隨車人員」）隨車妥善照顧幼童。④ 幼童專用車之配置：各園方5班以下需配置1部、6～10班需2部、11～15班需3部、16班以上需4部（每班30人計依需要而增減數量）。

為了讓幼童專用車安全更有法律的保障，以確保幼童乘車安全，以下提供其相關規定之介紹與說明，以增進園方對於合格娃娃車安全標準之認識與瞭解。

在**車體外觀**方面：① 車身左右兩側與後方車身標示之倒三角形為深紅、深黃相間，且黃色部分應具反光材質，以提高其辨識與警示能力，徹底保障幼童安全。② 車窗玻璃不得黏貼不透明之色紙或隔熱紙，以避免無法從車外觀察車內幼童狀況。③ 兩側車窗不得裝設橫桿或護網。以避免遇緊急狀況時，因橫桿或護網阻絕車窗逃生及救援通道。

在**車體內裝**方面：① 在出入口應設置階梯及上下車扶手：(a)應於出入口設置階梯，以方便幼童上下車。(b)出入口地板及階梯踏板應有防滑功能，踏板前緣應有明顯辨識界線，以避免幼童滑倒。(c)應於出入口設置上下車扶手，以便幼童上下車時，一方面可握住上下車扶手，另一方面由隨車人員攙扶，以便幼童安全上下車。② 階梯規格：(a)基於幼童人體工學考量，出入口第一階距地踏步高，至多30公分，並應設置隨車人員在旁扶持幼童上下車，其餘各階高度至多20公分，以協助幼童順利上下車，並提升安全性。(b)階梯有效寬度至少50公分，以避免階梯過於狹窄，導致幼童上下車不便或造成推擠傷害。

在**幼童座椅配置**方面：① 椅背：座椅應設固定式椅背，椅背上緣不設有堅硬之物品，如此，遇緊急狀況時，固定式椅背可避免座椅因撞擊力而鬆脫撞傷幼童；椅背上緣不設堅硬物品，可避免幼童因作用力而遭堅硬物品傷害幼童頭頸部之危險情事發生。② 座椅排列方式：除隨車人員座椅之外，其餘座椅應面向前方，採用非字型前後座位方式，如此可有效避免超載、因撞擊力造成幼童在車內四處翻滾，甚至被拋出車外等危害幼童生命安全之情事發生。此外，遇突發狀況時，此排列方式可自然形成一保護空間，保護幼童不會四處翻滾，輔以座椅軟性材質之保護，亦可有效減少撞擊傷害。③

不得設置立位與輔助座椅：(a)不設置立位乃爲避免突發狀況時，因站立之幼童在毫無保護設備下，導致幼童摔撞傷之危險情形發生。(b)不設置輔助座椅，保持走道暢通，以利逃生或救援。④ 軟性材質之保護板：最前排幼童座椅前方，應設置表面爲軟性材質之保護板，保護板之寬度應能涵蓋該幼童座椅之椅背對應寬度，以形成一保護空間，保障乘坐最前排座椅幼童之安全。⑤ 座椅扶手：幼童座椅得於走道側，設置平行於椅墊面之座椅扶手，以供幼童扶持，避免幼童四處搖晃，提升幼童乘坐安全。⑥ 緊急設備：車內應設有符合規定之滅火器、急救箱……等緊急設備，以供緊急狀況之救援及處置之需。⑦ 不得裝設行李架：車內不得裝設行李架，以避免因高度不足，導致幼童或工作人員撞傷或因行李架上物品掉落傷害幼童。

　　在**安全門**方面：① 可由車內及車外開啓之安全門：於出入口不同側，應設置可由車內及車外開啓之安全門，且安全門開啓後，非經外力不得自動關閉，如此，遇緊急狀況時，除可透過車外救援人員開啓安全門救援外，車內人員亦可自行由車內開啓安全門逃生，以把握先機，安全逃生。② 安全門字體及正確操作方法：安全門上應標示明顯的「安全門」字體及正確操作方法，「安全門」字體應爲紅色且每字至少10公分見方，以方便幼童、工作人員與民眾辨識並瞭解其使用方式，以利逃生或救援作業。③ 防止幼童誤開啓裝置：安全門應設有「防止幼童誤開啓裝置」，啓動「防止幼童誤開啓裝置」時應有警示音，警示駕駛員及隨車人員，防止幼童誤開啓安全門導致傷害，確保乘車安全。

　　(3) 幼童專用車工作人員（信誼基金會學前兒童教育研究發展中心主編，民72；靖娟兒童安全文教基金會，民95）：爲落實幼童專用車管理制度，維護幼童專用車安全，除了交通部制定幼童專用車車輛相關安全規範外，各縣市主管機關亦應針對幼童專用車工作人員進行管理，如此方能透過人車雙向管理方式，確保幼童安全，以下就幼童專用車工作人員相關注意事項，提供您參考。

　　在**駕駛員**方面：① 領有職業駕照，且最近2年內無肇事紀錄。② 每年定期檢查身體，並有合格之體檢證明。③ 年齡不超過65歲。④ 個性穩重，無情緒不穩、酗酒之情況，且無不良紀錄。⑤ 曾接受交通安全相關課程訓練。⑥ 具備合格急救證照或曾接受急救課程訓練。⑦ 每次行駛前，會先將

車輛發動暖車，檢查煞車系統、水箱、機油、刹車油等，並實際操作開啟安全門，徹底做好車況檢查。⑧ 隨時保持車輛之良好情況，遇車輛有問題應儘速檢修，以維護車輛安全，並確實做好日常車輛保養工作。開車前注意車門須確實關好，並不得讓幼兒擅自開啟車門，必須等候隨車教保服務人員開門後，順序上下車。⑨ 行駛中，隨時注意路況，保持車輛警戒。⑩ 定期檢查車內設備（如滅火器、急救箱……）。⑪ 因故導致車輛改道或拋錨時，應立即停靠路邊檢查，並設法以電話通知辦公室或家長。⑫ 發生意外事故時，能夠緊急且快速的處理。

在**隨車人員**方面：① 曾接受兒童安全相關研習課程。② 具備急救護理常識及緊急應變能力，③ 隨身攜帶乘車幼兒名冊及緊急聯絡電話、零錢、電話卡、手機。④ 熟記行車路線及各定點上、下車的幼童。⑤ 每次上車後，確實清點人數。隨時提醒幼兒要坐在椅子上，頭手不可伸出車外，在車內不可大聲喧嘩或東跑西撞，以免發生危險；幼兒只能在靠右邊的馬路邊上下車；幼兒下車時，切勿將車停在可能使幼兒撞到別輛車的危險處。⑥ 協助駕駛員倒車、錯車，並隨時注意突發狀況。⑦ 遇車內偶發事件，能機警應變並妥善處理，處理後，面告家長及園方相關人員。

校外教學是每個園方必須規劃的活動之一，通常配合各項教學活動與參觀、旅遊，以增廣幼童之見聞。在出發前，園方應確定校外教學的目的，並對校外教學的行程加以規劃，包括配合季節和日期、行經的地點和路線、時程安排。其次，安排交通工具，若屬短距離的半天行程，可運用園方自己的幼童專用車，分批分車接送；若屬長距離的全天行程，則應租用遊覽車往返，選擇信譽良好的遊覽公司簽約，並在行前詳細檢查車輛的行照和駕駛人駕照、保養情況、車上的逃生和消防設備，是否合乎規定。第三、將校外教學訊息通知家長並收取同意書，可邀請家長一同參與，協助照顧幼童。第四、統計參加人數，包括幼童、教保人員和家長，為全體參加人員辦理平安保險。第五、園方應準備應急物品，以備不時之需，包括包裝水、餐點、紙杯、毛巾、急救箱、塑膠袋、衛生紙、參加人員的緊急聯絡電話，幼童替換衣褲等，最好能請園方教保人員多開一輛園方的幼童專用車或自用車，尾隨在後，以備不時之需。在校外教學活動時，應提醒幼童瞭解集合的訊號、乘車的秩序和安全規則，隨時清點幼童人數，以確保幼童安全。當校外教學結

束後，應召開檢討會，以供作日後舉辦時之參考（張翠娥，民96b）。（參見表3-40、3-41、3-42、3-43、3-44、3-45）

表3-40　新北市○○幼兒園家長接送調查表

一、父母接送：
　　1. 學校的課程至下午4:30結束，請自行接送的家長在下午4:30～6:00來園接孩子。
　　2. 若家長不克前來接孩子，請委託孩子熟悉的人來接，如果是委託孩子不太熟悉的人來接他，請在接孩子30分鐘前以電話通知學校，以維護孩子的安全。
　　3. 如果您無法在平常固定時間內來園接孩子，請務必以電話通知學校。
二、乘坐交通車：
　　1. 孩子若需要搭乘園車，請於開學時通知學校，並填妥接送地址，以便安排路線。
　　2. 園車每日早上7:30發車，請家長讓孩子養成準時等車的習慣，以免耽誤他人接送的時間。
　　3. 早上若臨時無法準時搭車，請於7:30前以電話通知學校，以便更改接車路線。
　　　下午放學時，若家中臨時有事而不要讓孩子乘車回家，請於下午3:50前通知學校。
　　4. 本園有接送車之固定人員，如有臨時或重大更動，學校將正式行文通知家長，請家長勿將孩子交予非學校接送人員，以維護孩子安全。此外，學校不會委託任何單位或個人接送孩子。
　　5. 當園車送孩子回家時，若遇到無人在家或其他突發事件時，我們會將孩子再帶回學校，並等待您來園接回。
　　6. 如果您需要改變孩子的送往地點，請在一週前通知學校，若屬臨時性變動，需視路線是否為其他孩子的接送範圍內才能做更動。
　　7. 上車前30分鐘，請不要讓孩子吃太多東西，也不要讓孩子攜帶早餐上車食用，學校會替孩子準備營養早餐。
三、如果對孩子的接送或乘車有任何問題或建議，請隨時與學校聯絡。謝謝配合！
----------------------------------請---撕---下---繳---至---園---方----------------------------------
家長接送調查表

班級：＿＿＿＿　　幼生姓名：＿＿＿＿＿　家長姓名：＿＿＿＿＿

接送方式：來園　□父母接送　□兄姐接送　□坐交通車
　　　　　回家　□父母接送　□兄姐接送　□坐交通車
　　　　　（有勾選「坐交通車」選項者，請填寫下方的資料表）
家長聯絡方式：TEL＿＿＿＿＿＿　　　　手機＿＿＿＿＿＿＿
地址：＿＿＿＿＿＿＿＿＿＿＿＿＿＿＿＿＿＿＿＿＿＿＿＿＿

　　　　　※本調查表請於　　年　　月　　日前交回園方，謝謝配合！

資料來源：園務參考，新北市幼兒教育資源網，民國102年7月31日，取自：http://kidedu.ntpc.edu.tw/files/11-1000-83.php

表3-41 新北市○○幼兒園接送名單暨行車路線圖

92學年度第 二 學期　　　駕駛： 林大明　接送人員： 陳玉明

編序	幼生姓名	班別	聯絡電話	接送詳細地址	備註
1	李小英	白鳥班	02-22811234	新北市永和區永和路1段25號	外婆家
2	陳小小	青蛙班	02-22854563	新北市永和區安和路23號	
3	張　三	白鳥班	02-22862131	新北市永和區保健路98號3樓	
4	許大中	白鳥班	02-22845431	新北市永和區安平路124號5樓	
5	劉山山	青蛙班	02-28935421	新北市永和區安樂路3巷4弄5號1樓	阿姨家
...					
15					

行車路線圖（圖片下載網址：www.map.com.tw）

路線流程：永和路→安和路→保健路→安平路→安樂路→保福路一段→永和路

資料來源：園務參考，新北市幼兒教育資源網，民國102年7月31日，取自：http://kidedu.ntpc.edu.tw/files/11-1000-83.php

表3-42　新北市○○幼兒園幼童專用車安檢記錄表

_____學年度第_____學期

立案字號		立案日期	年 月 日	園長姓名	
車型		車牌號碼		引擎號碼	
年份	年	購買日期	年 月 日	保險證號碼	
駕駛人		電　話			
駕照登記		地　址			

重　大　修　護　及　保　養　記　錄							
日　期	定期維護	故障送修	拋錨修理	零件更新	板金烤漆	其他	維　修　記　要	備註

行車執照影本	
車輛檢驗影本	
駕駛人駕駛執照影本	
車輛保險卡影本	

資料來源：園務參考，新北市幼兒教育資源網，民國102年7月31日，取自：http://kidedu.ntpc.edu.tw/files/11-1000-83.php

表3-43　新北市○○幼兒園幼童專用車之行車記錄表

駕駛人：＿＿＿＿＿＿

日期	使用別	加油時間	前次里程數（單位：公里）	現在里程數（單位：公里）	使用者登記	備註
	□接送車　□戶外活動　□公差					
	□接送車　□戶外活動　□公差					
	□接送車　□戶外活動　□公差					
	□接送車　□戶外活動　□公差					
	□接送車　□戶外活動　□公差					
	□接送車　□戶外活動　□公差					
	□接送車　□戶外活動　□公差					
	□接送車　□戶外活動　□公差					
	□接送車　□戶外活動　□公差					
	□接送車　□戶外活動　□公差					
	□接送車　□戶外活動　□公差					
	□接送車　□戶外活動　□公差					
	□接送車　□戶外活動　□公差					
	□接送車　□戶外活動　□公差					
	□接送車　□戶外活動　□公差					

園長：＿＿＿＿＿＿

資料來源：園務參考，新北市幼兒教育資源網，民國102年7月31日，取自：http://kidedu.ntpc.edu.tw/files/11-1000-83.php

表3-44　新北市○○幼兒園校外車輛安全檢核表【每次檢核】

查核日期：＿＿＿＿年＿＿＿＿月＿＿＿＿日

項目	項次	安全檢視應注意要點	檢查結果符合安全規定		知會單位簽章	備註
			是	否		
租車與簽約	1	公司持有營業執照且信譽良好。				
	2	租用車輛產權為訂約公司所有。				公司名稱：
	3	租用車輛為營業大客車。（車牌紅底白字、代碼成對如AA）				車牌號碼：
	4	車輛經監理單位近期檢驗合格。				檢驗日期：
	5	車齡符合所屬教育主管機關之規定。				車齡：
	6	車輛安全配備功能正常齊全。（安全門、滅火器、備胎等）				
	7	租約合理、合法，依規章辦理。				
	8	駕駛員持有大客車職業駕照。				駕照編號：
	9	駕駛員素行良好，無違規紀錄。				

校（園）長：　　　　主任：　　　　組長：　　　　承辦人：

資料來源：園務參考，新北市幼兒教育資源網，民國102年7月31日，取自：http://kidedu.ntpc.edu.tw/files/11-1000-83.php

表3-45　新北市○○幼兒園園外教學安全檢核表【每次檢核】

查核日期：＿＿＿＿年＿＿＿＿月＿＿＿＿日

項目	項次	安全檢視應注意要點	檢查結果符合安全規定		知會單位簽章	備註
			是	否		
園外教學安全工作	1	事前勘察地點，確定行程之安全性。				
	2	依據所屬教育主管機關規定辦理。				
	3	地點、作息安排合宜、適齡。				
	4	計畫周延且簽請核可通過。				
	5	召開工作籌備會議分配職掌。				
	6	發通知單並取得自願參加回條。				
	7	辦理旅遊平安保險。				
	8	確定參加人數並加以編組。				

	9	天氣、交通適宜出發。			
	10	清點人數,瞭解幼兒身心狀況。			
	11	攜帶急救箱、清潔袋、成員聯絡名冊。			
	12	餐飲清潔衛生,妥善包裝、置放。			
	13	對未參加之幼兒妥善安排。			
	14	租用車輛應依規定做安全檢核。			
	15	確實告知駕駛員行程、路線及速率等。			
園外教學安全工作	16	遵行道路交通安全規則。			
	17	隨時清點人數並注意幼兒身心狀況。			
	18	注意幼兒活動安全,避開危險區。			
	19	幼兒與成人人數比,合乎規定。			
	20	依活動計畫行事,勿擅改行程。			
	21	返園時間合乎教育主管機關規定。			
	22	上車前,檢查車況、清點人數及物品。			
	23	下車前,檢視車上有無遺留物品。			
	24	召開活動檢討會議。			
	25	經費核實報銷,作業公開。			
	26	路程幼兒體力可負荷。(約10～20分鐘內)			
	27	增加人手,照顧幼兒安全。			

校(園)長:　　　　主任:　　　　組長:　　　　承辦人:

資料來源:園務參考,新北市幼兒教育資源網,民國102年7月31日,取自:http://kidedu.ntpc.edu.tw/files/11-1000-83.php

第 4 章
幼兒園的總務行政

　　本章共分四節，第一節為文書管理；第二節為財務管理；第三節為庶務管理；第四節為校園規劃與維持。以下分別敘述之。

第一節　文書管理

　　公文分為「令」、「呈」、「咨」、「函」、「公告」、「其他公文」六種（行政院秘書處，民93）：1. **令**：公布法律、發布法規命令及人事命令時使用。2. **呈**：對總統有所呈請或報告時使用。3. **咨**：總統與國民大會、立法院公文往復時使用。4. **函**：各機關處理公務有下列情形之一時使用：(1)上級機關對所屬下級機關有所指示、交辦、批覆時。(2)下級機關對上級機關有所請求或報告時。(3)同級機關或不相隸屬機關間行文時。(4)民眾與機關間之申請及答覆時。5. **公告**：各機關就主管業務，向民眾或特定對象宣布週知時使用，其方式得張貼於機關之公布欄、電子公布欄，或利用報刊等大眾傳播工具廣為宣布。如需他機關處理者，得另行檢送。6. **其他公文**：(1)**書函**：①於公務未決階段需要磋商、徵詢意見或通報時使用。②代替過去之便函、備忘錄、簡便行文表，其適用範圍較函為廣泛，舉凡答覆簡單案情，寄送普通文件、書刊，或為一般聯繫、查詢等事項行文時均可使用，其性質不如函之正式性。(2)**開會通知單**：召集會議時使用。(3)**公務電話紀錄**：凡公務上聯繫、洽詢、通知等，可以電話簡單正確說明之事項，經通話後，發話人如認有必要，可將通話紀錄做成兩份並經發話人簽章，以一份送達受話人簽收，雙方附卷，以供查考。(4)其他定型化處理之公文。

　　公文程式之類別除上述外，尚有下列類別，得視公務性質使用之（行政院秘書處，民93）：1. **手令或手諭**：機關長官對所屬有所指示或交辦時使用。2. **簽**：承辦人員就職掌事項，或具幕僚性質之機關首長對上級機關有所陳述、請示、請求、建議時使用。3. **報告**：公務用報告如調查報告、研究報告、評估報告等；或機關所屬人員就個人事務有所陳請時使用。4. **箋函或便箋**：以個人或單位名義於洽商或回覆公務時使用。5. **聘書**：聘用人員時使用。6. **證明書**：對人、事、物之證明時使用。7. **證書或執照**：對個人或團體，依法令規定取得特定資格時使用。8. **契約書**：當事人雙方意思表示一致，成立契約關係時使用。9. **提案**：對會議提出報告或討論事項時使用。10. **紀錄**：紀錄會議經過、決議或結論時使用。11. **節略**：對上級人員略述事情之大要，亦稱綱要。起首用「敬陳者」，末署「職稱、姓名」。12. **說帖**：詳述機關掌理業務辦理情形，請相關機關或部門予以支持時使用。13. 其他有需要之文書。

　　上述各類公文屬發文通報周知性質者，以登載機關電子公布欄為原則；另公務上不需正式行文之會商、聯繫、洽詢、通知、傳閱、報表、資料蒐集等，得以發送電子郵遞方式處理。

　　行政機關之一般公文以「**函**」為主，其**製作要領**如下（行政院秘書處，民93）：1. 文字敘述應儘量使用明白曉暢、辭意清晰之文字，以達到「簡、淺、明、確」之要求。2. 文句內應正確使用標點符號。3. 文內避免層層套述來文，只摘述要點。4. 應絕對避免使用艱深費解、無意義或模稜兩可之詞句。5. 應採用語氣肯定、用詞堅定、互相尊重之語詞。6. 函的結構，採用「主旨」、「說明」、「辦法」三段式，案情簡單可用「主旨」一段完成者，勿硬性分割為二段、三段；「說明」、「辦法」兩段段名，均可因事、因案加以活用。**分段要領**：(1)「主旨」：為全文精要說明行文目的與期望，應力求具體扼要。(2)「說明」：當案情必須就事實、來源或理由，作較詳細之敘述，無法於「主旨」內容納時，用本段說明。本段段名，可因公文內容改用「經過」、「原因」等名稱。(3)「辦法」：向受文者提出之具體要求無法在「主旨」內簡述時，用本段列舉。本段段名，可因公文內容改用「建議」、「請求」、「擬辦」、「核示事項」等名稱。(4)各段規格：①每段均標明段名，段名之上不冠數字，段名之下加冒號「：」。②「主

旨」一段不分項，文字緊接段名冒號之下書寫。③「說明」、「辦法」如無項次，文字緊接段名冒號之下書寫；如分項條列，應另行低格書寫爲一、二、三、……，(一)(二)(三)……，1、2、3、……，(1)(2)(3)……。④「說明」、「辦法」中，其分項條列內容過於繁雜、或含有表格型態時，應編列爲附件。

公告一律使用通俗、簡淺易懂之文字製作，絕對避免使用艱深費解之詞彙；公告文字必須加註標點符號；公告內容應簡明扼要，非必要者，如各機關來文日期、文號及會商研議過程等，不必在公告內層層套用敘述；公告之結構分爲「主旨」、「依據」、「公告事項」（或說明）三段，段名之上不冠數字，分段述應加以活用，可用「主旨」一段完成者，不必勉強湊成兩段、三段。**公告分段要領**（行政院秘書處，民93）：1.「主旨」應扼要敘述，公告之目的和要求，其文字緊接段名冒號之下書寫。2.「依據」應將公告事件之原由敘明，依據有關法規及條文名稱或機關來函，非必要不敘來文日期、字號。有兩項以上「依據」者，每項應冠數字，並分項條列，另行低格書寫。3.「公告事項」（或說明）應將公告內容分項條列，冠以數字，另行低格書寫、使層次分明，清晰醒目；公告內容僅就「主旨」補充說明事實經過或理由者，改用「說明」爲段名，公告如另有附件、附表、簡章等文件時，僅註明參閱「某某文件」，公告事項內不必重複敘述。公告登載時，得用較大字體簡明標示公告之目的，部屬機關首長職稱、姓名；一般工程招標或標購物品等公告，得用定型化格式處理，免用三段式；公告除登載於機關電子公布欄者外，張貼於機關公布欄時，必須蓋用機關印信，於公告兩字下關出空白位置蓋印，以免字跡模糊不清。

公文用語規定如下（行政院秘書處，民93）：1. 期望及目的用語，得視需要酌用「請」、「希」、「查照」、「鑒核」或「核示」、「備查」、「照辦」、「辦理見復」、「轉行照辦」等。2. 准駁性、建議性、採擇性、判斷性之公文用語，必須明確肯定。3. 直接稱謂用語：(1)有隸屬關係之機關，上級對下級稱「貴」；下級對上級稱「鈞」；自稱「本」。(2)對無隸屬關係之機關：上級稱「大」；平行稱「貴」；自稱「本」。(3)對機關首長間：上級對下級稱「貴」；自稱「本」；下級對上級稱「鈞長」，自稱「本」。(4)機關（或首長）對屬員稱「臺端」。(5)機關對人民稱「先

生」、「女士」或通稱「君」、「臺端」；對團體稱「貴」，自稱「本」。(6)行文數機關或單位時，如於文內同時提及，可通稱爲「貴機關」或「貴單位」。4.間接稱謂用語：(1)對機關、團體稱「全銜」或「簡銜」，如一再提及，必要時得稱「該」；對職員稱「職稱」。(2)對個人一律稱「先生」、「女士」或「君」。

公文製作時應掌握下列**原則**，以利公文製作完備（謝文全，民93）：

1. **格式要合式**：公文的結構和程式應簡單明瞭，目前政府對於各類公文的結構、用語、蓋印簽署、文稿紙格式、公文紙格式等，均有規定。可參閱行政院公布之文書處理檔案管理手冊。

2. **內容要明確**：應以一文一式爲原則，儘量使用明白曉暢詞義清晰之語體文，採用語氣肯定之語詞，正確使用標點符號，字體力求端正。不可層層套敘來文，只摘述其要點。

3. **相關項目要敘寫完整**：公文除本文外，尚有若干必要的項目要敘明，如發文日期及字號、附件名稱及數量、會簽的單位或人員、受文者、副本收受者、速別、密等……等，這些都需敘寫完整。

4. **用字要適宜**：公文除用語力求簡鍊及字體力求端正之外，尚應注意遣詞用語的適當性。行政院所頒布的文書處理檔案管理手冊，對公文的用語有若干規定，應參酌使用。

5. **核會判行程序要完備**：大部分的公文撰妥後，均需送會相關單位或人員，亦需循行政層級呈核判行，這些會、核的手續一定要完備。如該會稿或會簽的單位未送會，不但使首長因缺乏相關單位的意見而無法作明智的判行外，亦會造成單位間的嫌隙或溝通協調上的問題。

爲妥善處理文書，提高行政效率，應愼選文書處理保管人員，並訂定適當處理程序，**公文處理之注意事項**如下（林佩蓉等，民84）：

1. **收文**：幼兒園所收文件除密件或親啓文件，應敬呈園長拆閱處理外，普通文件（含傳眞文件），於自行拆封後編號登記。拆封時應檢查來文及附件是否相符，如有錯誤，需另加註明並即速查詢。附件宜裝訂於來文之後或捆紮爲一件，以防散失。

2. **編號登記**：收文後通常先在來文左下角加蓋收文戳記並塡寫收文編號及收文日期，然後在公文登記簿上登記，公文登記簿同時兼供收發文及銷

號之用，公文收發採用統一文號，以一文一號，按序編列，一年更換一次爲準。送達機關如非原來來文機關，可在「備考」欄註明送達機關。

3. **分文批辦**：文書編號登記後，呈送幼兒園長或教保主任核閱，如是有時間性或屬機密性文件，應使用特別顏色的公文夾，以資識別。通常最速件公文用紅色，速件公文用藍色，普通件公文用白色，機密件公文用黃色。分文由園長或文書，依據文件內容分交相關人員辦理，並蓋單位小戳後，並送園長核閱；分文時，對有時間性、重要性及機密性文件，應加蓋「最速件」、「速件」、「密件」等印戳。園長如認爲文件無須辦理，可批示主管人員閱後存查。如對案件有特殊指示時，可先批示意見再交辦，以爭取時效。批辦後交文書分送承辦人收件，並在公文登記簿上簽名。

4. **擬辦**：主辦人員收到文件後，視案件內容，或先簽註辦理意見，待送請核示後再擬具詳細辦法簽呈。無須辦理者，可簽「存查」，核閱後銷號歸檔。必須會辦之文件，宜先口頭接洽妥當，以免往返費時。此外，有時間性之案件，應先處理；機密性之案件，必須由主辦人員親自去送，不可假手他人。

5. **擬稿**：凡屬必須覆文之案件，或爲幼兒園自行舉辦而發文之案件，均需擬稿。除園長自擬之文稿外，其他由主辦人員或文書幹事所擬之文稿，均需核判。擬稿時須注意文字簡明，條理清晰，事理充足及格式合宜。

6. **核判**：文稿擬妥後，按其性質及重要程度，分別授權各級人員負責核定決行。

7. **繕寫**：文稿經核判後，即可繕寫或打字，字跡須端正清晰，發現原稿有疑義或錯誤時，應詢主辦人改正。繕寫文件如有小部分錯誤時，應改正或添註，並加蓋校對印章；但錯誤較多時，則應重繕。

8. **核對用印**：公文在蓋印之前，應依原稿詳對。公文上改正或添註之處，並加蓋「校對之章」。校對後之文件，送請園長蓋章後，由監印人員加蓋校印。

9. **編號登記**：監印人員用印後，送交文書人員編列發文字號。發文字號以收文時所編字號爲準。如爲創稿無收文字號時，則依編號順序插入編列字號。字號宜以年度即主辦單位隨以順序號次編列，如84年度教保組承辦之文件，順序在321號之後，則宜用「84教字第322號」之字號。編號後，應

在公文登記簿上登記發文日期，若爲「速件」或「密件」，並另加蓋戳記。

10. **封發**：登記後，檢查附件是否齊全，封套有無配錯、發文年月日及字號是否均已填入，及校印各章有無漏蓋後，才封口發出。

11. **歸檔**：連同附存查文件及發文之文件經封發後，應將來文、發文文稿及文件歸爲一束或併裝一起歸檔。歸檔時並在公文登記簿內登記「銷號歸檔日期」及「檔號」。

幼兒園中的文書處理量不多，但其工作多由教師及教保人員兼辦，處理文書時若能掌握下列原則，當能事半功倍，**文書處理的原則**有（林佩蓉等，民84；謝文全，民93）：

1. **採用科學方法，權責分明**：舉凡收發文、分類歸檔以及登記保管均依規定程序，採用科學化方法，以利查考避免失漏；並應將處理文書的權責作明確劃分工，使每個程序均有明確的負責人，因此，應制訂明確的辦事明細表或分層負責明細表，並對文書處理發生錯誤情事明訂罰則，並在文書處理過程中，凡經辦人均應簽名或蓋章並註明經辦的年月日和時間。

2. **格式和用語合適，並辦理迅速**：公文用語宜簡潔明確，格式務必合宜得體，繕寫要注意清晰無誤。公文不能積壓，凡屬行政機關令行之事項，需儘速遵辦呈覆；按規定應行呈報事項，須按期報出；至於其他幼兒園或其他機構請託或詢問事項，亦宜從速處理回覆。可運用明確權責劃分、實施分層負責制而不凡事必層層請示、規定處理時限、建立機催制度、減少公文數量等方式；會辦單位太多時，得將公文複製分送惠辦，及採用新式工具以增加繕印速度。

3. **行文適量**：該行文才行文，不必行文的應儘量減少。爲減少不必要之行爲，可從下列方式著手：無轉行或答覆之必要的文書，應逕予存查；收到公文副本，若僅屬通知性質而不需處理，且無其他意見者，不必行文答覆；凡有關通知核備、請示、查催等簡便事項，儘量利用簡覆表、請示單、催辦通知等簡便格式處理；對於有關機關知會之事項，儘量利用副本減少辦稿；可以利用規定表式辦理之事項，概免擬辦文稿；召集會議用開會通知單，而不另擬稿；對同一事件，可儘量減少辦稿次數，或利用原稿加繕；凡屬聯繫、協調、查告或洽商等事項，均可使用電話代替行文。

4. **建立稽催制度**：指定單位或指派專人負責辦理公文稽催工作，以確

保公文能於規定期限內迅速辦出，並於公文處理流程中隨時發現瓶頸之所在，以便檢討改進。未專設稽催單位或人員的學校，則收發主管人員應負稽催之責，應逐日查對收發文表，對有超過時限仍未處理者應予催詢，如催詢無效時，應逐報學校首長核辦。

　　公文分類及存檔年限（臺北市社會局，民96）：

　　1. **公文分類**：可參考所內公文的多寡、整理方便等因素，自行選擇欲分的類別。(1)公文數量不多，分收文、發文兩大本資料夾，並以年度區別即可。(2)自行選擇欲分之類別：一般行政類、教保活動類、衛生保健類、補助計畫類、勞保健保資料類……。

　　2. **存檔年限**：(1)**永久**：人事資料、法令法規、評鑑資料。(2)**五年**：進修研習、補助經費核發。(3)**二年**：政策公文、活動宣導。收、發文登記簿：可分開為收文登記簿、發文登記簿各一本，每年更換；亦可合為一本為收發文登記簿，以上簿本皆可到文具行購買，或參考收、發文表格，列印使用。（參見表4-1、4-2、4-3、4-4、4-5、4-6）

　　文書處理程序一般原則如下（行政院秘書處，民93）：(1)各機關之文書作業，均應按照同一程序集中於文書單位處理。惟機關之組織單位不在同一處所及以電子文件行之者，不在此限。(2)公文之機密性、時間性，由各機關依業務性質及實際需要自行區分，以作為公文處理作業之依據。(3)文書處理，應隨到隨辦、隨辦隨送，不得積壓。(4)各種機關得視實際需要，採用收發文同號，但以符合工作簡化原則。(5)文書除各種報表、簿冊、附件譯文及以電子文件行之者，得採由左而右之橫行格式外，應用由右而左之直行格式。(6)任何文書均需記載年、月、日、時；文書中記載年份，一律以中華民國紀元為準，惟外文或譯件，得採用西元紀年。(7)文書處理過程中之有關人員，均應於文面適當位置蓋章或簽名，並註明時間（例如十一月八日十六時，得縮記為1108/1600），以明責任、簽名必須清晰，以能辨明為何人所簽。(8)各機關在辦公時間外，遇有公文收受，應由值日人員按照值日及值夜規則之規定辦理。(9)機關內部各單位間文書之傳遞，均應視業務簡繁及辦公室分布情形，設置送文簿或以電子方式簽收為憑；另公文之陳核流程並得以線上簽核方式處理。(10)組織龐大所屬單位較多而分散辦公之機關，應設立公文交換中心，定時集中交換，以加速公文之傳遞。

表4-1 收文簽辦

號：

保存年限：

臺北市政府社會局　函

機關地址：110臺北市信義區市府路一號
北區二樓

承辦人：
電話：02-27597732
傳真：02-27206503

受文者：如正副本行文單位

發文日期：中華民國94年1月4日
發文字號：北市社五字第09342033100號
速別：普通件
密等及解密條件或保密期限：普通
附件：

主旨：所報新聘保育員○○○到職乙案，同意備查，惟逾十五日
　　　陳報，故逕依來函日期（九十三年十二月二十七日）為其
　　　到職日，復請查照。

說明：

一、依臺北市兒童福利機構設置標準與設立自治條例及兒童福
　　利專業人員資格要點之規定辦理兼復貴所九十三年十二月
　　二十七日北市法托字第○九三○○○○○三號函。

二、另依前揭自治條例第三十三條規定各款查證需時，先行核
　　備游君到職，若查證發現有違反情形者，逕予撤銷本核備
　　到職案。

正本：台北市私立○○托兒所
副本：臺北市政府社會局第五科

一、社會局已同意備查，函後需於15日內陳報.
二、又擬陳閱後存查

　　　　陳小美　　所長林大華
　　　0106　　　　　　0107

局長　薛　陳　泰

本案依分層負責規定授權業務主管決行

公文在下方空白處
完成簽辦事宜

第1頁　共2頁

資料來源：臺北市托兒所行政管理手冊，臺北市社會局網站，民國102年7月21日，
取自：http://www.bosa.tcg.gov.tw/i/i0300.asp?fix_code=2703010&group_
type=1&l1_code=27&l2_code=03

表4-2　臺北市○○幼兒園○○年度收文登入

檔　號	收文日期	收文字號	來文機關	文別	事由	辦理情形	附件
93001	2/1	北市社五09330489600	台北市政府社會局	函	92下身心障礙幼兒其家長教育補助經費	無需申請文存	資料表
93002	2/15	北市社五09330661300	台北市政府社會局	函	93發展遲緩兒童療育補助實施計畫	文存	申請表計畫表
93003	3/20	北市中衛09360159200	台北市中山衛生所	函	中山區93保育機構業務聯繫會暨職場體適能DIY研習會	由張○○出席,已報名	報名表

資料來源：臺北市托兒所行政管理手冊，臺北市社會局網站，民國102年7月21日，取自：http://www.bosa.tcg.gov.tw/i/i0300.asp?fix_code=2703010&group_type=1&l1_code=27&l2_code=03

表4-3　臺北市○○幼兒園○○年度發文登入

檔　號	發文日期	發文字號	收文機關	文別	事由	附件	辦理情形	備註
94001	1/15	北市○字第9401001號	北市社會局	函	陳報新進教保員○○○94.1.4到職	幼保科學歷、身分證影本、體檢表、切結書	94.1.16掛號寄出	(貼掛號單)
94002	2/1	北市○字第9402001號	北市社會局	函	司機○○○94.1.20離職		94.2.2平信寄出	
94003	3/16	北市○字第9403001號	北市社會局	函	辦理93年度補助托兒所設施相關事宜	申請書、領據、收據發票、相片	94.3.17掛號寄出	(貼掛號單)

資料來源：臺北市托兒所行政管理手冊，臺北市社會局網站，民國102年7月21日，取自：http://www.bosa.tcg.gov.tw/i/i0300.asp?fix_code=2703010&group_type=1&l1_code=27&l2_code=03

表4-4 圖章種類及用途

圖章總類	機構圖記	圓戳章	機構名稱章 直式	機構名稱章 橫式	主管簽名章	職名章
用途	正式公文 請款	收據 收信用印	郵件	填寫表格	公文 帳冊 憑證	文件 通知單 評量表格

資料來源：臺北市托兒所行政管理手冊，臺北市社會局網站，民國102年7月21日，
取自：http://www.bosa.tcg.gov.tw/i/i0300.asp?fix_code=2703010&group_
type=1&l1_code=27&l2_code=03

表4-5 收文處理流程與內容

流程	權責	承辦內容
收文	承辦人員	1. 每日上午或下午下班前，至少檢查一次寄來的信件或電子郵件（如托育服務網內的電子郵件）是否為待辦的公務文件。 2. 電子郵件中，如係重要文件，應列印下來，視同公文，依收文程序辦理。
登錄、編寫收文字號、保存年限	承辦人員	1. 待辦公文應在當日填入收文登記簿內（可參考範例4-1、範例4-2登記表格）。 2. 收到的公文需編號（稱為收文字號），以利未來尋找。該字號可寫在公文頁首左上方「檔號：」項內。 3. 收文字號是由機構自行設計（舉例如下）： (1)3碼-流水號：001、002… (2)5碼-加年度的流水號：94001、94002… (3)6碼-加年度加類別的流水號：94人001…、94總001… (4)7碼-加年度加月份的流水號：9401001、9412001… (5)… 4. 公文依性質及重要性，自行設定保存年限，過了期限的即銷毀，以免占用空間儲放。年限可參考下頁(二)存檔年限。
擬定辦理內容、交園長核閱	承辦人員	1. 檢查公文主旨及內容，將接續要處理的意見（可參考以下較常用的擬辦內容），寫在公文最後一行（通常為副本）的下一行： (1)擬依規定辦理，文存查。 　※說明：多為主管機關（如社會局、衛生局……）要求配合或辦理的一些事情，只要請相關人員及園長看到內容並配合就可以，不需特別處理的公文。

		(2)事涉同仁權益，擬傳閱同仁知曉後，文存查。 　※說明：依來文單位的要求，將資訊轉給同仁瞭解（如研習受訓機會⋯），應待園長蓋章後，就請相關同仁看該公文，並在公文上簽名，再收回歸檔。 (3)擬配合辦理，影印後公布家長參考，文存查。 　※說明：是依來文單位的要求，希望轉知家長（如腸病毒防治訊息）。 (4)擬依○○單位要求，填妥附件內容，並於○月○日前回覆。 　※說明：依來文單位的要求，填寫附件的資料（如教保人員基本資料），直接回寄該單位。 　寄出的資料須留影本附在公文後，如為重要掛號文件，建議將掛號存根聯一併附在公文上歸檔，以備參考。 (5)有關○○研習活動，擬請○○○參加（或因○○理由不派員參加）。 　※說明：園方要指派人員出席或因故不派員參加相關研習活動，皆應在公文上寫出辦理的情形。 2. 如果來文內容是有必要以正式公文回覆的，則請參考下欄「(2)發文」部分。 3. 寫好擬辦理的內容後，應在字句的下一行(1)蓋章（或簽名）(2)在印章的下方填寫當時的日期（例：0126，即為1月26日簽出）再交給園長核閱。 （請參考範例4-1社會局來函之簽辦方式） 4. 承辦人如果就是園長，也應寫出辦理內容並蓋章（惟可將內容中的「擬」字去除） 5. 來文的內容如有規定時效，應優先辦理（如研習報名表）。
批示、蓋章	園長	1. 園長如同意承辦人簽辦的內容，即在承辦人員簽章處的右邊蓋章，同時填上當日日期，再交回承辦人員辦理後續事宜。 2. 如有時效性的公文，需儘快交還承辦人，請其在期限內完成簽辦的事項。
蒐集歸檔的文件	承辦人員	1. 辦理的內容如果是存查的公文，則可依流水號依序放入收文檔案夾內，如有專人負責文書，則可參考下頁的(二)公文分類，再分別歸入不同類別的檔案夾內，並依收文流水號順序裝訂。 2. 備註：不需依來文的單位做分類裝訂（如社會局、衛生局⋯⋯），以免過於繁雜。
銷毀	承辦人員	1. 已超過保存年限的公文檔案，可適時辦理銷毀檔案事宜。 2. 抽出已過保存年限的公文，請示園長是否每份皆可銷毀，再將預備銷毀的公文，在原登錄的收文或發文簿上，該筆登錄格中「備註欄」蓋上「已銷毀」章，做記錄後再銷毀，以利未來查詢。 3. 如要資源回收或再利用時，須避免文件內沒有個人基本資料（如身分證、電話⋯⋯）或重要事情。

資料來源：臺北市托兒所行政管理手冊，臺北市社會局網站，民國102年7月21日，取自：http://www.bosa.tcg.gov.tw/i/i0300.asp?fix_code=2703010&group_type=1&l1_code=27&l2_code=03

表4-6 發文處理流程與內容

流程	權責	承辦內容
擬稿、陳核	承辦人員	1. 若來文要求需公文正式回覆的，或因為業務需要，必須主動發文給相關單位的（如進用人員或有離職人員異動，發函給社會局核備……），以主旨、說明等方式寫一份公文的草稿。 2. 在草稿的最後一列左下方蓋章（或簽名），在印章下方填寫當時的日期（如0128，意思是1月28日簽好的），再交給園長批示。
批示	園長	1. 如同意草稿的內容，即在承辦人簽章處的右邊蓋章，同時填上日期，再交回承辦人員辦理後續發文事宜。 2. 有需要修改的部分，就直接改在草稿上。 3. 如有時效性的公文，需督導在期限內完成並寄出。
繕打、發文字號、日期、校對、用印、發文	承辦人員	1. 依園長修改後的內容，打成正式公文，加入發文字號、發文日期。 2. 發文字第號也是由園方自行設計： 舉例：○○幼兒園 (1)8碼-加幼兒園名稱的流水號：○○字第001號 (2)9碼-加縣市加幼兒園名稱的流水號：北市○字第001號 (3)11碼-加縣市加所別加年度的流水號：北市○字第94001號 (4)12碼-加類別加年度的流水號：北市○人字第94001號（94年人事案所發出的第1個公文）或北市總字第94008號（94年總類別的公文所發出的第8個公文）。 (5)13碼-加年度加月份的流水號：北市○字第9403007號（94年3月發出的第7個公文）。 (6)…… 3. 檢查公文中的各部分都已修改、沒有遺漏或錯誤。 4. 公文需蓋幼兒園正式圖記（非圓戳章），記得影印一份再寄出（別忘了附件也要印）。 5. 如為重要掛號文件，建議將存根聯附在發文的影本上歸檔，以備參考。 6. 其他一些電子傳出的資料，也儘可能視同發文，並留存。
登錄、蒐集歸檔的文件	承辦人員	1. 在繕打草稿時，一方面填寫發文字號，一方面就可將發文的相關資料（如發文單位、事由……）登錄在發文登記簿內。 2. 草稿及發文影本及附件，應裝訂在一起，記得要填保存年限（如有專人負責文書，則可參考（二）公文分類表，分別歸到不同的發文檔案夾內。 2. 由於發文機率較低，資料不會很多，故建議將發文（含發文影本、附件、草稿等）集中在一冊「發文資料夾」內，再依發文流水號順序裝訂即可。不需依發文的單位做分類裝訂（如社會局、衛生局），以免過於繁雜。
銷毀	承辦人員	已超過保存年限的公文檔案，可適時辦理銷毀檔案事宜。 （參考上欄收文部分的銷毀程序）

資料來源：臺北市托兒所行政管理手冊，臺北市社會局網站，民國102年7月21日，取自：http://www.bosa.tcg.gov.tw/i/i0300.asp?fix_code=2703010&group_type=1&l1_code=27&l2_code=03

　　機關公文電子交換收發文處理原則如下（行政院秘書處，民93）：1. 機關公文電子交換，係指將文件資料透過電腦及電信網路，予以傳遞收受者。各機關對於適合電子交換之機關公文，於設備、人員能配合時，應以電子交換行之。機關電子公文交換機制分為三類：(1)第一類：屬經由第三者（公文電子交換服務中心）集中處理，具有電子認證、收方自動回覆、加密（電子數位信封）等功能，並提供交換紀錄儲存、正副本分送及怠慢處理等加值服務者。(2)第二類：屬點對點直接電子交換，並具有電子認證、收方自動回覆、加密（電子數位信封）等功能者。(3)第三類：屬發文方登載於電子公布欄，並得輔以電子郵遞告之，不另行文者。加密（電子數位信封）之功能，各機關得視安全控管之需要，自行選用。上述三類機制之選用，由各機關視公文性質，自行考量決定。2. 各機關應由文書單位或單位收發，負責辦理機關公文電子交換作業。但依公文性質、行文單位及時效，有適當控管程序者，可指定專人辦理。3. 各機關應於機關網站上設置電子公布欄專區，供第三類電子交換機制公文登載之用，便利各界查詢、參考。4. 登載電子公布欄之公文應註明登載期限，超過期限者，應自電子公布欄專區移除。5. 各機關公文電子交換作業收支、發文、登載電子公布欄之相關紀錄及文稿，得視需要予以儲存。6. 各機關對於其他機關電子公布欄所登載之資訊，應視內容性質自行下載使用並為必要之處理。

　　機關公文電子交換收發文處理程序如下（行政院秘書處，民93）：1. 公文電子交換收文處理程序：識別通行、電子認證、收文確認、收文列印、檢視處理、分文、編號、登錄、傳送等。2. 公文電子交換發文處理程序：列印全文、繕校、列示清單、識別通行、發文傳送、發文確認、加蓋「已電子交換」章戳、檢視發送結果、處理失敗訊息等。機關公文受文對象為人民、法人、或其他非法人團體，其公文電子交換收、發程序，由發文機關依業務需要與受文對象相互約定，但應採電子認證方式處理，並得視需要增加其他安全管制措施。人民、法人或其他非法人團體於參加政府機關公文電子交換作業時，應符合「機關公文電子交換作業辦法」、「文書及檔案管理電腦化作業規範」及相關規定。線上簽核係指公文以電子方式在安全之網路作業環境下，進行線上傳遞、簽核工作。文書之陳核採線上簽核者，應採用電子認證、權限控管或其他安全管制措施，以確保電子文件之可認證性。公文線

上簽核應注意事項如下：(1)可判別文件簽章人。(2)可標示公文時效性。(3)應提供代理人設定之功能。(4)應詳實記錄各會簽意見。(5)應詳實記錄各陳述流程人員之修改與批註文字。

　　幼兒園各式資料表格種類繁多，要如何將這些資料檔案有序完整的詳細整理？視實際需要可將檔案資料分為行政、教保、衛生保健……等不同資料夾或不同顏色目錄標題詳細分類，分別歸檔，並須要有專門櫥櫃儲存檔案資料，以方便查閱相關資料檔案。文書活動檔案處理工作現在已經大部分是利用電腦資訊系統來完成，所以在電腦管理上亦可依據不同類別檔案開啟不同文件夾，將資料分門別類於電腦中歸檔。例如行政資料可依人事管理資料（組織編制及職掌、差假管理、薪資福利教育訓練……）、財務管理（年度預算、收入支出、財產清冊……）、總務管理（財產與物品管理、設備維修、清潔衛生管理……）、教保活動（教保活動計畫、教保紀錄、教保教材清冊……）、衛生保健（個案紀錄、餐點表、托藥紀錄、健康教學資料……），分別建檔儲存。各項資料必須依實際需要隨時做更新，才能實際有效管理。

　　以臺北市托育機構統E化系統為例，使用手冊上將內容分為：登入、收信匣、接收郵件、編輯郵件、寄件備份、草稿夾、密碼變更、資料增修、專業園地、線上報名等。幼兒園需每日固定上網詳閱相關傳遞訊息，其操作方法（臺北市社會局，民96）：(1)托兒機構均會有一個屬於自己機構的帳號和密碼，進到臺北市托育機構E化作業後，您就可以看見需閱讀的信件。(2)有些郵件會有附件（用迴紋針圖形標示），如研習或參加活動等訊息郵件，需報名時按下迴紋針，就會出現附件內容（或有附上活動網址）。→網頁上會出現活動時間、參加人數、參與資格等訊息，點選我要報名。→詳細輸入主辦單位所需資料，按確定按鍵，畫面出現報名完成，即表示報名成功。(3)如果郵件資料需要公告或告知相關人員，就需列印出來張貼或請相關人員詳閱後簽名。

第二節　財務管理

　　幼兒園的經費來源因公私立別而有所不同，大部分來自幼兒所繳交的費用或政府補助的經費。私立幼兒園之收費，以不超過教育局所訂之上限為原則，但若因教學特殊需要，且有健全之會計制度，並提撥教職員退撫基金者為例（林佩蓉等人，民84）：公立幼兒園於開辦之初，依班級數撥給開辦費及設備費；每年度的經費除縣市政府於會計年度開始前，依幼兒園班級數編列教育經費（設備費），作為充實設備之用，或列專案經費由縣市政府及中央補助各園外，並依規定收取幼兒活動費、材料費、餐點代辦費，視實際情形需求，配合園內教學活動作計畫性之規劃、合理分配使用，惟應專款專用，並不得將剩餘經費挪至下學年使用；私立幼兒園的開辦，因幼兒園之規模及相關條件不同（如園地面積、資金來源等）而有差異，通常有以下規劃：建築費（購地、建築之費用）約占60-70%，設備費（桌椅、教具、水電安裝、廚房用具等）約占30-40%；每年度之經費除由設立機構、團體或創辦人負責籌集與各項幼兒繳交費用外，或中央及縣市政府列專案補助經費，登記為財團法人者並得接受捐贈，年度評鑑績優亦可獲獎勵金；每年之經費包含學期中各項經常開支，為幼兒園的主要經費亦是擬定收費的指標，而各項經費如何運用？應占多少比例？在考量園務推展和教學品質的前提下，審慎的規劃經費用度，就成了重要課題。（參見表4-7、4-8、4-9）

表4-7　私立幼兒園年度經費分配表

	項目	內容	百分比
經常費	人事費	園長（主任）、教師、幹事、工友、司機等之薪俸	48-53%
	退休基金	職工退休準備金（退休金、養老金、退職金）	2-7%
	保育費	幼兒點心費、保育用品、醫療等費用	15-20%
	設備費	教學設備、玩具器材、圖書、器材修繕等費用	10-15%
	雜費	水電費、燃料費、維護費、教師在職進修費、招生工作費等	5%

| 房租 | 房屋租金、押金、貸款、折舊等費用 | 8% |
| 預備費 | 預算內不足運用時之撥充費用 | 2% |

參考資料：幼兒園園長手冊（頁49），林佩蓉等人，民84，臺北市：臺北市教育局。

表4-8　幼兒園支出經費分配

	項目	內容	百分比
經常費	人事費	園長、教保員、工友、司機等之薪俸	60-63%
	退休（職）基金	職工退休準備金（退休金、退職金）＜4-8%之俸給總額	2%
	餐點費	幼兒點心費	10%
	業務費及活動費	教學設備、玩具器材、圖書、器材修繕費用、醫療等費用……	10%
	雜費	水電費、燃料費、維護費、教師在職進修費、招生工作費……	5%
	房租	房屋租金、押金、貸款、折舊等費用	8%
	預備費	預算內不足運用時之撥充費用	2%

備註：本資料是參考各幼兒園實際運作情形所取得的百分比。
資料來源：臺北市托兒所行政管理手冊，臺北市社會局網站，民國102年7月21日，取自：http://www.bosa.tcg.gov.tw/i/i0300.asp?fix_code=2703010&group_type=1&l1_code=27&l2_code=03

表4-9　臺北市○○幼兒園○○年度計劃

項目	目標	具體內容	期程	經費概算
1.親職教育	1-1重視多元化親職教育 1-2支持家庭教育	·定期舉辦專題講座 ·安排家長參觀教學 ·辦理幼兒園父母成長班 ·設立親職教育諮詢專線服務	*每學年四～六場 *每學年二次 *三個月為一期 *不定時	元×6次 元×2次

| 2.社區人文關懷 | 2-1推行藝文欣賞
2-2宣導健康資訊
2-3結合社區資源
2-4關懷青少年 | ・辦理社區兒童戲劇活動
・舉辦社區親職講座
・成立社區生活學苑

・與女青年會合辦健康講座活動
・訓練幼兒園爺爺奶奶說故事
・舉辦青少年活動 | *每學年一次

*每學年二次
*每年開辦二梯次
*每年二～三次

*每三個月一次

*每年二～四場 | 元×1次

元×2次 |

資料來源：臺北市托兒所行政管理手冊，臺北市社會局網站，民國102年7月21日，取自：http://www.bosa.tcg.gov.tw/i/i0300.asp?fix_code=2703010&group_type=1&l1_code=27&l2_code=03

　　幼兒園的財務管理，主要包括**編列預算、收支分類記帳、單據分類貼存、編列決算**與**稅務**等5項工作（信誼基金會學前兒童教育研究發展中心主編，民72；林佩蓉等，民84；臺北市社會局，民96）：

　　1. **編列預算**：幼兒園應於每年年度開始前，先預估招收人數、人事費、教材費、業務費、教保活動內容、所務發展計畫編製預算，且於會計年度之前編妥。編製歲入預算，依幼生繳費數與其他補助費等收入加以編造，並應儘量估計精確，使和實際收入額不致相差太多。預算是財務收支的計畫，幼兒園通常是按學期擬定各項收支的預算數額（上學期：每年8月到次年1月；下學期：每年2月到7月），編擬每一學期的預算時，可參照上一個學期的結算情形，並考慮這一學期幼兒園的發展計畫與事實需要，例如：是否擴充場地、增添設備，是否調整教職員的薪資，水電費或物價是否上漲等。有時也不妨徵詢教職員的意見，或讓他們瞭解幼兒園經費的分配狀況。每一學期的收入大致包括每學期收或按月收的保育費、材料費、點心費、午餐費、交通費和其他等；以幼兒繳費數、其他收入項目或補助收入等加以編造，應儘量估計精確，勿與實際收入相差太多。

　　每一學期的支出大致包括：人事費（教職員的每月薪資）、設備費（添購新的設備、器材、玩具、圖書等）、修理費（設備、器材的修理、維護）、伙食費（製備點心和午餐）、交通費（交通車的汽油、保養與維護費）、事務費（水、電、瓦斯、電話費、辦公文具費）、研究費（教師在職

進修的書籍費、研習費）、預備費（預備臨時的支出）和其他等。編製歲出預算，預算中各項經費的支配，均應合規定。例如：經常費中各項費用之支出，應注意其適當的比例。預算表中科目的劃分，應按照規定填製。編造預算時，應徵求各部分負責人之意見，使預算符合實際需要。每年會計年度終了時，應由園長編擬預算（預算的標準以下年度的新計畫及本年度逐月預算決算對照表中之增減平均為依據），呈請上級主管機關或董事會核准後，可編製分配預算，按月列出分配預算額，以便依照執行；細小項目雖可稍作變更，但款項不能隨便更改，否則將失去預算的意義。每月的各項經費分配額，不一定完全相等，可視實際需要而定。例如：文具費、購置費等，通常開學第一個月應需多列預算，以配合實際需要。如遇到特殊需要事項，可另擬定臨時預算，請准動支臨時費，但須決定用途，且需精密預算，事後仍應編造報告及現金結餘表，以便對照簿據查考現款用途。依據上年度執行結果，評估經常費支出比例，以估算下年度支出的額度。會計科目的劃分應按照規定填製。

　　2. **收支分類記帳**：幼兒園日常每一款項的收支，應核對發票或收據，逐日紀錄在現金日記帳內，每月底再作收支結算。(1)幼兒園收入包括幼兒學費、保育費、月費、雜費、餐點、教材、旅遊、以及其他補助費與捐贈費等收入，均需製成傳票並列入帳務中，並開收據。(2)經費的支出應詳細記錄於支出帳中，分為日記帳及分類帳，日記帳是將日常的每一項支出都詳細記載於帳冊內，以便日後查驗及控制預算，其目的除提供幼兒園確實的營運情形，並且應按時間紀錄，同時減少帳務發生多計、少計、未計、重複等錯誤，財政機關亦規定日記帳為基本應設之帳目；分類帳是將預算中的經費項目按照類別登載於支出帳目，如：人事費、設備費等支出分別登帳於各項目中，以便製作經費收支報告表，隨時控制經費預算；月報表是在每月月初應完成上個月的月報表，其目的在於分析各月份收支項目之結果，藉以管控預算與執行面的實際比較。(3)經費收支應隨時與收入、現金核對。(4)依規定，帳簿憑證應永久保存，除有關未結會計事項者外，於權利義務消滅後，至少保存五年。

　　3. **單據分類貼存**：各項支出證明均需合法。園方在支出任何費用時，都需要索取支出憑證，憑證有下列幾種方式：(1)**發票**：為國稅局核准開立

之正式發票。(2)**收據**：需註明免用統一發票號碼、且蓋有店名地址、電話號碼之店章及負責人之私章。(3)**支出證明單**：無法開立上述二種憑證者，需填此種自製單據，例如：買菜、搭計程車等。此種自製單據需加貼印花、需貼足金額千分之四的印花，若金額未超過兩百五十元者，免貼印花。不貼印花者，並書明領款人之姓名、身分證字號、戶籍所在地等資料。

4. **編列決算**：每月的收支結算後，即可按月分項紀錄在學期結算表內，並參照每學期預算的總數額，調整或控制次月份的各項支出。到了學期末，再作這一學期六個月的收支總結算，即可核算出這學期的財務狀況。會計年度終了一個月內應將全年度經費收支狀況，加以結算編製損益表（收支餘絀）、資產負債表，呈報主管機關。私立幼兒園如有結餘，可計畫於下學期增添教學器材、玩具或多舉辦活動；如有虧損，則可調整或節制下學期的收支。

5. **稅務**：幼兒園的稅務工作，應按時於所在地稽徵機關申報業務所得稅。為此，詳實的收支記錄及各項完備的表格，就顯得格外重要。唯有對經營現況及經費運用做明確掌握，才能確實做好幼兒園的稅務工作。（參見表4-10、4-11、4-12、4-13、4-14、4-15、4-16、4-17、4-18、4-19、4-20、4-21、4-22、4-23、4-24、4-25）

表4-10　經費規劃執行步聚

資料來源：臺北市托兒所行政管理手冊，臺北市社會局網站，民國102年7月21日，取自：http://www.bosa.tcg.gov.tw/i/i0300.asp?fix_code=2703010&group_type=1&l1_code=27&l2_code=03

表4-11 臺北市○○幼兒園○○年度收支預算表

年 月 日至 年 月 日止　　新臺幣（元）

收入項目	小計	合計	支出項目	小計	合計
一、月費	元×人數×12月＝		一、人事費	人×薪資×12月＝	
二、保育費	元×人數×2期＝		二、業務費		
三、逾時費	元×人數×12月＝		三、維修費		
			四、材料費		
四、代辦費收入			五、購置費		
五、利息收入			六、修繕工程		
六、社會局補助款			七、代辦費支出		
收入合計			支出合計		

備註：※收入項目—1.月費（幼生月費）
　　　　　　　2.保育費（幼生註冊費）
　　　　　　　3.逾時費（幼生延托費用）
　　　　　　　4.代辦收入（運動服、睡袋、保險費、圍兜……）
　　　※支出項目—1.人事費（薪資、勞健保、加班費、年節獎金、全勤獎、加班費、退休提撥……）
　　　　　　　2.業務費（水電、瓦斯、電話費、租金、研習進修、辦公文具、文宣費用……）
　　　　　　　3.維修費（水電維修、火險、公共意外責任險……）
　　　　　　　4.材料費（教具材料費、消耗用品、餐點費、藥品費……）
　　　　　　　5.購置費（圖書、教具、其他設施設備）
　　　　　　　6.修繕工程（大型工程、設備整修）
資料來源：臺北市托兒所行政管理手冊，臺北市社會局網站，民國102年7月21日，取自：http://www.bosa.tcg.gov.tw/i/i0300.asp?fix_code=2703010&group_type=1&l1_code=27&l2_code=03

表4-12 臺北市○○幼兒園收入傳票

收入傳票

傳票號碼：＿＿＿＿＿＿
日　　期：＿＿＿＿＿＿

會計科目	類頁	摘　　要	金　　額	
月費		11月份月費	4 9 0 0	附單據 張
		合　　計	4 9 0 0	

製票：＿＿＿　出納：＿＿＿　會計：＿＿＿　園長：＿＿＿　負責人：＿＿＿

資料來源：臺北市托兒所行政管理手冊，臺北市社會局網站，民國102年7月21日，取自：http://www.bosa.tcg.gov.tw/i/i0300.asp?fix_code=2703010&group_type=1&l1_code=27&l2_code=03

表4-13　臺北市○○幼兒園支票請示單

支票請示單

（代支出傳票）

			傳票號碼：
			支票號碼：
受款人：甲乙水果行			支票號碼：
地　址：			支票日期：

會計科目	類頁	摘　　要	金　　　額					
餐點費		11月份水果		1	0	0	0	0
		合　　計		1	0	0	0	0

附單據　　張

製票：　　　出納：　　　會計：　　　園長：　　　負責人：

資料來源：臺北市托兒所行政管理手冊，臺北市社會局網站，民國102年7月21日，取自：http://www.bosa.tcg.gov.tw/i/i0300.asp?fix_code=2703010&group_type=1&l1_code=27&l2_code=03

表4-14　臺北市○○幼兒園轉帳傳票

轉帳傳票

		傳票號碼：
		日　　期：

借方　　　　　　　　　　　　　　　　　貸方

會計科目	摘要	類頁	金　額							會計科目	摘要	類頁	金　額						
薪資	11月份			1	0	0	0	0	0	0	代收款	11月份勞健保				1	5	0	0	0
										銀行存款					9	8	5	0	0	0
合計				1	0	0	0	0	0	0	合計				1	0	0	0	0	0	0

註釋：11月份薪資

附單據　　張

製票：　　　出納：　　　會計：　　　園長：　　　負責人：

資料來源：臺北市托兒所行政管理手冊，臺北市社會局網站，民國102年7月21日，取自：http://www.bosa.tcg.gov.tw/i/i0300.asp?fix_code=2703010&group_type=1&l1_code=27&l2_code=03

表4-15　臺北市○○幼兒園日記帳

日　記　帳

年 月	日	憑單號數	會計科目	摘要	帳頁	借方金額	貸方金額
11	03	001	銀行存款	08808-9（活存）		4 9 0 0	
			月　費	11月份月費			4 9 0 0
	03	002	餐點費	11月份水果		1 0 0 0 0	
			行存款	08808-300（支存）			1 0 0 0 0
	05	003	薪資	11月份薪資		1 0 0 0 0 0 0	
			代收款	代扣11月勞健保			1 5 0 0 0
			銀行存款	08808-300（支存）			9 8 5 0 0 0

資料來源：臺北市托兒所行政管理手冊，臺北市社會局網站，民國102年7月21日，取自：http://www.bosa.tcg.gov.tw/i/i0300.asp?fix_code=2703010&group_type=1&l1_code=27&l2_code=03

表4-16　臺北市○○幼兒園分類帳

月　費

年 月	日	憑單號數	摘要	帳頁	借方金額	貸方金額	借或貸	餘額
11	03	001	11月份月費			4 9 0 0		

資料來源：臺北市托兒所行政管理手冊，臺北市社會局網站，民國102年7月21日，取自：http://www.bosa.tcg.gov.tw/i/i0300.asp?fix_code=2703010&group_type=1&l1_code=27&l2_code=03

表4-17　臺北市○○幼兒園月報表─收支明細表

臺北市○○幼兒園
收入支出明細表

收　入	93.1.1～1.31	93.2.1～2.29	合計 （93.1.1～93.2.29）	年度預算 （93.1.1～93.12.31）	差　額
一、月　費					
二、保育費					
三、逾時費					
四、代辦費收入					
五、社會局補助款					
收入合計					
支　出					
一、人事費：					
月薪					
退職（休）準備金					
勞／健保					
自強活動					
二、業務費：					
研習進修（親職講座、社區講座、節慶活動）					
辦公費、電話、文宣費					
水電瓦斯及大廈管理費					
房租					
所舍消毒、事務機器耗材					
學費優待助學金					
預備金					
三、維修費：					
修繕費					
會計師簽證					
四、材料費：					
醫藥用品					
工作材料					
餐點費					
五、購置費					
六、修繕工程					
七、代辦費支出					
八、折舊費用					
支出合計					
結　餘					
備　註					

資料來源：臺北市托兒所行政管理手冊，臺北市社會局網站，民國102年7月21日，取自：http://www.bosa.tcg.gov.tw/i/i0300.asp?fix_code=2703010&group_type=1&l1_code=27&l2_code=03

表4-18　臺北市○○幼兒園年度決算—收支餘絀表

臺北市○○幼兒園
○○年度收支餘絀表

收　入	年度決算 （93.01.01～93.12.31）	%	年度預算 （93.01.01～93.12.31）	差額
一、月　費				
二、保育費				
三、逾時費				
四、代辦費收入				
五、社會局補助款				
收入合計				
支　出				
一、人事費：				
月薪				
退職（休）準備金				
勞／健保				
自強活動				
二、業務費：				
研習進修（親職講座、社區講座、 　節慶活動）				
辦公費、電話、文宣費				
水電瓦斯及大廈管理費				
房租				
所舍消毒、事務機器耗材				
學費優待助學金				
預備金				
三、維修費：				
修繕費				
會計師簽證				
四、材料費：				
醫藥用品				
工作材料				
餐點費				
五、購置費				
六、修繕工程				
七、代辦費支出				
八、折舊費用				
支出合計				
結　餘				
備　註				

資料來源：臺北市托兒所行政管理手冊，臺北市社會局網站，民國102年7月21日，
　　　　　取自：http://www.bosa.tcg.gov.tw/i/i0300.asp?fix_code=2703010&group_
　　　　　type=1&l1_code=27&l2_code=03

表4-19　臺北市○○幼兒園年度決算─資產負債表

臺北市○○幼兒園

資產負債表

年　　月　　日

資產		負債、準備及淨值	
流動資產： 　銀行存款（活存） 　銀行存款（支存） 　定期存款 　應收款 　暫付款 　零用金 　預付費用		負債： 　預收款—預繳保育費 　應付未收款 　代收款（勞、健保）	
小計		小計	
基金： 　退職準備金專戶存儲 　退休準備金專戶存儲		基金： 　退職準備基金 　退休準備基金	
小計		小計	
固定資產： 　廚房設備 　減：累積折舊 　家具設備 　減：累積折舊 　戶外遊戲設備 　減：累積折舊		淨值： 　上期結餘 　本期結餘	
		小計	
淨固定資產			
其他資產： 　存出保證金			
小計			
資產總計		負債及淨值總計	

資料來源：臺北市托兒所行政管理手冊，臺北市社會局網站，民國102年7月21日，取自：http://www.bosa.tcg.gov.tw/i/i0300.asp?fix_code=2703010&group_type=1&l1_code=27&l2_code=03

表4-20 臺北市○○幼兒園—支出證明單

部別		
日期		
用途		
不能取得原始憑證之原因		
金額	新臺幣	NT
經手人		受款人
證明人		備註
中華民國　　年　　月　　日		

資料來源：臺北市托兒所行政管理手冊，臺北市社會局網站，民國102年7月21日，
取自：http://www.bosa.tcg.gov.tw/i/i0300.asp?fix_code=2703010&group_
type=1&l1_code=27&l2_code=03

表4-21 臺南市公私立幼兒園96學年度收費應行注意事項

中華民國96年5月2日南市教特字第09612521490號令修正發布

一、臺南市政府（以下簡稱本府）為規範公私立幼兒園收費，特依幼兒教育法第十七條
　　訂定本注意事項。

二、公私立幼兒園各項收費標準如下：

　　學生活動費：係每個月收費，亦得全學期收費。

　　學生材料費：係每個月收費，亦得全學期收費。

　　點心代辦費：係每個月收費，亦得全學期收費。

　　午餐代辦費：係每個月收費，亦得全學期收費。

　　設　　備　　費：係每個月收費（限私立）。

　　雜　　　　　費：係每個月收費（限私立）。

　　交　　通　　費：係每個月收費（限私立）。

　　保　　險　　費：幼童平安意外保險由園方與家長商定。其受益人須為幼兒家長。

三、私立幼兒園如因特殊需要，在本府規定之項目外需收取費用時，可列舉項目及詳細
　　成本分析及預算表，專案報請本府核准後收費；惟各項收費均需發給收據，專款專
　　用，納入校（園）方收支項目備查。

四、公立幼兒幼兒園收學費，應列入年度歲入預算，並依規定繳庫，其餘所收各項費用
　　由各園（校）代辦。

五、每學期各項代辦費用以五個月計，公立幼兒園除第二學期點心及午餐代辦費徵收四
　　個月外，餘均徵收五個月。

六、公私立幼兒園學生因故離園者，其退費標準如後：

　　(一) 公立幼兒園退費標準：

　　　　1.學費：入學後未滿一週者退四分之三，滿一週未滿三週者退二分之一，滿三
　　　　　週未滿四週者退四分之一，超過四週者不予退費。

　　　　2.材料費：已購買教材者全數發還外，餘依就讀月數之比例退還。

3. 活動費：依就讀月數之比例退還。

4. 餐點費：依就讀週數之比例退還。

5. 學校提供營養午餐者依學校規定辦理。

(二) 私立幼兒園退費標準：

1. 學費：入學後未滿一週者退四分之三，滿二週未滿三週者退二分之一，滿三週未滿四週者退四分之一，超過四週者不予退費。

2. 材料費：已購買教材者全數發還。

3. 活動費：就讀未滿十日者（含例假日）退二分之一，超過十日不予退費。

4. 餐點費：依就讀日數之比例退還。

5. 春節或春假期間，連續假期超過七日，自第八日起按日退餐點費、活動費及保育費，惟如事後依規定補課者，已補課之天數不予退費。

七、公私立幼兒園對學生收取費用，如未確實依照本府訂頒之注意事項及收費標準表規定辦理，經勸誡一次仍未修正者，本府得依幼兒教育法第十九條規定辦理。

收費項目	公立幼兒園	私立幼兒園	收費期間	備註
學費	半日制：3,600元 全日制：5,000元	半日制：8,500元 全日制：13,300元至14,500元	1學期	1. 本經費限用於人事費。 2. 私立幼兒園學費最高不得超過上表之額度。
學生活動費	半日制：120元 全日制：180元	半日制：120元 全日制：180元	1個月	學生活動費與材料費得統籌運用。
學生材料費	半日制250元 全日制300元	半日制：230元 全日制：280元	1個月	
點心代辦費	半日制：500元 全日制：850元	半日制：480元 全日制：1,050元	1個月	1. 半日制：1次點心。 2. 全日制：2次點心。
午餐代辦費	全日制：620元	全日制：800元	1個月	國小附設幼兒園如供應營養午餐，則依照營業午餐收費標準收費。
設備費		270元至500元	1個月	
雜費		430元至600元	1個月	本經費得用於經常費、維護費、水電費、燃料費、材料費等。

保險費	幼童平安意外險由園方與家長商定		1學期	受益人必須為幼兒家長
交通代辦費		按實際情形與家長商定	1個月	

註：
1. 本標準表各收費款項均應專款專用。
2. 代辦費如有結餘，得依實際需要支用於雜費，並以10%為上限，酌予流用。

八、身心障礙人士之子女、身心障礙幼兒、低收入戶幼兒及中低收入家庭幼兒就讀公立幼兒園，應減免其學雜費，其減免方式及原則如下：
（一）凡全戶設籍本市、就讀本市各公立幼兒園身心障礙人士之子女、身心障礙幼兒、低收入戶幼兒及中低收入家庭幼兒具備下列之一條件者，應予減免學費：
 1. 幼童持有身心障礙手冊（在有效期間）。
 2. 身心障礙人士之子女：父母或法定監護人之身心障礙手冊影本。
 3. 持有各區公所核發之低收入戶證明者。
 4. 持有本府所核發之中低收入家庭證明者。
（二）減免原則：
 1. 半日制：（學費3,600元）
 (1)極重度、重度及滿4足歲之低收入戶幼兒減免3,600元（100%）。
 (2)中度減免2,520元（減免70%）。
 (3)輕度減免1,440元（減免40%）。
 2. 全日制：（學費5,000元）
 (1)極重度、重度及低收入戶減免5,000元（減免100%）。
 (2)中度逕免3,500元（減免70%）。
 (3)輕度逕免2,000元（減免40%）。
 3. 滿5足歲具低收入戶幼兒身分者，補助免費就學，或同年齡具中低收入家庭幼兒身分者，補助免收學費就學。
 4. 代辦費用則由校（園）視情況給予協助（如愛心專戶或家長會）。
（三）由家長持相關文件逕向各校（園）申請，各校（園）審核通過後逕予減免（身心障礙幼兒應建入特教通報系統），並於開學後一個月內將減免名冊函送本府教育局。

資料來源：臺南市公私立幼兒園96學年度收費應行注意事項，臺南市特幼課網站，民國96年10月1日，取自：http//:spc.tn.edu.tw

表4-22　臺北市○○幼兒園收一退費標準

甲、收費標準（每日供應一餐二點心）						
		類別	保育費（一年二期）	月費	每月平均收費	材料費（代收代付）
壹、日托	一般市民	1～2歲幼兒	○○元	○○元	○○元	○○元
		2～3歲幼兒	○○元	○○元	○○元	○○元
		3～6歲幼兒	○○元	○○元	○○元	○○元
	弱勢家庭	低收入戶	評估經濟狀況免費或酌收差額			
		經社會局評估無力負擔之危機家庭幼兒	免費	免費	免費	免費
貳、延後收托	第一段：18:00～18:30　○○元 第二段：18:30～19:00　○○元					
參、臨時收托	每小時保育費○○元					

乙、退費條件
1. 新生入所前可先試托三天，於試托期間如有不能適應之情況欲放棄就托時，所繳之保育費及月費得申請全數退還。
2. 因病連續住院滿十五日，得檢具住院證明申請退回月費，惟最多以一個月為原則，未滿十五日不予退費；超過十五日但未滿卅日，以半個月計算。
3. 全月請假得退當月月費。
4. 停托未繳月費者不予保留名額，將遞補候補幼兒。

資料來源：臺北市托兒所行政管理手冊，臺北市社會局網站，民國102年7月21日，取自：http://www.bosa.tcg.gov.tw/i/i0300.asp?fix_code=2703010&group_type=1&l1_code=27&l2_code=03

表4-23　臺北市○○幼兒園活動經費預算表

項目	數量	單價	預算數	備註
總計				

資料來源：臺北市托兒所行政管理手冊，臺北市社會局網站，民國102年7月21日，取自：http://www.bosa.tcg.gov.tw/i/i0300.asp?fix_code=2703010&group_type=1&l1_code=27&l2_code=03

表4-24　新北市幼兒園分類帳目錄

名稱	頁數	名稱	頁數	名稱	頁數
1106 一般設備		5101 薪資支出		5121 職工福利	
		5100 鐘點支出		5122 公會費及事業費	
4101 新生報名費		5102 租金支出		5123 其他費用	
4102 學費收入		5103 文具用品及印刷		5124 進修訓練費	
4103 學生活動費		5104 差旅費		5125 幼兒材料費	
4104 捐助收入		5105 郵電費		5126 代收款	
4105 利息收入		5106 修繕費		5127 利息支出	
4106 其他收入		5107 廣告費		5128 捐贈	
4107 學生材料費		5108 保險費		5129 雜項設備	
4108 點心代辦費		5109 交際費			
4109 午餐代辦費		5110 水電瓦斯費			
4110 設備費收入		5111 伙食費			
4111 雜費收入		5112 稅捐			
4112 交通代辦費		5113 書報雜誌費			
4113 保險代辦費		5114 燃料費			
4114 代收款		5115 各項折舊			
		5116 損害賠償			
		5117 各項攤提			
		5118 退休準備金			
		5119 加班費			
		5120 出售資產損失			

說明：本表格為一般私立幼兒園常用的帳目分類法。

資料來源：園務參考，新北市幼兒教育資源網，民國102年7月31日，取自：http://kidedu.ntpc.edu.tw/files/11-1000-83.php

表4-25　新北市○○幼兒園班級臨時支出費用請款單

請款日期：＿＿＿＿年＿＿＿＿月＿＿＿＿日

款項別	□公務用品 □教具材料 □設備保養維修 □物品汰舊更新 □代墊款 □教學使用 □研習經費 □其他：＿＿＿＿＿＿＿＿＿＿＿＿＿＿＿＿＿＿＿					
請款 金額	新臺幣共：＿＿＿＿＿元　□發票＿＿＿＿張　□收據＿＿＿＿張					
款 項 說 明	用款 時間	物品內容	金額	用款 時間	物品內容	金額
發票 或 收據	（請浮貼）					

園長：　　　總務主任：　　　請款人：

說明：1. 每月核予各班＿＿＿＿＿元的費用，由各班老師自行運用，項目請參考款項別。

　　　2. 購買時，發票請告知店家打印本園統編：「○○○○○○○○」，收據抬頭請
　　　　寫明：「○○幼兒園」，否則視為無效憑證。

　　　3. 請款時務必填寫本表。

　　　4. 本表請自行保存影印使用。

資料來源：園務參考，新北市幼兒教育資源網，民國102年7月31日，取自：http://
　　　　　kidedu.ntpc.edu.tw/files/11-1000-83.php

　　幼兒園的稅務，除了有土地、房屋、汽車燃料等，因各幼兒園情形不同而應繳交的稅款外，最重要的當屬執行業務所得稅的申報。因此，詳實的收支紀錄及各項完備的表格，也就顯得格外重要了，幼兒園也唯有對經營現況及經費運用作明確掌握，才能確實做好幼兒園的稅務工作，以下是「執行業務所得」有關事宜（林佩蓉等，民84）：申報日期為每年5月1日至5月31日止；應備文件包括收入明細表及損益表、財產目錄；申報地區為幼兒園所在地稽徵機關；相關稅法乃是依財政部所頒「執行業務所得查核辦法」。綜合每學期經費管理的一般例行工作如下：學期前，應擬定本學期的收費辦法；編擬本學期的預算（歲入及歲出）；購置或印製使用帳簿；印製收費三聯單；印製收入、支出、轉帳傳票；印製支出證明單。學期中，應編製每個月收支的結算；核算核發教職員每月薪資；提撥職工退休準備金；繳付勞工保險費；填報招生狀況報告表。學期末，應編製本學期決算報告表；審核各項表冊及單據；擬定寒（暑）假班收費標準。

　　幼兒園**經費規劃基本要領**（臺北市社會局，民96）：(1)預算書表之編造是依據年度計畫書及上年度預算執行情形予以調整，應於會計年度前編妥，由園長編妥或呈上級主管（負責人或董事會）核准。(2)預算執行應按月並依月報表檢討。(3)決算報表、帳冊、傳票等財務紀錄應由會計師查核。(4)財務帳冊及憑證應保管於幼兒園內，帳冊及憑證收存年限應按稅捐稽徵法處理。

第三節　庶務管理

　　幼兒園物品的採購、維修、保養與清潔都是庶務工作的內容，管理得宜，不僅能支持園務運作順暢，同時直接間接影響教學工作效率，若能掌握處理的原則與重點，在有限人力下，仍可將繁瑣的工作處理得宜（林佩蓉等，民84）：應先在事前周詳的計畫，再安排適當人員執行，並經溝通後實際執行運作，在處理後能評估結果，若評估結果需加以修正，則應儘速予以修正。

　　為確實有效管理園內各項財產物品的使用、更新、維修汰換，讓每一

項財物都能發揮最大效用、延長使用年限，則必須建立一套財務管理制度，包括財物分類、建立財產清冊、管理人員、運用流程、定期盤點等（臺北市社會局，民96）：(1)財產與非消耗物品分類：幼兒園對於財產或非消耗物品之區分，經常是依據購買各項設施設備之金額，金額大於某定額（萬元）以上的列為財產。分類項目包括：圖書、教具樂器、遊具、醫療用品及器材、事務設備、家具、廚具、電器、資訊、其他雜項。(2)財產與非消耗物品登錄－財產（物品）清冊、財產（物品）卡，財產或非消耗物品採購驗收後，需登錄於財產或物品清冊，並黏貼財產卡或物品卡。(3)財產與非消耗物品運用流程。

辦好**庶務工作的原則**（曾坤暘，民79；林佩蓉等，民84）：

1. **健全行政系統，工作人員適才適任**：行政系統與人員有效溝通、訊息傳遞要貫徹；慎重考慮人選，人員安排適才適任，確定個人職權，發揮科學分工的效能。

2. **周密計畫，制定規則與辦法**：能把握工作 方針和重點，訂定執行進度和方法以便實施，並隨時加以檢討，如：教具、圖書使用辦法。

3. **運用科學管理**：例行工作力求制度化、系統化，做到有計畫、有標準，以最少的消耗來獲得最大效能。

4. **檔案資料齊全，建立常用事物處理之聯絡資料**：任何幼兒園內之有關事物均留記錄，以便查詢調閱，如：修繕、清潔、保養記錄及使用說明，以及雜貨、肉類、蔬菜、設備維修、電器行等常用電話之登錄。

5. **例行工作儘量提前處理，並善用社會資源**：例行工作儘量提前處理，以便有更多彈性空間處理突發事件。

6. **實施工作檢討**：發揮行政三聯制的精神和功能。

辦好庶務工作的方法有（曾坤暘，民79）：(1)樹立正確的觀念：全體同仁觀念一致正確，密切配合，合作協助。(2)職務分掌權責劃一：事務千頭萬緒，明分職責甚為必要。(3)培育善良風氣：愛惜公物、節省用度、物盡其用，猶如家庭。(4)財產定期清查：檢查修補。(5)地無廢材，物盡其用：利用廢物製作工具。(6)設備添置應顧到事實需要：分別輕重緩急與教育價值。(7)工友支配與訓練要適當：瞭解其個性能力，作適當的訓練與分配。(8)經費絕對公開。(9)維護重於購置，並人人有責。

　　一般所謂之物品，包括消耗性物品及非消耗性物品二類。**物品管理**是指關於公用物品之採購、驗收與領用、登記與報核及廢品處理等事項。茲分別說明如下（段慧瑩，民95）（參見圖4-1、4-2）：

　　1. **採購**：物品採購以集中採購為原則，各使用單位請購物品，應先填具請購單，詳填物品之品名、數量、用途、估價、預算科目、請購人姓名，經單位主管、總務、會計蓋章，並呈請核准後，始得購買。購買物品應索取統一發票或收據，註明購買日期及蓋用店章，並於購買後三日內核銷並付清

1. 採購流程

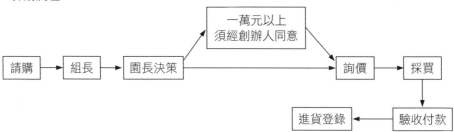

2. 管理流程

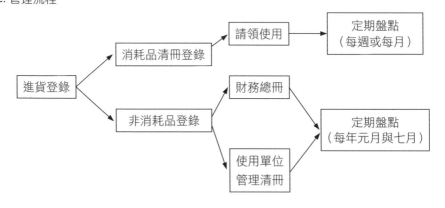

圖4-1 採購暨管理流程

備註：上面流程表由飛象幼兒園提供，請依自己園內組織狀況作調整。

資料來源：臺北市托兒所行政管理手冊，臺北市社會局網站，民國102年7月21日，取自：http://www.bosa.tcg.gov.tw/i/i0300.asp?fix_code=2703010&group_type=1&l1_code=27&l2_code=03

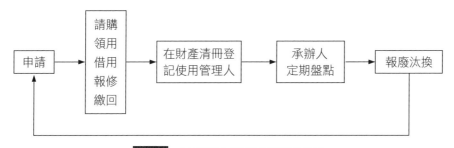

圖4-2 財產與非消耗品運用流程

資料來源：臺北市托兒所行政管理手冊，臺北市社會局網站，民國102年7月21日，
取自：http://www.bosa.tcg.gov.tw/i/i0300.asp?fix_code=2703010&group_
type=1&l1_code=27&l2_code=03

帳款。單據之核銷手續，與申購時同。對於經常需用之物品，如紙張、文具
用品等。應定最低存量標準，如有不足，隨時補充之。

　　2. **驗收及領用**：各項物品之購買，應由驗收人員會同保管人員，根據
估價單、發票、契約、樣品等有關單據分別驗收，而經辦採購人則不得辦理
驗收，經驗收之物品，需交由保管人員；擬領用之物品需填具領物憑單，經
核准後，向保管人員按照領物手續請領。

　　3. **登記與報核**：物品採購驗收後，應予以登記。屬於非消耗性物者，
應參照財產管理規定辦理。物品保管人員，應定期編製物品收發報表，需附
領（借）用憑證報核。

　　4. **廢品處理**：損壞不堪修復之物品，應呈奉核准才予以報廢。在未奉
准前，應妥為保管不得毀棄。

　　物品管理的原則（曾坤暘，民79）：(1)**經濟化**：一方面為節省財力，
另方面為其物盡其用，舉凡購置、保養、使用物品，均需力求經濟化。
(2)**標準化**：購置適合的物品，供應業務的需要。制訂物品規範與標準，力
求物品的標準化，以使各部門得以廣泛的使用。(3)**制度化**：對於物品管理
的方法、技術處理手續，應研究改進。舉凡物品購置、保養、使用，均宜制
訂詳密辦法。(4)**科學化**：社會愈進步，行政業務愈繁雜，而物品的需要愈
多，放物品需要科學管理亦愈迫切，使物品管理有系統、有計畫、有效率。

　　物品管理應注意事項（曾坤暘，民79）：(1)物品的保管，以集中一地為原則。(2)保管處所，以能避免浸水、防腐蝕、防竊盜，力求乾燥、堅固、安全、適用為準。(3)保管之物品，嚴格分類、編號、標籤存放，並設置目錄卡。(4)按照品牌與規範（即物品的化學成分、物理性質與其特徵等所作的規定），使一物一卡，一物一號，避免混淆。(5)物品有危險性或易燃性，需分別隔離保管。(6)確定與統一物品單位作為計算之依據，如一個、一組、一套，均需有明確單位之解釋。

　　財產管理是指機構對其管有地、建築物（教室、辦公廳舍、廁所、寢室等）、設備、交通運輸、及雜項設備等之登記、保管使用、收益、借用、交接盤點、養護、減損等管理事項。其工作內容分述如下（段慧瑩，民95）：

　　1. **登記**：財產之類別及會計科目登記，諸如普通教具、遊戲玩具、運動器具、安全設備、圖書設備，以及教室、工作、音樂、清潔、醫療、飲食等用具。予以分類、編號，最好能採用卡片制，及財產卡，使一物能有一卡（卡片上附照片），財產卡則應依財產編目之次序，予以排列保管。

　　2. **保管使用**：財產之保管應按照分類編號，並貼訂標籤。土地及建築物等不動產，於取得或撥入後，應於規定時間內，向當地主管機關產權及管理機關登記；變更時亦同。財產之分配、移撥、交換或變更原始之用途時，應逐項點交及點收，並由管理單位來作財產之登記。

　　3. **收益及借用**：財產非依法令規定，不得作任何處分或擅為收益，但如業務需要，得訂立契約或書立借據，相互借用。

　　4. **交接盤點**：因主管交接或管理人員職務變更時，財產經管理人員辦理點交手續，應將其經管之財產列冊點交。每一會計年度，應實施一次點交，並作盤點紀錄。

　　5. **養護減損**：財產管理及使用單位，應經常注意財產之保養，並作保養狀況之紀錄檢查。對於可能發生之災害，應事先統籌防範，為避免災害時遭遇重大損失，可按財產之性質及預算狀況，向保險機關投保。財產之減損及報酬，應先經奉准或核定後，始可處理，切勿擅自處理。

　　幼兒園內物品的採購，除考慮原內之出外，還需注重品質及是否符合標準，凡此種種，都有賴良好的**採購管理**（林佩蓉等，民84）：應先列出採購清單，再進行估價與檢討；在決定價格及對象後，再進行訂購；等廠商進

貨後予以檢查，並檢收入庫，最後才付款。需注意採購量大必能降低成本，因此可以考慮聯合採購，但切記囤積用品亦會造成浪費；購買季節性及應時性的產品；直接向產品最初源頭購買（如：大盤商）；督導採購者的採購流程；採購流程需有良好管理，即採購制度化。

物品購置原則（段慧瑩，民95）：（參見表4-26、4-27、4-28、4-29、4-30、4-31、4-32）

1. **適合用途**：物品購置應符合用物單位的需要，但其是否適用，應以需要人或單位的意見為依據。故購置之前，需先詳細瞭解溝通，包括所需物料的用途、性能，與其差異的容許限度，再以此為依據，購買用物單位實際需要的物品。

2. **價格經濟**：購置物品，應多方面調查比價。務求購置的價格低廉經濟，以節省財力。但不宜一味以價位為考量，品質及附加服務、保固等，都應列入考量。

3. **保持適當的存量**：存量多少根據用物單位之需要，並依照預算辦理。庫存太少，至使用單位因缺乏物料而影響工作；購儲太多，致使大量積壓，浪費資源。

4. **集中購買**：各單位機構在可能範圍內所需之物料，除零星物品、瑣細修理工程外，統由供應處集中辦理，以統一事權、方便監督。

5. **會議組織**：宜採用會議組織制，由各單位派遣代表組織委員會，以會議組織共策進行。除可容納各單位意見，避免供非所求之外；亦可不必另用人員，可節省資源。

6. **公開訂價**：購置物品或建築工程，無論在何種制度下，其價格較大者必須依照規定，採公開招標方式；其價格較小，不能招標者，必須比價。因特殊情形不能招標或比價者，必須依法議價。

採購廠商資料分類建檔（臺北市社會局，民96）：（參見表4-33）

1. 項目（可依各園需要，採不同層次分類）：(1)圖書文具：書商、辦公用品、印刷、影帶出租等。(2)教具樂器：幼教社、樂器行等。(3)食品保健：食材採購、餐廳、醫療用品及器材等。(4)維護保養：消安、公安、水電、遊具、電器、影印機、幼童車等。(5)五金百貨：五金、窗簾、家具、廚具、超市、量販店、鎖店等。(6)清潔衛生：清潔用品、消毒公司等。(7)

視訊資訊：電腦、通訊、廣播音響、網路多媒體等。(8)其他：旅行社、戶外教學場所、通運公司、建材營造等。

2.可直接用廠商名片，分類建檔或分類登錄在表格內。

幼兒園內**物品器材的修繕、保養、清潔**工作，應定期實施（林佩蓉等，民84）：

1.保養方面：幼兒園內物品器材的保養，應與修繕並重，平日若有完備的保養，不但能保護物品，確保其功能完全發揮，更能延長物品壽命，若建立保養卡制度，並定期實施，當更能有效掌握保養狀況。

2.修繕：物品的修繕除與平日保養工作息息相關，應相互配合外，同時也應考慮經濟因素，若園內人員無法完成修復工作，應評估是否送修或重新購買。因此，平日修理的商號資料，應列入備忘錄，以備查閱。家長的資訊提供及技術支援，也可善加利用。

3.清潔：幼兒園應視需要及人力資源配合，擬定完整的清潔工作計畫，在訂定計畫之先，可徵詢人員意見，工作內容並應讓園內人員清楚明瞭，同時徹底執行。此外，家長的人力支援若能作妥善的規劃，亦是極佳的資源。

表4-26 臺北市○○幼兒園消耗性物品進出登記表

品名：

日期	進貨量	出貨量	存貨量	單價	支出金額	收入金額	結餘金額

備註：採購物品進貨後，由承辦人員登錄於本表。

資料來源：臺北市托兒所行政管理手冊，臺北市社會局網站，民國102年7月21日，取自：http://www.bosa.tcg.gov.tw/i/i0300.asp?fix_code=2703010&group_type=1&l1_code=27&l2_code=03

表4-27　臺北市○○幼兒園消耗性物品請購及領用單

請在申請類別填入數字：1－請購，2－領用

日期	申請類別	品名	用途	申請數量	實發數量	備註

申請人：　　　承辦人：　　　園長：　　　創辦人：

備註：上表是將請購物品與領用物品合併使用同一個表單，亦可視需要，設計二個不同
　　　表單分開使用。

資料來源：臺北市托兒所行政管理手冊，臺北市社會局網站，民國102年7月21日，
　　　　　取自：http://www.bosa.tcg.gov.tw/i/i0300.asp?fix_code=2703010&group_
　　　　　type=1&l1_code=27&l2_code=03

表4-28　臺北市○○幼兒園消耗性物品盤存表

類別：清潔用品　　　盤點日期：＿＿＿＿＿＿

品名	上月（週）盤存量	本（週）月購進量	本（週）月領用量	盤存貨量	備註

保管人：　　　　　園長：　　　　　創辦人：

備註：依照所內使用量與需要，定期每週或每月盤點一次，以利掌控採購項目與數量。

資料來源：臺北市托兒所行政管理手冊，臺北市社會局網站，民國102年7月21日，
　　　　　取自：http://www.bosa.tcg.gov.tw/i/i0300.asp?fix_code=2703010&group_
　　　　　type=1&l1_code=27&l2_code=03

表4-29　臺北市○○幼兒園財產（物品）清冊

類別：＿＿＿＿＿×××＿＿＿＿＿

財產編號	財產名稱	型式或規格	數量	單價	總價	購置日期	使用年限	置放處	管理人	備註

承辦人：　　　　　園長：　　　　創辦人：

備註：清冊中，財物類別可視需要再細分層次。

資料來源：臺北市托兒所行政管理手冊，臺北市社會局網站，民國102年7月21日，
取自：http://www.bosa.tcg.gov.tw/i/i0300.asp?fix_code=2703010&group_
type=1&l1_code=27&l2_code=03

表4-30　臺北市○○幼兒園財產（物品）卡

臺北市○○幼兒園財產（物品）卡			
財產名稱			
財產編號			
購置日期		使用年限	
置放處			
價值			
經費來源			
備註			

資料來源：臺北市托兒所行政管理手冊，臺北市社會局網站，民國102年7月21日，
取自：http://www.bosa.tcg.gov.tw/i/i0300.asp?fix_code=2703010&group_
type=1&l1_code=27&l2_code=03

表4-31　臺北市○○幼兒園財產（物品）使用申請單

□請購　□領用　□借用　□報修　□繳回

日期	品名	型式或規格	用途說明	數量

申請人：　　　　　　承辦人：　　　　　　園長：　　　　　創辦人：

資料來源：臺北市托兒所行政管理手冊，臺北市社會局網站，民國102年7月21日，取自：http://www.bosa.tcg.gov.tw/i/i0300.asp?fix_code=2703010&group_type=1&l1_code=27&l2_code=03

表4-32　臺北市○○幼兒園食品進出登記表

品名：＿＿＿＿＿＿＿＿　單位：＿＿＿＿＿＿＿＿

進出貨日期	有效期限	摘要	進貨量	出貨量	存貨量	領用者簽名	備註

資料來源：臺北市托兒所行政管理手冊，臺北市社會局網站，民國102年7月21日，取自：http://www.bosa.tcg.gov.tw/i/i0300.asp?fix_code=2703010&group_type=1&l1_code=27&l2_code=03

表4-33 臺北市○○幼兒園廠商資料表

分類項目：＿＿＿＿＿＿＿

廠商名稱	聯絡人	電話	傳真	地址	郵局銀行帳戶	說明

資料來源：臺北市托兒所行政管理手冊，臺北市社會局網站，民國102年7月21日，取自：http://www.bosa.tcg.gov.tw/i/i0300.asp?fix_code=2703010&group_type=1&l1_code=27&l2_code=03

第四節　校園規劃與維持

一個可以讓托嬰階段（0至2歲）孩子玩得安全又健康的戶外環境，必須具備有下列的要求（田育芬，民95）：(1)該場所的地面沒有玻璃碎片、易開罐環、鐵釘、貓狗糞便等危險物，及沒有鋪設會讓應幼兒卡到腳的空心磚。(2)該場所沒有水塘、車道、有毒植物等危險源。(3)該場所應有樹蔭或其他遮蔭處。(4)該場所不應有積水或有垃圾棄置點，以免滋生蚊蠅。(5)該場所應有較空曠的地方，供幼兒練習走或跑。(6)該場所應設有符合嬰幼兒發展的安全遊具，例如：木馬、滑梯、鞦韆等與沙坑等。

幼兒學習環境設計的原則與步驟（湯志民，民93）：

1. 幼兒學習環境設計的原則：(1)教育性：支持幼兒學習的環境、提供潛在學習和適合幼兒發展。(2)探索性：環境應區位明確，空間開放，使用近便，可以操弄和具遊戲性。(3)多樣性：活動的內容、方式、性質、器材、對象應儘量多樣。(4)可變性：運用彈性空間、彈性學習、變化器材和變化功能。(5)舒適性：講求歸屬，有溫馨家庭之感；講求美感，有舒適布置之柔；講求適用，為幼兒尺度之境；講求衛生，為整潔環境之地；講求舒適，重物理情境之順。(6)安全性：應重視建物內安全，遊戲場內安全和校區的安全。(7)參與性：可讓幼兒參與建構區域，收納器材，彩繪牆飾和植

栽養殖。

2.幼兒學習環境設計的步驟：(1)目標設定：先確定該空間的使用對象，幼教的課程目標，教師的教學設計和學生的學習方式。(2)學習區劃：根據上述之目標設定後，進行空間的整體分區和教室的學習區劃。(3)空間組構：根據第二步驟學習區劃後，進行空間的平面配置和空間的立體配置。(4)情境布置：根據第三步驟空間組構後，進行設備的編配充實，環境的柔化布置和管理的系統建置。(5)用後評估：根據前四項步驟，以使用者的角度，加以檢討，以利學習環境設計之改善，包括期中的用後評估和期末的用後評估。

環境設備的維護：包括準備工具、清潔計畫和修護計畫等三項，略述如下（信誼基金會學前兒童教育研究發展中心主編，民72）：

1.**準備工具**：「工欲善其事，必先利其器」，要維護幼兒園的設備，必先準備一些基本的工具，包括：清潔、園藝和修護三類，清潔用具有：掃把、清潔液、抹布、拖把、消毒水、洗衣機、水桶、漂白粉、刷子、畚箕、肥皂粉、垃圾桶等；園藝用具有：耙子、鋤頭、鐮刀、鏟子、大剪刀、除草機、水管、灑水器等；修護用具有：鐵鎚、尺、鉗子、銼刀、鋸子、鑽子、螺絲起子、砂紙、拔釘錘、各種釘子、螺絲等。

2.**清潔計畫**：為了確保幼兒園的環境整潔，可擬出清潔計畫表，分別列出例行的清潔工作，讓教職員能夠一目了然，並確實執行。

3.**修護計畫**：設備的修護方面，最好先仔細考慮，這項設備是要修理或重新購買，何者較便宜？如果修理之後只能維持短時間，不如重新購買。在僱用修理工人之前，宜多作比較，找二、三家來估價，或詢問幼兒的家長。因他們常有機會和附近的工人接觸，可能會知道誰的技術和工作態度比較好、價錢公道，有時也不要忽略很多家長也有修理的技術，可以請他們來幫忙。幼兒園最好能將這些修理工人的商號、地址、電話列入備忘錄，以便查閱。修理或更新設備的日期和內容，另外記錄，以備日後參考。

表4-34 臺北市○○幼兒園設施設備檢查紀錄表

隨機檢查：年　月　日　　　　定期檢查：年　月　日

項目	項次	檢查內容與應注意要點	檢查結果		修復情形	備註
			正常	損壞狀況		
(一)門	1	門板完整，使用正常				
	2	軌道順暢，鉸鍊正常				
	3	門鎖正常				
	4	保全設備正常				
	5					
(二)窗	1	窗框完整，使用正常				
	2	玻璃完整				
	3	紗窗完整				
	4	軌道順暢				
	5	保全設備正常				
	6	鎖（栓）正常				
	7					
(三)牆	1	外牆無剝落、裂縫現象				
	2	內牆無剝落、滲水現象				
	3	動線頻繁牆角防護措施完整具功能				
	4	圍牆無裂縫、傾斜、穩固				
	5	牆面附加物適當、安全				
	6					
(四)水電	1	安全開關正常				
	2	裸露在外之線路，絕緣良好				
	3	水管及水龍頭無漏水現象				
	4					

櫥櫃桌椅	1	尖角防護完整			
	2	穩固牢靠、不晃動、傾倒			
	3	表面及邊緣完整平滑			
	4	功能正常、無故障			
其他	1				
	2				

檢查人員： 組長： 園長：

說明：每日巡查環境一次，以「✓」或「×」註記是否正常，有損壞，立即向社工組報
　　　修處理。

資料來源：臺北市托兒所行政管理手冊，臺北市社會局網站，民國102年7月21日，
　　　　　取自：http://www.bosa.tcg.gov.tw/i/i0300.asp?fix_code=2703010&group_
　　　　　type=1&l1_code=27&l2_code=03

表4-35 臺北市○○幼兒園設施設備維修（保養）紀錄

類別： 頁次：

日期	項目	狀況說明	處理情形	維修費	維修者

備註：將園內各項設施設備維修（保養）時分類記錄，以方便查核。

資料來源：臺北市托兒所行政管理手冊，臺北市社會局網站，民國102年7月21日，
　　　　　取自：http://www.bosa.tcg.gov.tw/i/i0300.asp?fix_code=2703010&group_
　　　　　type=1&l1_code=27&l2_code=03

表4-36 臺北市○○幼兒園設施設備檢查紀錄表

隨機檢查：年　月　日　　　　　　　定期檢查：年　月　日

項目	項次	檢查內容與應注意要點	檢查結果		修復情形	備註
			正常	損壞狀況		

備註：1.各園設施設備可採每日或每週定期檢查與隨機抽查二種檢查方式。
　　　2.將園內現有的設施設備分類填入項目內，再依每個項目訂定檢查內容與要點。

資料來源：臺北市托兒所行政管理手冊，臺北市社會局網站，民國102年7月21日，
　　　　　取自：http://www.bosa.tcg.gov.tw/i/i0300.asp?fix_code=2703010&group_
　　　　　type=1&l1_code=27&l2_code=03

表4-37 臺北市○○幼兒園環境清潔衛生考核表

考核日期：　年　月　日

項目＼地點	××活動室	辦公室	娃娃家	洗手間	陽臺	體能遊樂場	廚房	××寢室	接待室	圖書室			備註
01.地面													
02.桌椅													
03.教具櫃													
04.睡板													
05.鞋櫃													
06.壁櫃													
07.洗手臺													
08.燈具清理													
09.電話													
10.門窗													

11.天花板										
說明	1. 本考核表由護士或負責人員每週至少一次隨機檢查並填寫。 2. 本考核表以：○表良好　△表應立即改善　／表該地點無該項目									

考核人員：　　　　組長：　　　　園長：

備註：1.項目內填入需要檢查清潔的各項設施設備。
　　　2.地點內填入園內的各個環境空間。

資料來源：臺北市托兒所行政管理手冊，臺北市社會局網站，民國102年7月21日，
　　　　　取自：http://www.bosa.tcg.gov.tw/i/i0300.asp?fix_code=2703010&group_type=1&l1_code=27&l2_code=03

表4-38　臺北市○○幼兒園廚房清潔內容暨考核表

考核日期：　年　　月　　日

項目	清潔內容	考核	備註
01.地面	每日中午刷洗一次，其餘時間保持乾淨清爽		
02.			
03.			
04.			
說明	3. 本考核表由護士或負責人員每週至少一次隨機檢查並填寫。 4. 本考核表以：○表良好　△表應立即改善		

考核人員：　　　　　　組長：　　　　　　園長：

資料來源：臺北市托兒所行政管理手冊，臺北市社會局網站，民國102年7月21日，
　　　　　取自：http://www.bosa.tcg.gov.tw/i/i0300.asp?fix_code=2703010&group_type=1&l1_code=27&l2_code=03

表4-39　臺北市○○幼兒園幼兒餐點烹調人員工作守則

一、清洗烹調及分配餐點時請戴口罩、帽子或頭巾及圍裙。
二、參與烹調工作人員，工作時手上不戴飾物，指甲不宜塗指甲油。
三、手上有傷口時，包紮後戴手套工作，調理熟食也請戴手套。
四、生熟食之刀與砧板要分開使用，使用後隨即用清潔劑刷洗，再用熱水沖洗、每週用醋消毒一次。
五、在處理食物過程中、對食物之新鮮度或異物有質疑時，立即告知行政組長○老師。

六、各種調理器具用畢後清洗乾淨收藏好。

七、爐臺及地面每日清洗，隨時保持乾淨。

八、烹調餐點時，要準備一套餐具供試吃用，所剩湯汁菜餚即日要丟棄不留存。

九、爐火未完全關閉前，主廚者負安全之責，不可離開廚房，主廚者下班前需巡視廚房安全且關好門窗。

十、食品、原料、器具、容器、包裝材料等不得直接接觸地面，以防止二次污染。

十一、各種調味用品用後隨手加蓋。

十二、廚房內禁止吸菸。

十三、廚房天花板、門窗應堅固休持清潔，地面清潔不積水。

十四、廚房及四周環境清潔與廁所隔離，垃圾桶、廚餘桶需每日清潔並有蓋。

十五、出入門窗及其化孔道（如排水溝），應以紗門、紗窗或其化防止病媒侵入之設施。

十六、廚房應有良好通風及光線、工作臺面照度至少二百米燭光，一般作業應在一百米燭光以上。

十七、食物應妥善儲存，冷凍溫度應維持在攝氏負十八度，冷藏溫度需在攝氏七度以下。

十八、食物應於工作臺上調理，生、熟食分開處理。

十九、切割生、熟食之砧板、刀具應各備二套分開使用，使用後立即清洗。

二十、餐具洗滌應使用食品用清潔劑，確實洗淨並經有效殺菌。

二十一、廚房內應定期實施病媒防治，不得有病媒孳生，且不得養動物。

二十二、廚房應設完善排煙設備，並保持清潔。

二十三、食品、原料、器具、容器、包裝材料等，不得直接接觸地面，以防止二次污染。

二十四、向外訂購餐點，應向領有工廠登記或營利事業登記之合法廠商洽辦。

二十五、包裝食品應購買有廠商名稱及依規定標示且未過期產品。

二十六、肉菜及農產品等，應選購新鮮並妥善保存，以防污染、變質腐敗。

二十七、每日留存膳食樣品（覆以PE保鮮膜，標示日期，置冰箱冷藏）保存二天（四十八小時）以上備查。

二十八、廚工每年應做健康檢查，不得有法定傳染病，檢查紀錄應留檔備查；新進人員應先經衛生醫療機構健康檢查合格後始得任用。

二十九、廚工應穿戴整潔之淡色或淺色工作帽，不得蓄留指甲、塗指甲油或配戴飾物。

三十、廚工工作中不得抽菸、嚼檳榔，品嚐食品不可使用烹調中的容具。

三十一、廚工有感冒或有化膿性傷口，不得從事烹調或接觸食品之工作。

三十二、工作前及便後均以清潔劑清洗雙手。

三十三、與食品製造調理、儲存無關之物品，不得存放於廚房內。

（上列食作業工作守則，由飛象幼兒園提供，請依自己園內狀況增減項目。）

資料來源：臺北市托兒所行政管理手冊，臺北市社會局網站，民國102年7月21日，取自：http://www.bosa.tcg.gov.tw/i/i0300.asp?fix_code=2703010&group_type=1&l1_code=27&l2_code=03

表4-40 各行業附設兒童遊樂設施安全管理規範

中華民國92年4月9日臺內童字第○九二○○九五六八號函頒

一、為維護各行業附設兒童遊樂設施安全，防止兒童意外事件發生，特訂定本規範。

二、本規範適用對象為附設兒童遊樂設施之各行業。

三、本規範所稱附設兒童遊樂設施，係指室內外、非機械式及非營利性之兒童遊樂設施。

四、本規範主管機關爲內政部兒童局。
　　附設兒童遊樂設施之主管機關爲各行業主管機關。
五、主管機關、各行業主管機關及各目的事業主管機關權責劃分如下：
　　(一) 主管機關：主管附設兒童遊樂設施安全管理之規劃等相關事宜。
　　(二) 各行業主管機關：主管附設兒童遊樂設施之管理、稽查等相關事宜。
　　(三) 建管、工務機關：主管附設兒童遊樂設施逃生通道及動線等相關事宜。
　　(四) 消防機關：主管附設兒童遊樂設施消防設備等相關事宜。
　　(五) 衛生機關：主管附設兒童遊樂設施室內衛生相關事宜。
　　(六) 環保機關：主管附設兒童遊樂設施室外週邊環境衛生相關事宜。
　　(七) 社政機關：主管附設兒童遊樂設施管理人員講習或訓練相關事宜。
六、各行業應於附設兒童遊樂設施開放使用前，檢具下列表件向各行業主管機關報備：
　　(一) 廠商出具之合格保證書。
　　(二) 投保含附設兒童遊樂設施之公共意外責任險證明文件。
　　(三) 安全檢查表。
　　附設兒童遊樂設施有拆除、更新或增設者，亦應依前項規定辦理。
　　本規範實施前各行業已附設兒童遊樂設施者，應於本規範實施後六個月內檢具第一項表件向各行業主管機關完成報備手續。
七、各行業附設兒童遊樂設施之設計、安裝、檢查及維護，應符合中華民國國家標準CNS12642、12643兒童遊戲設備安全準則之規定或其他國際相關標準。
　　前項兒童遊樂設施之設計及安裝廠商應出具合格保證書。
八、各行業附設兒童遊樂設施者，應置管理人員負責遊樂設施之安全，並辦理員工講習或訓練，提升監護技能及安全知識。
　　前項管理人員應接受講習或訓練，其課程及時數，由主管機關定之。
九、各行業應投保含附設兒童遊樂設施之公共意外責任險；保險期間屆滿時，應予續保。
十、各行業附設兒童遊樂設施之事故傷害防制及處遇規定如下：
　　(一) 備置急救用品：如優碘、酒精、剪刀、鉗子、繃帶、方塊紗布、脫脂棉、棉籤、粘性膠布、生理食鹽水、急救手冊、冷熱水袋，並注意使用期限、保存方式及定期更換。
　　(二) 實施事故傷害防制教育及相關訓練，增進員工安全急救技能。
十一、各行業附設兒童遊樂設施者，每半年應自行或委託廠商實施一般檢查及維護保養，並製作安全檢查表一式二份，一份自存，一份送各行業主管機關備查。
十二、各行業主管機關得自行或會同當地建管、工務、消防、衛生、環保、社政等相關目的事業主管機關及消費者保護官，依安全稽查檢核表對各行業附設兒童遊樂設施實施安全稽查。
　　　前項安全稽查作業，得由直轄市、縣（市）政府併同維護公共安全聯合稽查執行。
十三、各行業主管機關辦理附設兒童遊樂設施安全稽查業務，得依法規委託專業檢查機構、法人或團體執行。
十四、各行業主管機關於接獲有違反本規範情事者，應彙整稽查紀錄，詳列違規事實，依法處理，並列管追蹤；必要時，得送相關目的事業主管機關依法處理。
十五、各行業附設兒童遊樂設施衍生危害兒童安全消費糾紛者，應由各行業主管機關會同相關機關妥處。
　　　各行業違反本規範情節重大，並對消費者已發生重大損害或有發生重大損害之虞，而情況危急時，直轄市、縣（市）政府得依消費者保護法第三十七條規定，在大眾傳播媒體公告違法業者名稱、地址及其違法情形。

表4-41 （遊樂設施地點）附設兒童遊樂設施安全檢查表

檢查廠商： 檢查人員： 檢查日期： 年 月 日

項目	項次	安全檢查應注意事項	檢查符合安全規定		待改進或檢修事項	複檢日期及結果
			是	否		
一般性及遊樂設施周邊環境	1	於適當地點公告遊戲方法。				
	2	光線明亮、通風、無視覺死角。				
	3	應備有急救箱，並應訂有送醫管道。				
	4	遊樂器材之設置，能計算上下左右之安全空間。				
	5	以幼兒的活動量多寡及幼兒的人數、年齡需要做為設計規劃時之重要考量。				
	6	地基使用水泥；器材地樁能注意埋設之深度，不可突出地面。				
	7	器材結合處之外露螺絲釘及支架交叉處，高過幼兒身高；金屬尖銳物不外露。				
	8	焊接點及環扣做好安全處理；鍵孔不能太大，避免突出及銹損。				
	9	使用遊樂器材時，能保持安全距離；在擺盪器材的擺盪空間能做好警告標誌。				
	10	地面平坦，無坑洞、具排水性無積水。				
	11	定期全面安全檢查各遊樂器材，並備有紀錄。				
	12	器材或場地不適用時，立即停止使用，並儘速修繕。				
	13	待修期間，將遊樂器材封閉或卸下，並加明顯標示，待修復後使用。				
	14	發現器材不符安全要求，能及時拆除報廢。				
	15	器材表面，幼兒所使用之手握或足踏部分，採用不滑油漆或塑膠漆，以防滑倒。				

	16	逾齡使用之器材，能加強檢視頻率與維修工作。				
隧道	1	焊接點牢固未鬆脫。				
	2	鋼架平穩，未腐蝕。				
翹翹板	1	兩端著地點鬆軟或設有緩衝物。				
	2	木板勿斷裂、變形。				
	3	支架及栓扣牢固。				
	4	扶手不可鬆脫。				
	5	螺栓帽不可突出。				
攀登架	1	鋼管焊接牢固未腐蝕。				
	2	地面平坦鬆軟。				
平衡木	1	放置穩固。				
	2	支柱安全，無斷裂危險。				
	3	平衡木正面平整。				
輪胎	1	輪胎裝置固定妥當。				
	2	輪胎表面皮平整無破損。				
	3	輪胎內槽不積水也無髒亂之物。				
迴轉地球	1	輪軸穩固。				
	2	鐵鍊、鋼管不可銹損。				
	3	底臺不可破裂、鬆落。				
	4	有足夠的潤滑劑。				
鞦韆	1	座位質料鬆軟。				
	2	扶手處鍵孔不可太大。				
	3	鞦韆一組以兩個為原則，保持安全距離。				
	4	座椅不可掉落、破損、鬆脫、有尖銳之角。				
	5	地面有保護墊或物。				

滑梯	1	著地處地面能做安全維護設施。				
	2	著地處地面保持適當高度，以維清潔。				
	3	斜度以40度內爲限。				
	4	滑板平順。				
	5	扶手高度適中。				
	6	爬椅椅階不得破裂或鬆脫。				
搖椅	1	底部與地面距離，超過一個幼兒躺下的高度，約40cm以上。				
	2	支架與座椅兩邊，有適當距離。				
	3	座椅附設安全帶。				
	4	座椅下之踏板，有適當距離。				
	5	結構不可彎曲、歪斜、破裂、鬆脫、斷裂。				
	6	吊鉤環扣不得鬆開。				

備註：一、緩衝範圍必須於設施四周180cm以上；搖擺設施必須大於300cm以上。
二、各遊樂場如有不同遊樂器材，請自行添加檢查項目。

表4-42　（遊戲場名稱或設置地點）兒童遊戲設施自主檢查表

檢查日期：　　年　　月　　日

基本資料			
類別	□學校□餐飲業□百貨賣場 □專營□觀光遊樂業 □旅館或民宿□農場□公園 □醫院□社福機構□其他	設施報備日期	年　月　日
設置地點（地址或地號）		室內遊戲場設置樓層面積	＿＿＿＿層之第＿＿＿＿層 ＿＿＿＿＿平方公尺
業主（者）或負責人	姓名： 身分證字號：	設施管理人	
遊戲場設置平面圖資料		□有 □無	

安全檢查

項次	安全檢查應注意事項	符合情形／項目			待改進或檢修事項	複檢日期及結果
		是	否	不適用／無該項目		
1	於適當地點公告遊戲方法，且告示牌無損壞，文字或圖案內容清晰可見。					
2	光線明亮、通風、無視覺死角、無危險物品，擺盪空間無障礙物。					
3	告示牌上應訂有鄰近醫療院所聯絡方式；屬室內環境者，應備有效期內之急救用品。					
4	現場兒童遊戲設施是否符合遊戲場設置平面圖。					
5	遊戲設施基礎穩固，地樁未外露，沒有鬆動、晃動，產生異音或變形等現象。					
6	各項結構組件組裝固定，扣件完整，沒有鬆動、晃動、位移、遺漏、銹蝕等現象。					
7	具有軸承組件的遊樂設施（鞦韆、旋轉設施等），應功能正常，且有做適當潤滑，無異音。					

8	遊戲設施材料外觀沒有脫漆、過度磨耗、鏽蝕、脆化、龜裂、變形、破損、斷裂、尖銳物外露（如輪胎沒有鋼絲或鋼片外露）等現象。					
9	遊戲場地面上的鋪面材料平坦，無明顯坑洞、縫隙、高低不平，且地面無積水、濕滑、青苔等現象。					
10	遊戲設施內不得積水，堆積髒亂之物（如輪胎內槽、溜滑梯、沙池不得積水）。					
11	遊戲場沙池定期翻沙、耙平，避免尖銳物等雜物藏於沙坑，並定期補充沙池內沙子。					
12	戶外沙池應充分曝曬陽光，四周架設網子，以防止動物進入；室內則在沙池上灑上一層適量「光觸媒沙」，以達初步殺菌的功效。					
13	遊戲場地或遊戲設施損壞時，應立即停止使用，並儘速進行修繕。					
14	遊戲場待修期間，應確實將損壞之遊戲設施或整體遊戲場地封閉並公告。					
15	發現遊戲設施不符安全要求時，應執行修繕、拆除、報廢等程序。					
16	幼童常接觸的室內設施應定期消毒並製作紀錄（以稀釋至500ppm之含氯漂白水，每日至少消毒一次，並視使用頻率增加次數，且工作人員應能正確配製消毒液）。					
17	遊戲場入口處或周邊應設置洗手設備，或提供手部消毒液、張貼提醒洗手之公告。					

綜合報告

符合項目：計＿＿＿項。

不符合項目：計＿＿＿項。
□溜滑梯 □滑桿 □攀爬架 □攀爬網 □攀岩牆 □階梯 □平衡木 □雲梯
□擺盪吊梯 □高低單槓 □護欄 □柵欄 □遊戲板 □頂蓋 □鞦韆 □乘坐彈簧搖動設備
□乘坐蹺蹺板 □站立搖晃設備 □地球儀 □旋轉椅 □球池 □迷宮 □沙池 □隧道
□其他＿＿＿＿＿＿＿＿＿＿＿＿＿＿＿＿＿＿＿＿。

針對不符合項目進行下列措施	
□拆除，其項目為：＿＿＿＿＿＿。	預訂　年　月　日進行至　年　月　日遊戲場地停止使用，封閉公告已於　年　月　日完成。
□修繕，其項目為：＿＿＿＿＿＿。	預訂　年　月　日進行至　年　月　日遊戲場地停止使用，封閉公告已於　年　月　日完成。
□報廢，其項目為：＿＿＿＿＿＿。	預訂　年　月　日進行至　年　月　日遊戲場地停止使用，封閉公告已於　年　月　日完成。

檢查人員簽章：　　　　　　　　業務主管簽章：

填表說明：

一、依據兒童遊戲場設施安全管理規範，管理人員應辦理下列事項：

　（一）於開放使用期間，每日進行遊戲場及設施目測檢查工作，發現有不安全情事，應立即進行維修保養工作。

　（二）應每月定期依本表進行遊戲場及設施檢查工作，並填表存放管理單位備查，其保存期限為5年。

二、檢查項目第4項至第15項，請逐一檢查個別遊樂設施是否符合安全檢查應注意事項。如果未符合，請於「否」欄下填寫遊樂設施名稱，並填寫「待改進或檢修事項」，再俟修繕後填寫「複檢日期及結果」。

三、本表6.名詞定義如下：

　（一）組件：包括蹺蹺板緩衝用的輪胎或彈簧裝置、組合遊具的把手等。

　（二）扣件：如螺栓、螺帽、扣環等。

四、本表8.遊戲設施材料外觀耗損狀態，其材料表面的缺失如下：

　（一）金屬：嚴重的鏽蝕、破損。

　（二）木料：變形、翹曲、斷裂、過大的裂痕。

　（三）塑膠：破損、多處明顯裂紋、明顯褪色。

五、本表16.名詞定義及注意事項如下：

　（一）ppm：為parts per million（百萬分率）之縮寫，500 ppm表示為百萬分之五百，即0.05%。

　（二）消毒液配製注意事項：市售家庭用含氯漂白水濃度一般在5至6%，原則上經清水稀釋100倍（例如取10 c.c.市售家庭用漂白水加入1公升之自來水）即可做為消毒之用，亦得視所取得之漂白水濃度調整稀釋比例。配置時應於通風良好處，並視需要配戴目鏡、口罩、橡膠手套或防水圍裙等防護衣物。消毒液配製後應加蓋保存於陰暗處並盡早使用，而未使用的部分在24小時之後應丟棄。此外，漂白水勿與其他家用清潔劑一併或混合使用，以防降低消毒功能及產生化學作用。

　（三）消毒液使用注意事項：在進行消毒時，需注意通風及適當穿戴防護衣物，擦拭消毒的接觸時間建議超過10分鐘，浸泡消毒的接觸時間則建議超過30分鐘，之後可再以清水清洗或擦拭後晾乾，以降低異味。

資料來源：臺北市幼兒園行政管理手冊，臺北市學前教育資源網，民國109年7月7日，取自：http://www.kids.tp.edu.tw/download4teachers

表4-43　新北市○○幼兒園教具設備登記表

類別：□A益智類　　□B語文類　　□C體能器材類　　□D自然科學類　　□E音樂類
　　　　□F自製類　　　　　　　　　　　　　　　　　　　　編頁：第＿＿＿＿＿頁

編號	名稱	數量	購買日期	價格	備註

資料來源：園務參考，新北市幼兒教育資源網，民國102年7月31日，取自：http://
kidedu.ntpc.edu.tw/files/11-1000-83.php

表4-44　新北市○○幼兒園教學設備使用登記表

＿＿＿＿＿學年度第＿＿＿＿＿學期　類別：□視聽器材　　□教材教具　　□其他＿＿＿＿

編號	名稱	使用人姓名	使用日期	歸還日期	保管人簽名

資料來源：園務參考，新北市幼兒教育資源網，民國102年7月31日，取自：http://
kidedu.ntpc.edu.tw/files/11-1000-83.php

表4-45　新北市○○幼兒園視聽器材登記表

類別：□A錄音帶　　□B錄影帶　　□C(CD)　　□D(DVD)　　□E(VCD)
編頁：第_____頁

編號	名稱	出版單位	登錄時間	備註

資料來源：園務參考，新北市幼兒教育資源網，民國102年7月31日，取自：http://kidedu.ntpc.edu.tw/files/11-1000-83.php

表4-46　新北市○○幼兒園教學耗材品使用登記表

_____學年度第_____學期

項目	耗材名稱	領用人	領用時間	數量	用途說明	備註
1						
2						
3						
…						
18						

資料來源：園務參考，新北市幼兒教育資源網，民國102年7月31日，取自：http://kidedu.ntpc.edu.tw/files/11-1000-83.php

表4-47　新北市○○幼兒園設備檢核表

92學年度　　　　放置地點：＿＿＿＿＿　　　　檢核人員：＿＿＿＿＿

編號	設備名稱	單位	數量	登錄日期			檢查日期				備註
				年	月	日	93年9月5日	年	月	日	
01	幼兒用桌	張	30	91	6	15	○				
02	幼兒用椅	張	30	91	6	15	○				
03	冷氣機	臺	1	91	7	1	○				
04	電風扇（吸頂式）	臺	4	91	6	25	○				
05	時鐘	只	1	91	6	25	○				
06	白板	面	1	91	6	25	○				
07	CD錄音機	部	1	91	6	25	○				
08	電視機＋遙控器	組	1	91	6	1	○				
09	鏡子	面	1	91	6	20	○				
10	三格櫃	個	10	91	6	20	○				
11	二格櫃	個	2	91	6	20	○				
12	四格櫃	個	2	91	6	20	○				
13	延長線	條	2	91	6	25	○				
14	滅火器	個	1	91	6	15	○				
15	緊急照明燈	臺	2	91	6	30	○				
16	抽風機	臺	2	91	6	25	○				
17	電燈（吸頂式）	只	30	91	6	25	×				1只燈管損壞（9/5）
18	黑板	個	1	91	6	20	○				
19	畫框	個	3	91	7	1	○				
20	托盤	個	5	91	7	1	○				
21	小籃子	個	2	91	6	15	○				
22	擴音機	部	1	91	6	15	○				
23	電話	部	1	91	6	20	○				
24	電視架	個	1	91	6	20	○				
25	收錄音機	部	1	91	6	20	○				
26											
27											
28											

檢核符號：完整○　　缺損×

資料來源：園務參考，新北市幼兒教育資源網，民國102年7月31日，取自：http://kidedu.ntpc.edu.tw/files/11-1000-83.php

表4-48　新北市○○幼兒園財產報廢單

設備名稱	所在地點	數量	單位	登錄日期			取得原價	預留殘值	是否報廢	報廢原因	是否更新	新品價格	備註
				年	月	日							

資料來源：園務參考，新北市幼兒教育資源網，民國102年7月31日，取自：http://kidedu.ntpc.edu.tw/files/11-1000-83.php

表4-49　臺北市○○區○○國民小學附設幼兒園園主任移交清冊　　移交人：○○○

職稱	姓名	離職原因	核定文號	離職日期

一、移交待辦事項：

編號	項目	備註
1	執行○○年度班級設備預算	約○○○年○○月底執行（桌椅、相機、音響、圖書共　　元）
2	遊戲器具已設計並估價	約70幾萬，財源待籌
3	○○年擔任深耕閱讀種子園	○○幼兒園總召
4	○○學年擔任家長成績單種子園	○○幼兒園總召
5	○○學年適性到園輔導的日期	與輔導教授研議日期
6	○○學年評鑑	
7	餐點招標	○月初辦理
8	生鮮食材簽約	○月初辦理
9	增置教保員及專任主任所需經費	表單填報報局，請人事與會計室協助填列經費
10	○月要簽訂服務教保書面契約	
11	設置○○學年度附幼LINE群組	

12	準備○/○幼生註冊日相關事項	聯絡圍兜、餐具廠商、便當申購、工作分配、工作人員……場地借用
13	事先與同事約定編班會議	或召開開學前園務會議
14	週四上午召開工程會議	○/○、○/○……地點：校長室
15	注意擴柱工程完工日，決定是否請廠商入園打掃、消毒	今年消毒總務處已處理
16	備課日○/○、○/○、○/○、○/○	○○○學校實習生入園實習（全天）
17	推動臺灣母語日情形與成效，請各園於○○年○○月○○日前備妥以下文件免備文逕送教育局	公文附件存在○檔○○○○○○公文（來文日期/存檔位置）
18	提醒各班老師班級網頁要設定保密	
19	「兒童發展篩檢—把握孩子發展黃金期」宣導	於開學或家長日時向幼生家長宣導
20	調整○○學年度第1學期、第2學期及○○年度寒假期間補助公立幼兒園課後留園服務經費之辦理期程	公文○○○○○○（來文日期／存檔位置）
21	上簽呈：約聘契僱人員評審委員	11月底、3月底平時考核、7月底年終考核；考核對象：護理師、教保員、廚工

二、未結案件：

編號	項目	備註
1		
2		
3		

三、定期性計畫：

編號	項目	備註
1	各項補助實施計畫	5歲免學費、祝妳好孕、低收入及危機家庭、中低收入、原民幼童、身心障礙幼兒家長教育費等各項補助
2	寒暑假課後留園及平日課後留園實施計畫	
3	本土語言實施計畫	
4	招生計畫	

四、園主任財產物品移交：

編號	項目	數量	備註
1	行政簿冊		○○學年度評鑑簿冊
2	全園鑰匙		
3	教學品質評估表影本	13本	存放園主任座位後方櫃子
4	學前教保法令選輯	1本	
5	園主任簽收的財產清單		總務處財產清單
6	電子公文研習講義	1份	
7	自然人讀卡機	1臺	
8	隨身硬碟	1臺	
9	全新倒掛式電風扇	2臺	有財產標籤、存放儲藏室
10	立地電風扇	1臺	
11	文具組	1組	計算機1、訂書機1、便條貼臺
12	全園○○○學年低收入戶幼兒卡影本	1份	
13	影印卡	2張	
14	錄音筆	1臺	
15	相機	1臺	
16	Jvc錄影機	1臺	
17	園戳	1個	
18	學校教職員通訊錄	1本	人事室
19	合作廠商名片+名片簿	1本	
20	合作廠商常用電話	1份	
21	冰箱	1臺	
22	新櫃子輪子	12個	
23	防夾裝置	2個	
24	三色碗		

五、學校常用網站帳號及密碼：

編號	網站	帳號	密碼
1	幼生管理系統	423X…	000000000
2	校園安全系統		
3	特殊教育通報網		
4	二代表單填報網		
5	學校傳染病通報系統		
6	全國教師在職進修網		
7	幼生保險		
8	○○附幼網頁		
9	○○附幼雲端硬碟		
10	電子公文系統		
11	臺北市各級學校兒少保護中心各級學校資料填報網		
12	全國教保資訊網填報系統		
13	臺灣抗震網		
14	校園食材登錄（查詢）平臺		
15			

六、其他：

編號	項目	備註

移交人核章	接任人核章	監交人核章
移交日期	中華民國　　年　　月　　日	

附註：移交務必詳實，如因資料繁多，欄位不足，請自行添增行頁填載。

資料來源：臺北市幼兒園行政管理手冊，臺北市學前教育資源網，民國109年7月7日，取自：http://www.kids.tp.edu.tw/download4teachers

表4-50　新北市○○幼兒園財產目錄表

_____年_____月_____日

設備名稱	所在地點	數量	單位	取得日期 年 月 日	取得原價	預留殘值	原價減殘價	耐用年數	折舊費 本年提列	折舊費 累積提列	未折減餘額	備註
會計											製表	

園所長

填寫須知：
1. 核准資產重估價之營利事業，請到國稅局審查一科索取「營利事業核准資產重估後應提列折舊明細表」格式填用。
2. 請將「房屋之建號、土地之地號、車輛年份及牌照號碼」填列於備註欄內。
3. 享用免稅或加速折舊之生產設備，請將事業主管機關核發證明之文號填列於備註欄內。
4. 適用投資抵減之機器設備，請將稽徵機關核發裝置已安裝試車證明之文號填列於備註欄內。
5. 改良或修理係指原資產之改良或修理，請與原資產並列，不加計在原資產價格內，並以原資產未使用年數作為耐用年數計提折舊。
6. 「取得原價減預留殘值」欄，若係依新表規定而換算耐用年數之資產，應以換算時該資產之未減餘額減預留殘值後之金額填列。

資料來源：園務參考表格，臺北縣幼稚教育資源網，民國 96 年 8 月 31 日，取自：http://kidedu.tpc.edu.tw/form_5.php。

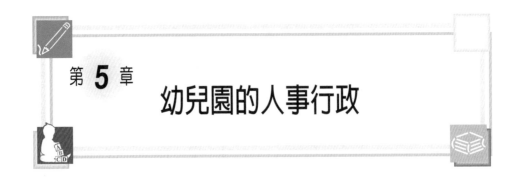

第 **5** 章　幼兒園的人事行政

　　本章共分五節，第一節為幼兒園的人員編制與職責；第二節為幼兒園的人事規則；第三節為幼兒園教保服務人員的專業倫理守則；第四節為幼兒園人員的招募；第五節為幼兒園教保服務人員的成長與進修。以下分別敘述之。

第一節　幼兒園的人員編制與職責

　　幼兒園人員編制可依班級數或幼童人數分為下列四種（段慧瑩，民95）：

　　1. **家庭式**：幼兒年齡低，所受的照顧周到，收托人數也少，有時幼童人數在5人以下，最多也不超過30人，其工作人員也多在2、3人之間，同時其行政業務亦精簡至最小。

　　2. **小型幼兒園**：規模多在3班以下，幼童人數在90人以內，如有收托未滿2歲之嬰幼兒，應配置護士員額。每班2名教保服務人員，因幼兒人數不多，並無聘請專職行政人員，行政工作必須由全體人員兼任。工作人員含負責人及主管，多在8人以下，幼童可由家長或幼童專用車接送，餐點可由外購，清潔工作可以定期外包方式，以省卻繁雜業務。因人員精簡，互動及行動快速，彼此支援配合，更加溫馨有感情。

　　3. **中型幼兒園**：規模約到15班，幼童在90到400人之間，除主管人員外，設置專職行政人員1到2人，教保服務人員每班2人，司機每車1人，廚師、工友2到3人，總計機構成員數在10到50人之間。

4. **大型幼兒園**：規模15班以上，幼童超過400人以上，其人事組織更形複雜龐大，尤需注意各單位間整合與相互聯繫，幼兒園成員數高達50人以上。

園長是推動幼兒園長期發展的中心人物，扮演著總管的角色，必要時，也可抽空協助教職員的工作，以及一些雜務，將能鼓勵教職員主動參與，協助幼兒園的各項工作，不會推託事務；同時園長能藉由這樣的機會，瞭解教職員工的工作情況，增進教職員工的親密關係。首先應認識幼兒園長所負的職責，綜而言之，**園長的工作內容包括**（信誼基金會學前兒童教育研究發展中心主編，民72；段慧瑩，民95）：

1. **一般行政方面**：(1)熟悉幼兒園現行有關法令。(2)擬定幼兒園的基本方針。(3)擬定招生、註冊、收費的辦法。(4)擬定幼兒園的工作計畫。(5)管理幼兒園的財務，設備的購置與維護。(6)建立幼兒園的社區關係。(7)劃定幼兒園的行政組織關係。

2. **人事方面**：(1)教職員的工作分配、協調與督導。(2)徵選、聘任與考核教職員。(3)擬定幼兒園的人事規則。(4)幼兒園人事的溝通與協調。(5)召開教保、園務等教職員會議。(6)策劃教職員的在職進修活動。

3. **環境方面**：(1)戶外場所的規劃、設計。(2)室內場所的規劃、設計。(3)設備的購置與維護。

4. **兒童方面**：(1)兒童健康方面之督導。(2)兒童安全管理之督導。(3)兒童個案輔導規劃。(4)教學活動的規劃與管理。(5)兒童餐點管理與督導。

5. **家長方面**：(1)擬訂家長須知或家長手冊。(2)策畫與家長聯繫的方式。(3)處理家長對幼兒園的抱怨問題。(4)策畫辦理親職教育。

6. **監督值週導護**：策畫該週活動教案及週末活動；擬定幼兒園通訊；主持快樂晨光、新律動介紹；上午7:10到8:00兒童集中導護，各班教保服務人員應於上午8:00以前到幼兒園，並帶兒童回自己班級；下午4:30以後兒童集中導護，憑證接送；早午晚值班並巡視周邊安全；填寫園務日誌紀錄。

園長在分配教職員的工作時，基本上需根據幼兒園的組織關係，再參照幼兒園的實際情況與需要而定。綜而言之，**幼兒園教職員工作的主要內容包括**（信誼基金會學前兒童教育研究發展中心主編，民72；段慧瑩，民95）：

1. **教保主任**：(1)輔助幼兒園長處理各項行政事務。(2)幼兒園長缺席

時，代理其職務。(3)督導各班的教學計畫。(4)策畫及督導幼兒的保育工作。(5)其他未盡事宜與臨時交辦事項。

2. **教師**：(1)擬編統整教學行事曆、活動曆、學期行事曆、冬夏令營活動規劃和教學計畫，實施教學活動。(2)布置教學環境、每週活動看板規劃，製作教具。(3)輔導幼兒的身心發展與個別問題。(4)維護幼兒在幼兒園內的健康與安全。(5)參加教師在職研習與進修活動。(6)與家長保持聯繫，推廣親職教育。(7)協助招生簡章、公告、登記、報名、註冊、新生報到、編班、收費等等事宜策畫與行政事務。(8) 值週導護。(9)其他未盡事宜與臨時交辦事項。

3. **助理教師**：(1)協助教師的教學工作。(2)協助布置教室、準備教材、製作教具。(3)協助幼兒的保育工作。(4)清理教室環境。(5)協助採購、文書、隨車等事務工作。(6)其他未盡事宜與臨時交辦事項。

4. **辦事員**：(1)清點、管理幼兒園內的設備器材。(2)採購文具、日用品。(3)印製和整理文書資料。(4)日常收入與支出的紀錄。(5)保管零用金。(6)其他未盡事宜與臨時交辦事項。

5. **廚師**：(1)餐點的採購與製備及分送。(2)食物的儲藏與管理。(3)廚房設備的清洗與整理。(4)清洗幼兒餐具。(5)其他未盡事宜與臨時交辦事項。

6. **司機**：(1)駕駛幼童專用車接送幼兒。(2)幼童專用車的清洗、保養與安全檢查維護。(3)協助採購、載運大量物品。(4)其他未盡事宜與臨時交辦事項。

7. **清潔員（工友）**：(1)清理並消毒戶內外場所、辦公室、臥室、廁所。(2)清洗、消毒用具及兒童公用物品。(3)簡易設備之修理工作。(4)其他未盡事宜與臨時交辦事項。

在劃分工作人員職責之前，應注意每位成員的興趣、能力，甚至人格特質（活潑外向或心思細膩）。為使各司其職，工作執掌內容更應區分清楚，可協助新進人員儘速瞭解幼兒園內制度與工作內容，其訂定原則應考量幼兒園內現有人手，並需針對個人專長委任之，務其將人力作最有效的分工與協調，而執掌、負責工作範圍亦須確實清楚，以免互相推諉，或因工作分配不均，造成勞逸不均等情形，同時，職務代理人的選用亦應仔細考慮。班級數少而由教保服務人員兼任行政工作，而不應影響教保工作，而降低教保品

質。在工作分配前，應讓當事人充分瞭解工作內容，並透過公開會議討論，作適當調整。除特殊專才之業務外，可於每學年輪流職務，使全體成員充分瞭解各職責之內容，並能注意協調與合作，其交接業務更應清楚詳細，以免工作中斷，或發生資料遺失等情形。以下為幼兒園兼任行政工作之職務執掌，各幼兒園可視所需，彈性參考應用（段慧瑩，民95）：

1. 活動組：擔任教學工作；策畫學期活動曆；園內各項活動之策畫、推行（如開學典禮、畢結業典禮、戶外教學、親子活動、參觀活動、家長座談會、專題講座……等）；活動相片統整、說明及歸檔，活動相片看板；家長參觀日之計畫與推動；放假及各項活動通知單之擬定、印發；幼小銜接活動策畫；週末活動之協助；其他未盡事宜與臨時交辦事項。

2. 文書組：擔任教學工作；檔案整理歸檔；公文、簽呈收發管理；設計各式幼生資料表格；獎狀、證書規劃管理；評鑑資料管理；編訂教學日誌、園務日誌、出席檢查紀錄簿、家長手冊、兒童聯絡簿；編訂幼生成長紀錄簿；規劃畢業紀念冊；例行會議紀錄之統整歸檔；學籍資料管理歸檔；兒童基本資料統計圖表；各班月費、單據統整，催繳通知；畢業生資料存檔追蹤；其他未盡事宜與臨時交辦事項。

3. 保育組：擔任教學工作；加（值）班費統整；設計餐點；餐點採購與製備之監督；食物儲藏與管理之監督；廚房設備之設計與維護；飲食健康諮詢；衛生保健，包括視力、牙齒、蟯蟲檢查等；配合活動單元之事宜；策畫保險事宜；交通接送事宜；其他未盡事宜與臨時交辦事項。

4. 總務組：擔任教學工作；幼兒園內消耗性用品之管理、收發、每月盤點一次；各班教學材料之申購、清點與供應；期末申購下學期之教學材料；財產及教學設備之管理、登錄與盤點；設備修繕之聯絡與定期安全檢核；廁所、倉庫、菜圃、花圃之清潔維護管理；註冊催繳帳冊核對；服裝、圍兜、名牌等訂購；預算事宜協助；樂器、錄音帶、錄影帶、運動遊戲器材之編整與管理；鑰匙管理；節慶禮品採購；其他未盡事宜與臨時交辦事項。

5. 研究組：擔任教學工作；編製兒童評量記錄表；特殊個案輔導、追蹤；各項活動、講座紀錄協助策畫；寄贈分發資料至相關機構、單位；策畫幼兒園刊物、兒童聯絡簿、家長手冊；幼兒園中英文簡介策畫；教保服務人員進修、研究計畫之策畫及推動（進修、研習及成長資訊的提供、資料的蒐

集、整理與歸檔）。各項親職資料之蒐集及印發，家長新知看板張貼；其他幼兒園相關資料統整；其他未盡事宜臨時交辦事項。

　　幼兒園需建立**代理制度**，以因應教職員工的請假，通常代理人員會先考慮由幼兒園的教職員擔任，若是臨時急事、產假、長期病假，則為考慮聘請園外的代理人員，有時熱心協助幼兒園的義工媽媽也是很好的代理人員。幼兒園若能做好下列事項，則能有助於代理工作的順利進行（張翠娥，民96）：(1)盡可能讓全園教職員熟悉每位幼兒；(2)讓代理人員與幼兒事先熟悉；(3)盡可能將有關資料做成紀錄；(4)教師平日應事先寫下至少兩三天的教學計畫；(5)代理人員應事先熟知幼兒園教材教具與設備；(6)幼兒園應建立幼兒個案資料；(7)建立代理人員資料庫；(8)給代理人員一個溫馨美好的回饋；(9)評量代理人員的工作素質。

　　工作執掌的訂立，一方面有助於幼兒園務的運作，產生同舟共濟的合作精神，亦可協助新進人員迅速瞭解幼兒園制度、工作內容，其訂定時應考量幼兒園內現有的人力，並需針對個人專長委以重任，使人力作最有效的分工，且工作內容確實需要清楚。（參見表5-1、5-2、5-3和圖5-1）

表5-1　新北市○○幼兒園教職員工職掌表

稱項	組織分工	工作內容
園長	行政工作方面	1.熟悉幼兒園現行有關法令。 2.研擬幼兒園理念、宗旨、簡史、簡介。 3.擬訂並推動執行園務方針與園務發展計畫。 4.擬訂幼兒園的行政組織及教職員的工作分配。 5.監督各項會議的召開。 6.擬訂幼兒園的人事規則、辦法。 7.徵選、聘任教職員，以及人事的溝通與協調。 8.審閱公函、文件。 9.督導建立幼兒園各項記錄。
	總務工作方面	1.擬訂招生、註冊、收費的辦法。 2.擬訂幼兒園財務制度與管理、監督預算、決算之執行。 3.審核經費收支、收據、傳票、報表。 4.學校規劃與設計。 5.掌理全園總務、財務業務，督導建立財產目錄。 6.經理零用金、編制預算及決算。 7.公安、消安、建安等呈報業務。 8.擬訂學童車、園舍、設備購置與維護等管理辦法。

園長	活動工作方面	1.輔導各項活動。 2.審訂家長手冊等。 3.建立社區關係。 4.策劃家園同心工作的方式。 5.協助推動義工家長會工作。 6.代表學校與各團體接洽聯繫。 7.接待來賓、家長及訪客。
	生活工作方面	1.監督幼兒學籍、健康、安全管理。 2.幼兒餐點的設計、管理。 3.處理家長對幼兒園的抱怨問題。 4.處理緊急事件。
	教保工作方面	1.擬訂教保要項。 2.督導課程設計及教學活動之品質。 3.安排課程研究計畫。
	學務工作方面	1.查閱教學日誌。 2.考評教職員。 3.監督教職員的在職進修活動。 4.推動親子閱讀等工作。
主任	行政工作方面	1.協助園長處理各項行政事務。 2.擬訂編定工作輪值表及行事曆。 3.資料建檔、系統建立維護。 4.公文文書處理及文宣工作。 5.督導廚務、車輛各項工作。 6.相關資料研究與蒐集。 7.承辦園長交辦事項。
	總務工作方面	1.承辦薪資、保險、福利等業務。 2.協辦列冊業務。 3.設備、環境之維護與督導。 4.負責接待、註冊收費事宜。 5.採購文具、日用品、教具、教材。 6.負責清點、管理設備器材及財產管理。
	活動工作方面	1.安排各項活動工作與協調。 2.執行家園同心及親師溝通工作。 3.協助家園同心及親師溝通之記錄與相關資料呈報。 4.接待家長參觀。 5.協助策劃重要活動。
	生活工作方面	1.督導衛生、保健、安全事宜。 2.幼兒學籍、健康、安全的執行。 3.衛生、保健宣導事宜。 4.園刊刊物編印。
	教保工作方面	1.根據教師擬定之各班每日作息時間表做修訂與監督。 2.督導教學計畫，審核各項課程設計。 3.研擬教學實施細則。

主任	教保工作方面	4.策劃及督導幼兒的保育工作。 5.安排戶外教學。 6.特殊教育轉銜工作。 7.評量工作策劃。
	學務工作方面	1.督導相關教學資料之彙整。 2.主持教學會議。 3.建立「各項教師研習與成長」資料。 4.執行各項觀察記錄、評量表。 5.教學日誌及相關教學資料建檔。 6.各項會議審核建檔。 7.「各項教師研習與成長」資料審核建檔。 8.設計各項觀察記錄、評量表。
教師	總務工作方面	1.協助各項收費與班級統計工作。 2.班級財產管理。
	行政工作方面	1.擔任輪值工作及組織分工（組）業務承辦工作。 2.參與會議，共同決議各項事務。
	活動工作方面	1.協助接待、報名等事務。 2.執行辦理各項活動。
	生活工作方面	1.建立及記錄幼兒個案、成長資料。 2.維護幼兒在園的健康與安全，班級清掃、簡易消毒工作。 3.家庭訪問。 4.擔任輪值工作及分配區域整理。
廚師	總務工作方面	1.餐點的採購與製備。 2.餐具定期清洗、消毒。 3.食物的貯藏與管理。 4.餐點調配與烹飪。 5.廚房設備的清洗與整理。 6.園指配清潔工作及其他工作。 7.負責室內清潔工作及清理門窗、廁所。 8.負責幼兒飲水供應及衛生。
	活動工作方面	1.協助各項活動之辦理。
駕駛	總務工作方面	1.駕駛學童車接送幼兒。 2.任用時安排之工作項目。 3.學童車的清洗、保養與安全檢查。 4.協助園內處理外務工作。 5.接送幼兒戶外教學及庶務工作。 6.擔任臨時採購及運送物品工作。 7.園舍、設備修繕、維護工作。 8.其他臨時指派工作。
	活動工作方面	1.協助各項活動之辦理。

資料來源：園務參考，新北市幼兒教育資源網，民國102年7月31日，取自：http://kidedu.ntpc.edu.tw/files/11-1000-83.php

表5-2　新北市○○幼兒園教師工作職掌表

行政組	教學組
1.綜理園務，擬定園務發展計畫。 2.擬訂全園組織系統及明列各組工作執掌表。 3.代表本園與各處室相關業務之聯繫與協調。 4.擬訂各項園務計畫、推展園務工作。 5.檢閱園務、教學日誌及各項工作進度和通知單。 6.召開並主持園務會議（檢討各項活動得失）。 7.公文處理、園內信件收發、登錄、歸檔。 8.負責園內大型活動之企劃、安排並執行。 9.教師各項工作安排及輪值表擬訂。 10.主持編訂學年度行事曆會議。 11.志工家長調查表彙整與安排來園協助。 12.校外教學辦理與聯絡。 13.整理相關業務之簿冊。	1.幼兒名冊、學籍卡之彙整及存檔。 2.教材及教學方法之研究、改進、推動。 3.編寫教學課程表及有關通知單。 4.彙整各項教學活動資料、檢討得失並存檔。 5.蒐集教學資料、照片並提供幼兒新知。 6.召開並主持教學會議。 7.校外教學之申請及計畫書填寫。 8.教師進修計畫擬定與推動。 9.個案輔導、個案紀錄表及家庭訪問調查表之彙整。 10.融合教育計畫之執行與推動。 11.園刊編輯計畫擬定與執行。 12.負責園內親職教育計畫推行。 13.蒐集、公布幼兒教養、親職教育等資訊。 14.整理相關業務之簿冊。
保育組	總務組
1.負責幼兒餐點衛生之檢核及每月餐點表之公布。 2.餐點明細帳目之填寫、申報。 3.生活輔導（每月生活教育計畫之擬定及推行）。 4.園內環境清潔、消毒工作之執行與推動。 5.疾病防疫計畫之執行與通報。 6.安排幼兒健康檢查暨彙整健康記錄表（身高、體重、視力記錄）。 7.幼兒口腔、視力保健工作計畫之擬定與推動 8.保健及藥物用品之管理及建檔。 9.配合衛生所之各項衛生保育工作。 10.填報幼兒健康月報表。 11.拍攝、公布並存檔幼兒生活及活動照片。 12.每月壽星的慶祝策劃、推行。 13.整理相關業務之簿冊。	1.活動遊戲器材、教學設備之維修申請。 2.園內教學設備修繕之提報。 3.消耗品與設備財產之申購、管理、收發。 4.各項財產與設備之登錄、清點、管理、造冊。 5.圖書設備之編目、造冊與管理。 6.教具分類編造目錄、及期末財產清點。 7.代收款項之整理、繳交出納組。 8.申購教學材料及設備並驗收。 9.請領保管各項經費。 10.請領、驗收、分配各項物品（代收款部分）。 11.辦理幼兒註冊事宜及建檔。 12.辦理幼兒平安保險。 13.填報幼兒園公共安全檢核表。 14.整理相關業務之簿冊。

資料來源：園務參考，新北市幼兒教育資源網，民國102年7月31日，取自：http://kidedu.ntpc.edu.tw/files/11-1000-83.php

表5-3 臺北市托育機構工作職掌表

職務	工作執掌
園長	A.一般行政 　a.規劃園的基本方針。 　b.擬定各項工作計畫。 　c.園內財務管理，設備的購買與維護的督導。 　d.建立園的社區關係。 B.人事方面 　a.甄聘、考核工作人員。 　b.工作人員之工作分配、協調與督導。 　c.擬定、增修所的人事規章。 　d.定期召開教保及園務會議。 　e.策劃工作人員在職進修、成長活動。 C.幼兒方面 　a.幼兒健康安全的督導與管理。 　b.幼兒個案輔導規劃。 　c.教學活動的整體計劃與管理。 　d.幼兒餐點管理督導。 D.家長方面 　a.擬定、增修家長手冊。 　b.策劃與督導親師連絡方式。 　c.規劃辦理親職教育。
教學組長	A.課程活動之規劃與督導。 B.教學資源之規劃管理。 C.幼兒個案輔導工作。 D.親職聯繫與溝通事項。 E.參與教學研發工作。 F.機動支援幼兒教保工作。
總務（行政）組長	A.執行每月財務運作及報表整理。 B.材料設備之採購與管理。 C.幼兒進出園及基本資料管理。 D.人事管理業務之辦理。
保健組長	A.健康安全環境之維護督導。 B.對發生病痛或意外之幼兒進行初步護理措施。 C.幼兒健康資料之定期紀錄與整理。 D.提供父母有關幼兒之護理諮詢。 E.安全健康教育課程之規劃與帶領。 F.安全健康之宣導活動或其他社區推廣活動。 G.機動支援幼兒教保工作。

教保員	A.初擬教學計畫、布置教學環境、製作教具、實施教學活動。 B.維護教室環境整潔與秩序。 C.觀察並輔導幼兒身心發展、記錄幼兒個案及成長記錄。 D.維護幼兒在園內的身心健康與安全。 E.與家長保持聯絡。 F.參與在職進修活動。 G.參與輪值及各項園內活動。
司機	A.駕駛交通車接送幼兒。 B.協助處理總務工作。 C.協助環境整潔及外務工作。
廚工	A.協助擬定、修正菜單。 B.餐點的採購與量的統計。 C.餐點調配與烹飪。 D.廚房設備餐具的清洗與整理。 E.食物儲存與管理。

資料來源：臺北市托兒所行政管理手冊，臺北市社會局網站，民國102年7月21日，取自：http://www.bosa.tcg.gov.tw/i/i0300.asp?fix_code=2703010&group_type=1&l1_code=27&l2_code=03

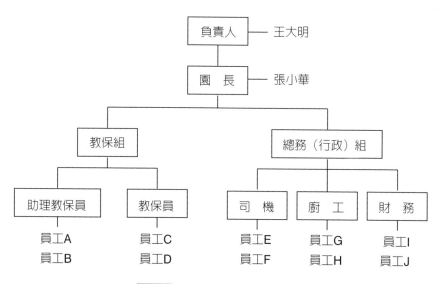

圖5-1　臺北市○○幼兒園組織圖

資料來源：臺北市托兒所行政管理手冊，臺北市社會局網站，民國102年7月21日，取自：http://www.bosa.tcg.gov.tw/i/i0300.asp?fix_code=2703010&group_type=1&l1_code=27&l2_code=03

第二節 幼兒園的人事規則

人事規則是幼托幼兒園行政管理的基本要項，可促使員工有效分工，也可使人事作業實施有合理依循，進而保障幼兒園勞資雙方的權利和義務。人事規則是人事管理協調的依據，每位新進的教職員最好都先詳細閱讀並瞭解其內容。在執行人事規則上，更需兼顧法理情，人事規則的內容若有修訂或變更，應通知每位教保服務人員。幼兒園人事規則包括薪資制度、福利制度、請假制度和考核制度，分述如下：

一、薪資制度

薪資制度即是薪資辦法，包含教職員薪資的核定標準和調薪辦法，幼兒園宜建立一套合理公平的薪資制度，以吸引並留住優秀人才，造福兒童。綜而言之，薪資核定標準之依據項目可分為經常性薪資和非經常性薪資，此外，調薪辦法則需依物價指數，或比照公教人員調薪幅度，加以調薪，亦可依個別考核加以調整；私立幼兒園薪資可參照公立幼兒園教師薪資標準，建議薪給標準至少不低於公立幼兒園的百分之八十；以下說明經常性薪資和非經常性薪資（信誼基金會學前兒童教育研究發展中心主編，民72；林佩蓉，民84；段慧瑩，民95）：（參見表5-4、5-5、5-6、5-7）

(一) 經常性薪資

1. **本俸（本薪）**：通常依照學歷、年資和經驗來進行敘薪，依學歷不同而有不同起薪標準，以後的調薪和加薪標準，則依實際工作表現而定；工作年資與經驗的累積，有助於幼兒園成長與營運影響，故應參照年資、經驗而有不同的起薪標準。

2. **專業加給**：通常依據不同的薪級有不同的專業加給，與表現訂定加給，亦可根據實際工作量、時數、特殊專長、工作能力，並配合工作表現，每年調升給予合理的薪資待遇；專業證照與研習參與情形，亦可作為給予專業加給參考。

3. **職務加給**：依所擔任不同的工作職務、責任輕重，而訂定給付合理的加給。兼職行政工作，如教保服務人員兼組長；全職行政工作、如幼兒園長、主任，按所擔當職務的責任輕重，而給付合理的職務加給。

4. **按月獎金**：每月全勤獎金，如：扣除公假、差假、喪假外，無其他請假記錄者，依照各園所之規定。另有每月依教師自評及園方考核，凡教學認眞工作積極，表現優異者，另行核發工作獎金以資激勵。

5. **固定津貼**：按月給予交通費補助、水電補助、房屋津貼等。

(二) 非經常性薪資

1. **加班費**：依照實際加班時數，月底結算發給加班費，但每月仍有其上限。

2. **非按月獎金**：年終獎金、考核獎金、年節獎金等。年終獎金，春節前仍在職，服務滿一年以上者，發給全薪之若干倍數或比例，不滿一年者，按服務月數比例計算；考核獎金，依據平日工作紀錄、期末考和成績，按優等、甲等、乙等發給不同比例之考核獎金；年節獎金，如端午、中秋、教師節等發給年節獎金，以資慰勞。

3. **其他津貼**：加（值）班費、差旅補助。

表5-4　國立E大學附設實驗幼兒園教職員工薪給標準

一、教職員部分
（一）本園教職員薪給分：1.基本薪俸；2.學術研究費（專業加給）二部分。
（二）基本薪俸參考公立國小附幼教育人員俸額表，訂定如下：

（單位：新臺幣元）

月支數額	薪（俸）額	起薪標準　備註
33,075	525	1.薪額245起薪者，最高薪級可至525薪額。
32,005	500	2.薪額190起薪者，最高薪級可至450薪額。
30,935	475	3.薪額160、170起薪者，最高薪級可至390薪額。
28,795	450	4.薪額120起薪者，最高薪級可至220薪額。
27,995	430	5.薪額起算以81年7月之最高畢業學歷爲準。
27,190	410	6.年資以在本園服務之年數爲計算標準，不滿一年者不計。
26,390	390	7.教職員服務期間，若學歷有更動，且其薪給已達新學歷起薪標準，每年仍跳一級；若新學歷有更動。且其薪給未達新學歷起薪標準，則在新學年度7月起依最高學歷起薪標準逐年晉級。
25,585	370	
24,785	350	
23,980	330	
23,180	310	

22,375	290	
21,575	275	
20,770	260	
19,970	245	國內外大學研究所畢業得有碩士學位者
18,630	220	
18,095	210	
17,560	200	
17,025	190	師範大學或師範學院畢業者
16,490	180	
15,965	170	國內外大學或獨立學院畢業者
15,420	160	
14,885	150	師範大學附設二年至專修科畢業者，高中畢業修業二年之師範專科學校畢業者，高中畢業修業三年專科學校畢業者
14,350	140	
13,815	130	
13,280	120	高中或高職畢業者

（三）教職員學術研究費（專業加給）部分，依據82年度指導委員會提案五決議，現比照公立國小附幼教師學術研究費標準之80%計算。

（單位：新臺幣元）

類　　別	月支研究費數額	
	標　準	80%
支本薪475元以上者	25,140	20,112
支本薪350至450元者	20,580	16,464
支本薪245至330元者	18,050	14,440
支本薪230元以下者	15,610	12,488

二、職工部分

（一）依往例不採年資，按82年薪額調高3%。

（二）依工作內容訂薪額如下：

職稱	工作內容	月支薪額
廚師	午餐製備、茶水供應、球池清潔、其他臨時交辦事項	20,023
工友	點心製備、部分房舍清潔、其他臨時交辦事項	20,023
門房	門戶管理（AM7:40-PM5:15）、庭院清潔、花木維護修剪、其他臨時交辦事項	20,023

資料來源：林佩蓉（民84）。幼兒園園長手冊。臺北市：臺北市教育局。

表5-5　臺北市○○幼兒園員工核薪原則

本俸	按學歷	1.研究所（幼教系）以上起薪○○○元。 2.師院幼教系／大學相關科系起薪○○○元。 3.師院幼保科／二專幼保科起薪○○○元。 4.高職幼保科起薪○○○元。
	按經驗與年資	1.二年以上未滿四年加薪○○○元。 2.四年以上加薪○○○元。 3.連續服務績優者酌予加薪○○○元。
	專業加給	1.一年以上幼教研修得國內證照加薪○○○元 2.一年以上幼教研修得國外證照加薪○○○元
職務加給		1.園長另訂之。 2.組長加薪○○○元。 3.班導師加薪○○○元
獎金	節日獎金	端午節、中秋節與教師節酌發獎金。
	年終獎金	年度結算有盈餘時發給年終獎金。 1.每年春節前10日發給。 2.服務未滿一年者依服務月數計算；服務滿一年者發給全薪一個月。
	考核獎金	每年7月底依工作評量，表現良好者加發考核獎金，額度依當年盈餘而訂。
	全勤獎金	不遲到早退、未請任何假者，每月得獎金○○○元

資料來源：臺北市托兒所行政管理手冊，臺北市社會局網站，民國102年7月21日，取自：http://www.bosa.tcg.gov.tw/i/i0300.asp?fix_code=2703010&group_type=1&l1_code=27&l2_code=03

表5-6　臺北市○○幼兒園薪資給付項目

經常性薪資	本　薪	學　歷	二專○○○元
		年度調薪	年資○○○元 （薪資調幅○%）
	加　給	職　務	○○○元
		主　管	○○○元
		其　他	○○○元
	獎金／津貼	全勤獎金	○○○元
		工作津貼	○○○元
		其他（供午餐及點心）	○○○元
非經常性薪資	加班費	平日加班	○○○元／時
		假日加班	○○○元／時
	節日禮金	端午	○○○元
		中秋節	○○○元
		教師禮金	○○○元
		生日禮金	○○○元

非薪資報酬	獎　金	考核獎金	甲等○○○元
		績效獎金	○○○元
		年終獎金	全薪○個月
		其他（超額招生、結婚、生育）	○○○元
	保　險	勞保	公司負擔70%
		健保	公司負擔60%
		其他	○○○元
	勞退新制	採個人退休金專戶	雇主最少應提繳每月工資6％作為退休金
	研習津貼	每人每年額度	○○○元
	旅遊津貼	每人每年額度	○○○元
	子女教育津貼	每人每年額度	○○○元
	休　假		○○○元
	其　他	制服／運動服	○○○元

資料來源：臺北市托兒所行政管理手冊，臺北市社會局網站，民國102年7月21日，
　　　　　取自：http://www.bosa.tcg.gov.tw/i/i0300.asp?fix_code=2703010&group_
　　　　　type=1&l1_code=27&l2_code=03

表5-7　臺北市○○幼兒園○○年○○月薪資表

編號	姓名	基本薪資	各項加給					福利金（非工資）			減項			合計
			主管	職務	全勤	加班	其他	節日禮金	獎金	其他	勞保	健保	其他	
1														
2														
3														
...														
10														
合計														

製表人：　　　　　負責人：　　　　　製表日：

資料來源：臺北市托兒所行政管理手冊，臺北市社會局網站，民國102年7月21日，
　　　　　取自：http://www.bosa.tcg.gov.tw/i/i0300.asp?fix_code=2703010&group_
　　　　　type=1&l1_code=27&l2_code=03

　　合格幼兒園教師（即原幼稚園合格教師）之薪資，比照中小學教師的薪資（表5-8）。公立幼兒園教保服務人員之薪資，請參閱表5-9。非營利幼兒園教保服務人員及相關工作人員，請參閱表5-10-1、5-10-2、5-10-3、5-10-4。

表5-8 公立中等以下學校教師及幼兒園教保服務人員薪額一覽表

（107.3.22版）

薪級	薪額	月支金額	導師加給	特殊教育津貼	學術研究加給	主管職務加給
1	770元	56,930	3,000元	具有合格教師證正式教師:1,800元；未修特殊教學分之正式教師:600元；代理教師（不滿有合格證）:600元	1.校長支32,100元。 2.教師以上者，本薪475元以上者，學術研究費支32,100元。（須具博士、碩士學位或40學分班資格者，中下方附註） 3.教師支350元至450元者，學術研究費支27,040元。 4.教師支245元至330元者，學術研究費支23,820元。 5.教師支230元以下者，本薪230元以下者，學術研究費支20,700元。 【附註】 A.博士學位者，本薪最高支550元，年功薪最高至680元。 B.碩士學位者，本薪最高支525元，年功薪最高至650元。 C.研究所進修40學分結業者，本薪最高支500元，大學學位者最高支450元，年功薪最高至625元。 D.大學學位者，本薪最高支450元，年功薪最高至625元。 E.代理教師依聘期所具學歷及聘任資格敘薪：待遇之支給，比照專任教師之規定。（以本其所代理學術研究加給按相當等級專任教師人數敘支給。	1.高中校長支第十職等，高中職校長支12,110元；高中職校長及國小校長均以萬任第九職等支給8,970元。 2.高中教師兼主任者，以萬任第八職等支給6,950元。 3.國中70班以上教師兼主任: (1)支第290元以下者，以萬任第七職等支給5,300元。 (2)支本薪310元以上者，以萬任第八職等支給6,950元。 4.國中未滿70班之教師兼主任、國小教師兼主任，附設幼兒園園長支給5,300元。 5.高中、國中、國小幼兒園園長: (1)支第290元以上者，以萬任第七職等支給5,300元。 (2)支本薪275元起至245元者，以萬任第六職等支給。 (3)支本薪230元以下者，以萬任第五職等支給3,860元。 6.國中副組長支一律以委任第五職等支給3,860元。 7.附設補校、進修學校之校長、組長、及本校同機構工作輔助教師依同職等支給職務加給。 8.教保員兼主任或班級導師: (1)薪資第1～10級者，以委任第五職等支給3,860元。 (2)薪資第11級以上者，以委任第六職等支給4,350元。
2	740元	53,990				
3	710元	53,305				
4	680元	51,250（博士最高薪）				
5	650元	49,875（碩士最高薪）				
6	625元	48,505（學士最高薪）				
7	600元	47,130				
8	575元	45,760				
9	550元	44,390				
10	525元	43,015				
11	500元	41,645				
12	475元	40,270				
13	450元	37,530				
14	430元	36,500				
15	410元	35,470				
16	390元	34,440				
17	370元	33,410				
18	350元	32,385				
19	330元	31,355（博士起敘）				
20	310元	30,325				
21	290元	29,295				
22	275元	28,265				
23	260元	27,240				
24	245元	26,210（碩士起敘）				
25	230元	25,180				
26	220元	24,495				
27	210元	23,810				
28	200元	23,120				
29	190元	22,435（新制大學起敘）				
30	180元	21,750（舊制大學起敘）				
31	170元	21,065				

教保服務人員

	教保員			助理教保員
	學科	學士	碩士以上	
1	33,120	35,180	37,240	29,000
2	34,150	36,210	38,270	29,515
3	35,180	37,240	39,300	30,030
4	36,210	38,270	40,330	30,545
5	37,240	39,300	41,360	31,060
6	38,270	40,330	42,390	31,575
7	39,300	41,360	43,420	32,090
8	40,330	42,390	44,450	32,605
9	41,360	43,420	45,480	33,120
10	42,390	44,450	46,510	33,635
11	43,420	45,480	47,540	34,150
12	44,450	46,510	48,570	34,665
13	45,480	47,540	49,600	35,180
14	46,510	48,570	50,630	35,695
15	47,540	49,600	51,660	36,210
備註	教保員為高中職學歷者，依助理教保員薪資津支給。			

	社會工作員具碩士學歷者	社會工作員、護理師	助理教保員
1	31,060	35,180	
2	31,575	36,210	
3	32,090	37,240	
4	32,605	38,270	900元
5	33,120	39,300	
6	33,635	40,330	
7	34,150	41,360	
8	34,665	42,390	

32	160元	20,380
33	150元	19,690
34	140元	19,005
35	130元	18,320
36	120元	17,635
37	110元	169,950
38	100元	16,260
39	90元	15,575

9	35,180	43,420
10	35,695	44,450
11	36,210	45,480
12	36,725	46,510
13	37,240	47,540
14	37,755	48,570
15	38,270	49,600

資料來源：公立中等以下學校教師及幼兒園教保服務人員薪額一覽表，連江縣政府網站，民國109年12月31日，取自：https://www.matsu.gov.tw/upload/f-20181114145628.pdf

表5-9　公立幼兒園契約進用人員薪資支給基準表

說明：
一、有關教保員薪資支給基準表如表一、助理教保員薪資支給基準表如表二、社會工作人員及護理人員薪資支給基準表如表三。
二、教保員為高級中等學校學歷者，依「表二、助理教保員薪資支給基準表」之薪資基準支給。
三、依本辦法第四條第一項簽訂定期勞動契約之契約進用人員，其薪資計算方式如下：
　　(一) 依實際執行職務之月數，按月支給。但服務未滿整月部分，按服務期間曆日，覈實計支；其每日計發金額，以當月全月薪給總額除以三十日計算，並不得低於勞動基準法規定之基本工資。
　　(二) 執行職務未滿一日者，按實際執行職務之時數，按時支給；其每小時計發金額，以日薪資除以八小時計，並不得低於勞動基準法規定之基本工資。

表一、教保員薪資支給基準表

薪資 單位：新臺幣（元）／月 級別 　　　　學歷	專科	學士	碩士以上
第1級	35,120	37,180	39,240
第2級	36,150	38,210	40,270
第3級	37,180	39,240	41,300
第4級	38,210	40,270	42,330
第5級	39,240	41,300	43,360
第6級	40,270	42,330	44,390
第7級	41,300	43,360	45,420
第8級	42,330	44,390	46,450
第9級	43,360	45,420	47,480
第10級	44,390	46,450	48,510
第11級	45,420	47,480	49,540
第12級	46,450	48,510	50,570
第13級	47,480	49,540	51,600
第14級	48,510	50,570	52,630
第15級	49,540	51,600	53,660

第16級	50,570	52,630	54,690
第17級	51,600	53,660	55,720
第18級	52,630	54,690	56,750
第19級	53,660	55,720	57,780
第20級	54,690	56,750	58,810

表二、助理教保員薪資支給基準表

薪資 單位： 新臺幣（元）／月 級別	薪資
第1級	31,000
第2級	31,515
第3級	32,030
第4級	32,545
第5級	33,060
第6級	33,575
第7級	34,090
第8級	34,605
第9級	35,120
第10級	35,635
第11級	36,150
第12級	36,665
第13級	37,180
第14級	37,695
第15級	38,210
第16級	38,725
第17級	39,240
第18級	39,755

第19級	40,270
第20級	40,785

表三、社會工作人員及護理人員薪資支給基準表

資格 薪資 單位：新臺幣 （元）／月 級別	社會工作員 護士	社會工作師 護理師
第1級	33,060	37,180
第2級	33,575	38,210
第3級	34,090	39,240
第4級	34,605	40,270
第5級	35,120	41,300
第6級	35,635	42,330
第7級	36,150	43,360
第8級	36,665	44,390
第9級	37,180	45,420
第10級	37,695	46,450
第11級	38,210	47,480
第12級	38,725	48,510
第13級	39,240	49,540
第14級	39,755	50,570
第15級	40,270	51,600
第16級	40,785	52,630
第17級	41,300	53,660
第18級	41,815	54,690
第19級	42,330	55,720
第20級	42,845	56,750

資料來源：公立幼兒園契約進用人員之進用考核及待遇辦法（民國110年7月20日），
　　　　　全國法規資料庫網站，民國110年10月12日，取自：https://law.moj.gov.tw/
　　　　　LawClass/LawAll.aspx?pcode=H0070050

表5-10-1　園長、教師、學前特殊教育教師及教保員薪資支給基準表

學歷　薪資 單位：新臺幣 （元）／月 級別	專科 未含課稅配套之 導師費差額補助 或教保費補助	學士 未含課稅配套之 導師費差額補助 或教保費補助	碩士以上 未含課稅配套之 導師費差額補助 或教保費補助
第1級	34,120～35,120	36,180～37,180	38,240～39,240
第2級	35,150～36,150	37,210～38,210	39,270～40,270
第3級	36,180～37,180	38,240～39,240	40,300～41,300
第4級	37,210～38,210	39,270～40,270	41,330～42,330
第5級	38,240～39,240	40,300～41,300	42,360～43,360
第6級	39,270～40,270	41,330～42,330	43,390～44,390
第7級	40,300～41,300	42,360～43,360	44,420～45,420
第8級	41,330～42,330	43,390～44,390	45,450～46,450
第9級	42,360～43,360	44,420～45,420	46,480～47,480
第10級	43,390～44,390	45,450～46,450	47,510～48,510
第11級	44,420～45,420	46,480～47,480	48,540～49,540
第12級	45,450～46,450	47,510～48,510	49,570～50,570
第13級	46,480～47,480	48,540～49,540	50,600～51,600
第14級	47,510～48,510	49,570～50,570	51,630～52,630
第15級	48,540～49,540	50,600～51,600	52,660～53,660
第16級	49,570～50,570	51,630～52,630	53,690～54,690
第17級	50,600～51,600	52,660～53,660	54,720～55,720
第18級	51,630～52,630	53,690～54,690	55,750～56,750
第19級	52,660～53,660	54,720～55,720	56,780～57,780
第20級	53,690～54,690	55,750～56,750	57,810～58,810

註：
1. 上開薪資係依據學歷及工作年資計算，另園長（包括其職務代理者）職務加給（90人以下：新臺幣10,000元；91人至150人：新臺幣14,000元；151人至210人：新臺幣16,000元；211人至270人：新臺幣18,000元；271人以上：新臺幣20,000元）；組長（包括其職務代理者）職務加給（新臺幣5,000元）。
2. 園長、教師、學前特殊教育教師或教保員之職務代理，其薪資計算方式如下：
　(1)學歷學士以上者，依學士學歷初任第1級之薪資計算；學歷專科者，依專科學歷初

　　　任第1級之薪資計算。
　(2) 依實際執行職務之月數，按月支給。但服務未滿整月部分，按服務期間曆日，覈實計支；其每日計發金額，以當月全月薪給總額除以三十日計算，並不得低於勞動基準法規定之基本工資。
　(3) 執行職務未滿一日者，按實際執行職務之時數，按時支給；其每小時計發金額，以日薪除以八小時計，並不得低於勞動基準法規定之基本工資。
3. 園長、教師、學前特殊教育教師及教保員之薪資，非營利法人得參考當地物價、薪資水準、人員之專業知能及曾任職於幼兒園之工作年資，依附表一之薪級、各該級別薪資範圍之金額擬訂薪資，及第二十一條第四項各款規定辦理。
4. 薪資包括勞健保自付額，不包括雇主繳付之勞保費（依投保薪資及三十日投保日，單位負擔比率計算）、健保費（投保薪資對應之投保單位負擔金額「負擔比率60%」計算）與勞工退休金提撥（投保薪資之6%）。
資料來源：非營利幼兒園實施辦法（民國110年7月12日），全國法規資料庫網站，民國110年10月12日，取自：https://law.moj.gov.tw/LawClass/LawAll.aspx?pcode=H0070050

表5-10-2　助理教保員及廚工人員薪資支給基準表

薪資 單位：新臺幣 （元）／月 級別　　　學歷或資格	助理教保員 高級中等學校	廚工人員 具丙級中餐烹調士證照者
第1級	30,000～31,000	30,000～31,000
第2級	30,515～31,515	30,515～31,515
第3級	31,030～32,030	31,030～32,030
第4級	31,545～32,545	31,545～32,545
第5級	32,060～32,060	32,060～32,060
第6級	32,575～33,575	32,575～33,575
第7級	33,090～34,090	33,090～34,090
第8級	33,605～34,605	33,605～34,605
第9級	34,120～35,120	34,120～35,120
第10級	34,635～35,635	34,635～35,635
第11級	35,150～36,150	35,150～36,150
第12級	35,665～36,665	35,665～36,665

第13級	36,180～37,180	36,180～37,180
第14級	36,695～37,695	36,695～37,695
第15級	37,210～38,210	37,210～38,210
第16級	37,725～38,725	
第17級	38,240～39,240	
第18級	38,755～39,755	
第19級	39,270～40,270	
第20級	39,785～40,785	

註：
1. 助理教保員為高級中等學校學歷者，依「助理教保員及廚工人員薪資支給基準表」之薪資基準支給。
2. 廚工人員具丙級以上中餐烹調士證照者，依「助理教保員及廚工人員薪資支給基準表」之薪資基準支給，至多至第十級；未具丙級中餐烹調士證照者，其薪資自行議定。但不得逾具有丙級證照廚工人員之支給基準，並不得低於勞動基準法規定之基本工資。
3. 助理教保員之職務代理，其薪資計算方式如下：
   (1) 依高級中等學校學歷初任第1級之薪資計算。
   (2) 依實際執行職務之月數，按月支給。但服務未滿整月部分，按服務期間曆日，覈實計支；其每日計發金額，以當月全月薪給總額除以三十日計算，並不得低於勞動基準法規定之基本工資。
   (3) 執行職務未滿一日者，按實際執行職務之時數，按時支給；其每小時計發金額，以日薪資除以八小時計，並不得低於勞動基準法規定之基本工資。
4. 廚工人員之職務代理，其薪資計算方式如下：
   (1) 具丙級中餐烹調士證照者：
   ① 依初任第1級之薪資計算。
   ② 依實際執行職務之月數，按月支給。但服務未滿整月部分，按服務期間曆日，覈實計支；其每日計發金額，以當月全月薪給總額除以三十日計算，並不得低於勞動基準法規定之基本工資。
   ③ 執行職務未滿一日者，按實際執行職務之時數，按時支給；其每小時計發金額，以日薪資除以八小時計，並不得低於勞動基準法規定之基本工資。
   (2) 未具丙級中餐烹調士證照者：依自行議定之薪資計算，且不得低於勞動基準法規定之基本工資。
5. 助理教保員及廚工人員之薪資，非營利法人得參考當地物價、薪資水準、人員之專業知能及曾任職於幼兒園之工作年資，依附表二之薪級、各該級別薪資範圍之金額擬訂薪資，及第二十一條第四項各款規定辦理。
6. 薪資包括勞健保自付額，不包括雇主繳付之勞保費（依投保薪資及三十日投保日，單位負擔比率計算）、健保費（投保薪資對應之投保單位負擔金額「負擔比率60%」計算）與勞工退休金提撥（投保薪資之6%）。

資料來源：非營利幼兒園實施辦法（民國110年7月12日），全國法規資料庫網站，民國110年10月12日，取自：https://law.moj.gov.tw/LawClass/LawAll.aspx?pcode=H0070050

表5-10-3　社會工作人員及護理人員薪資支給基準表

資格 薪資 單位：新臺幣（元）／月 級別	社會工作人員護士	社會工作師護理師
第1級	32,060～33,060	36,180～37,180
第2級	32,575～33,575	37,210～38,210
第3級	33,090～34,090	38,240～39,240
第4級	33,605～34,605	39,270～40,270
第5級	34,120～35,120	40,300～41,300
第6級	34,635～35,635	41,330～42,330
第7級	35,150～36,150	42,360～43,360
第8級	35,665～36,665	43,390～44,390
第9級	36,180～37,180	44,420～45,420
第10級	36,695～37,695	45,450～46,450
第11級	37,210～38,210	46,480～47,480
第12級	37,725～38,725	47,510～48,510
第13級	38,240～39,240	48,540～49,540
第14級	38,755～39,755	49,570～50,570
第15級	39,270～40,270	50,600～51,600
第16級	39,785～40,785	51,630～52,630
第17級	40,300～41,300	52,660～53,660
第18級	40,815～41,815	53,690～54,690
第19級	41,330～42,330	54,720～55,720
第20級	41,845～42,845	55,750～56,750

註：
1. 社會工作人員及護理人員之薪資，非營利法人得參考當地物價、薪資水準、人員之專業知能及曾任職於幼兒園之工作年資，依附表三之薪級、各該級別薪資範圍之金額擬訂薪資，及第二十一條第四項各款規定辦理；職務代理（一個月以上）者，其薪資計算方式如下：
   (1) 依各該人員初任第1級之薪資計算。
   (2) 依實際執行職務之月數，按月支給。但服務未滿整月部分，按服務期間曆日，覈實計支；其每日計發金額，以當月全月薪給總額除以三十日計算，並不得低於勞動基準法規定之基本工資。
   (3) 執行職務未滿一日者，按實際執行職務之時數，按時支給；其每小時計發金額，以日薪資除以八小時計，並不得低於勞動基準法規定之基本工資。
2. 薪資包括勞健保自付額，不包括雇主繳付之勞保費（依投保薪資及三十日投保日，單位負擔比率計算）、健保費（投保薪資對應之投保單位負擔金額「負擔比率60%」計算）與勞工退休金提撥（投保薪資之6%）。

資料來源：非營利幼兒園實施辦法（民國110年7月12日），全國法規資料庫網站，民國110年10月12日，取自：https://law.moj.gov.tw/LawClass/LawAll.aspx?pcode=H0070050

表5-10-4　職員薪資支給基準表

薪資 單位：新臺幣 （元）／月 級別	專科	學士
第1級	32,458～33,458	34,518～35,518
第2級	32,973～33,973	35,033～36,033
第3級	33,488～34,488	35,548～36,548
第4級	34,003～35,003	36,063～37,063
第5級	34,518～35,518	36,578～37,578
第6級	35,033～36,033	37,093～38,093
第7級	35,548～36,548	37,608～38,608
第8級	36,063～37,063	38,123～39,123
第9級	36,578～37,578	38,638～39,638
第10級	37,093～38,093	39,153～40,153
第11級	37,608～38,608	39,668～40,668
第12級	38,123～39,123	40,183～41,183
第13級	38,638～39,638	40,698～41,698
第14級	39,153～40,153	41,213～42,213
第15級	39,668～40,668	41,728～42,728
第16級	40,183～41,183	42,243～43,243
第17級	40,698～41,698	42,758～43,758
第18級	41,213～42,213	43,273～44,273
第19級	41,728～42,728	43,788～44,788
第20級	42,243～43,243	44,303～45,303

註：
1. 職員之職務代理（一個月以上）者，其薪資計算方式如下：
　(1)學歷學士以上者，依學士學歷初任第1級之薪資計算；學歷專科者，依專科學歷初任第1級之薪資計算。
　(2)依實際執行職務之月數，按月支給。但服務未滿整月部分，按服務期間曆日，覈實計支；其每日計發金額，以當月全月薪給總額除以三十日計算，並不得低於勞動基準法規定之基本工資。
　(3)執行職務未滿一日者，按實際執行職務之時數，按時支給；其每小時計發金額，以日薪資除以八小時計，並不得低於勞動基準法規定之基本工資。
2. 職員之薪資，非營利法人得參考當地物價、薪資水準、人員之專業知能及曾任職於幼兒園之工作年資，依附表四之薪級、各該級別薪資範圍之金額擬訂薪資，及第二十一條第四項各款規定辦理。
3. 薪資包括勞健保自付額，不包括雇主繳付之勞保費（依投保薪資及三十日投保日，單位負擔比率計算）、健保費（投保薪資對應之投保單位負擔金額「負擔比率60%」計算）與勞工退休金提撥（投保薪資之6%）。
資料來源：非營利幼兒園實施辦法（民國110年7月12日），全國法規資料庫網站，民國110年10月12日，取自：https://law.moj.gov.tw/LawClass/LawAll.aspx?pcode=H0070050

二、福利制度

有健全合理的福利制度才能吸引和留住具工作能力和熱忱的教職員工，且有助於幼兒學習和園務的順利運作，以下列舉幼兒園教職員公所應享有之福利列舉說明（信誼基金會學前兒童教育研究發展中心主編，民72；林佩蓉，民84；段慧瑩，民95）：（參見表5-11、5-12、5-13、5-14）

1. **保險**：幼兒園應提供幼兒園內教職員工公保或勞保與全民健保的福利。此外，可為教職員工另外加保意外保險，教職員工無形中亦增加了一份保險。

2. **退休、離職、撫卹制度**：除參加公保或勞保，教職員工擁有公保或勞保及適用勞基法員工擁有勞保給付中之老年給付外，依照勞基法一般法則的訂定，將提供機構成員更完善的保障，幼兒園應訂定退休離職制度，以提供教職員工更完善之保障，如教職員工在正式聘用後，每月由薪資內預繳一定比例金額作為退休儲備金，另由幼兒園提撥同額之配合款，專戶並存，離職或退休時本息一併發給。亦可訂定退職金制度，舉例如下：由參加者每月扣繳若干元，園方相對提撥同額款以上之金額，存入銀行退職金帳戶，服務未滿三年而中途離職者，僅領回員工自行提撥之金額及相當之活儲利息；服務滿三年未滿四年離職者，得提領50%之退職金；滿四年未滿五年離職者，得提領80%之退職金；滿五年以上者，得提領全數100%之退職金，並於每年一月及七月接受辦理退職金提領。

3. **員工福利互助委員會**：員工福利互助委員會的設立有助於提升團隊士氣，並藉眾人之力對於員工有關婚喪喜慶與生老病死的事項，如結婚、生育、死亡、傷病、生日……等，表達祝福與關懷之意，增進員工彼此情感。

4. **在職進修研習補助、子女教育補助**：教師在幼兒園服務期間，凡教學認真、工作積極、表現優異者，如遇有國內、外進修機會將優先推薦；凡公辦之進修機會，由所有教保服務人員依興趣、專長輪流以公假方式參加；經園長核准之進修課程，可補助全部或部分費用及薪資發給；但人員進修不得影響正常工作之進行，且內容需以教保、親職相關課題為原則。子女接受各階段教育，均享有不等之教育補助費。

5. **子女入學優待**：凡本園教職員工子女得不經由抽籤，優先入學；就讀本幼兒園可享有減免學雜費或其他折扣的福利，如免保育費、月費優待全

額或部分。

6. **員工旅遊**：幼兒園可考慮依教職員年資深淺，而提供不同的國內外旅遊補助，或可於每年連續假期時舉辦自強活動，所需經費由園方全部負擔或部分負擔；旅遊期間薪資全額發給，因公未能參加旅遊者，或無旅遊意願者折合獎金發給。

7. **團體制服**：每位教職員發給制服、工作服與運動服，服裝費由園方負擔，離職時，工作服需退還園方。

表5-11 臺北市○○幼兒園福利辦法

保險	1.全體教職員工一律享有勞工保險及全民健保。 2.每月保費按保險局規定，園方負擔70%、個人負擔20%、中央負擔10%；健保保費則依規定，園方負擔60%、個人負擔30%、中央負擔10%。 3.本園並為全體教職員工，投保公共意外責任險，每人○佰萬元。
補助金	1.結婚補助：到職滿六個月以上致贈賀禮○○○元。 2.生育補助：教職員工或配偶生育每次補助○○○元。 3.死亡補助：教職員工父母、子女或配偶喪亡，致贈奠儀○○○元。 4.傷病慰問：教職員工本人住院致慰問金○○○元。 5.生日禮金：教職員工生日時致禮金○○○元。
入學優待	凡本園教職員工之子女入學註冊費、月費享受○○○之優待。
服裝	每名員工發給制服、工作服、運動服各一套，服裝費由學校負擔，惟離職時，服裝須視情況退還園方。
進修補助	1.凡公辦之進修，由所有教保服務人員依興趣、專長、輪流以公假參加。 2.凡經園長指派之在職進修研習，研習費用由園方全額付擔；個人提報並經園長核准者，可依實際情況，酌情補助。 3.前往進修的所有人員進修不得影響正常工作之運作，且內容以教保、親職相關課程為原則。 4.一週以上之長期進修者，經園長同意得留職停薪前往進修，惟因長期暫離職務，影響園務正常運作，園長得依年資長短、決定名額及先後順序。 5.上項4.之進修且應優先利用特別休假及事假之請假額度前往，以免影響園務正常運作。
健康檢查	每年由園方安排一次健康檢查，並全額補助檢查費用。
休閒、旅遊、聯誼	每年舉辦○次休閒、旅遊、聯誼活動，由園方提供經費。

資料來源：臺北市托兒所行政管理手冊，臺北市社會局網站，民國102年7月21日，取自：http://www.bosa.tcg.gov.tw/i/i0300.asp?fix_code=2703010&group_type=1&l1_code=27&l2_code=03

表5-12　臺北市○○幼兒園員工退休辦法

一、為確保本所工作人員福利以增進服務效能，特依據「勞動基準法」等相關規定，制
　　定本辦法。
二、本辦法適用於本所全體專任之工作人員。
三、本辦法之經費來源，依據相關法規提撥入勞保局之個人退休金專戶，存入中央信託
　　局。
四、退休金請領之規定：
　　(一) 退休金之請領自民國87年8月1日本園實施勞動基準法後起算。
　　(二) 凡工作十五年以上且年滿55歲者、或工作二十五年以上者，得自請退休。
　　(三) 凡年滿60歲、或心神喪失、身體殘障不堪勝任工作者，得強制其退休。
　　(四) 勞退舊制退休金之給付標準如下：
　　　　　1. 按其工作年資，每滿一年發給兩個基數，但超過十五年之工作年資，每滿一
　　　　　　 年給予一個基數，最高總數以四十五個基數為限，未滿半年以半年計，未滿
　　　　　　 一年以一年計。
　　　　　2. 強制退休之勞工，其心智喪失或身體殘廢係因執行職務所致，依前款加給百
　　　　　　 分之二十。
　　(五) 勞工退休金條例自民國94年7月1日起，新進人員一律適用勞退新制。
五、本辦法經提報主管機關核備後實施，修正時亦同。

資料來源：臺北市托兒所行政管理手冊，臺北市社會局網站，民國102年7月21日，
　　　　　　取自：http://www.bosa.tcg.gov.tw/i/i0300.asp?fix_code=2703010&group_
　　　　　　type=1&l1_code=27&l2_code=03

表5-13　臺北市○○幼兒園勞工退休準備金提撥及管理辦法

1. 為實施勞動基準法（以下簡稱本法）第五十六條規定提撥及設立勞工退休準備金監督
　 委員會，特訂定本辦法。
2. 勞工退休準備金由本園依每月薪資總額2%至15%按月提撥之。
3. 本園提撥率之擬定或調整，將經由負責人與園長討論後實施。
4. 本園提撥勞工退休準備金累積至足以支應勞工退休金時，得經負責人與園長討論，暫
　 停提撥。
5. 勞工退休準備金，依法存入中央信託局專戶。
6. 本園如歇業，其依提撥率之勞工退休準備金，除支付勞工退休金外，得作為勞工資遣
　 費。如有剩餘時，其所有權屬負責人。
7. 本園提撥之勞工退休準備金不足支應其勞工退休金時，應隨即由本園補足。
8. 應於每年年度終了後一個月內，造具勞工退休準備金提撥及支出數額清冊，報告存
　 檔。
9. 本辦法自發布日施行。

資料來源：臺北市托兒所行政管理手冊，臺北市社會局網站，民國102年7月21日，
　　　　　　取自：http://www.bosa.tcg.gov.tw/i/i0300.asp?fix_code=2703010&group_
　　　　　　type=1&l1_code=27&l2_code=03

表5-14　員工福利互助委員會組織規程

(1)本幼兒園為謀員工福利，促進情誼並安定生活，特組織員工福利互助委員會（以下簡稱本會）。
(2)本會任務如下：關於福利金之籌集與管理事項；關於福利之規劃與舉辦事項；審查員工福利案件。
(3)適用對象：本園編制內之專任人員。
(4)資金來源：幼兒園內其他雜項收入提撥百分之二十；個人薪資本俸部分每月扣除千分之五。
(5)福利事項補助及補助標準：
甲、結婚補助：舉凡本幼兒園教職員供本人結婚，致贈禮金新臺幣若干元整。
乙、喪葬補助：凡本幼兒園教職員工本人往生者，致贈奠儀新臺幣若干元及花圈一對；教職員工之配偶或父母、子女、兄弟姊妹往生者，致贈奠儀若干元及花圈一對。
丙、生育補助：凡本幼兒園教職員工本人或配偶生育者，致贈禮金新臺幣若干元整及鮮花一束。
丁、生日賀禮：凡本幼兒園教職員工生日致贈禮金（券）新臺幣若干元。
戊、疾病慰問：凡本幼兒園教職員工因病住院治療一星期以上，致贈慰問金新臺幣若干元整及鮮花一束。
己、教師節獎勵：舉辦摸彩以慰勞大家（以每人消費三百元為原則）。
庚、旅行、郊遊補助：凡本幼兒園教職員工參加本園舉辦國內外之自強活動者，可享受交通費及膳宿補助。
辛、康樂活動：不定期舉辦各類康樂活動以娛身心。
申、離職紀念：凡本幼兒園教職員工離職（服務滿一學年）時，贈送紀念品一份。
(6)本會設委員若干人，每學年度結束前之行政會議中，投票選舉委請擔任之，任期一年，均為無給榮譽職。
(7)本會每學期初、末舉行一次會議，必要時得召開臨時會。會議時以過半數為決議，並於每學年度結束前之行政會議，報告收支情形。
(8)本會籌集之福利金均設專戶存入銀行生息。

資料來源：段慧瑩（民95）。托育機構評鑑。輯於王立杰、田育芬、段慧瑩、張碧如編著之「托育機構行政管理與實務」第三章。

三、請假制度

在訂定請假規則時，除了考量基本的事、病假外，尚須注意休假的適當安排。適度的休息是支持長久工作的原動力，一套合情合理的請假規則，可使員工在享受福利制度時，也能為幼兒園貢獻心力，保持良好的教保品質。

依據臺北市政府社會局補助財團法人陳重光文教基金會編撰的托育機構行政管理參考手冊，此手冊依勞動基準法（以下簡稱本法）第30條、第38條、第43條、第50條規定訂定之，乙方（教職員工）每七日中至少有一日之休息，是為例假，政府法令規定之假日，兩者甲方（園方）均應給假，

工資照給；擬定範例供托育機構參考，內容包含工作時間、休息及休假辦法（臺北市政府社會局，民96）：（參見表5-15、5-16）

1. **工作時間**：依勞基法規定，乙方每日正常工作時間為八小時。每週工作總時數不超過四十八小時。二週八十四小時。寒暑假期間，工作或輪值的時間。

2. **請假規則及辦法**：教職員工之假別，分為公假、病假、婚假、產假、喪假、事假、休假等，其請假規則及辦法，依規定辦理。

3. **外出假**：工作人員在不影響幼兒照護的情況下，每天中午得輪流休息一小時或外出。

4. **出差**（各所依情況自訂）：(1)當天出差：車資實支實報，超過半天者可請領誤餐費○○元。(2)遠途出差：檢具莒光號火車或國光號汽車以下（含）之證明單；餐費每日○○元，住宿費每日○○元。(3)國外出差：專案處理。

5. **遲到**（各園依情況自訂）：除值早班負責開門者須準時外，可有15分鐘之彈性時間，不算遲到，每人每月5次。

6. 請婚假、喪假、公傷病假、公假、娩假、特別休假等，全勤獎金照給；病假、事假不發全勤獎金。

7. 員工請假時，請假人應於事先親自填寫請假單，敘明請假事由、假別、日數呈主管核准。但遇有疾病或緊急事故，得委託他人代辦請假手續。辦理請假時應提出有關證明文件。教保服務人員請長假時，另請代理人員的辦法。

8. 主任、組長及教職員工由園長核准；園長由負責人核准。

9. 雇主或員工違反本規則規定，主管機關得依本法有關規定辦理。

在制訂規則時，除依勞委會所頒布的勞工請假規則外，各機構因性質不同，也有不同的請假規則。

表5-15 臺北市○○幼兒園請假及給假一覽表

編號	假別	每年天數	最低請假單位	說　　　明	薪資給付
1	婚假	8天	8天	1.應附喜帖或其他證明。 2.婚假八天不含例假日及放假日。 3.一次休畢。 4.一星期前提出。	1.薪資照給。 2.未滿一年薪資減半。
2	喪假	8天	半日	1.父母、養父母、繼父母、配偶喪亡者。	薪資照給
		6天	半日	2.祖父母、子女、配偶之父母、配偶之養父母或繼父母喪亡，給予喪假6天。	
		3天	半日	3.兄弟姊妹、配偶之祖父母喪亡者，給予喪假3天。	
				1.附訃聞等證明文件。2.以上喪假不含例假日及放假日。	
3	病假	30天	二小時半日	1.未住院者，一年合計不得超過30天。 2.住院者，二年內合計不得超過一年。 3.未住院傷病假與住院傷病假，二年內合計不得超過一年。 4.二小時前提出	薪資減半
4	事假	14天	一小時	1.一年內合計不得超過14日。 2.不含例假日。 3.一星期前提出。	不給薪資
5	公假	未定	視實際需要	應檢附相關文件，經負責人及園長核准。	薪資照給
6	產假	8週	8週	1.生育者8週（含例假日）。 2.妊娠三個月以上流產者，給予產假四星期（含例假日）。 3.15日前提出。	工作六個月以上者，薪資照給，未滿六個月者減半發給
7	特別休假	1、7天 2、10天 3、14天 4、30天	一天	1.服務滿一年以上未滿三年以上者，每年7天。 2.服務滿三年以上未滿五年以上者，每年10天。 3.服務滿五年以上未滿十年以上者，每年14天。 4.服務滿十年以上，每一年加給1天，最多以30天為限。 5.15日前提出，園內大型活動一星期前不能請假。	薪資照給

說明：斜體字僅供參考。

資料來源：臺北市托兒所行政管理手冊，臺北市社會局網站，民國102年7月21日，取自：http://www.bosa.tcg.gov.tw/i/i0300.asp?fix_code=2703010&group_type=1&l1_code=27&l2_code=03

表5-16　幼兒園教職員工請假規則

(1)本幼兒園員工之請假，悉依本規則之規定辦理。
(2)本幼兒園員工之請假區分及內容如下：
　甲、事假：因有事故必須本身處理者得請事假，每學年合計不得超過兩星期。
　乙、病假：因疾病必須治療者或休養者，得請病假，每學年合計准假四星期，連續三日以上應附公立醫院診斷書。
　丙、婚假：因本人結婚者，給婚假八日，訂婚假以事假計。
　丁、產假：因分娩者，給分娩假六星期；流產（妊娠不滿七個月）給假四星期；小產（妊娠不滿三個月）給假兩星期。
　戊、喪假：因父母、養父母、繼父母、配偶、子女喪亡者，給假八天；因祖父母、外祖父母，配偶之祖父母、負母、養父母、繼父母喪亡者，給假六天；兄弟姊妹喪亡者，給假三天；曾祖父母喪亡者，給假二天；喪假包括奔喪及歸葬，得分次申請，為應於死亡起百日內請完，且合計日數不得超過規定日數。
　己、公假：下列各款情勢之一者，按實際需要期間，給予公假。代表本幼兒園參加政府或有關機關所召集之會議或活動者；代表本幼兒園參加有關單位舉辦教育活動者；以上公假得按其路程遠近、交通情形的給路程假；因執行職務所生危險而致傷害，或上下班期間，因交通車禍（附警察機關之報案證明），以致無法工作者。
　庚、休假：服務半年以上，未滿一年者，寒暑假期間輪休六天；服務滿一年者，寒暑假輪休十二天；服務滿兩年者，每增加一年，休假得增加兩天，但總日數以一個月為限。休假日數應於每年度內請單，逾期視同放棄。
　辛、外出假：因事得外出辦理，每次以二小時為限，每週不得超過四小時。
(3)除病假外，請假需於事前三日，由本人填具請假單，經核准後，方得離園。如情況特殊亦需先電話告知，其請假手續得由同事或家屬代為之。
(4)請假之最小單位以一小時為基數，不足一小時者，以一小時計，滿八小時折算一日。
(5)請假逾原核准期限者，應申請續假。未經准假擅離職守或假期已滿而不銷假工作者，以曠職論，並按日扣除薪津，得申請留職停薪，停薪期間，以聘約有效期間為準，逾期予以解職或免職。

資料來源：段慧瑩（民95）。托育機構評鑑。輯於王立杰、田育芬、段慧瑩、張碧如編著之「托育機構行政管理與實務」第三章。

四、考核制度

　　教職員工考核結果工作表現優良，宜給予適當獎勵，才能激勵員工自己百尺竿頭，更進一步；如果考核結果不佳，應以員工過去的表現作為改善的起點，擬定目標，配合進修或輔導，協助員工改進與成長。考核制度宜包括（林佩蓉，民84）：

　　1. **考核目的**：考核辦法是人事制度的一環，考核主要的目的是瞭解、診斷並改善員工的工作表現，激勵工作表現良好的人員，警惕表現欠佳的人

員；而考核的結果，可作為幼兒園人員升遷、獎金撥發及確認員工訓練需求的重要參考依據。良好的考核辦法，能激勵充分發揮的園長，達到人盡其才，提升園方績效與形象的目標。

2. **考核方式有**：(1)**觀察**：可定期、不定期觀察並紀錄日常教職員工工作表現的細節。(2)**會談**：主管能確實表達對部屬的工作要求，而部屬亦可衡量其要求是否可以接受，與主管有討論的機會；同時，主管也可和部屬討論工作的情形和困難。(3)**設計考核表，提供員工自我考核**：考核表的設計，可透過園務會議，由教職員工共同討論設計，大部分員工都能接受的考核與項目，才是真正可行的考核辦法；員工可依據考核表上的事項，自我反省是否做到及符合要求，同時主管可以員工自我考核的結果作為考核的參考。

3. **考核內容**：可包含下列內容：(1)**態度**：包括是否有責任感？工作是否需要催促？是否有自覺性？是否激勵自己將工作做好？學習成長的動機是否強烈？是否主動充實自己，或參加各項研習、討論會？出勤是否正常？是否常請假？辦公時間是否經常外出？(2)**能力與潛力**：是否有能力將工作做好？是否能擔負更多的任務？教學是否能引起幼童的學習興趣？(3)**與同事關係**：是否與同事相處愉快？是否得到同事的支持和合作？（參見表5-17、5-18、5-19）

4. **考核結果的處理**：(1)以書面私下通知當事人，並可與員工分別約談，瞭解員工的想法與反應。(2)應配合調薪、升遷、獎金及輔導制度同步實施。

表5-17 私立幼兒園工日常工作表現觀察記錄表

○○幼兒園○班　觀察記錄表

日　期	
時　間	
情　況	
備　註	

觀察者：○○○

資料來源：林佩蓉（民84）。幼兒園園長手冊。臺北市：臺北教育局。

表5-18　新北市○○幼兒園教師教學評量表

受評時間：　年　月份　　　　　受評教師：

類項	序	考核內容	自我評核	交叉評核	園長評核
專業倫理	1	面帶微笑、喜樂、平安、謙和。	12345	12345	12345
	2	學習自我控制情緒、不遷怒他人。			
	3	知道全園孩子的姓名。			
	4	對孩子沒有私心與評價，透過各種瞭解，做成個案記錄。			
教學準備	1	依孩子的能力、興趣，設計適宜的教學活動。	12345	12345	12345
	2	活動內容充實、富變化，敘寫清楚、容易明瞭。			
	3	符合幼教理念，內容完整可行。			
	4	能主動依執行狀況修正教學計畫，改進教學。			
	5	教學日誌能按日詳細填寫與使用。			
情境與教具	1	根據主題與孩子一同建置合宜的教學情境。	12345	12345	12345
	2	教材教具依教學設計準備齊全。			
	3	有效地利用教材教具進行生動活潑的教學活動。			
	4	能用心蒐集上課資源、製作教具、並物歸原處			
	5	能對幾位孩子所設計的一切教學情境、設備、素材做出專業的說明。			
班級管理	1	維持教室內良好學習秩序，引發孩子濃厚的學習興趣。	12345	12345	12345
	2	班級經營之常規、動線、情境、區域規劃能以孩子為主。			
	3	不斷在生活中提升班級經營的品質，將自己視為環境的重要一環，強調身教。			
活動帶領	1	善用團體、分組、個別等教學進行方式。	12345	12345	12345
	2	適當靈活調整教學方法以配合孩子的興趣與需求。			
	3	有效地掌握整個活動的流程與活動間的銜接。			

專業成長	1	配合學校要求，參與研習進修，並提出研習心得與運用於教學中。	12345	12345	12345
	2	提出經驗分享，並主動尋找研習進修內容，增進自我專業知能。			
	3	統整經驗、做出計畫、主動諮詢、貫徹執行。			
教學技巧	1	課程規劃按照所計畫之進度進行。	12345	12345	12345
	2	將教學執行成果做獨立分析與解讀，提出問題研究。			
	3	運用故事、回溯、假設等談話技巧，引領孩子表達想法。			
	4	成熟運用孩子的領導慾望與能力，建立孩子表達的自信。			
師生互動	1	能給孩子正向的回應和鼓勵	12345	12345	12345
	2	與孩子建立良好關係（老師與孩子、孩子與孩子間有良好的互動關係）。			
	3	與協同教師間配搭良好，相處和諧愉快。			
	4	能注意到孩子的特別反應與情緒。			
溝通技巧	1	對孩子的說明、指示清楚可行。	12345	12345	12345
	2	用孩子聽得懂的語言指導孩子或與其交談。			
	3	聆聽孩子的想法，注意到孩子的情緒反應。			
	4	肯定對自己班上老師的分工與默契。			
	5	以微笑、鼓勵、擁抱、聆聽，接納孩子的表達。			
	6	絕不打罵孩子，並能大略指出孩子錯誤行為之成因。			

輔導能力	1	用和藹、堅定的語氣適當地處理孩子的行為問題，而不大聲斥責或體罰。	12345	12345	12345
	2	能依孩子的個別狀況、不同的需求給予適宜的輔導。			
	3	熟悉班級孩子概況（個性、學習程度、飲食等）。			
	4	針對需要，給予孩子做個別性指導與記錄。			
	5	建立個案工作記錄，並提出分享討論。			
行政配合	1	積極參與園方舉辦的各項活動，並主動協助事務。	12345	12345	12345
	2	瞭解逐日工作流程。			
	3	知道園方行政組織及個人工作職掌。			
	4	瞭解園方制度大綱。			
	5	主動及時統整疑慮，尋求協助，並做成記錄，但同樣問題不做第二次尋助。			
親師溝通	1	積極邀請家長參與學校活動或與家長保持良好關係。	12345	12345	12345
	2	孩子在場時，不與家長談論孩子行為。			
	3	能有效處理孩子行為，並提出經驗方法，協請家長配合。			
	4	成立班級家長義工會，充分達成家園同心的默契。			
總評意見					

說明：交叉評核由同班的另一位老師評量。

資料來源：園務參考，新北市幼兒教育資源網，民國102年7月31日，取自：http://kidedu.ntpc.edu.tw/files/11-1000-83.php

表5-19 教職員成績考核表

臺南市○○區○○國民小學○○學年度教職員成績考核表

姓名			到職			事假		嘉獎	
現職			本薪	最高薪		病假		記功	
職等	形情核定職現	現職定核	日文讀期	薪額	年功薪	合計	公假	勤情形	曠職 / 遲到早退
							假	嘉獎記總	申誡 / 記過 / 記大過 / 記大功
重要工作簡述									

條款	項目	標準	及蓋章職員督單位主	考核初核 委員	條款	項目	標準	及蓋章職員督單位主	考核初核 委員
款一條六	一	努力盡職，達成任務。任職勞怨繁重。			款三條六	一	工作平常，勉能符合要求。		
	二	事病假合計在十四日以下。				二	經給予延長病假。		
	三	無遲到早退曠職紀錄。				三	有曠職情事，尚未達第九條第二目之程度者。		
	四	品德生活考核無不良紀錄。				四	品德生活考核有不良事蹟，尚不足影響校譽或個人人格。		
	五	未受任何懲罰及行政處分。							
款二條六	一	工作努力盡職，任務完成。			款四條六	一	廢弛職務情節重大致嚴重影響校務，有具體事實。		
	二	事病假合計超過十四日，或因病住院而未達延長病假。				二	挑撥離間或誣控濫告，情節嚴重，經疏導無效，有確實證據。		
	三	無曠課曠職紀錄。				三	品德不良有具體事實，足以影響校譽或教育風氣。		
	四	品德生活考核無不良紀錄。				四	破壞紀律，有確實證據。		

考核結果	合於教職員成績考核辦法第條款之規定列等				初核考核委員會	覆核校長	註備		

核定日期	資料填寫人	單位主督	考核委員會主席	校長	簽章

說明：（一）本考核表組程內之各欄內資料，由各校主（兼）辦人事業務人員負責初填實填並在查填人內蓋章。
（二）考核合於本表列有關條款項目標準者分別以「✓」記號表示。
資料來源：臺南市公立幼稚園幼教行政表格，臺南市特幼課網站，民國96年10月1日。取自：http-spc.tn.edu.tw

　　為了要留住優質的教職員工，幼兒園必須照顧教職員工的需要和權利，下列各項措施可使員工感覺到被尊重（葉嘉青譯，民88）：(1)增加薪水和福利。(2)教育家長和社區民眾支持教職員工。(3)鼓勵家長尊重教職員工。(4)幼兒園需有履行員工權利的計畫並真正實施。(5)讓教職員工參與重要的決定。(6)教職員工的午餐和休息時間不可被縮短。(7)提供教職員工安靜舒適的教職員休息室。(8)提供教職員工適當的收納個人物品空間。(9)以尊重的態度去倡導員工的福利。(10)提供定期的教職員工會議、在職訓練和持續性的教育。(11)幫助員工察覺到多種人格特質的不同，並且給予及回應清楚的訊息。(12)幫助員工將焦點放在所有正向的結果上。

　　依據臺北市政府社會局補助財團法人陳重光文教基金會編撰的托育機構行政管理參考手冊中，擬定範例供托育機構參考（臺北市政府社會局，民96）：

　　1. 園長由負責人遴選，其資格符合主管機關相關規定聘之。

　　2. 其他工作人員經園長遴選，其資格符合主管機關相關規定聘任之。

　　3. 新進人員應於三十日內，配合園方完成人員核備主管機關之程序。

　　4. 因園務需要，得調整工作人員之工作時間或所任職務。

　　5. 遇下列情事之一者，得依法預告終止聘任關係：(1)結束園務。(2)減班以至於須減少工作人員。(3)不能勝任所擔任的工作時。

　　6. 工作人員有下列情事之一者，幼兒園得不經預告逕予免職（信誼基金會學前兒童教育研究發展中心主編，民72；臺北市政府社會局，民96）：(1)甄選時提供不實之經歷資料者。(2)不當侵占公款、公物者。(3)因家庭或私人問題，而長期疏忽其工作職責者，致影響園務運作者。(4)無正當理由，連續曠職三日以上者。(5)散布不利於幼兒園之謠言，致幼兒園名譽受損者。(6)經常疏忽對幼兒照顧，而危及幼兒的安全者，或對園內幼童造成身心傷害者。(7)無法與同事或家長相處、溝通，經常搬弄是非、製造事端者。(8)品行不佳，或耽溺於不良習慣者。

　　7. 幼兒園教職員工自行請辭，應依規定於聘約結束前提出辭呈，經核准後與接任者辦理交接；辭職應辦妥下列離職手續：(1)整理職務相關資料器具，並詳實填寫工作移交清單。(2)繳回借用或保管之財產及公物、圖書、職章等。(3)繳回人事管理規章。(4)填寫離職同意書。(5)結清各項費

用。（參見表5-20、5-21、5-22、5-23、5-24、5-25、5-26、5-27）

表5-20　臺北市○○幼兒園聘書

○○人聘字號：○○○號

茲　敦　聘
○○○　君爲本園擔任○○職務。
聘約自民國 ○○ 年 ○○ 月 ○○ 日起至民國 ○○
年 ○○ 月 ○○ 日止，並訂服務聘約如后。

　　　此　　　聘

負責人（園長）○○○

中　華　民　國 ○○ 年 ○○ 月 ○○ 日

資料來源：臺北市托兒所行政管理手冊，臺北市社會局網站，民國102年7月21日，
　　　　　取自：http://www.bosa.tcg.gov.tw/i/i0300.asp?fix_code=2703010&group_
　　　　　type=1&l1_code=27&l2_code=03

表5-21　臺北市○○幼兒園在職證明書

　　　○○○　君（身分證字號：○○○○○○○○○○）自民國 ○○ 年○○ 月○○ 日起
在本園擔任○○一職，係報局核准在案之合格○○，特此證明。
臺北市政府社會局核准文號：○○年○○月○○日 北市社五字第○○○○○○○○○
號函。

負責人（園長）○○○

中　華　民　國 ○○ 年 ○○ 月 ○○ 日

資料來源：臺北市托兒所行政管理手冊，臺北市社會局網站，民國102年7月21日，
　　　　　取自：http://www.bosa.tcg.gov.tw/i/i0300.asp?fix_code=2703010&group_
　　　　　type=1&l1_code=27&l2_code=03

表5-22　臺北市○○幼兒園員工離職證明書

發文日期：中華民國○○年○○月○○日
發文文號：（○○年）○托○字第○○○號

　　○○○ 君，身分證字號○○○○○○○○○○，自民國 ○○ 年○○ 月○○ 日起至○○ 年○○ 月○○ 日止，在本園擔任○○一職，茲因○○原因離職，特此證明。（臺北市政府社會局核准文號：○○年○○月○○日北市社五字第○○○○○○○○○○號函。）

負責人（園長）○○○

資料來源：臺北市托兒所行政管理手冊，臺北市社會局網站，民國102年7月21日，
　　　　　取自：http://www.bosa.tcg.gov.tw/i/i0300.asp?fix_code=2703010&group_
　　　　　type=1&l1_code=27&l2_code=03

表5-23　臺北市○○幼兒園員工離職責任檢核表

項　目	完成日期	監交人簽名	備註
詳實填寫工作移交清單			
繳回人事管理規章			
填寫離職同意書			
配合辦理退保手續			
結清代管或借貸金額			
繳回借用或保管之公物、圖書等			

資料來源：臺北市托兒所行政管理手冊，臺北市社會局網站，民國102年7月21日，
　　　　　取自：http://www.bosa.tcg.gov.tw/i/i0300.asp?fix_code=2703010&group_
　　　　　type=1&l1_code=27&l2_code=03

表 5-24　應聘書及聘書

人事校園長		根存	受聘人姓名	職務	聘約期限	填發日期	備註
					年　月　日起　止	年　月　日	

附註：應聘人於接到聘書時，先詳閱背面所附規約，同意一週內填送本校人事室，過期即以不願應聘論。

應聘書

聘字第　號

本人願應貴園（校）之聘並願遵守聘約自民國　年　月　日起至民國　年　月　日止，並願切實履行規定

此致

（園名全銜）

應聘人：　　蓋章

住址：

電話：

中華民國　　年　　月　　日

聘字第　　號

（園名全銜）　聘書

聘字第　號

茲敦聘

為本園教師，聘約自民國　年　月　日起至民國　年　月　日止，兼任行政工作另行通知

此聘

校園長

中華民國　　年　　月　　日

資料來源：臺南市公立幼稚園幼教行政表格，臺南市特幼課網站，民國96年10月1日，取自：http://spc.tn.edu.tw。

表5-25　補發教師證書申請書

補發教師證書申請書

申請人　　　　　　係　　　市　　　市　　人，民國　　年　　月　　日生，於　年

月　　日經貴廳登記檢定合格為　　　教師發給　　　字第　　　號教師證書一紙，茲因遺失，請予補發，

如有虛報情事，願負法律責任。

　　　　　謹　　陳

教育部中部辦公室

　　　　　　　　　　申請人：　　　　簽章

　　　　　　　　　　　　　　　年　　月　　日

資料來源：臺南市公立幼稚園幼教行政表格，臺南市特幼課網站，民國96年10月1日，取自：http://spc.tn.edu.tw。

表5-26　教職員異動一覽表

縣市_____　市鎮鄉_____　幼稚園　第_____學期　_____學年度

教職員異動一覽表

職別 離職 新任	姓名	籍貫	生出 年月 日	身分 證字 號	最高學歷 及科系別	歷經	登記（檢定）合格 日期文號	是否修畢 幼稚教育 有關學分	到職 日期	在本園 服務年資	動態	住址 電話	備
		省市 縣市							年 月 日	年 個 月	□新聘 □辭職		於 年 月 日離職， 補
		省市 縣市							年 月 日	年 個 月	□新聘 □辭職		於 年 月 日離職， 補 教師離
		省市 縣市							年 月 日	年 個 月	□新聘 □辭職		

註：一、本表應於教職員異動二週內函報異動一覽表一式二份。
　　二、填報日期詳填，並加蓋幼稚園印信。
　　三、籍貫（省或市、縣或市）請詳填，不要的畫掉。
　　四、資料如有不實，幼稚園負責人應負法律上之責任。

負責人：
　　校長：
　　園長：
　　填表人：
　　填表日期：

資料來源：臺南市公立幼稚園幼教行政表格，臺南市特幼課網站，民國96年10月1日，取自：http://spc.tn.edu.tw。

表5-27　教職員一覽表

縣　市
市　鎮市鄉

幼稚園　　第　學年度　第　學期

教職員一覽表

核准班級數：
立案文號：
立案日期：
電話：

職別（新任／離職）	姓名	籍貫	出生年月日	身分證字號	最高學歷及科系別	經歷	登記（檢定）合格是否修畢幼稚教育有關學分日期文號	到職日期	在本園服務年資	動態	住址電話	備註
		省市　縣市						年　月　日	年　個月	□新聘　□辭職		於年月日離職生效
		省市　縣市						年　月　日	年　個月	□新聘　□辭職		補教師離職遺
		省市　縣市						年　月　日	年　個月	□新聘　□辭職		

註：一、本表應於每學期開學後四週內函報縣市政府一式二份，教職員異動時，需在二週內函報異動一覽表一式二份
　　二、填報日期詳填，並加蓋幼稚園印信。
　　三、籍貫（省或市、縣或市）請詳填。
　　四、資料如有不實，幼稚園負責人應負法律上之責任。

負責人：
　園長：
　校長：
　　填表人：
　　填表日期：

資料來源：臺南市公立幼稚園幼教行政表格，臺南市特幼課網站，民國96年10月1日，取自：http://spc.tn.edu.tw。

第三節 幼兒園教保服務人員的專業倫理守則

　　幼兒園教保服務人員應遵守其專業守則，並表現出其專業修養，在專業守則方面，有下列幾項（內政部，民68）：(1)應確信教保工作之價值，並以擔任教保工作為榮。(2)應確信每一個幼兒都有其生存價值，不論其家庭環境、地位、國籍、種族、宗教、政黨及其行為及外型，並盡力培養其安全感、自信心及自尊心。(3)應確認幼兒時期為人格奠基時期，教保任務兼具，需要高度耐性與服務精神。(4)應確認家庭是幼兒生長發育之基地，除了在幼兒園內實施教保外，並應對家長推行親職教育。(5)應尊重幼兒之個別差異，並促進其潛能之充分發展。(6)應利用各種社區集會及活動宣揚嬰幼兒教保之重要性，藉以推廣教保工作為全體幼童謀福利。(7)執行任務時應與其他專業，如衛生教育與司法人事充分聯繫密切配合，以確保幼童身心之平衡發展，並發揮家庭功能。(8)應確認實施幼童教保需要之教保專業知能，並應於工作過程中，不斷尋求及研究工作之新知能，以提高工作素養。(9)應對工作過程中所獲得之資料慎重運用，並對有關家庭私生活部分保密。(10)應經常自我檢討、自我控制，達成工作人員應有之專業修養。

　　工作人員之專業修養方面，有下列幾項（內政部，民68）：(1)富有愛心、耐心及責任心。(2)喜愛並尊重幼童。(3)易與人建立良好關係。(4)具有瞭解力、觀察力及創造力。(5)具有幼兒教保之專業知能。(6)具有高度之判斷力及研究心。(7)本身身心健全。(8)具有彈性及幽默感的生活。(9)具有寬容性及合作性。(10)樂觀及具有多方面之興趣。(11)勤勉、整齊、規律。(12)經常自我檢討、自我改進。

　　每一種職業都有其專屬的職業倫理與道德，以界定和規範工作責任、態度。對幼教工作者而言，每天面對著幼兒和家長，該作如何的行為反應；該介入多少？這些都需依照專業的倫理、道德觀來判斷。所以每一位教保服務人員都應確立屬於教保專業領域的倫理、道德觀。專業的教保服務人員應具備紮實的理論基礎，與豐富的實際教學經驗，藉由觀察、省思和檢討，協助幼兒進步成長。而一位教保服務人員所應具備的理論基礎與實務經驗應包含三方面（林佩蓉，民84）：(1)幼兒教育：包括生理、心理兩方面的發展階

段和特徵，以及該如何適時的協助、輔導；(2)課程教學：包含課程編排、組織的理論與架構，教學原理原則、方法的實際運用；(3)親職教育；清楚瞭解親職教育的意義和目的，並實際設計多元化多樣性的親職活動，以協助父母親成為稱職的父母。(4)專業態度：具有專業態度的教保服務人員應認同自己的工作，清楚掌握教育目標、教學重點；態度主動、努力、積極，隨時吸收幼教新資訊，願意自我檢核、思索問題，嘗試提出方案尋求改進；尊重、關懷、喜愛幼兒；言行一致、以身作則；和諧融洽的人際關係。

　　依據臺北市政府社會局補助財團法人陳重光文教基金會編撰的托育機構行政管理參考手冊（民96）中，指出托育機構的工作人員應遵守下列服務原則：(1)每日上班均須有良好的精神預備。(2)遵守本規章配合園長確實執行職務。(3)工作人員應以身作則，以愛心和耐心照顧幼兒，熱心服務家長，誠心與同仁相處，誠實廉潔，共同建立機構良好形象。(4)要以開放、熱忱、溝通的態度，進行工作上的創新、協調與合作，避免本位主義、耳語私傳及自組小團體。(5)公款、公物非因職務需要不得私用，使用時亦須經規定程序妥善愛惜、運用、報銷或歸還。(6)不得利用職務之便，圖利自己或他人。

第四節　幼兒園人員的招募

　　遴選教保服務人員時，應根據幼兒園的組織及需要，先確定該職位的工作內容，及必須具備的經驗與能力，以作為遴選時的標準；除面談之外，還可進行筆試，或實際試教，以觀察並瞭解其教學語氣、態度和能力，以及對幼兒的看法、包容度和愉悅度，分析其可能發展的潛力。綜而言之，遴選幼托幼兒園教職員工要項（信誼基金會學前兒童教育研究發展中心主編，民72；林佩蓉，民84；段慧瑩，民95）：

　　1. **方式及步驟**：(1)幼兒園內成員的推薦與介紹；(2)刊登媒體，如報章雜誌、洽詢幼教與幼保相關科系或校園公告，及教育、社會公益機構張貼，徵才網站等方式；(3)請應徵者先繳交履歷表，根據這些基本資料建立人才檔案，過濾人選，再通知適當人選進行面談和試教，面談時間最好安排在沒

有幼兒或家長打擾的情況中進行，以便與應徵者詳談；(4)去函或電話詢問以瞭解預取者曾任職機構過去的表現；(4)通知試用（約1至3個月），試用期後發給正式聘書。

2. **面談要項**

(1) **瞭解應徵者背景**：年齡（太年輕是否經驗不足？太年長是否體力不佳或缺乏進修精神？）、經濟狀況（是否需要負擔家計？希望的待遇金額？）、婚姻狀況（婚姻是否美滿？是否會影響工作情緒？）、子女狀況（如果子女還小，若擔任全職，則子女平常要由誰照顧？）、住處（如果住家與幼兒園距離太遠，每天早上是否能準時到達？每天來回需花費的時間與精力，是否會影響工作效率？）、學歷（在學校修過哪些與教保有關的科目？參加過哪些訓練班、研習會？有沒有進修計畫？）、經歷（過去做過哪些工作？職位是什麼？薪資是多少？離職的原因？）、語態（說話是否清晰？國語是否流利？態度是否和善？）、性向（個人的興趣、專長、休閒活動、特殊嗜好）、人格特質（同事過的人員中，較喜歡哪種類型的人？為什麼？）、其他（個人的宗教信仰、參與的社團、特殊專長、擅長的語言等）。

(2) **瞭解其選擇任職本園的動機**：詢問應徵者應徵這項工作的動機為何？為什麼他認為自己適合從事這項工作？

(3) **瞭解其專業知識與實務經驗**：可提出幾個有關幼兒身心發展、教保的實際問題，以進一步瞭解應徵者的專業知識和應變能力，如：你會從哪裡尋找教學資料？當你準備上團體律動時，卻發現幼兒不感興趣，你將怎麼辦？假如有個幼兒經常吸吮大拇指，在教室裡走來走去，不肯參與活動時，你會怎麼辦？假如有個幼兒平常都很高興地來上學，有一天早上卻因為媽媽離開而大哭，你會怎麼辦？

(4) 每位應徵者都有其不同的優缺點，徵選時應多方面衡量，考慮某方面的優點，是否能彌補另一方面的弱點。

(5) 初步決定錄用的人選後，宜請他繳交醫院的健康檢查表，以確定其沒有法定傳染病或其他嚴重的疾病，再發給聘書或簽訂合約書。若為慎重起見，則可先予試用一段期間。

甄選教職員時，應注意其資格，其中包括學歷、經歷，還需注意人格

特質、必備的技能和知識，以下略述其人格特質、必備技能和知識（Click, 2000）：

1. **人格特質**：(1)喜歡與兒童相處。(2)有照顧兒童的能力。(3)具有彈性變通的能力。(4)能耐心等待兒童自己完成工作。(5)能成為兒童的角色模範。(6)擁有良好的溝通能力，包括傾聽的能力。(7)能允許兒童獨立並自己解決問題。(8)能瞭解並接受兒童與成人之間的差異。(9)能與同事和家長一起合作，猶如團隊工作。(10)健康、活力且能享受體能活動。(11)興趣廣泛且樂意與兒童和成人分享。(12)樂意持續學習。

2. **必備技能**：(1)設置能激勵兒童參與的環境。(2)設計能激發兒童思考、解決問題和作選擇的活動。(3)鼓勵兒童藉由傾聽和回應來使用語言的溝通。(4)促進兒童身體的發展。(5)協助兒童感受成功的經驗。(6)創造協助兒童瞭解族群文化差異的環境。(7)評估和測量兒童的學習成就。

3. **必備知識**：(1)瞭解兒童發展各階段中的認知、語言、身體、社會和情緒的發展。(2)非正常兒童的發展（Atypical development）。(3)幼兒的學習方法。(4)呈現教材和活動的方式，以吸引兒童願意參與。(4)家庭如何影響兒童的發展。(5)與家長形成夥伴關係的方法，以教育和照顧兒童。(6)溝通和會議的技巧。

面談時避免問只需用一個字即能回答的問題，例如是否或有無。應盡量讓應徵者多說出自己的想法，例如：告訴我……，描述一下……，舉列出……，簡略敘述一下……。也可運用下列問題瞭解其個人的感覺和態度（Click, 2000）：(1)**教學熱忱**：與兒童在一起時，你最喜歡什麼？(2)**對個別差異方面的態度**：假設你班上有一位盲童，你如何設計班上的活動讓全班一同參與？(3)**處理兒童問題狀況的能力**：你班上有一位兒童拒絕參與任何團體的活動，也不會走入團體活動的區域，假使他走入也不會說任何話，你會怎麼做？

綜而言之，**任用教保服務人員時之注意事項**（林佩蓉，民84；段慧瑩，民95）：(1)幼兒園宜規劃幼兒園需要的人力和聘用的員額，最好應包含儲備人員，以免臨時匆促聘用，而影響幼兒園運作。(2)每位應徵者都有其的優缺點，遴選時應審慎考量，以符合幼兒園的需求為目的。(3)面談時應將工作性質、環境、工時、待遇等相關資訊提供給應徵者瞭解。(4)預定錄取

者，應請他繳交公立醫院的健康檢查表，以證明其沒有傳染病或其他嚴重疾病，再簽訂試用合約書，試用一段期間，試用結果滿意後，才核發聘書。(5)應通知新聘人員提早一周到幼兒園來適應新環境。

新進人員接獲通知後，應依規定日期報到並辦理下列相關事宜（臺北市政府社會局，民96）：(1)攜帶原服務機構離職證明書（初任者免繳）。(2)繳驗身分證及所有學經歷證件（含研習證書），核對後發還正本，影本存查。(3)繳交體檢表一份（含一般體檢項目、胸部X光與A型肝炎檢驗）。(4)領取人事資料表、上下班路線圖詳實填寫。(5)繳驗勞、健保轉出單，並辦理加保事宜。(6)辦理薪資帳戶及開戶事宜。(7)工作人員切結書。

對於新進員工的定位引導，一份簡單且扼要的闡述工作計畫的目標與原理的介紹，使新進員工大致瞭解未來工作的環境，例如（桂冠編譯室，民88）：(1)孩童的日常行程表，其中註明抵達及離開幼兒園時間、用餐與點心時間、午睡、遊戲等時間。(2)教室、人事室與供應室的位置。(3)行政結構、員工姓名與其他人員的工作角色描述。(4)有關空間的使用、戶外活動的程序、遠足郊遊、午休時間不睡覺等層面上對兒童與教保服務人員的基本規範，家長的接送規定等。(5)工作時數包含休息午餐，以及其他對教保服務人員或義工的相關規定。(6)安全措施與健康守則。(7)有關社區的種種資料。(8)對專任員工的人事政策。

契約書（contract）或稱人事合同（personnel agreement）就是幼兒園方和教職員工簽訂的書面承諾，以促進工作穩定；在一定期間內，雙方必須遵守的相關事項，幼兒園方允諾支付酬勞和福利，而教職員工承諾履行工作的責任。契約是影響幼兒園教職員士氣的重要因素之一，幼兒園中的兒童需要長期穩定工作的教師來陪伴他們，因為和兒童建立信任感，需要長時間來培養。以下就契約內容、新進人員的引導和人事制度相關規定等三方面加以說明（Click,2000）：（參見表5-28、5-29、5-30）

1. 契約內容應詳列所有僱用條件，應包括下列各點：(1)契約的有效期間：包括契約開始和結束的時間。(2)試用期間：所有契約生效以前的一段時間，通常為一到三個月。(3)薪資：契約有效期間的薪水。(4)福利：假期的日數，病假、醫療和退休福利。(5)契約的終止：契約終止的條件（包括僱傭雙方提出終止契約的約定）。引導新任教職員適應環境：給新任教職員

一份介紹幼兒園工作環境和工作內容的說明書，以及人事制度的相關規定，僱傭關係的所有細節，並應告知新進教職員要熟讀，並可對任何不瞭解的內容向，幼兒園詢問清楚。

2. 新進教職員到任第一天，應被**導覽**幼兒園的所有環境和設備，並介紹認識所有教職員，並儘快介紹給家長認識，可請資深人員協助，園長並應隨時給予協助和支持。可提供**手冊**給新進教職員，手冊內容可以包括：幼兒園的理念、目標、董事會的章程和規定、班級經營的程序、遊戲場的規則和限制、與兒童互動的建議、兒童各項紀錄文件的格式、社區資源的相關資訊、教職員通訊錄。

3. **人事制度**相關規定：人事制度相關規定應力求簡短且切中題旨、清楚明瞭、結構內容具邏輯順序。內容可包括：(1)**僱用細節**：包括每日工作時數、假日、假期，試用期限和標示例行事務。(2)**工作環境**：包括告知教職員何處取得教室鑰匙和停車位置，以及維護教室和設備的責任。(3)**健康和安全事宜**：留下教職員的身分資料，以完成背景查核，確認其對兒童無害。要求提出健康檢查報告，內容涵蓋肺結核、B型肝炎和麻疹抗體的檢查，此健康檢查的費用，可由雙方約定由個人支付或由學校支付。此外，應包括病假相關規定、員工意外事故報告、如何申請醫療保險、員工福利（員工孩子就讀本幼兒園的福利、員工的退休保險和社會保險、團體人壽保險、失業險、資遣費）、工作中的休息規定。(4)**契約的終止**：詳述僱傭雙方提出終止契約要求的程序，一般大約要求在二星期前提出。此外，應詳述申訴程序，以解決教職員對工作的不滿，提升士氣，降低流動率。(5)**工作說明**：每一份職務都應有其工作說明，以釐清此份工作的義務和責任。

4. **晉升機會**：可提供晉升較高薪資或職務的機會，可詳載於人事制度相關規定中，如晉升的條件為取得較高學歷或服務成績；此外，薪資表應詳列出各薪級級距和要求條件。

表5-28　臺南市公立幼兒園契約進用教保員勞動契約範本

立契約人　　　○○　　學校　　　　　（以下簡稱甲方）
　　　　　　　　　　或幼兒園

　　　　　　　○　○　○（以下簡稱乙方）

雙方同意訂立契約條款如下，以資共同遵守履行：
一、契約期間：
　　甲方自＿＿＿年＿＿＿月＿＿＿日起，僱用乙方為：☑教保員□助理教保員□社會工作人員□護理人員□廚工□職員□幼童專用車輛駕駛人□幼童專用車輛隨車人員。
二、工作項目：（依職務由各園（校）視實際需求增刪）
　　乙方接受甲方之指揮監督，並服從甲方工作規則與紀律，從事下列工作：
　　1. 教保服務
　　2. 園務行政工作
　　3. 課後留園照顧服務
　　4. 其他園方交辦事項
三、工作地點：
　　乙方勞務提供之工作地點為：（各校（園）地址），必要時得配合甲方之需要，接受甲方合理之調動。
四、工作時間：
　　(一) 乙方正常工作時間為每日不超過8小時，每二週不超過84小時；但如行政院勞工委員會針對幼兒園行業另有其他規定時，應從其規定。
　　(二) 甲方得視業務需要，採取輪班制或彈性調整乙方每日上下班時間，例假、（特別）休假及請假，應依中央主管機關及臺南市政府訂定之相關規定辦理。
　　(三) 乙方同意調移部分國定假日休假及勞動假日，比照公務人員週休2日制出勤，調移之假日，由甲方參考當年政府機關辦公日曆表決定之，乙方不得再主張休假或領取加班費。
　　(四) 乙方延長工作時間之補休或核發加班費，依相關法令規定辦理；如採補休，應於6個月內補休完畢。
五、給假及請假：
　　(一) 甲方應依中央主管機關及臺南市政府相關規定給假，乙方依相關事實且有請假之必要時，得依甲方所要求之請假程序（辦法），辦理請假手續。
　　(二) 甲方因業務需要指派乙方外出執行公務，乙方得比照「臺南市政府及所屬機關學校國內出差旅費報支要點」報支差旅費。
六、薪資：
　　(一) 工資依照公立幼兒園契約進用人員遴用考核及待遇辦法第12條規定按月給付。
　　(二) 甲方給付乙方工資，依臺南市政府規定之薪資作業程序，每月發給1次。
　　(三) 甲方不得預扣乙方工資作為違約金或賠償費用。
七、年終工作獎金：
　　年終工作獎金參酌當年度軍公教人員年終工作獎金及慰問金發給注意事項辦理。
八、終止勞動契約：
　　甲方如依勞動基準法資遣乙方或終止勞動契約時，應依勞動基準法或勞工退休金條例有關規定辦理。

九、退休：
　　(一) 退休要件：
　　　　1. 乙方符合勞動基準法第五十三條規定得自請退休。
　　　　2. 乙方有勞動基準法第五十四條規定情形者，甲方得強制乙方退休。
　　(二) 給與標準：
　　　　1. 乙方適用勞動基準法退休金制度之工作年資，甲方應依勞動基準法及相關規定辦理。
　　　　2. 乙方適用勞工退休金條例之工作年資，甲方應依勞工退休金條例及相關規定辦理。

十、職業災害補償及普通傷病補助：
　　甲方應依勞動基準法、職業災害勞工保護法、勞工保險條例及相關規定辦理。

十一、保險：
　　甲方應依相關保險法令，為乙方辦理保險。

十二、考核：
　　相關考核依甲方所訂定工作規則、人事規章規定及「公立幼兒園契約進用人員之進用考核及待遇辦法」辦理。

十三、服務與紀律：
　　(一) 乙方應遵守甲方訂定之工作規則或人事規章，誠實、謹慎、主動、積極從事工作，並應重視工作倫理。
　　(二) 乙方工作中所獲悉甲方關於工作、業務、技術、服務對象內容及其他個人資料上之秘密，均不得洩漏，離職、退職後亦同。
　　(三) 乙方於工作上應接受甲方各級主管之指揮監督。
　　(四) 乙方在工作時間內，非經主管同意，不得擅離職守。
　　(五) 乙方應接受甲方所舉辦之相關勞工教育、訓練及集會。
　　(六) 乙方於契約期間從事甲方所辦理之相關研究所得之智慧財產權，除非另有約定，則應屬甲方所有。
　　(七) 乙方有下列情形之一，經甲方認定違反勞動契約且情節重大者，應予以終止契約：
　　　　甲、貽誤公務，造成重大損失或不良後果者。
　　　　乙、圖謀不法利益或言行不檢，經甲方認定嚴重損害政府或公務人員聲譽者。
　　　　丙、侮辱、誣告或脅迫長官、同事，經甲方查證屬實者。
　　　　丁、挑撥離間或破壞紀律，經甲方查證屬實者。

十四、安全衛生：
　　甲乙雙方應遵守勞工安全衛生法及相關法規規定。

十五、權利義務之其他依據：
　　甲乙雙方僱用期間之權利義務關係，悉依本契約規定辦理，本契約未規定事項，依工作規則或人事規章或政府相關法令規定辦理。

十六、法令及團體協約之效力：
　　本契約所規定之事項與團體協約或政府有關法令規章相違背時，依團體協約或有關法令規定辦理。

十七、契約修訂：本契約經雙方同意，得以書面隨時修訂之。

十八、勞資爭議處理：
　　甲乙雙方對於本契約之履行發生爭議時，同意以服務所在地之勞工行政主管機關為協調調解單位，並同意以勞務所在地之地方法院為訴訟管轄之所在。

十九、契約之存執：

本契約書一式四份，由甲方及乙方簽章後始生效；甲乙雙方各執一份，另二份送臺南市政府教育局存查。若有爭議，以甲方所執爲據。

立契約人

甲方：
代表人：
地址：
乙方：
身分證統一號碼：
地址：

中華民國　　　　　　年　　　　　　月　　　　　　日

資料來源：臺南市公立幼兒園契約進用教保員勞動契約範本，臺南市特幼教育科網站，民國109年7月7日，取自：http://boe.tn.edu.tw/boe/wSite/ct?xItem=5037&ctNode=292&mp=20

表5-29 嘉義縣太保市太保國民小學暨附設幼兒園教師聘約要點

105年6月29日校務會議通過

一、教師之聘任、權利義務、待遇、進修研究、退休、撫卹、離職、資遣、保險、參加教師組織、申訴及訴訟等依教師法（以下簡稱本法）及有關法令規定辦理。

二、教師應恪遵教育宗旨及有關法令，爲學生表率。

三、教師於校園內及教學中，立場應保持中立，不得爲特定政黨、宗教、種族做宣傳。

四、教師有應校長依規定聘請兼任導師或兼任（辦）行政職務之義務。

五、教師對全校學生應共負訓導、輔導責任，並以身作則。

六、教師應遵守學校章則及各級教師會制訂之教師自律公約。

七、教師出勤差假依嘉義縣所屬各公立學校教師出勤差假補充規定及有關規定辦理。

八、教師應接受指派參加各項會議及慶典、週會、升降旗……等活動。

九、教師應依照學校安排之課程按時上課，不得遲到、早退或曠課。其因差假所遺課程，應事先經學校同意後依規定妥善安排。

十、教師以任教聘約所訂科目爲原則，但學校基於實際需要安排搭配其他科目課程，仍應接受。

十一、教師對於教學，應事先充分準備、熟諳教材教法、注意教室管理、認眞批改作業、加強平時考查，並確實指導實驗或實習。

十二、教師於寒暑假期間應從事進修、研究、研習或準備教材。學校因教學或業務需要，教師有到校服務之義務。

十三、教師對本法第十六條第七款所規定「與教學無關之工作或活動」之認定如有爭議，提請教評會評議，並由學校將其決議報主管教育行政機關備查。

十四、教師不得私自爲學生收費補習、誘使學生參加校外補習，巧利名目向學生收取費用及推銷書刊用品。

十五、教師不得兼任法令規定以外之職務，如有兼任校外課程情事，應事先簽請校長同意，每週不得超過四小時，並依規定辦理請假手續。

十六、教師擬於聘約期限屆滿後，不再應聘時，應於聘約屆滿一個月前書面通知學校。如欲於聘約存續期間內辭職者，須經學校同意後，始得離職。

十七、教師具有左列情事之一者，得依本法第十四條規定，經教評會審查通過並報請主管教育行政機關核准後，予以解聘、停聘或不續聘：

（一）怠忽職責或洩漏職務上之機密，致國家或學校遭受重大損害。

（二）廢弛職務情節重大，致嚴重影響學生課業或校務，有具體事實。

（三）對教學、訓導、輔導工作或處理校務行政草率從事，消極應付造成不良後果。

（四）不批改作業或不進行實驗、實習，經勸導無效，有具體事實。

（五）侮辱、誣控濫告或脅迫同事，足以影響校譽或教育風氣。

（六）其他品德不良，有具體事實，足以影響校譽或教育風氣。

（七）連續曠課，曠職達七日或一學期內曠課合計達十日。

（八）無故缺課，經學校三次通知仍不補授或請假未達支代課鐘點費之規定，未在規定時間內補授，經學校三次通知仍不補授。

（九）經核准留職停薪，逾期不返校復職。

（十）經學校性別平等教育委員會調查確認有性侵害行為屬實。

（十一）違反有關法令規定，情節重大。

十八、嘉義縣政府得依有關法令規定，給予教師平時獎勵或懲處；對教師受刑事判決確定或有本法第十四條第一項第八款至第十四款或本項第十七款情事，尚未達應予解聘、停聘或不續聘程度者，亦得視其情節給予行政懲處；學校得依據具體事實提出獎懲之建議或決定。

十九、教師留職停薪期間，仍應遵守有關法令對教師身分所為特別之規定。

二十、教師於執行教學、指導、訓練、評鑑、管理、輔導或提供學生工作機會時，在與性或性別有關之人際互動上，不得發展有違專業倫理之關係。

教師發現師生關係有違反前項專業倫理之虞，應主動迴避或陳報學校處理。（1010524校園性侵害性騷擾或性霸凌防法準則）

二十一、教職員工生應尊重他人與自己之性或身體之自主，避免不受歡迎之追求行為，並不得以強制或暴力手段處理與性或性別有關之衝突。（1010524校園性侵害性騷擾或性霸凌防法準則）

二十二、刑法第227條規定：姦淫未滿14歲及14歲以上未滿16歲之女子者，處一年以上、七年以下有期徒刑。對於未滿14歲及14歲以上未滿16歲之男女，為猥褻之行為者，處五年以下有期徒刑。

二十三、教師應遵守校園霸凌防制準則第六條至第九條。

二十四、本服務規約如有未盡事宜，悉依本法及相關法令規定辦理。

資料來源：嘉義縣太保市太保國民小學暨附設幼兒園教師聘約要點，嘉義縣太保國小全球資訊網，民國109年7月17日，取自：http://www.tbps.cyc.edu.tw

表5-30 幼兒園教職員工服務規約

(1)受聘人應遵守現行相關法令與本園一切規章，秉承單位主管之命確實服務。
(2)受聘報酬依本幼兒園待遇要點規定辦理。
(3)受聘人確實負起導護兒童在幼兒園內一切活動安全，防止走失之責任，並以身作則，對於孩子、家長及同事均應秉持相互尊重、關懷、學習的態度。
(4)受聘人對所認知職務應隨時研究設計，改進課程暨相關活動，以開放溝通的態度，進行工作上的協調與合作，並接受本園委託事項及行政工作之義務。
(5)受聘人有下列情形之一者，得視情節輕重隨時解聘：對兒童造成身心傷害者；言行不檢者；怠忽職守或績效欠佳，未盡力維護兒童安全者；利用職務之便，圖利自己或他人者；有重大傳染疾病、精神狀況失常等，影響兒童身心健康者；不履行服務規約者。
(6)受聘人寒暑假期間仍應全日上班為原則。
(7)受聘人依規定參加勞工保險及其他指定之保險。
(8)聘約期滿前一個月未獲新聘書者，視同不予續聘。
(9)受聘人在校期間內，非有正當事由，不得辭職。
(10)擬於聘約屆滿後，不再應聘時，應於應聘屆滿前一個月書面通知本幼兒園。如欲於受聘人聘約存續期間內辭職者，須經本幼兒園同意後始得離職。
(11)聘約期間非正當理由離職者，予一個月（提前四個月以內離職）或二個月（提前六個月離職）全部俸額之賠款。
(12)受聘人辭職時，應將經辦事項及所借公物，與交任者辦妥移交手續，始得發給離職證明書。
(13)受聘人之聘期，為一年一聘。
(14)受聘人之退休（職），依本幼兒園退休（職）辦法辦理。
(15)凡未遵守聘約內所規定之事項，本幼兒園得予以改聘或解聘。

資料來源：段慧瑩（民95）。托育機構評鑑。輯於王立杰、田育芬、段慧瑩、張碧如編著之「托育機構行政管理與實務」第三章。

當僱用新進教職員後，應儘快建立人事檔案，並隨時更新人事紀錄，這是一件重要的事。人事紀錄可包括下列各項（Click, 2000）：（參見表5-31）

1. **應徵資料**（application materials）：每份人事檔案應包括此人前來應徵的資料，內容應載明姓名、住址、社會保險證號碼、緊急聯絡人、學經歷、學業成績單和證書及推薦函。

表5-31 臺北市○○幼兒園員工資料表

填表日期：

姓名	性別：	出生年月日：	照 片
籍貫：	身分證字號：		
職稱：	□已婚 □未婚	血型：	
交通工具： □汽車 □機車 □公車 □步行			
現在住址：			
戶籍住址：		電話：	
E-mail：		手機：	
緊急聯絡人：	關係：	電話：	
最高學歷：	科系：	畢業年度	

經　歷	職　務	起迄年月

證照：1.
2.
3.

專長：		嗜好：

每年體檢時間	1.	2.	3.	4.
	5.	6.	7.	8.
	9.	10.	11.	12.
	13.	14.	15.	16.

自我期許	

備　註	

資料來源：臺北市托兒所行政管理手冊，臺北市社會局網站，民國102年7月21日，取自：http://www.bosa.tcg.gov.tw/i/i0300.asp?fix_code=2703010&group_type=1&l1_code=27&l2_code=03

2. **健康紀錄**：包括任職前健康檢查報告的摘要內容、肺結核和B型肝炎檢測紀錄、在職期間的受傷紀錄（包括治療的內容和結果）與病假紀錄。

3. **僱用紀錄**：包括開始任職的日期、所有請假紀錄、結束僱用的日期、僱用期間的薪資等級、所有遷調和晉升紀錄、允許員工自願增加人事檔案資料，如特別獲獎紀錄。

4. **評鑑**：假如幼兒園有一套評鑑系統，將每次評鑑結果放入檔案中，可瞭解每階段員工的工作績效，察看評鑑資料可提供員工較多或各種不同的在職訓練。

5. **會議**：各項會議紀錄也應放入人事檔案中，包括每次評鑑後的例行會議，尤其是僱傭雙方要求討論問題的紀錄，簡要敘述問題和解決結果。

6. **終止僱用**：當員工離職或被解職時，應記錄在人事檔案中，根據事實客觀簡要的敘述理由。

7. **推薦函**：員工離職時可能會請幼兒園撰寫推薦函，若幼兒園答應，應將推薦信影本留存一份在人事檔案中，並紀錄歸檔日期和推薦信的去向。

第五節　幼兒園教保服務人員的成長與進修

壹　幼兒園教保服務人員的成長方式

幼兒園教保服務人員的**自我成長**，有下列幾種方式（段慧瑩、張碧如，民95）：(1)**生理的成長**：透過良好的運動和健康習慣，保持身體健康和工作活力。(2)**心理的成長**：使自己的智能成長、反省自我，發揮自己的長處，幫助他人，隨時鼓勵自己朝個人生涯目標努力。(3)**訂定個人正確理念**，為自己許下承諾。(4)**積極思考**，激發創造力和想像力。(5)**培養良好的人際關係**，善用社會與人力資源。(6)**尋求資源系統**：體察社會脈動及他人優點，將這些資源系統建立起來，以作為運用社會資源時的資產。(7)不害怕失敗與挫折，不輕言放棄。

幼兒園對於教保服務人員的自我成長，應給予鼓勵和支持，其建議如下（段慧瑩、張碧如，民95）：(1)**激勵工作精神，消除工作倦怠，保持高度工**

作熱忱：適當的研習進修，與同業人員的經驗分享與討論，透過專業省思和對話，重新喚起雄心壯志，保持工作熱忱。(2)**激發潛能，提高教保品質，精熟專業知識和技能**：不斷的激勵教保服務人員，透過進修才能堅持以幼兒為本位的教保理念。(3)**提升學歷，培養第二專長**：提升學歷有助於提升個人實力，此外，應充實其他專長，如圖書、教具、電腦、研發、活動設計推廣、特殊兒童照顧等，進而培養第二專長。

貳　幼兒園教保服務人員的進修

　　幼兒園擬定教保服務人員進修計畫時，主要內容包括（林佩蓉，民84）：

　　1. **計畫擬定**：幼兒園在擬定教師進修計畫時，大致上可從兩方面來規劃，亦可依幼兒園內經費、人事、環境和實際需求，來選擇規劃。(1)**全園性統一發展**：全園老師決議以某個主題作為課程發展的主軸，則園方即可編擬安排整年或整學期的研習課程，全園老師皆共同學習、研討，將發展得更完整、更圓滿。(2)**鼓勵老師自由進修**：園方不作全園性的安排規劃，但積極鼓勵老師個人進修，並給予精神和經費上的支持。

　　2. 編列經費預算；以購置參考圖書、訂閱刊物；舉辦演講、研習活動；提供進修補助和研究經費。

　　3. **內容**：(1)**訂閱刊物**：購置圖書、蒐集簡報等相關資訊。(2)**研討會議**（讀書會）：針對教學內容、方法，互相分享討論；或於閱讀文章書籍後，共同分享心得、研討內容。(3)**教學觀摩**：幼兒園內可定期由老師輪流舉行教學觀摩，增加互相學習的機會；輪流分派教師參與他園之教學觀摩活動。(4)**參與研究和進修**：鼓勵教師針對園內之特殊個案或教學活動進行研究；也可與教育研究機構合作，協助進行研究；或鼓勵幼兒園教保服務人員報考相關科系進修部和研究所進修學位，並視情況給予補助。

　　幼兒園亦可擬定教保服務人員在職訓練方式（信誼基金會學前兒童教育研究發展中心主編，民72）：(1)安排各班教師互相觀摩教學。(2)教師輪流外出觀摩其他園所的教學。(3)定期延請專家來園所演講、座談。(4)利用假期與其他所聯合舉辦研習會。(5)鼓勵教師參加相關機構舉辦的研習會。

　　教保服務人員的在職進修管道，有下列幾項（段慧瑩、張碧如，民

95）：(1)學位的進修與修習各類教育學程；(2)推廣教育學分班及空中大學；(3)專業研習；(4)技能與興趣研習。幼兒園應擬定進修獎勵制度、充實圖書資料、鼓勵出版、製作教材、聘請專家輔導與學術機構建教合作、加入專業團體等。幼兒園應先編製經費預算，規劃幼兒園內的研習主題時，應以全體教保服務人員需求為考量的進修主題，同時，鼓勵自由進修，提供持續成長與進修學習的環境，若能與學術機構進行建教合作，以提升教保服務人員的教保知能，亦可加入專業團體，以增加教保服務人員的團結和歸屬感，並獲得互相交換心得，切磋琢磨的機會。（參見表5-32、5-33、5-34、5-35、5-36、5-37、5-38）

表5-32 新北市○○幼兒園教師研習心得記錄表

主題		記錄者	
地點		時間	年　月　日
研　習　內　容			
研　習　心　得			

附件：研習資料＿＿＿＿＿＿＿＿＿＿

資料來源：園務參考，新北市幼兒教育資源網，民國102年7月31日，取自：http://kidedu.ntpc.edu.tw/files/11-1000-83.php

表5-33　新北市○○幼兒園教師讀書會實施計畫

壹、實施目的：
　　一、鼓勵教師持續進修及自我成長。
　　二、提升教師專業素養。
　　三、增進教師專業與情感交流機會。
貳、實施時間：93年9月1日至94年1月20日
參、參與人員：園長及全體教師
肆、實施方法：
　　一、擬定讀書會實施計畫並由教師推薦分享書單。
　　二、定期舉辦讀書會（每月一次）。
　　三、設計教師讀書會「閱讀心得報告單」（如附件）
伍、實施流程：

項　目	辦理日期	分享人	書名	出版社
第1次讀書會	93.09.30	○老師	如何與孩子談性	心理
第2次讀書會	93.10.28	○老師	遊戲治療	心理
第3次讀書會	93.11.27	○主任	親職教育	五南
第4次讀書會	93.12.29	○老師	幼兒園的遊戲課程	心理
第5次讀書會	94.01.15	○園長	娃娃角的設計與布置	信誼

陸、經費：幼兒園活動費與教材費
柒、本計畫經○校長核可後實施，修正時亦同。
校（園）長：　　　主任：　　　承辦人：

（附件）

教師讀書會閱讀心得報告單

書　名		出版社		作者	
報告日期	年　月　日　星期	報告者		地點	
內容概述					
心得分享					
與會人員回饋					
與會人員簽名					

資料來源：園務參考，新北市幼兒教育資源網，民國102年7月31日，取自：http://kidedu.ntpc.edu.tw/files/11-1000-83.php

表5-34　新北市○○幼兒園教師進修研習記錄表

研習日期	研習名稱	研習教師	研習時數	主辦單位	備註

資料來源：園務參考，新北市幼兒教育資源網，民國102年7月31日，取自：http://
　　　　　kidedu.ntpc.edu.tw/files/11-1000-83.php

表5-35　臺北市○○幼兒園○○年度員工觀摩研習記錄

姓　名	研習日期	免費	自費	公費	研　習　內　容	時數	觀摩	研習	分享

說明：分享方式可為教保會議或書面資料……等方式。

資料來源：臺北市托兒所行政管理手冊，臺北市社會局網站，民國102年7月21日，
　　　　　取自：http://www.bosa.tcg.gov.tw/i/i0300.asp?fix_code=2703010&group_
　　　　　type=1&l1_code=27&l2_code=03

表5-36　臺北市○○幼兒園工作人員研習登記

姓名：_____　　職稱：_____　　到職日期：_____

編號	研習日期	免費	公費	自費	研習內容	研習時數
1			元	元		
2						
3						
4						
5						

資料來源：臺北市托兒所行政管理手冊，臺北市社會局網站，民國102年7月21日，
　　　　　取自：http://www.bosa.tcg.gov.tw/i/i0300.asp?fix_code=2703010&group_
　　　　　type=1&l1_code=27&l2_code=03

表5-37　臺北市○○幼兒園研習記錄表

主題名稱		主講人	
研習地點		研習日期	
研習內容			
心得報告			
回饋與應用			

資料來源：臺北市托兒所行政管理手冊，臺北市社會局網站，民國102年7月21日，取自：http://www.bosa.tcg.gov.tw/i/i0300.asp?fix_code=2703010&group_type=1&l1_code=27&l2_code=03

表5-38　臺南市○○幼兒園參加教學觀摩研習心得

研習名稱	研習內容特色	研習心得	建議事項	園校長
主辦學校				教務
研習日期				填表人

資料來源：臺南市公立幼稚園幼教行政表格，臺南市特幼課網站，民國96年10月1日，取自：http://spc.tn.edu.tw。

綜而言之，影響教保服務人員在職進修的因素，可能有以下幾點原因（孫立蕆，民89；段慧瑩、張碧如，民95）：

1. **沒有足夠的進修管道**：教育相關單位的研習活動、社會福利或保健的研習活動常設定為相關層級的教育人員、社工人員和護理人員，造成教保服務人員進修管道不足。

2. **缺乏進修活動訊息**：可能因幼兒園擔心人手不足，甚或不希望教保服務人員於上班時間參與研習，所以沒有公布研習資訊；有時則因忙於教保活動，疏於瀏覽公布資訊；有時主辦單位未寄送研習通知，造成進修訊息通知管道不健全。

3. **時間安排不當，進修活動時間無法配合**：研習進修若在放學後、上班時間、節日活動期間、晚上和週末假日及暑假期間舉辦，常因要在幼兒園正常上班與籌辦節日活動，或影響照顧家庭和孩子的時間，無法參與。

4. **扣薪給付進修費用**：有些私立幼兒園常以增加其他教師或幼兒園負擔為由，要求教保服務人員以事假扣薪方式前往進修，造成進修的阻礙。

5. **無法與實際教學狀況連結，進修主題不符所需**：專家們建議的方法太抽象，無法充分瞭解教師實際的教學狀況，常導致與教師的意願與信念不契合，導致沒有動機改變。或是研習活動的參與是採取人員輪流制，參與者往往對研習活動的內容無興趣，甚至造成排斥或埋怨的現象。

6. **家人的態度**：許多教保服務人員在下班後，回到家中，還需照顧自己的小孩，和處理堆積如山的家事，因此，家人的態度是影響其能否進修的重要因素。

第 **6** 章　幼兒園的公共關係

　　幼兒園的公共關係包括四部分，第一節是親職教育；第二節是家長參與園方活動；第三節是社會資源的利用；第四節是幼兒園與社區關係，以下分別就此四項敘述如下。

第一節　親職教育

　　學前教育是家庭教育的延長，故此期幼兒之家長必須與幼兒園保持密切的聯繫，參與幼兒園中的活動，並協助活動的推展。幼兒園應安排參觀教學的機會，使家長瞭解幼兒園中的活動狀況與學習環境，亦可藉電話訪問，書信聯絡等方式進行。幼兒園不僅在實施嬰幼兒之教保工作，以期園方與家庭教保觀念及方法一致，並應提倡親職教育，而親職教育係協助父母能明瞭嬰幼兒發展時期之身心需要，予以適當滿足，善盡養育輔導愛護之職責；此即是**推展親職教育的目標**（Click, 2000）：(1)與家庭建立夥伴關係，以教育和照顧孩子。(2)幫助父母認同和尊重自己本身的能力。(3)提供父母有關兒童發展的相關資訊。(4)向家長解釋學校的課程和活動。(5)協助父母瞭解適合孩子學習的方法。(6)介紹父母瞭解各種不同的教材和經驗。

　　園所提供親職教育（**parent education**）**之工作有**（內政部，民68）：(1)協助父母明瞭嬰幼兒發展上各種現象與需要，闡明正確之育兒觀念。(2)協助父母瞭解嬰幼兒發展上之問題，並提供輔導方法。(3)協助父母瞭解嬰兒在幼兒園之生活經驗，使能與嬰幼兒家庭生活相配合。

　　推展親職教育活動的程序（Click, 2000）：(1)首先舉行導入會議

（orientation meeting）以協助家長熟悉園方的各項設施。(2)透過觀察學習協助家長瞭解園方的各項活動。(3)再由園方經驗豐富的人員帶領家長進行團體討論。(4)演講或小組討論亦可協助家長學習。(5)可利用影片、幻燈片和錄音帶協助家長學習。(6)讓家長參與工作坊可提供課程的相關資訊。(7)家長參與教室的師生教學活動來進行學習。(8)與家長進行各種形式的溝通以協助其學習。(9)舉行會談（conference）以協助家長更有效的學習。(10)可透過電話與家長聯繫。(11)園方人員和家長不定期的聯繫。(12)進行家庭訪問。(13)透過圖書館、園方定期的刊物和布告欄，傳達資訊給家長。

　　幼兒園可經由**各種方式實施親職教育**，一般採用的方式約有下列幾種（信誼基金會學前兒童教育研究發展中心主編，民72；廖鳳瑞，民77；林佩蓉等人，民84）：

　　1. 親子橋布告欄：提供家長有關幼教的資訊，例如：幼兒保健與教養方面的文章、園方親子活動及園務消息等。

　　2. 書面通訊：當園方要說明的事項比較繁瑣且需要家長備忘時，書面的通知是比較理想的，經由書面資料，傳達園方的教育理念，它能使家長一目了然，封面和內容若能稍加費心設計，則更能使家長在收到和閱讀時倍感親切，一般書面通訊的種類，如：在開學前寄發「給家長的信」、「家長須知」，讓家長幫助幼兒建立上學前的心理準備；或發行園內刊物或通訊，提供親子教育方面的資訊、介紹幼兒園的教學情形與各種活動、聯絡手冊、臨時通知單等。

　　3. 電話通訊：與家長在電話中交談時，需注意語氣要溫和有禮，如果所談論的問題需要較長的時間，最好另外邀約面談，以免占用電話線。一般常用於：通知活動事項、報告幼兒情況、臨時事項或交換意見。

　　4. 面談：如家長至園方參觀、訪問，以及談論有關幼兒的問題，園方都應好好接待，如有特殊私人問題，需要個別談話時，應安排一個安靜不受打擾的交談場所；如果家長想與幼兒的教師交換意見時，需利用課餘的時間以不影響教學為宜。此外，如教師作家庭訪問時，應避免造成打擾，所以家庭訪問的時間最好簡短，且在需要時才實施，例如：幼兒在園方有特殊行為問題，教師有必要更進一步瞭解幼兒生活及學習情況。

　　5. 親子借閱圖書：園方可先擬定圖書借閱辦法，讓家長先瞭解借閱班

級圖書的手續後，再擴大開放園方的圖書館，供親子借閱圖書。

6. 媽媽教室：由園方提供場地，讓家長自己組織社團。例如：烹飪班、插花班、讀書會等。藉此擴大生活圈，學習各項才藝，彼此交流教養子女的經驗。

7. 舉辦活動：可舉辦座談會，針對各有關親職教育的主題，請學者、專家、行政人員、教師及家長參加，以瞭解問題的成因，並尋求解決之道。舉辦專題演講，由園方選擇適當的主題，或是透過問卷調查，瞭解家長的興趣與需要，請學者專家專題演講。協助父母成立成長團體，藉此家長可以彼此交換心得、分享經驗，大家一起學習成長。傳播媒體的節目與影片欣賞，選擇以幼兒身心發展特質為主題，或具有教育意義的影片、錄影帶，提供家長觀賞，作深入的探討。另可舉辦教學參觀日、作品展覽會、運動會、遊藝會、園遊會或其他活動，每一學期可配合課程或特殊節慶，規劃一至三次全園性的親子活動，藉此增進親子關係。例如：舉辦父親節登山活動、親子防火安全教育、親子聚餐及親子烤肉等，這些方式較費時間、精力、且動員較多，因此，需要有周詳的規劃。（參見表6-1、6-2、6-3、6-4）

表6-1　臺北市○○幼兒園活動意見調查表

活動名稱					
時　　間					
地　　點					
⊙請依您的看法勾選	同意◀				▶不同意
	1	2	3	4	5
1.活動設計符合您的需求及興趣					
2.活動內容實用且具有啓發性					
3.活動時間安排恰當					
4.時間控制得當					
5.場地布置適宜					

⊙心得與改進建議
1.最大收穫：
2.希望下次安排之內容：
3.可能參加活動之時段：
4.建議及其他事項：

資料來源：臺北市托兒所行政管理手冊，臺北市社會局網站，民國102年7月21日，
　　　　　取自：http://www.bosa.tcg.gov.tw/i/i0300.asp?fix_code=2703010&group_
　　　　　type=1&l1_code=27&l2_code=03

表6-2 臺北市○○幼兒園活動自評表

活動名稱					
時　　間					
地　　點					
⊙請依您的看法勾選	同意◀				▶不同意
	1	2	3	4	5
1.活動設計符合家長需求及興趣					
2.活動時間的安排					
3.活動流程內容的安排					
4.時間控制					
5.場地布置					
6.使用場地、器材與設備					
7.收拾工作					
8.臨時狀況的應變處理					
⊙心得與改進建議					
1.有關前置作業：					
2.有關進行作業：					
3.有關收拾工作：					
4.其他：					

資料來源：臺北市托兒所行政管理手冊，臺北市社會局網站，民國102年7月21日，
　　　　　取自：http://www.bosa.tcg.gov.tw/i/i0300.asp?fix_code=2703010&group_
　　　　　type=1&l1_code=27&l2_code=03

表6-3　臺北市○○幼兒園活動計畫書

計畫名稱	
預定日期	
主辦單位	
協辦單位	
目　的	
對　象	
執行進度	
內容摘要	
活動流程	
媒介	（欲達到活動目的可利用之器材、資料、傳媒…等）
參考資料	
進行方式	1.□室內　　　　　□戶外 2.□座談會　　　　□專題演講　　　　□親子活動　　　　□參觀活動 　□社區活動　　　□研習課程　　　　□展覽活動　　　　□其他＿＿＿＿＿
經費預算	
活動評估	□活動進行作業　　□工作人員自評表　□意見調查表　　　□其他
建檔資料	□邀請通知函　　　□講義　　　　　　□相關資料　　　　□記錄　　　□相片 □幻燈片　　　　　□投影片　　　　　□錄影帶　　　　　□其他＿＿＿＿＿

所長		設計者		日期	年　　月　　日

資料來源：臺北市托兒所行政管理手冊，臺北市社會局網站，民國102年7月21日，取
　　　　　自：http://www.bosa.tcg.gov.tw/i/i0300.asp?fix_code=2703010&group_type=1
　　　　　&l1_code=27&l2_code=03

表6-4 臺北市○○幼兒園活動執行進度參考表

預定時間	內容	步驟與說明
⊙前置作業		
⊙進行作業		
⊙後置作業		

資料來源：臺北市托兒所行政管理手冊，臺北市社會局網站，民國102年7月21日，取自：http://www.bosa.tcg.gov.tw/i/i0300.asp?fix_code=2703010&group_type=1&l1_code=27&l2_code=03

規劃親職教育活動的步驟（廖鳳瑞，民77）：

1. 考慮家長的個別差異：幼兒園工作人員應針對下列六個因素考慮家長的個別差異，以決定活動的性質，再加以規劃：(1)**能力**：家長能力方面的差異會影響活動的時間、目標、材料及表達方法等的安排。(2)**潛意識**：指家長個人過去的經驗。(3)**文化價值觀**：指家長的價值觀或態度。(4)**角色分配**：家長在家中的角色分配與權力分配。(5)**家庭結構**：家庭中之成員結構、年齡、親屬、性別等均會影響家庭成員間的互動。(6)**社經環境**：指家長的工作、職業情況及家庭的經濟狀況。

2. 把握規劃原則：規劃親職教育活動時，幼兒園工作人員應把握下列原則：(1)**增強家長的成就感**：能運用家長特殊的才能或技能在園方照顧或教育幼兒，可增強家長對自我的信心及成就感。(2)**注意家長的反應**：對家長的態度（正面、反面）及家長提出的問題或意見均應加以密切注意，並追蹤原因及處理結果。(3)**慎選內容**：規劃時宜先發給家長需求問卷表或活動意見調查表，調查分析家長之需求及興趣所在，再據以安排選擇活動的內容。(4)**相關性**：活動內容應與家長生活、經驗與興趣有關。(5)**蒐集及整理**

資料：工作人員要負責蒐集與活動相關的補充資料，以便說明園方的立場及觀點，並加強活動的效果。(6)**反覆原則**：應設計各種不同的方式來強調或說明重點，使家長易於瞭解及吸收。(7)**歸納及應用**：在活動中要設計各種方法讓家長能將所學之觀念或技巧加以應用。

籌劃親職教育活動應依據活動的目標，擬定周詳的計畫。辦理活動的經驗可來自實際辦理的經驗，或觀摩他園辦理的情形，彼此交換心得，吸收活動經驗，客觀地評估活動的效果，不斷地思考如何改進現有的方式，以提高活動的效果，籌劃親職教育活動的過程及實施計畫的內容，略述如下（林佩蓉等人，民84）：

1. 籌劃親職教育活動的過程：(1)**擬定實施計畫**：包括活動目標、時間、內容及流程等。(2)**召開籌備會議**：討論活動的內容、方式、流程及工作人員的職掌；確立各項工作進度。(3)**編列經費預算**：討論經費來源；編製活動經費概算表。(4)**發函有關單位及人員**。(5)配合活動**編印活動手冊**。(6)**展開文宣工作**：透過媒體傳播消息，吸引家長參加。(7)**依活動計畫與流程實施**。(8)**召開檢討會**：討論整個活動的優劣事宜，以作為下次辦理活動之參考。(9)**資料整理與存檔**。

2. 親職教育活動實施計畫的內容：各園可依活動性質及實際需要，作彈性安排。例如：依據特殊節日，父親節舉辦「親子捏陶」、「親子壁畫活動」；依據教學需要，舉辦「親子環保活動」；依據特殊家庭結構舉辦「單親家庭聯誼」或「專題講座」、「成長團體」等。

親職教育活動主要的對象係以家長為主，安排活動時必須瞭解與配合家長對活動的需要、興趣和時間，才能吸引家長踴躍參加。園方可以透過家庭訪問、家庭聯絡簿、及問卷調查等方式蒐集家長的意見，以作為計畫親職教育活動方式的參考；而**吸引家長參與的方式**，可從下列幾點來考量（林佩蓉等人，民84）：

1. 活動訊息的傳播：(1)開學時即發給家長該學期的行事曆，讓家長能對親職教育活動日期預先安排。(2)辦理各項活動前，可由幼兒自製邀請卡，邀請家長參加。或事先發給家長通知單，並敘明家長需配合活動的事項，例如：配合活動主題，請家長攜帶道具。通知單的內容可以感性的方式呈現，使家長有參與的慾望。(3)校園中設置活動看板：將已辦理過的活動

相片，經美工整理後，陳列介紹，讓參加的幼兒和家長留下美好的回憶，鼓勵其繼續參加下次的活動；請未參加者瞭解活動的過程和內容，以吸引其參加下次的活動。活動前張貼宣傳海報，以廣為宣傳。(4)老師親自邀請幼兒家長參加，例如：家長接送幼兒時，老師口頭的邀約，或是事前電話聯繫。

2. 瞭解與配合家長需求：(1)透過各種溝通管道，瞭解家長的需求，針對家長的需要，安排活動內容。(2)提供寄託孩子的場所，讓家長安心的參與活動。例如：園方舉辦專題講座時，開放一間教室或活動室，並安排老師或義工家長協助看顧幼兒。(3)活動時間的安排應讓家長能方便參與為考量。(4)為較少參與的家長辦理特殊的活動，例如：爸爸們常因工作及家中教養角色的不同，而比較少出現在園方所舉辦的活動中。因此，園方可以安排一些專為爸爸和幼兒參與的活動，以鼓勵參與率比較低的爸爸們加入園方的行列。

3. 邀請家長參與活動的策劃及實施過程：某些活動可請家長負責策劃，園方從旁協助；或請家長參與整個活動計畫，共同設計活動，提高家長的參與程度。例如：園遊會攤位的內容與布置，可由家長設計和安排。

4. 表揚熱心參與的家長：對於熱心參與的家長，宜在公開的場合予以表揚，或致贈感謝狀；獎牌或簡單的紀念品等，以資鼓勵。（參見表6-5、6-6）

表6-5　臺北市○○幼兒園活動紀錄表

活動名稱：第○屆幼兒歡送會 活動目標：給孩子一個特別不一樣的幼兒歡送會 活動日期：○年○月○日（星期○）○：○～○：○ 活動地點：○○○ 活動對象：全園幼兒及家長 工作人員：全體老師及工作人員 工作分配：詳見活動流程表 活動流程：詳見活動流程表

心得及建議事項
家長滿意程度＿＿＿4.3＿＿＿（滿分為5分） 建議事項： 1.活動活潑、感受到孩子們的熱情 2.可多舉辦相類型的活動 3.可將活動的錄影製作成VCD 4.場地設備不錯，惟舞臺較狹窄，顯得比較簡陋 5.孩子賣力地表演，許多家長位捕捉孩子鏡頭，均擠在臺下影響節目品質，下回可聘 　專任攝影師照相，家長再就相片的需求加洗。希望常有相關的活動。

活動檢討
1.此次歡送會因SARS影響，在五月下旬方才決定活動的形式及籌備相關的事宜。時間 　雖然匆促，但在大家的全力合作下，終於圓滿完成。 2.活動全程時間較長，雖然已儘量的緊縮，但活動完畢後已是晚間9：40，年幼的孩子 　均無法全程參予，僅有部分中大班的孩子參加完整活動。 3.舞臺較原本的尺寸小，所以部分節目孩子無法完全伸展。 4.在表演完畢，部分孩子家長直接將孩子帶走，所以並未領到放置在後臺的餐點。 5.因舞臺、音效、租借場地……所以整體活動花費較高。 6.最後奇幻魔術團的表演非常有趣，可惜時間過晚，參與的孩子並不多。

紀錄者：　　　　　園長：　　　　　創辦人：

資料來源：臺北市托兒所行政管理手冊，臺北市社會局網站，民國102年7月21日，取
　　　　　自：http://www.bosa.tcg.gov.tw/i/i0300.asp?fix_code=2703010&group_type=1
　　　　　&l1_code=27&l2_code=03

表 6-6　臺南市○○幼兒園○○學年度○○學期親職教育活動記錄

	活動時間		活動地點		活動主題		活動方式
	幼兒姓名	家長姓名	幼兒姓名	家長姓名	幼兒姓名	家長姓名	
家長簽名							
報告事項							
聯絡事項							
討論事項							
園長			教務			填表人	

資料來源：臺南市公立幼稚園幼教行政表格，臺南市特幼課網站，民國96年10月1日，取自：http://spc.tn.edu.tw。

第二節　家長參與園方活動

當幼兒入學時，園方最好發給每位家長一份「家長須知」，以簡明的文字或配合插圖，說明園方的一些基本措施，讓家長一目了然，以便能儘量與園方配合，擬訂「家長須知」時，基本上可包括下列內容（信誼基金會學前兒童教育研究發展中心主編，民72）：

1. **開學初，父母如何幫助幼兒適應新環境**：對幼兒來說，上學是一件興奮而又困難的事，尤其是初入學的幼兒，第一次要與父母親分離，必定會有焦慮的感覺，而家長自己也可能會覺得很擔憂，這些感覺其實都是很正常的，為了幫助幼兒輕鬆地度過開學初這段時間，並逐漸適應園方的環境，首先有幾件事請家長儘量與園方配合：(1)開學初幾天，請家長儘量抽空留在園方裡陪伴幼兒。(2)當家長陪伴幼兒時，最好不要緊盯著幼兒；家長可以坐在一旁看書，或到教室外走走，讓幼兒覺得自己不是被注意著，而能逐漸放鬆自己。(3)當家長離開時，請務必和幼兒道別。在道別時，宜溫柔而堅定地告訴他，放學時家長馬上就會來接幼兒。若幼兒不停地哭泣，請儘量安撫，讓幼兒知道家長瞭解幼兒的感覺，而不要責怪幼兒。(4)開學初幾天，請家長早一點送幼兒來，讓幼兒有時間逐漸熟悉園方的各項設備和小朋友；放學時，請家長準時來接幼兒回家，以免幼兒等得心急。(5)開學初幾天、幼兒回家後，請家長多留在家陪幼兒，讓幼兒感覺那幾天是溫暖的、安全的；並請避免一直詢問幼兒：「你今天在學校作些什麼？吃些什麼？」使幼兒覺得上學好像是一種負擔。(6)若家長也感到很難與幼兒分離，就不妨請幼兒很熟悉的親戚朋友陪他來園方；另一方面，請家長多與園長或教師談談，進一步瞭解園方為幼兒安排的各項措施，或與舊生的家長聊聊，以增加家長對園方的信心。

2. **繳費時注意事項**：(1)每月繳納餐點費或交通費的時間與方式。(2)如果在學期中入學、退學或請長假，其收費或退費的辦法。

3. **接送幼兒時注意事項**：(1)幼兒每天早上入園方的時間是○時○分，下午離園時間是○時○分，請家長務必準時接送幼兒，不宜太早或太晚。(2)如果幼兒乘坐交通車，請家長按時間帶幼兒在預定的地點等候接送；如

果交通車誤點時，請來電話與園方聯絡，以便知道是否交通車故障或其他原因。3.如果家長請他人來接幼兒，請事先當面告訴園方教職員工。

4. **健康保健**：(1)家長在家若發現幼兒有傳染性的病症，請讓幼兒留在家裡休息。(2)幼兒在園方裡若有嚴重的病症，園方應儘速通知家長接幼兒回家休息。(3)若幼兒的病症較輕微，或是病癒後上學，請家長特別交代教師有關飲食、衣著、藥物、午睡等應注意事項。(4)若幼兒在園方發生嚴重的意外事件，園方應立即將幼兒送醫院急救，並儘快通知家長。

5. **幼兒的衣著**：(1)請家長讓幼兒穿著簡單、樸素、舒適、耐洗、便於活動，且幼兒自己容易穿脫的衣服。(2)請家長讓幼兒穿著輕便、容易自己穿脫的鞋子（請勿穿拖鞋，以免腳指容易受傷）。(3)請家長在幼兒的衣物上，寫上或繡上幼兒的姓名，以便於辨認。(4)全日班或年齡較小的幼兒，請家長為幼兒準備一套衣服放在園方裡，以便在弄髒、尿濕或汗濕時更換。

6. **家長聯繫**：(1)幼兒帶回家之通知或聯絡單，請家長隨時留意查閱。(2)當您接到家長會或其他活動的通知，請家長踴躍參加。(3)如果家長想與園方討論有關幼兒的問題，請主動與園方聯繫。

7. **其他**：(1)幼兒基本資料之內容若有變更（如地址、電話等），請立即通知園方更改。(2)請勿讓幼兒帶零用錢、貴重的東西或是危險有傷害性的玩具到園裡來。(3)若幼兒因故不能來上學時，請事先以電話或信函請假。(4)若幼兒將園方的玩具帶回家，請家長輔導幼兒歸還園方。

家長手冊是要清楚的呈現幼兒園經營的理念、特色及其各項制度。讓家長在完全瞭解認同的情況下，安心的送孩子到所中就托。家長手冊僅在新生入學時發給家長，它不同於每學期所規劃的行事曆或親師聯絡本。手冊中可包含幼兒園教保目標、理念及特色、師資介紹和安全管理措施。安全管理措施包括門禁管理要點、幼兒接送辦法、托藥制度、幼兒疾病處理原則、請假方式、收退費辦法、家長需要配合的事項、聯絡方式及幼兒作息表等等，讓家長清楚瞭解權利與義務，才能得到全力配合與支持（臺北市社會局，民96）。（參見表6-7）

表6-7　臺北市○○幼兒園親子手冊

壹、我們的幼兒園（幼兒園簡介）
貳、教保目標
參、教保方式與內容
肆、餐點介紹
伍、我們的大家庭（全園方教職員工介紹）
陸、我們的安全管理
　　一、門禁管理要點
　　　　(一) 爲維護本園幼兒、員工、設施及財產之安全，特訂定本園門禁管理要點。
　　　　(二) 本園門禁管制及人員物品進出之管理注意事項：
　　　　　　1. 接待人員應主動詢問訪客來意及訪視對象。
　　　　　　2. 若訪視對象爲園內員工，應先以內線電話徵得受訪者同意後，在親子館進行會談。
　　　　　　3. 來訪者若爲家長，應先詢問否已預約及事由，再○○○進行會談。
　　　　　　4. 來訪者如爲個人參觀事宜，則應事先預約並請其出示身分證明文件（如國民身分證、汽機車駕照等）
　　　　　　5. 團體來訪，則由○○組長於事先將預定時間、身分及人數，告知同仁，屆時再由園長招待。
　　　　　　6. 設備維修人員由行政組引領，並請其出示身分證明文件。
　　　　　　(三) 下列人員不得進入本園：
　　　　　　1. 推銷人員
　　　　　　2. 無法提出身分證明人員
　　　　　　3. 未經受訪對象同意者
　　　　　　(四) 訪客攜帶物品進入本園時，應由招待人員查詢、檢查，若經發現係違禁物品，接待人員應即予扣留，並電告保全公司或轄區派出所，派員處理。違禁品如：
　　　　　　1. 易燃易爆物及刀械槍具
　　　　　　2. 迷醉藥品及硫酸農藥等化學藥品
　　　　　　3. 易造成環境污染之油漬品或廢棄物
　　　　　　(五) 本園公物攜出時，應於事前告知權責主管，並填寫借物單後始可攜出。
　　二、幼兒接送辦法
　　　　(一) 每日到、離園請由指定親屬接送。
　　　　(二) 到園時間：上午七點三十分至九點
　　　　　　離所時間：下午四點至六點
　　　　　　娃娃車發車時間：上午七點三十分、下午四點三十分
　　　　　　＊如須逾六點接回幼兒，按延後收托時段計時、計費。
　　　　(三) 如當日接送請託他人來接幼兒時，請示先以電話或聯絡本通知園方，並請叮嚀憑其證件接回幼兒。
　　三、托藥須知
　　　　本園爲確保幼兒服藥安全，當幼兒在就托時間中如需服藥時，請家長配合下列事項：
　　　　(一) 托藥之藥品需爲醫院或開業醫師之處方，成藥及未經正式檢定合格之中西醫師處方請勿攜來。請將標有院所名稱、幼兒姓名及用法之藥袋一併附上（註明不清楚者，恕不餵藥）。
　　　　(二) 幼兒如需服藥，請詳細填寫托藥登記，如：用藥時間、服用方式及聯絡人

　　　　電話等；並將將藥品放置於各組藥籃中以便處理。

　　(三) 每次托藥僅需帶當日在所服用之藥量（其餘請存放家中）。如為藥水亦請
　　　　以小瓶子裝好並加註服用次數，服畢後空瓶由園方交予幼兒帶回。

柒、孩子們的一天（幼兒每日生活作息表）

捌、您與我們的聯絡方式

　一、親子聯絡本

　　(一) 學習活動之聯絡欄

　　(二) 每日之聯絡

　　　1. 愛的叮嚀：將是老師及家長，每日溝通聯絡的小園地。

　　　2. 身心情況記錄欄：老師以勾選的方式，記錄孩子一天的飲食、午睡、身
　　　　 體及心理情況。

　　(三) 托藥記錄：若您的寶貝在園需要用藥，請務必清楚填寫此欄中的項目，讓
　　　　老師更能掌握孩子的狀況。

　二、每週之聯絡欄

　　(一) 週計劃表：老師將活動計劃於事前黏貼在表中，讓您瞭解孩子在園中進行
　　　　的學習活動。

　　(二) 爸媽的悄悄話：為了使老師對孩子能有多一份的瞭解，請家長用心記錄下
　　　　寶貝的點點滴滴，您的一字一句，均代表您對孩子的關懷，同時也是您對
　　　　老師的努力做最好的鼓勵喔！

　　　　※撰寫聯絡欄的內容：

　　　1. 需要老師在園配合的事項。

　　　2. 記錄孩子在家中良好的行為表現，讓老師有機會在群體中表揚孩子。

　　　3. 分享在家中引導孩子的成功技巧，供我們參考。

　　　4. 提出對本園的建議及期許。

　　(三) 老師的叮嚀

　　　1. 分享孩子在幼兒園中的點滴。

　　　2. 記錄孩子目前的發展及在主題活動學習的過程中，感興趣的事情。

　　　3. 針對孩子的情況，提出建議供父母參考。

　　　4. 針對家長的話，給予具體回應。

　三、電話聯絡

　　(一) 為避免引響老師與孩子的互動品質，我們將開放下午一點三十分至兩點整
　　　　時段，您可在此時間內，打電話詢問孩子的近況。

　　(二) 若有任何緊急事件，可隨時以電話聯絡，辦公室人員將會即刻轉達告知該
　　　　班老師。

　四、家長座談會

　　　每期的家長座談會，老師將會與您做面對面的溝通。

　五、親職講座

　　　將會針對您教養孩子的疑惑之處，邀請專家到園進行專題講座。

　六、親師晤談

　　　請您事先與老師約定適當時間進行晤談。

玖、我們需要您配合的事項

　一、養成孩子良好的生活習慣

　　(一) 請養成孩子規律的生活習慣

　　(二) 為讓孩子參與完整的活動，請於早上九點前，將幼兒送至園中，下午四點
　　　　後再將幼兒接回。

　　(三) 協助養成孩子定時的飲食習慣、不偏食、不挑食。

二、養成幼兒良好的行為習慣
　　(一) 請在家中常與幼兒說請、謝謝、對不起。
　　(二) 若孩子發生行為偏差的行為（例如：說謊、順手牽羊等），請勿過度責
　　　　罰，請與老師聯絡，共同合作修正孩子不當的行為。
　　(三) 幼兒若發生適應或情緒發生不穩定的狀況，請隨時與老師聯絡，給予適當
　　　　的輔導。
　　(四) 請勿讓幼兒戴貴重物品、零用錢或有傷害性的玩具到園中。
三、請協助支持本園幼兒的安全及門禁管理要點。
　　(一) 請依本園門禁管理要點接送幼兒。
　　(二) 中午十二時三十分至兩點三十分為幼兒午睡時間，如有特殊原因必須中途
　　　　接回，請事先聯絡，以便幼兒等候，以免影響其他幼兒午睡。
四、請協助提供創作思考的各種教材與環境
　　(一) 請您在家中蒐集空紙盒、紙板、塑膠瓶蓋或保力龍碗盤等，並清洗乾淨，
　　　　讓孩子帶到園中，進行廢物利用立體創作。
　　(二) 請協助蒐集畫刊及有關幼兒的畫冊送到園，讓孩子欣賞或學習剪貼遊戲。
　　(三) 創造思考是讓孩子在自由思考中快樂的學習，會使孩子更聰明、更靈敏、
　　　　更能面對及解決問題。本園一直以創造思考的教學模式與幼兒一起成長，
　　　　讓孩子想得多、想得新、想得巧。
五、請協助養成良好的衛生習慣
　　(一) 每天為孩子換洗衣褲、襪子、園兜。
　　(二) 每天晚上協助孩子睡前刷牙，每次用餐後，請提醒刷牙或漱口，保持口腔
　　　　衛生。
　　(三) 夏天至少兩天為孩子洗頭髮一次。
六、其他事項
　　(一) 每週○為玩具分享時間，幼兒可帶一樣玩具到園與其他幼兒分享，但其他
　　　　時間請勿攜帶。
　　(二) 幼兒如有傳染性的病症，請讓其留於家中休息。幼兒在園中若有不適，本
　　　　園亦會通知家長前來接回，以使幼兒儘快復原。休養日數：＊腸病毒請
　　　　在家休養至少十天。＊腥紅熱請在家休養至少十四天。＊水痘請在家休養
　　　　至少十四天。＊其他的傳染疾病，請依照醫生的叮嚀，在家中作足夠的休
　　　　息。
　　(三) 為協助幼兒養成獨立的特質，希望4歲以上的幼兒能自己進入園中；另外，
　　　　每一學期當中均有安排家長參觀日，屆時您的參與將可以完整的瞭解孩子
　　　　在園的適應與學習情況。
　　(四) 幼兒基本資料之內容若有變更，請主動告知所方。
拾、收托辦法
第一條：本辦法依據本園組織章程第四條之規定訂定之。
第二條：本園收托對象如下：
一、凡出生2至12歲之兒童不分性別，均可報名。
二、優先收托弱勢家庭兒童：
　　(一) 持有低收入戶卡者。
　　(二) 父母一方為中度（含）以上身心障礙者或兄弟姊妹之一持有身心障礙手冊
　　　　之一般幼兒。
　　(三) 父母一方為原住民之幼兒。
　　(四) 經臺北市社會福利服務中心轉介之危機（含單親）家庭幼兒。
三、特殊兒童保障名額百分之六（三名）：包含發展遲緩或領有輕度身心障礙手冊

者。

第三條：本園收托時間如下：

一、半日托：上午：○時○分至○時○分　下午：○時○分至○時○分

二、日托：○時○分至○時○分

三、延後收托：○時○分至○時○分

第四條：收、退費標準

一、收費：

(一) 低收入戶或經社會局社工員評估無力負擔之危機家庭幼兒，除府補助之外，依情況給予折扣收費。

(二) 身心障礙幼兒由園方協助申請相關補助。

(三) 一般市民依本園核定之收費標準。

二、退費：

(一) 新生入園可先試托○天，如不能適應欲放棄就托時，所繳交之費用全數退還。

(二) 註冊費：就托未滿一個月，退六分之一費用；滿一個月但未滿三個月，退二分之一費用；滿三個月但未滿四個月，退三分之一費用；滿四個月以上不予退費。

(三) 保育費：因故請假未滿十五日不予退費；超過十五日但未滿卅日，以半個月計算；全月請假得退當月保育費。

(四) 交通費：因故請假未滿十五日不予退費；超過十五日但未滿卅日，以半個月計算；全月請假得退當月交通費。

(五) 停托未繳保育費者不予保留名額，將遞補候補幼兒。

第五條：兒童到園及離園必須由家長、監護人派人接送或幼童車接送，並由本園發給接送證，交由家長保管使用，以做接送憑證。

第六條：兒童在園期間，如患法定傳染病時，暫停收托俟病癒繳驗醫師診斷證明後再行回園。

第七條：本園收取註冊費及月費等，由本園開具正式收據收繳。兒童於就托後，因故離開本園者，依本園收退費標準之規定辦理退費。

第八條：本辦法報經臺北市政府（社會局）核定後施行，修正時亦同。

拾壹、服務對象間權利義務關係及申訴處理

　　一、權利與義務關係

	權　利	義　務
園方	1.對於疑似受虐幼兒，園方有權向主管單位通報。 2.幼兒經發展評估，發覺有疑似發展遲緩的現象，在與家長晤談後，園方有權向主管單位通報。 3.園方有權利要求家長每學期至少參加一次親職教育活動。	1.提供安全無障礙的學習環境，讓幼兒快樂成長。 2.提供幼兒參與各項學習活動，接受多元化的學習經驗。 3.供應符合幼兒需求的衛生、營養均衡的餐點。。 4.提供幼兒學習評量及發展評估。 5.對於幼兒身心情緒，給予適當的關懷及照顧。 6.園方有義務保護所中任何一位幼兒的隱私。
家長	1.幼兒若因故長期未到園中，或學期中因故離園，家長有權利依園方「收退費標準」申請退費。 2.對園方若有任何疑問及建議，可以聯絡條或電話詢問或告知園方人員。	1.家長應依社會局核訂本園之收費標準，於每年九月及三月，繳交保育費，每月廿五日至月底前需繳交下個月的月費。 2.對於園方所發的各項通知單，家長需詳細閱讀及配合。 3.若幼兒感染傳染疾病，家長帶幼兒就醫，並讓其留置家中療養。 4.每日依接送辦法接送幼兒。 5.每日讓幼兒穿戴整潔到園中進行學習活動。
幼兒	1.被尊重、快樂學習的權利。 2.有權利使用幼兒園為幼兒準備的一切設備。（包括：教具、遊樂設施等）。	

二、申訴流程

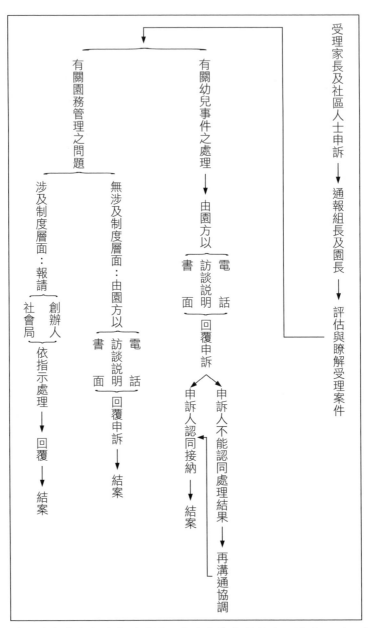

資料來源：臺北市托兒所行政管理手冊，臺北市社會局網站，民國102年7月21日，
取自：http://www.bosa.tcg.gov.tw/i/i0300.asp?fix_code=2703010&group_
type=1&l1_code=27&l2_code=03

幼兒園與家長建立良好的互動關係，最重要的是主動與家長溝通。例如：當家長來園方接送孩子時，能主動親切地與家長討論幼兒的學習情形，或詢問學校有沒有需要改善的地方。其次，可在園方內布置一個明朗、休閒和溫馨的家長接待室（區），提供一個輕鬆愉快的環境，讓家長樂於提供他寶貴的意見。溝通的方式可分為正式溝通和非正式溝通兩種（林佩蓉等人，民84）：

1. **正式溝通**：(1)**家長晤談**：事先和家長聯繫，安排適當的時間，對於幼兒特殊的問題，或學習近況進行晤談。並針對幼兒的問題共同討論，尋求解決的方式。(2)**家庭訪問**：幼兒的習慣、觀念及處事態度，無不直接受到家庭的影響，教師可透過實際的家庭訪問，瞭解幼兒生活環境。訪問時，考慮教師安全的問題，最好是二人同行。(3)**家長座談會**：在開學前後二週內，在園內召開家長座談會，介紹新學期中各項重點活動，提供家長與園方溝通討論的機會。(4)**家庭聯絡簿**：針對幼兒在園內的表現，利用文字與家長作溝通。內容可包括家長和老師的聯絡欄、幼兒學習能力檢核表或親子之間的感性活動；例如：請爸爸、媽媽抱抱孩子，在孩子耳邊說悄悄話，輕輕對孩子說：「我愛你」。

2. **非正式溝通**：(1)**電話諮詢聯絡**：各園方可依園方的人力、各項條件，提供家長電話諮詢服務。(2)**隨機談話**：利用家長接送幼兒上學、放學時間，和家長討論幼兒在園或在家的情形。(3)**意見箱**：設置意見箱或開放傳真機，隨時歡迎家長提供各項問題與建議，由專人或特定小組，利用書信、電話、會議等途徑，回應家長所提的問題與建議。

以下為幾項能促進家長與園方溝通的建議方式（孫立葳，民89）：(1)家長第一次到園方參觀，應作好充分說明和愉快的溝通。(2)開學以前與家長的接觸，幫助建立彼此關係和協助幼兒適應。(3)準備家長手冊，協助家長對園方的整體瞭解。(4)召開大型親師會議，提供家長間及家長與園方人員熟識的機會，並說明園方相關政策與措施。(5)可不先預定主題，邀請三至四位家長到園方進行會談。(6)個別親師會談，幫助家長瞭解園內課程進行的狀況及個別幼兒發展的狀況。(7)每隔一段時間，用電話與家長進行聯絡，以說明幼兒近況及傾聽家長意見。(8)平時對幼兒的隨性紀錄，可讓幼兒帶回家給家長知道。(9)定期進行家庭訪問，以瞭解幼兒家庭並建立園方

與家庭的合作關係。(10)定期出版園方刊物，發布園方相關訊息。(11)妥善運用家長接待區，作為訊息和意見交換的場所。(12)隨時歡迎家長到園方來拜訪，和觀察幼兒的活動，或參與相關活動。

與家長溝通聯繫時，教職員工應檢視自己應有的態度（信誼基金會學前兒童教育研究發展中心主編，民72）：**(1)能注意傾聽家長說話**：注意傾聽是溝通的先決條件，即使家長始終說個不停，也需很注意傾聽。**(2)能以簡明、清楚的詞彙說明自己的立場**：明確說明討論的主題和有關情形，並避免用太專業性的字眼，讓溝通更容易進行。**(3)能讓家長知道自己很樂意聽到他們提出與自己不同的想法**：尊重家長的意見，將使家長對園方更有參與感。**(4)能接納別人建設性的批評**：受到家長批評時，教職員工們常一時不能接受，但是這時還是要冷靜下來，告訴家長將對這問題多加考慮。**(5)對非建設性的批評能妥善處理**：當受到非建設性批評時，務必要與家長作進一步的溝通，以消除其中的誤解和歧見，避免讓這些批評成為口耳相傳的資料。**(6)當別人讚美自己時，能表現得體**：受到家長的讚美時，只需禮貌的表示自己的謝意，不必過於客套。

召開家長會的目的、進行方式如下（信誼基金會學前兒童教育研究發展中心主編，民72）：

1. 召開班級家長會的目的：(1)說明園方的教育原則，讓家長瞭解園方的教育方式和內容，以便能與園方配合。(2)說明園方的行政措施，以減少日後與家長間的誤會。(3)介紹園方全體教職員工讓家長認識，尤其是其幼兒的教師。(4)說明幼兒在園方的學習計畫：讓家長瞭解幼兒在園方將獲得哪些學習經驗。(5)推廣親職教育，與家長研討如何教養幼兒，協助家長成為成功的教養者。

2. 家長會進行的方式：家長會的方式，可按每次會議的實際需要，延請專家、園長或資深教師擔任主持人，可定期或不定期召開會議，進行方式可規劃有演講、座談討論、幻燈片或影片欣賞、實際操作的活動等方式，以及採用個別諮詢、小組討論或全體家長參與等形式進行。

家長參與就是讓家長參與園方的教學活動，充當教學助理或協助其他工作；這不僅可使園方與家長間的關係更行密切，還可讓參與的家長認識許多的朋友，彼此獲得更多有關教養幼兒的經驗和知識，同時，可以增加園方的

人力資源。然而這一切主要目的還是在結合園方與家長的力量，幫助幼兒成長，因此，舉辦「家長參與」的活動，直接受益者還是幼兒，以下分別列出家長可以參與的活動及注意事項（信誼基金會學前兒童教育研究發展中心主編，民72；林佩蓉等人，民84）：

(一) **家長充當教學助理**：透過家長的參與，一方面讓家長瞭解幼兒在園學習的情形；另一方面也是增加園方的人力資源。例如：可將家長組織成「愛心媽媽」團體，協助支援全園性的活動，參與方式大致可分為幾種：

1. **學習區或分組教學活動**：家長可在某一學習區或某一組自由地和幼兒交談、協助幼兒解決問題、或說故事給幼兒聽、帶領幼兒製作小點心、月餅等。

2. **專長教學活動**：請家長依據個人專長設計教學活動（長期或短期皆可），帶領全班幼兒。例如：家長自己本身是音樂老師，可以每週定時至班上帶領幼兒進行音樂的相關活動。

3. **特殊教學活動**：體能活動、午餐，或戶外教學，包括：參觀、烤肉、郊遊、游泳等特殊的教學活動，可請家長協助看顧幼兒，維護幼兒的安全與生活秩序，或協助攝影、作觀察紀錄等等。

(二) **家長協助園方其他工作**：家長可發揮自己的專長，在某一特定的時間協助園方的其他工作，例如：修理設備、為幼兒拍照或製作教具。可請家長協助下列各項目：（參見表6-8、6-9、6-10）

1. 協助蒐集各類教學資源，例如：教學主題為「昆蟲」，家長可提供有關昆蟲的書籍、錄影帶、幻燈片或標本等。

2. 協助整理、製作教具、玩具、書籍或修補教具、玩具及書籍等。

3. 協助舉辦「跳蚤市場」、「舊物交換」等活動，例如：不用的餐具、家具、皮包、舊玩具、舊娃娃、舊書等。一方面可提倡廢物再利用的環保觀念，一方面也可充實娃娃家的各項資源。

4. 如家長中有醫療保健、法律、財務、教育、輔導等方面的專業人員，可提供園方或其他家長專業的諮詢服務。

5. 如校外參觀機構恰為家長的上班地點，或鄰近家長上班地點，可請家長代表協助查詢或聯絡各項事宜。

6. 如有廂型車之家長，可協助園方載運貨物。

表6-8　新北市○○幼兒園活動檢討記錄表

活動名稱：	活動日期：	記錄者：
檢討事項	優點： 缺點：	
改進建議		
備註		

資料來源：園務參考，新北市幼兒教育資源網，民國102年7月31日，取自：http://kidedu.ntpc.edu.tw/files/11-1000-83.php

表6-9　新北市○○幼兒園93學年度第一學期耶誕活動實施計畫

壹、活動目的：
　　一、營造溫馨且快樂的氣氛。
　　二、培養合群的態度。
　　三、豐富幼兒的生活經驗。
貳、活動日期：93年12月24日（星期五）早上9：00至12：00
參、活動地點：戶外活動場地
肆、準備工作：
　　一、分組製作聖誕紅、聖誕襪、聖誕樹、聖誕老公公。
　　二、分組進行舞蹈律動練習。
　　三、耶誕歌曲教唱
　　四、通知家長為孩子準備一份禮物（12/16－12/20）
　　五、12/17【星期五】發耶誕親子化妝舞會通知單
　　六、12/22(三)、12/23(四)上午9：30預演
　　七、禮物及遊戲獎品包裝
伍、活動流程：

時間	活動項目
9：00--9：30	幼生來園

9：30--9：40	來賓介紹
9：40--9：45	聖誕鈴聲
9：45--10：10	舞蹈秀【我要飛、猴子跳曼波、哎呦喂、哈哈象】
10：10--10：20	客語組曲【嘴嘟嘟、水果歌】、兒歌組曲【小星星】
10：20--10：40	戲劇表演【老鼠娶新娘、誰的本領大】
10：40--11：10	親子遊戲【幸運蛋、耶誕大餐】
11：10--11：20	耶誕舞會【莎啦啦、聖誕響叮噹】
11：20--11：30	愛的禮物【愛心媽媽獎】
11：30--12：00	耶誕驚喜【摸彩活動、耶誕禮物】
12：00--12：10	貼心的禮物【收拾與整理】
12：10---------	賦歸、領取餐盒

陸、工作分配表：如附件
柒、經費：幼兒園活動費、餐點費
捌、本計畫經○校長核可後實施，修正時亦同

校（園）長：　　　主任：　　　承辦人：
（附件）

項目	內容	器材	負責人員
7:30—9:30 會場布置	1.舞臺布置 2.獎品禮物區（包裝） 3.親子遊戲（臺語猜謎秀、幸運蛋、聖誕大餐） 4.播音設備（錄音帶） 5.簽到處 6.音樂DJ 7.攝影、海報	1.十張桌子、綠色墊子 2.全部椅子 3.三角旗、聖誕樹 4.簽到處、桌子、桌巾、簽到本、筆 5.錄音機（帶）、麥克風、延長線 6.相機 7.聖誕禮物、餐盒	全體老師
9:30---9:40 來賓介紹	1.介紹校長、主任 2.介紹聖誕老公公	糖果 聖誕老公公背包	○老師
9:40---9:45 團體舞	全體（聖誕鈴聲）	錄音帶 錄音機	○老師
9:45---10:10 化妝舞蹈秀	1.我要飛 2.猴子跳曼波 3.哎呦喂 4.哈哈象	錄音帶 錄音機	○老師

10:10---10:20 組曲表演	1.客語組曲（嘴嘟嘟、水果歌） 2.兒歌組曲（小星星）	錄音帶 錄音機 節奏樂器	○老師
*串場 臺語猜謎秀		禮物2份	○老師
10:20----10:40 戲劇表演	1.老鼠娶新娘 2.誰的本領大	節奏樂器、道具	○老師
10:40---11:10 親子遊戲	1.幸運蛋（踩氣球） 2.聖誕大餐（廚師買菜）	1.氣球130份，獎品5份 2.獎品5份	○老師
*串場 臺語猜謎秀		禮物2份	○老師
11:10---11:20 耶誕舞會	1.莎啦啦 2聖誕響叮噹	錄音帶、錄音機	○老師
11:00—11:10 愛的禮物	1.愛心媽媽獎	義工媽媽獎禮物6份 錄音帶、錄音機	○老師
*串場 臺語猜謎秀		禮物2份	○老師
11:10—11:40 耶誕驚喜	1.摸彩活動 2.聖誕老公公送禮物	1.錄音帶、錄音機 2.耶誕禮物60份、摸彩禮物10份 3.摸彩箱、摸彩券 4.家長準備的禮物60份	○老師 ○老師
11:40—12:00 貼心禮物	1.領餐盒 2.收拾和整理	餐盒	○老師

資料來源：園務參考，新北市幼兒教育資源網，民國102年7月31日，取自：http://kidedu.ntpc.edu.tw/files/11-1000-83.php

表6-10　新北市○○幼兒園93學年度第一學期家長日活動實施計畫

壹、活動目標：一、促進親師情誼。
　　　　　　　二、體驗DIY遊戲的樂趣。
　　　　　　　三、瞭解視力保健的重要性。
　　　　　　　四、知道愛眼護眼的方法。
貳、活動時間：93年4月24日　上午9：00~12：00
參、活動地點：幼兒園室內及戶外
肆、參加對象：全體教師及家長
伍、活動流程：
　　　　　　　08：00～09：00場地布置
　　　　　　　09：00～09：10簽到（領取遊戲卡）
　　　　　　　09：10～10：00趣味DIY遊戲（創意區、美食區、益智區、體能區）
　　　　　　　10：00～10：30親師交流站v.s.沙畫展

10：30～11：30視力保健講座－普生眼科診所；王醫師（充電區）
11：30～11：40視力保健推展工作頒獎
11：40～12：10寶貝學習成果展
12：10～12：30收拾整理

陸、遊戲內容：

區名	操作方法	材料	地點	負責人
美食區－營養早餐	1.每人2片吐司、1瓶果汁 2.依個人喜愛口味製作吐司三明治	1.吐司10條 2.玉米罐頭10罐 3.沙拉10條 4.水煮蛋30顆切片 5.鮪魚罐頭10罐 6.草莓果醬1瓶 7.花生果醬1瓶 8.果汁（大）3箱 9.卡通連續印章	廚房	○老師 廚工
創意區－好玩的沙	1.自行挑選1張喜歡的沙畫紙 2.將沙畫紙放在塑膠盤子裡 3.將圖案貼紙撕下 4.用布丁小湯匙舀沙放在撕下貼紙的圖案上 5.輕輕的搖晃盤子，使沙子均勻的灑在圖案上 6.拿起沙畫紙將盤子裡剩下的沙子倒回原來的塑膠盒子 7.依上面步驟反覆操作 8.將完成的作品掛在各班走廊上展示	1.各式圖案沙畫紙 2.彩色沙子（10色） 3.塑膠盆10個 4.塑膠盤 5.布丁小湯匙10支 6.桌子5張 7.椅子10張 8.卡通連續印章	戶外	○老師 ○老師
益智區－IQ不打結	1.教具盤分別標示1～10的號碼並放入益智教具 2.請家長抽號碼球 3.依抽到的號碼，完成教具盤裡的益智遊戲 4.完成者，方能過關	1.抽籤號碼球 2.抽籤筒 3.六面拼圖2組 4.七巧板2組（木製） 5.動物七巧板2組（木製） 6.隱形金字塔2組 7.智力魔珠2組 8.教具盤10個 9卡通連續印章	海豚班	○老師 ○主任
體能區－呼拉圈大挑戰	1.用膠帶在地上黏貼範圍區 2.請家長自選1個呼拉圈 3.能連續搖10下以上者，方能過關 4.無法完成者，需重複練習直到完成	1.呼拉圈10個 2.桌子1張 3.彩色膠帶 4.卡通連續印章	戶外	○老師
充電區－視力保健講習	1.視力保健幻燈片欣賞 2.如何預防近視？ 3.定期視力檢查與早期矯治的重要性 4.問題交流與解答	1.幻燈機 5.擴音機 6.麥克風 4.視力保健幻燈片 5.卡通連續印章	視聽室	園長 眼科醫師

柒、工作分配：

	項目	完成日期	負責人員	備註
1	計畫擬定與籌備、擬定調查表與參加人數統計	93.4.15	園長（主任）	邀請眼科醫師
2	視力保健資料蒐集與整理、講座會議記錄	93.4.24	保育組	聯繫衛生所
3	各區標示牌、海報、獎狀、遊戲卡設計與製作	93.4.22	教學組	視力保健推展績優人員
4	趣味DIY遊戲區材料準備與布置	93.4.24	各區教師	
5	過關遊戲獎品採購、餐盒預訂	93.4.20	總務組	60份
6	簽到處、會場布置與會後整理	93.4.24	全體教師	遊戲卡領取
7	活動拍照與攝影	93.4.24	志工家長	

捌、經費：幼兒園活動費、餐點費。
玖、本計畫經○校長核可後實施，修正時亦同。

校（園）長：　　　　主任：　　　　承辦人：

資料來源：園務參考，新北市幼兒教育資源網，民國102年7月31日，取自：http://kidedu.ntpc.edu.tw/files/11-1000-83.php

(三) 辦理家長參與時應注意事項

1. **當教師與家長間產生誤會時**：教師與參與的家長間，即使關係良好，也難免會有意見紛歧的時候，此時，園長有責任緩和兩者間的衝突，消除彼此的誤會。一般而言，這些誤會的成因多半是由於教師和一位較有主見的家長，為某事各自堅持己見，僵持不下，或彼此對某句話、某個行為產生誤解，這時園長可以特別安排一個時間，讓當事人面對面談談，提醒雙方要坦誠表達自己的情緒，以緩和彼此的衝突，澄清誤會。若雙方敵對的情形仍然持續著，園長要考慮將參與的家長換到另一個班級。

2. **當參與的家長不稱職時**：遇到工作熱心，卻不稱職的家長時，對教師及園方長來說都是極難處理的問題，這時園方長可以考慮改安排比較適合他的工作。

幼兒園辦理家長參與的程序可分為（信誼基金會學前兒童教育研究發展中心主編，民72；廖鳳瑞，民77；林佩蓉等人，民84）：(一) 辦理前之規劃；(二) 辦理中之進行；(三) 辦理後之檢討；茲將此三程序分述如下：（參見表6-11、6-12、6-13、6-14）

（一）辦理前之規劃

1. **徵求教師及家長意願、興趣與時間**：首先需要徵求教師的意見，若教師怕增加工作負擔，園方應考慮暫緩辦理。在每學年開始時，園方可用聯絡手冊、信函、問卷、電話，或家長會等方式及場合來詢問家長的意願，邀請家長參與，最好舉辦家長參與座談會，使家長深入瞭解，進而引起興趣。剛開始辦理時，可能需要利用電話鼓勵家長們來參加，以便使這項工作順利推展。若家長參與意願不高，園方亦應考慮暫緩辦理。

2. **編訂家長參與須知的內容與規則**：規定家長是否可在自己小孩的教室上課或幫忙。家長如有事不能到園方服務時，應自覓代理人，再通知聯絡人，建立家長的責任感，維持園方教學正常。園方也應作必要的配合措施，如增設家長休息室、訂購有關家長參與或幼兒教育的書籍雜誌供家長參閱、增設家長工作室，供家長製作或修護教具及設備。為確實把握家長的出席及工作情況，園方可建立家長工作紀錄卡，請家長於當天工作結束後填寫，以便追蹤家長的出席、感想與建議，並於園方設置工作箱，供家長自行投入。

3. **職前指導與練習**：寄發職前講習會通知單，讓家長先參加職前講習會，以瞭解如何做好一位稱職的助理或義工。在講習會中，仔細介紹園方環境與設備和實際教學活動的示範，以及義工的工作內容說明，以熟悉園方的設備及政策、工作地點、參與角色、幼兒特色等。職前指導座談會的進行，可先介紹家長互相認識，再簡介園方的原則與規定，然後再簡介幼兒身心特性、反應及應對措施，最後再情境演練。

4. **分配參與家長的工作和時間**：分配家長參與的工作，最好還能將每天的工作內容詳列成備忘表，讓參與的家長隨身攜帶。收回問卷後，應將家長的興趣及工作時間、內容，加以整理。就家長方便到園方服務的時間，安排家長每星期定時來幫忙，並將排定的工作日期和時間列成一表，以便彼此協調調換。

5. **列出參與家長名冊和值班表，並請參與家長做健康檢查**：建立志願擔任義工的家長名冊，包括姓名、地址和電話和值班表，寄發給每位參與家長，以便他們臨時有事時，可以彼此聯絡、尋找代理人；同時最好推選一位負全責的家長，協助協調工作。請參與家長們到附近的衛生所或醫院作身體健康檢查，以確定是否適合到園方來照顧幼兒。

(二) 辦理中之進行：所有工作準備就緒後，便可逐步實施家長參與：

1. **家長實際參與，教師協助督導**：家長開始到園方參與工作的開始幾天，教師應協助導引家長逐漸熟悉工作，並事先討論當天要作的事情、提供家長意見、準備教材，對家長工作的情形加以觀察、輔導，找出優缺點，並與家長交換意見。

2. **請參與家長到園值班時，即在紀錄本上簽到**：以便在學期結束時，瞭解每位家長的參與情況，並贈送感謝的卡片和紀念品，或可考慮在下學期減免其幼兒的學費。

(三) 辦理後之檢討：家長參與實施一段時間後，園方需要檢討家長工作的情況、能力及幼兒學習的情形，據以調整家長的工作及園方的措施。園方的檢討，可分平時檢討與期末檢討：

1. **平時檢討**：園方應時常檢討所實施的家長參與活動情形及績效，以爲不斷改進及調整的參考。

2. **期末檢討**：到學期末，園方對整學期的家長參與活動作總檢討，以作爲是否續辦的依據。

表6-11　新北市○○幼兒園93學年度第一學期畢業典禮實施計畫

壹、活動目的：一、知道參加典禮的禮儀。
　　　　　　　二、體驗首次畢業的感覺。
　　　　　　　三、學習與人分享。
　　　　　　　四、增進親師情感交流與互動。
貳、活動日期：93年6月30日　上午9：00～12：00
參、活動地點：小學活動中心
肆、參加對象：全體教師及家長
伍、活動流程：
　　　　　　　09：00～09：30集合、簽到
　　　　　　　09：30～09：35典禮開始—畢業生進場
　　　　　　　09：35～09：45來賓禮讚—校長致詞
　　　　　　　09：45～10：00我長大了—頒發畢業證書
　　　　　　　10：00～10：05愛的叮嚀—爸爸媽媽的話
　　　　　　　10：05～10：15愛的祝福—中班的話
　　　　　　　10：15～10：30成長的喜悅—畢業感言
　　　　　　　10：30～10：50愛的禮物—頒獎
　　　　　　　10：50～10：55愛的歌曲—感謝有你
　　　　　　　10：55～11：00禮成
　　　　　　　11：00～12：00畢業餐會暨畢業展

陸、工作分配：

	項目	完成日期	備註	負責人員
1	擬定典禮計畫、流程安排、工作分配	93.6.1		園長（主任）
2	擬定通知單與調查表及受獎名單彙整	93.6.10	司儀程序稿	
3	參加人員統計、各項事宜聯繫、發邀請函	93.6.20	各處室及校長	
4	畢業證書及獎狀印製	93.6.25	證書60張	
5	表演訓練（畢業感言、中班的話）	93.6.27	週二～週四下午	教學組
6	籌備畢業展項目	93.6.10	靜態展覽	
7	典禮會場設計、海報及邀請卡製作	93.6.18	150個座位	
8	申購畢業禮物（含包裝）及各項用品、道具	93.6.10	畢業胸花60朵	總務組
9	典禮音樂錄製與播放	93.6.25	柔和的背景音樂	
10	統籌畢業餐會事務、設計餐會內容	93.6.15	餐具150人份	
11	預訂餐盒、統計家長提供餐點份數與內容	93.6.20	餐盒60份	保育組
12	製作餐點標示卡（名稱、提供者）、餐桌布置	93.6.28	鋪設桌巾	
13	典禮暨餐會會場布置與收拾整理	93.6.29	請志工家長協助	全體教師
14	畢業典禮司儀	93.6.30	6/29上午預演	王老師
15	活動拍照與攝影	93.6.30	6/29借DV攝影機	志工家長

柒、經費：幼兒園餐點費與活動費。
捌、本計畫經○校長核可後實施，修正時亦同。

校（園）長：　　　主任：　　　承辦人：

資料來源：園務參考，新北市幼兒教育資源網，民國102年7月31日，取自：http://
　　　　　kidedu.ntpc.edu.tw/files/11-1000-83.php

表6-12　新北市○○幼兒園93學年度第一學期親子運動會實施計畫

壹、活動目的：一、知道運動的益處。
　　　　　　　二、學習遵守比賽規則。
　　　　　　　三、培養喜歡運動的興趣。
　　　　　　　四、體驗運動會的樂趣。
貳、活動日期：93年5月16日　上午9：00～12：00
參、活動地點：戶外遊戲場、各班教室
肆、參加對象：全體教師及家長

伍、活動流程：

　　　　　09：00～09：30集合、簽到
　　　　　09：30～09：40序幕—親子律動（運動會歌、快樂動物體操）
　　　　　09：40～09：50來賓致詞
　　　　　09：50～10：20親子遊戲—好玩的滑溜布（太空漫步、星際大戰）
　　　　　10：20～10：30啦啦隊表演—海豚班
　　　　　10：30～11：00趣味競賽—滾輪胎、拔河比賽、企鵝孵蛋
　　　　　11：00～11：10親子律動（我真的很不錯、健康操）
　　　　　11：10～11：20序幕—頒獎
　　　　　11：20～12：00學習成果展（各班教室）

陸、工作分配：

	項目	完成日期	備註	負責人員
1	擬定計畫、流程安排、工作分配	93.5.1	5/15日預演	園長（主任）
2	擬定通知單與調查表、發邀請卡	93.5.8	5/10邀請卡	
3	統計參加人數、表演節目訓練	93.5.12	週一至週三下午訓練	教學組
4	教學活動照片整理與展示	93.5.14	各班走廊	
5	運動會場設計、海報及邀請卡製作	93.5.8	班級位置安排	總務組
6	申購獎品（含包裝）及各項用品、道具準備	93.5.10	汽車輪胎3個滑溜布3組	
7	預訂餐盒、茶水準備	93.5.14	餐盒60份	保育組
8	設置醫護站及醫護用品檢核	93.5.15	緊急聯絡電話	
9	音控		輕快背景音樂	○老師
10	節目主持及示範	93.5.15	律動、遊戲示範	○老師、○老師
11	會場布置與收拾整理	93.5.16	請志工家長協助	全體教師
12	學習成果展	93.5.15	各班教室	各班教師
13	活動拍照與攝影	93.5.16	5/15借DV攝影機	志工家長

柒、經費：幼兒園餐點費與活動費。
捌、本計畫經○校長核可後實施，修正時亦同。

校（園）長：　　　　主任：　　　　承辦人：

表6-13　新北市○○幼兒園93學年度親子共讀活動實施計畫

壹、活動目的：
　　一、培養閱讀的好習慣。
　　二、知道借閱書籍的方法。
　　三、增進分享與口語表達的能力。

四、啟發思考與解決問題的能力。

貳、參加對象：本園家長及幼兒

參、活動內容：

　　一、透過家長會，宣導親子共讀活動

　　二、整理學校書籍，增添適合孩子閱讀的好書。

　　三、規劃借閱書籍的規章，設計親子共讀活動。

　　四、在班級活動中，老師帶領孩子導讀繪本，引發孩子閱讀的興趣。

　　五、將介紹過的繪本置於圖書角中，讓孩子主動閱讀。

　　六、開始借閱書籍回家閱讀活動，落實建立閱讀的生活習慣。

　　七、透過親子共讀學習單，鼓勵孩子分享發表閱讀的心得

　　八、獎勵一學期能閱讀15本以上繪本並完成閱讀單的孩子

　　九、舉辦說故事比賽

肆、工作分配：

	工作項目	負責人員
1	擬定親子共讀計畫	教學組
2	設計親子共讀單	
3	整理學校圖書，列出可借閱的書單	總務組
4	討論借書規則、增添書單	全體老師
5	採購書籍	園長（主任）
6	透過家長會，宣導親子共讀活動	
7	圖書角活動設計	○老師
8	語文角活動設計	○老師
9	進行導讀活動	各班老師
10	舉辦說故事比賽、好書票選活動、親子故事插畫比賽	教學組

伍、經費概算

	項目內容	金額	來源
1	親子閱讀單影印裝訂	3,000元	教材費
2	增添新書	10,000元	教材費
3	舉辦活動之獎品	1,000元	活動費

陸、本計畫○校長核可後實施，修正亦同。

校（園）長：　　　主任：　　　承辦人：

資料來源：園務參考，新北市幼兒教育資源網，民國102年7月31日，取自：http://
　　　　　kidedu.ntpc.edu.tw/files/11-1000-83.php

表6-14 新北市○○幼兒園親職教育活動回饋單

活動名稱：		活動日期：	
回饋項目	回饋結果（請勾選）		
	非常滿意	滿意	尚可
1.您對此次活動的內容			
2.您對此次活動的時間			
3.您對此次活動的布置			
4.您對此次活動的流程			
5.您對此次活動的接待			
6.您對此次活動場地的滿意度			
7.您對此次活動的整體感覺			
8.您對此次活動孩子的表現			
您的建議：			

資料來源：園務參考，新北市幼兒教育資源網，民國102年7月31日，取自：http://kidedu.ntpc.edu.tw/files/11-1000-83.php

當家長來園方參與幼兒活動之前，最好先給予一份**家長參與須知**，讓家長瞭解輔導幼兒活動的基本原則和注意事項（信誼基金會學前兒童教育研究發展中心主編，民72）：

1. **家長參與輔導幼兒的基本原則**：(1)幼兒是有個別差異的，應該讓幼兒以自己的發展速度來學習。(2)不要急於希望幼兒有太多的成就。對幼兒而言，任何摸索、試驗各種教具、教材的經驗都是很重要的。(3)對幼兒而言，自己動手作的過程比成品本身更重要。(4)不要在幼兒面前討論他的優缺點。(5)不要在幼兒面前彼此聊天、談論是非。

2. 協助帶領幼兒活動時，應注意之事項：

在活動前，應：(1)準備足夠的材料，並安排好幼兒學習的環境。(2)熟悉幼兒活動的內容、進行的方式和注意事項。(3)保持愉快的心情，面帶微笑，以緩慢、清晰、肯定的語氣，說明活動的內容。

在活動中，應：(1)不要指示幼兒一定要去作什麼，讓幼兒有選擇的自由，千萬不要勉強。(2)不要要求幼兒「一定要保持乾淨」、「不要弄髒衣服」，以免幼兒無法盡情遊戲。(3)隨時注意每位幼兒的活動，適時給予一些鼓勵和建議。(4)多鼓勵害羞的幼兒，勇於表達自我；對於過分活潑的幼兒，則需要求他注意力集中，耐心的完成工作。(5)幼兒發生意外時，不要大叫或表露出緊張的情緒，因為這樣反而使幼兒更害怕。(6)如果發現有某些幼兒什麼活動都不做，輔導者不要感覺窘迫或驚訝，因為只要不妨礙別人，幼兒從旁觀察也是一種學習。(7)如有幼兒違反常規，要能以肯定緩和的態度說明正確的行為，讓幼兒能夠接受，如果他多次再犯，則可考慮取消其遊戲的權利，直至他願意遵守規定為止。(8)只要幼兒能力所及，輔導者最好避免動手替幼兒完成作品，宜多鼓勵他自己動手。(9)不要用祈求、威脅的口氣來教導幼兒。(10)要打斷幼兒的活動之前，請先讓幼兒瞭解原因。

在活動後，應：(1)請幼兒自己動手清理收拾，如有幼兒說：「我不做」，只當沒聽見，而儘量誇獎會收拾的幼兒。(2)避免拿兩位幼兒的成品相互比較。(3)若發現幼兒有特殊行為表現或任何的問題，請隨時紀錄下來，課後再與教師交換意見。(4)做完後的成品，可讓幼兒帶回家，或存放在特定的展示架上。

園方應瞭解家長參與的優缺點，事先妥善規劃與確實執行，才能充分發揮其優點，並儘量防止缺點發生。**家長參與的優點**（廖鳳瑞，民77；Rodd, 1998）：

1. 增加人力資源：家長的教養技巧可補教職員專業上的不足；家長本身特殊的才能、興趣、個性、職業等，可以提供幼兒園教學或活動的變化，並且可以替教師節省許多時間，使教師將時間作更有益的運用。

2. 節省幼兒園開支：家長可以義務協助或酌收成本，可協助幼兒園減少開支。

3. 家長可以瞭解幼兒在園情況，促進家長與教師的溝通與合作：家長

對於自己的孩子而言，可以是個具高影響力的教師，家長對自己的小孩較熟知其個性和習慣，家長可進行細緻的觀察並傳達重要的訊息給教師。家長參與園裡的活動，可以觀察自己子女在園方上課、遊戲、與人相處情形，對子女會有更進一步的瞭解，才能採取適當配合措施來幫助幼兒及教師。

4. **提高家長的自我價值感**：一般幼兒喜歡父母到園裡來幫忙，很多家庭主婦也可趁著到園方來幫忙的機會，出外透透氣，擴展生活圈及社交圈，家長有權利參與園所的事務，還可對自己子女的教育和園方的決策有所貢獻，可提升家長的自我價值感，並可促進親子之間的感情。

家長參與的缺點（廖鳳瑞，民77）：

1. **增加教師工作負擔**：教師除了設計自己的教學活動外，還必須設計家長的活動、安排家長參與的時間，訓練家長、與家長討論、輔導家長解決問題等，替教師帶來了不少額外的工作。再加上教師並未受過訓練師資的訓練，不知從何做起，或許會感到恐慌而不願意家長參與。

2. **家長的出席沒有辦法掌握**：有些家長常以自己心情好壞來決定是否參與園方的活動，造成教師在安排課程及活動時很大的困擾，容易造成教師對家長參與活動的排斥。

3. **家長缺乏專業知識及技能**：家長因未受過相關幼兒教育的訓練，不知如何對團體幼兒說話、處理幼兒事項，有時容易偏心，不能遵守園方或教師所訂定的規則等，造成困擾。

第三節 🍎 社會資源的利用

社區現成的各項軟硬體設施，可充實幼兒園教學環境，提升教學活動的效率，彌補各園方在人力、物力、經費上的不足。各園方宜主動的聯繫，充分有效地運用社區資源。社區資源的四種類型與善用社會資源的建議，分述如下（廖鳳瑞，民77；林佩蓉等人，民84）：（參見表6-15）

(一) 人力資源：幼兒園運用「人力」資源的方式，有下列二種：

1. **家長參與**：請幼兒家長到園方協助教學、照顧幼兒、修護器具、製作教具等；或在家裡協助及支持園方的活動。

表6-15　新北市○○幼兒園志工家長意願調查表

親愛的家長您好：

為豐富教學內容，提供更佳的學習環境，我們衷心期盼您能加入志工的行列，共同為孩子的教育努力。下列資料請您撥冗填寫並於　日前交回，謝謝您的支持與配合！

✎ 班級：＿＿＿＿＿＿　幼生姓名：＿＿＿＿＿＿　號碼：

✎ 您的姓名：＿＿＿＿＿＿＿＿＿＿　與幼生關係：

✎ 您是否願意擔任志工家長？　□是　　　□否

✎ 您的專長：

✎ 您願意擔任的種類是？　　□來園協助　□在家支援

★種類（可複選）

來園協助	在家支援
資料整理（圖書、教具……）	電腦打字（Word、Excel……）
廚房義工（洗菜、切菜……）	縫紉工作
帶小組活動（遊戲、美勞、美語……）	單元資料蒐集（圖書、教具、影帶……）
帶角落活動（積木、沙池、棋藝…）	美工製作（海報、教具……）
晨間故事媽媽（國語、臺語……）	清洗教具（衣物、玩偶……）
週一晨間活動（幼生認字評量）	蒐集可利用廢物（空瓶、紙盒）
教室環境清潔、消毒、布置…….	其他：（　　　　　）

★固定來園協助時間表（可複選）

時間／項目　　星期	一	二	三	四	五
8：00--9：00 晨間活動 廚房志工					
10：00--11：00 角落活動 小組活動					
1：30--2：30 環境清潔 資料整理					

★彈性來園協助時間

□戶外教學活動　　　□單元綜合／小組活動

□其他可來園協助的時間＿＿＿＿＿＿＿＿＿＿＿＿＿

資料來源：園務參考，新北市幼兒教育資源網，民國102年7月31日，取自：http://kidedu.ntpc.edu.tw/files/11-1000-83.php

2. 資源人士：社區內有從事各行業的人，包括本地年長仕紳、各界領袖及機關首長、醫生及公共衛生護士、技術人員、新聞編輯、圖書館工作人員及出版商、農漁業工作人員、商人及金融界人士、社會工作者、修車工人、護士、醫生、養蜂人、警察、家長與具有專門技術的家長……等，可以邀請他們到園方為幼兒講解其行業的特點及工作，使幼兒及教師從中學習社會上各種行業所扮演的角色及各行業的術語，增添幼兒的詞彙及語言能力。

(二) **物力資源**：幼兒園運用社會「物力」資源的方式，有下列二種：

1. 廢物利用：幼兒家裡或社區內工廠常有用過的東西，可以請他們將不要的，但對園方卻是有用的「廢物」保留下來，免費提供幼兒重新創造的機會，節省園方的開支，或是在特別節日將多餘的節日用品免費提供。

2. 自帶自說（show and tell）活動：讓幼兒從家裡自帶一樣物品來，鼓勵幼兒共同仔細研究所帶來物品的特性及用途，或所代表的特殊意義，引發幼兒注意平常物品中的細節及特殊性。

(三) **事件資源**：園方利用「事件」資源的方式，有下列二種：

1. 特定節日：舉凡國定假日或有特殊意義的日子，如生日、國慶等，要向幼兒講解節日的來由及為何慶祝或紀念，讓幼兒瞭解節日的意義。

2. 特殊事件：臨時發生或發現的特殊事件，如颱風、停電、樹發新芽、幼兒家庭發生重大事故等，應加以利用作適當的隨機教學、討論及活動，以激發幼兒更長遠的興趣與學習動機。

(四) **自然資源**：包括本地的地形、山川、地質、氣候、土壤等等；森林、礦場、以及農、漁、牧場；名勝古蹟。

(五) **組織資源**：幼兒園運用社會「組織」資源的方式，有下列二種：

1. 參觀：適時安排幼兒到校外實地參觀本地公私有設備、活動中心、民眾服務中心、中山堂等，如市場、郵局、車站、幼兒圖書館、博物館、公園、動物園、醫院、機場、天文臺……等，以瞭解各場所運作情形及各行業工作人員的角色，包括農產品、礦產及工業產品等。

2. 租借：可向圖書館或文教機構、企業，借取可配合教學使用之物品、影片、圖片或場地，擴展教學內容。政府機關及民意機關：如鄉鎮市公所、縣市政府、警察局、縣市議會等；教育機關：如圖書館、博物館、科學館、藝術館、教育資料館、少年感化院、各級學校等；慈善機關：如育幼

院、救濟院、養老院等；交通機關：公路局、鐵路局、港務局、汽車站、火車站、航空站、飛機場、郵局、電信局等；衛生機關：如衛生局、醫院、診所、療養院等；司法機關：如地方法院、高等法院、監獄等。公用事業機關：如自來水廠、發電廠等；工商業組織：如商店、公司、工廠等；金融機構：如銀行、合作社等；民眾團體和文化團體：各種社團、農會、工會、商會、教育會、報社、書局、電臺、電視公司等；宗教團體：如教會、寺廟等；娛樂場所：如電影院、戲院、游泳池、公園、動物園、兒童樂園等。

善用社區資源之建議：

1. **掌握各文教機構的活動訊息**，例如：展覽、演講、音樂會等藝文活動，利用社區的文化資源，延伸教學活動，擴展教學領域。

2. **加強社區內各機關的共同合作辦理相關活動**，例如：聯合辦理園遊會、登山健行活動，讓各單位的教學資源、器材、設備，互相支援或交流。

3. **聯絡社區內的工廠或公司，將其剩餘或將捨棄不用的物品，贈送給園方作為工作材料、或布置環境之用**。例如：印刷場切割下來的紙張、或成衣廠裁剪下來的布料、或百貨公司拆卸下來的布景，都可作為教學或布置環境的材料。

4. **利用專業諮詢機構協助教師、家長解決幼兒相關問題**。例如：有關親子問題諮詢單位、特殊教育中心諮詢專線、文教機構、及兒童保護專線等。

第四節　幼兒園與社區關係

　　幼兒園為社區內兒童福利機構之一，提供托育服務，故與社區內教育、福利、衛生、家庭、家庭計畫指導推廣機構，有密切關係，應加強合作聯繫，共同發展社區內嬰幼兒的福利；並善用社區資源與大眾傳播機構，辦理並宣傳家庭衛生保健與育嬰知識，提倡有益幼兒身心之教育廣播電視節目；且園方有配合推行社區活動之義務，如宣傳環境衛生，加強社區內家庭合作團結、家庭健康教育，舉行國民生活須知座談會、家長聯誼會，提倡正當家庭娛樂，轉移社會風氣，使社會成為養育子女的優良住宅區；此外，配

合社區之住宅興建計畫，得規劃設立幼兒園之場地，便利社區內嬰幼兒之托育（內政部，民68）。

幼兒園是根據社區家庭之需要而設，為社區福利措施之重要一環，應經常與社區內地方人士即有關教育、衛生及福利機構密切聯繫，密切配合以發揮幼兒園及社區福利功能；園方對其所在的社區，應積極發揮社會教育的功能，推廣幼兒教育與親職教育的正確觀念，並與社區保持密切、和諧的關係，則能獲取社區人士的支持、協助，同時也有宣傳與招生的效果；此外，幼兒園與社區的發展密切相關，社區可支援園方辦理活動所需的人力、物力或經費，而幼兒園除了提供教保服務之外，還可以提供社區其他各項服務，發揮多元的功能，促進社區的發展，**建立園方與社區關係，與社區責任之作法如下**（內政部，民68；信誼基金會學前兒童教育研究發展中心主編，民72；林佩蓉等人，民84）：（參見表6-16）

在社區關係方面，有下列幾項作法：

1. 歡迎社區人士到園方來參觀。這是建立社區關係最直接的一種方式，同時也可聽取他們對園方的意見，但為了使參觀者詳細的認識園方，並避免干擾幼兒的活動，對於來參觀的人數與時間，必須加以限制，並事先作妥善的安排。

2. 由園方主辦或與相關機構合辦社區活動，主動邀請社區的團體、民眾和幼兒來參加。例如舉辦媽媽教室、幼兒園遊會、親子同樂會、親職教育演講座談會、影片欣賞、社區運動會、藝文展覽、跳蚤市場等藝文活動或公益活動等。

3. 聘請社區的領導人士或專業人士擔任園方的顧問，對於園方的發展提供指引，使園方獲得地方人士之充分支持與引導。例如小學校長、醫生、教授、鄉鎮長等。

4. 於課餘時間或假日期間，開放部分園區做為社區兒童和民眾遊戲、活動、休憩的場所；提供場地給社區辦理各項活動。配合園方的教學計畫，邀請社區的資源人士，參與幼兒的活動。例如：邀請牙醫師為幼兒示範正確的刷牙方法，邀請麵館師傅教幼兒作水餃等。

5. 提供幼教相關科系學生來園方觀摩學習，給予有計畫的指導，同時也可作為聘請新教師的來源之一。

| 表6-16 | 新北市○○幼兒園社區資源聯絡網 |

類別	單位名稱	地址	聯絡電話
金融機構			
政府機關			
速食餐飲			
服飾業			
醫療保健			
文化教育			
生活用品			
休閒娛樂			

資料來源：園務參考，新北市幼兒教育資源網，民國102年7月31日，取自：http://kidedu.ntpc.edu.tw/files/11-1000-83.php

6. 全園教職員工皆加入社區內幼教的相關機構或組織，並積極參與其活動。

在社區責任方面，有下列幾項作法：

1. 參與社區內有關幼教及兒童福利之規劃及活動。

2. 應邀出席有關幼教及兒童福利之集會，提供專業意見。

3. 定期舉辦家長會或媽媽教室，以協助社區推廣幼教及親職教育。

4. 定期舉辦各種幼兒活動，邀請社區內幼童參加。

5. 利用各種集會宣導幼兒早期家庭生活之重要性及園方目標，並協助

社區進行宣導活動，例如：協助宣導政府推行的國際家庭年、清潔週、向毒品說不、垃圾分類、資源回收等活動，或協助製作、張貼壁報海報。

　　6.運用地方教育、衛生及福利機構力量，改善幼兒園環境及教保措施，並對園方及其家長提供必要之服務。

第 7 章　幼兒園的評鑑

　　幼兒園的評鑑甚爲重要，以下就幼兒園評鑑的意義與目的、幼兒園評鑑的方法與內容、幼兒園評鑑的原則與實施程序、幼兒園評鑑的檢討與接受評鑑的準備等四個層面，敘述如下。

第一節 幼兒園評鑑的意義與目的

壹 幼兒園評鑑的意義

　　評鑑是對事務加以審愼評析，以量定其得失及原因，據以決定如何改進或重新計畫的過程（謝文全，民93）。學校評鑑乃依據學校教育目標，採取科學的方法蒐集資料，並透過事實性與價值性之綜合研判，俾衡量教育目標與實際措施之差距，並提供教育人員及制訂決策者參考，藉以遂行教育目的之一種系統歷程（鄭彩鳳，民91）。

　　學校評鑑可界定爲學校評鑑乃是透過有系統的方法來蒐集、分析和解釋學校各種資料，並進行價值判斷，以作爲將來改進教育缺失，謀求教育健全發展的歷程。此一定義的重點在於說明學校評鑑的要件有四：(1)評鑑是有系統的方法；(2)評鑑的方式是蒐集、分析和解釋資料；(3)評鑑必須進行價值判斷；(4)評鑑必須能夠提供將來改進教育缺失，謀求教育健全發展（吳清山，民93）。

　　綜合上述學者專家的意見，得知幼兒園評鑑的意義爲：

依據幼兒園的教育目標，採用有系統的科學方法謹慎地蒐集、分析和解釋幼兒園的相關資料，並根據此相關的事實資料，給予幼兒園評判其優缺點及原因，衡量幼兒園教育目標與實際措施之差距，決定如何改進缺失或調整計畫，並提供幼兒園教保人員及決策者參考，促進幼兒園教保健全發展的系統歷程。

貳　幼兒園評鑑的功能與目的

評鑑的功能有（謝文全，民93）：(1)診斷組織的得失。(2)協助決策者做決策及擬訂計畫。(3)增進交流溝通與士氣。(4)促進成員專業進修。(5)提供選擇組織之參考。(6)提高組織運作品質與績效。

評鑑對學校教育活動是有其積極和正面的意義和價值，實施幼兒園評鑑的目的（吳清山，民93；王立杰，民95b）：

1. **診斷幼兒園優缺點**：幼兒園評鑑旨在瞭解幼兒園教保優缺點，作為將來改進之參考。

2. **改進缺失**：瞭解幼兒園的缺失或問題，作為改進的依據，使幼兒園有效地改進缺點，以提高幼兒園教保功能。

3. **作為決策的參考**：透過評鑑的歷程，蒐集資料，有些資料可提供資訊，作為以後幼兒園和主管行政機關作決策的參考。

4. **作為獎懲的依據**：對於評鑑績優幼兒園就應給予獎勵，目前的獎勵辦法中，有獎金或出國參觀等；而待改進的單位則應請其改善缺失，若仍不改善，則可處以停招或撤銷立案之處罰。

5. **作為輔導的依據**：對待改進的單位除要求改善外，也應進行輔導。所謂輔導是協助幼兒園改善缺失，包括行政管理、環境與設備和教保活動方面，尤其是教保活動方面，行政主管單位必須結合教保專家學者，協助幼兒園改善教保品質。

6. **維持幼兒園教保品質**：主管行政機關持續進行評鑑，並落實追蹤輔導工作，以提升幼兒受教品質；幼兒園的素質要為社會所認可，也要透過評鑑的方式才能達成。

7. **提高幼兒園教保績效**：為提高幼兒園教保績效，避免無謂浪費，就

要透過幼兒園教保評鑑。

第二節　幼兒園評鑑的方法與內容

壹　幼兒園評鑑的方法

在複雜的評鑑過程中，爲達到評鑑的目標，評鑑工作必須因時地制宜，採取多種的評鑑方法，以下介紹幼兒園評鑑最常用的三種方法：（吳清山，民93；王立杰，民95b）：

1. **自我評鑑**：由幼兒園成立評鑑小組，成員包括園長、行政人員、教師及教保人員，辦理自我評鑑，針對評鑑項目逐一檢核，自我評鑑所蒐集到的資料，小組應加以分析和檢討，作爲改進園務自我檢討、自我改進之參考，評鑑資料也可提供專家評鑑之參考。

2. **專家評鑑或評鑑小組評鑑**：評鑑小組是專家學者所組成，由學有專長的學者與資深園園長組成評鑑小組至各幼兒園進行評鑑，爲了蒐集更多的評鑑資料，可能會採用觀察法、詢問法、座談會、問卷法，以及檢核有關資料等方式，以瞭解實況，並獲致正確之評鑑結果；其優點可客觀瞭解幼兒園經營的優缺點，並可提供改善意見。

3. **交互觀摩評鑑**：交互觀摩評鑑旨在收相互觀摩和相互學習之效，是由各幼兒園所成立評鑑小組，然後自行邀請其他幼兒園相互觀摩評鑑，評鑑結果相互檢討；此種評鑑方式除瞭解彼此的優缺點外，亦可從評鑑中吸取對方幼兒園的優點，具有激勵和學習的雙重效果。

評鑑模式有不同的分類，但可歸納成**四種基本類型**（謝文全，民93）：

1. **目標達成模式**（goal-attainment model）：是淵源於泰勒（R.W. Tyler）的一項研究中，是最早期的評鑑模式，屬目標取向的評鑑，把評鑑視爲一種目標達成程度的鑑定；如目標達成，則表示計畫執行成功；反之，則未能達成的目標，其目標必有缺陷。目標達成模式評鑑的步驟如下：(1)建立組織的目標；(2)進行目標的分類工作；(3)將目標轉換成可測量的行爲目標；(4)尋找可供達成目標的情境；(5)選擇或發展適當的評鑑工具；(6)蒐

集成員表現的資料；(7)評估成員行為表現與預定目標是否符合，以判定目標達成的程度。其優點是能評估預期目標的達成程度。其缺點是只重視組織運作結果的評鑑，而忽略了運作過程的評鑑；其次，因太過重視可測量目標的評鑑，一些比較不具體或不易量化的目標，容易被忽略。

2. **內在效標模式**（judgemental model emphasizing intrinsic criteria）：是強調內在效標的判斷模式之簡稱，內在效標著重事務的內在特徵，不容易量化，因此評鑑的判斷標準常取決於評鑑者的專業判斷。以認可模式（accreditation model）為例：認可是由被評鑑者先實施自我評鑑，再由各地認可協會或各專業團體的認可機構，派遣專業人員訪問學校，然後根據預先決定的評鑑標準，來判定學校的教學品質和成效。認可模式的主要目的有三：(1)瞭解和審查學校的工作或教學內容與水準；(2)辨認學校的優缺點，以建議需要改進之處；(3)刺激學校不斷經由定期的自我評鑑而進行自我改善，以達到最高的績效或教育標準。認可模式的實施可經由現況的觀察與資料的蒐集，作迅速的判斷，其自我評鑑更能引導學校與成員的自我改進。

3. **外在效標模式**（judgemental model emphasizing extrinsic criteria）：是強調外在效標的判斷模式之簡稱，著重外在效用的評鑑，以史替克的外校（貌）模式（R.E. Stake Countenance model）為例：(1)此模式的進行過程，係先依據某種理論建構評鑑意圖，呈現一些評鑑的標準或外在效標，透過評鑑活動蒐集現況資料（稱為敘述性資料），再依據外在效標對敘述性資料作一番判斷，判斷的結果稱為判斷性資料。(2)建構評鑑意圖、描述性行動、判斷性行動，構成此模式的三個階段。(3)此模式的實施需兼顧事前、執行、成果等三個層面的評鑑：事前層面指在執行工作或教學之前。即已存在的條件，這也就是所謂的起點行為；執行層面指領導者與被領導者（師生間）的互動行為與歷程，是組織工作的執行；成果層面指工作或教學活動的結果。

4. **助長決定模式**（decision-facilitation model）：強調評鑑的目的是在將評鑑所得的資料呈現給作決定者，以協助其作出好的決定來，進而促進組織的改革。本模式中較具代表性的是史塔佛賓的CIPP模式：此模式的主要任務有四：(1)敘述：詳細說明作決定者所需要的資料，也就是確定決定所需的資料；(2)獲得：透過觀察、資料的審閱、晤談、測驗、統計的方式，

蒐集分析與整理資料；(3)提供：綜合整理評鑑所獲得的資料，以最有利的方式提供給作決定者；(4)決斷：作決定者依據評鑑所提供的資料，做出最合理的決定，以利於目標之達成。CIPP是四種評鑑方式的英文所寫，以下略述四種評鑑方式：(1)背景評鑑（contexte valuation）：是指對被評鑑者的環境背景所進行的評鑑，包括歷史發展背景、現有環境背景、政策背景及未來的發展與需求背景等；(2)輸入評鑑（input evaluation）：為達成預定目標，被評鑑者必會投入一些人力、物力與財力等硬體資源，並投入一些政策、計畫等軟體資源，輸入評鑑就是對這些投入的評鑑。(3)過程評鑑（process evaluation）：輸入經投入之後，必須加以運轉與轉化，才能產出結果，過程評鑑就是對這個運轉與轉化過程的評鑑。(4)成果評鑑（product evaluation）：機關學校或個人的目的是否達成，有需要加以評鑑，才能負起應有的績效責任。CIPP評鑑的優點是強調評鑑服務決定的觀念，而且頗為具體，相當具有實用價值；其缺點是歷程複雜，若無受過評鑑之專門訓練者，不易施行，也容易造成評鑑者的厭煩。

貳　幼兒園評鑑的內容

評鑑是幼兒園的例行檢查，透過評鑑，園方可以重新檢視本身的經營方針與績效，也可以讓教育行政單位瞭解園務現況與困難之處，促進雙方良性的互動。所以幼兒園應把握與教育行政人員、學者專家會診的機會，儘量提出問題和需求，尋求協助或支持。以臺北市為例，每年9月至翌年6月，會實施幼兒園教育評鑑，臺北市政府教育局公文寄發評鑑手冊（每年9月底），評鑑項目包括：理念與行政、環境與設備、教保活動；評鑑流程如下（林佩蓉等人，民84）：

1. **自我評鑑階段**：(1)組成園內自我評鑑小組；(2)召開園務會議，參照評鑑標準，研議有關自評之內容及注意事項（評鑑標準表採活頁裝訂，可分組拆開使用）；訂定計畫，切實進行自我改進。(3)填寫基本資料，將改進後之現況填寫在評鑑表中之「園方說明及自評」部分，填寫時請參考評鑑標準。(4)於各組填寫完畢後，召開協調統整會議，以確定各組所填評鑑表格內容。(5)將填妥之基本資料及評鑑表正本，寄至臺北市政府教育局第三科，影本存園。

2. **委員評鑑**：(1)評鑑日期不預先通知，受評審當日，園方備妥教保、環境及行政有關簿冊，以備評鑑委員抽閱、晤談之用。並根據「訪問評鑑方式」之需要，提供家長名冊，以供委員電話訪談之用。(2)初評結果績優者，接受複評。

3. **獎勵與懲罰**：(1)複評績優者，接受頒獎表揚。(2)評鑑結果劣等者，列入下年度追蹤輔導及追蹤評鑑。

此外，高義展（民95）亦針對幼兒園全面品質管理指標建構，作深入研究，其所建構的指標可作為評鑑時之參考，其內含包括「完備的機構基本資料」，內容依相關法令規定整理並歸檔的環境背景及收托概況基本資料；其次為「行政管理」內容內含立案、空間、及收托人數資料登錄及指標、行政事務處理、人事管理、特殊服務事務管理、幼童專用車管理等；其三為「教保活動」包括教保行政、整體環境規劃、安全管理、教保教材設備、教保專業、教保活動、幼兒學習與輔導、親職教育活動等；其四為「衛生保健」包括健康服務、保健教育、環境衛生及設備、餐飲衛生等；環境與設施包括消防安全、建築物安全設備等指標內容。

第三節　幼兒園評鑑的實施程序與原則

壹　幼兒園評鑑實施程序

評鑑實施的程序，可包括下列幾項（謝文全，民93）：

1. **決定評鑑的目標**：究竟是在評量達成既定目標，或是否能適應未來的需要。

2. **確定評鑑範圍與分析評鑑細目**：評鑑究竟包括哪些範圍與層面，接著將該範圍的內容分析成細目，使評鑑的內容與方向具體化、明確化。

3. **訂定衡量的標準**：將評鑑結果區分若干等級，並明確訂定達到各等級的內容標準。

4. **編製評鑑表格與工具**：先編製評鑑表格，在表格中列出評鑑的範圍及細目，並預留空白供評鑑時記載用。

5. **進行評鑑蒐集資料**：運用多種方法，如觀察、晤談、問卷和測驗法

來蒐集資料。

6. **分析資料作成結論建議**：分析資料以便瞭解事情的眞相與優劣得失，並進而診知造成優劣得失的原因。

7. **提出評鑑結果報告**：以書面方式提出，內容包括四部分，第一部分爲緒論，說明評鑑的緣起、目的、原則、人員組織、程序、工具或方法與評鑑的對象等；第二部分爲評鑑過程的敘述，說明評鑑的範圍、項目、內容、所評鑑的人和事、評鑑所得資料的分析和證據等。第三部分爲結論陳述被評鑑對象（人或事）的優劣得失，並根據評鑑目的及價值判斷，作成結論。第四部分爲建議，分別列出對有關人員或機關的建議。

8. **研擬改進計畫並追蹤評鑑**：有關人員、單位或機關應根據其結論與建議，研擬改進計畫，並加以實施，以求行政及教學工作的確實改善與發展。

9. **實施後設評鑑**：對於原來的評鑑目的、方法、工具、資料蒐集與分析、評鑑結果及其利用，進行評鑑，以改進評鑑的品質。

幼兒園評鑑的實施程序，可分爲事先準備及評鑑當日的程序加以說明（吳清山，民93；王立杰，民95b）：

(一) 事先準備階段

1. 幼兒園成立自我評鑑小組，成員由園長、教保人員等數人參加。

2. 自我評鑑小組依據評鑑內容逐一準備資料，並進行自我檢核。

3. 自我評鑑表填寫寄回主管行政機關，以供評鑑委員參考。

4. 將評鑑有關書面資料整理分類呈現，準備簡報和答覆有關問題。

(二) 評鑑當日：評鑑小組到幼兒園之後，應依下列程序進行：

1. **介紹雙方人員**：介紹評鑑委員及園方相關人員，以利評鑑進行。

2. **聽取簡報**：評鑑小組先聽取簡報，並交換有關意見。由園園長對幼兒園內的一切設施活動及其他事項作簡單介紹，介紹內容包括幼兒園教保目標與設立宗旨、辦學信念與方針、沿革、行政組織系統及職務執掌、教職員及幼兒人數（含立案班級數）、教學特色、教職員福利、困難問題及建議。

3. **參觀幼兒園環境與設施**：評鑑小組人員應先參考受評學校自我評鑑及交互評鑑結果，分項實施評鑑，評鑑小組實施各項評鑑時，得以觀察（參

觀）各項活動或設備，參觀內容包括幼兒園規劃及情境布置、幼兒園設施及安全管理、活動室布置及教學活動、幼兒教保情形。

4. **檢視資料**：評鑑委員就自己分配負責的項目，加以檢閱相關資料並加以評估，受評學校應切實協助評鑑小組進行評鑑工作。

5. **訪視晤談有關人員**：爲讓評鑑結果客觀和正確，有些評鑑內容不能僅憑書面資料就作評估，因此，都會安排訪視相關人員，如園長、教保人員、行政人員、家長、甚至幼兒。或實施問卷，實施測驗，或讓學生實際表演、操作等方式，以獲致正確之評鑑資料。

6. **舉行評鑑委員會議**：讓評鑑委員能就所檢視的資料和訪視的結果作一番溝通，以取得共識，作爲下階段座談會之準備。

7. **評鑑結果座談會**：由評鑑小組作一整體之扼要報告，評鑑委員與幼兒園相關人員就評鑑情形作交換意見充分溝通，其目的是讓評鑑委員請幼兒園相關人員說明資料不太清楚的部分；評鑑委員對幼兒園方的優缺點加以說明，並提示具體建議，以供幼兒園方相關人員參考；幼兒園方對評鑑委員提出的問題或有疑義部分，再加以說明。

貳　幼兒園評鑑實施的原則

幼兒園評鑑爲一複雜的歷程，爲其發揮評鑑功能，必須遵循下列原則（吳清山，民93；王立杰，民95b）：

1. **客觀性**：評鑑過程必須力求客觀，評鑑時應使用一定的客觀標準，藉以瞭解實際表現與理想目標兩者相符合程度。評鑑時必須設計一些評鑑表，評鑑人員和評鑑過程應保持謹慎公平態度，使評鑑結果不會因個人主觀意見而產生偏差。

2. **符合性**：瞭解幼兒園營運情形的實際表現與理想目標兩者間符合的程度，因此需依據相關法令和教保理論，訂定一套符合幼兒園評鑑標準及尺度，予以客觀的評價。

3. **合作性**：評鑑過程中，評鑑者與被評鑑者應相互合作，共同完成評鑑工作；評鑑者應誠懇及尊重被評鑑者的意見，並保持充分溝通，被評鑑者也應以合作的態度配合評鑑者進行評鑑工作，被評鑑者亦應有雅量虛心接受評鑑者所提的建議改進事項與意見。

4. **完整性**：評鑑需要全面性、多元性綜合資料，各設計評鑑項目應從幼兒園整體為出發點，這樣才能從不同角色和層面來分析幼兒園現況，評鑑結果才有益於幼兒園。

5. **個別性**：評鑑時必須考慮幼兒園的個別差異性，不可以都市的幼兒園標準來衡量鄉村的幼兒園。

6. **描述性**：評鑑結果的敘述應力求通暢，使受評鑑者易於瞭解，應將評鑑的具體事實和建議改進事項，給予明確描述說明，使受評鑑者能瞭解實際狀況，以作為改進之參考。

7. **繼續性**：評鑑是持續不斷的歷程，每次評鑑結果應作為下次追蹤評鑑的依據，這樣才能使學校教育不斷的改進與創新，進而提高教育效果。

鄭彩鳳（民91）認為評鑑的原則可從**人員**、**方法**、**過程**、**內容**與結果等方面說明：(1)**在人員上**：應著重合作性、個別性。(2)**在方法上**：應著重科學性、客觀性、多樣性。(3)**在過程上**：應著重民主性、完整性、繼續性。(4)**在內容上**：應著重符合性、導向性、廣泛性。(5)**在結果上**：應著重敘述性、統整性、連貫性。

謝文全（民91）認為任何行政工作在計畫及執行過程及完結之後，宜進行評鑑，以明其得失，作為改進的依據；要把評鑑做好，於實施評鑑時應注意下列原則：

1. **方法要科學化**：可從幾方面入手：(1)評鑑人員要專業化，即評鑑人員為其評鑑項目的專家；(2)依循並確實作好應進行的評鑑程序；(3)評鑑態度應嚴謹客觀，實事求是，就事論事；(4)評鑑時間要充分；(5)評鑑方法要多樣。

2. **過程要民主化**：進行外部評鑑時，應注意到民主原則：(1)尊重被評鑑者的人格尊嚴，就事論事；(2)儘可能讓被評鑑者能參與評鑑計畫的擬定；(3)能讓被評鑑者進行自我評鑑；(4)評鑑前，應讓被評鑑者確實瞭解評鑑項目、內容及標準；(5)評鑑的結果應讓被評鑑者知道，並准許其說明或申訴。

3. **兼顧歷程與結果評鑑**：評鑑時，除要評鑑其歷程外，尚應評鑑其結果是否達成預定的目標，亦可進一步評鑑原定目標的品質，如原定目標不佳，則應加以改善。

4. **兼作形成性與總結性評鑑**：形成性評鑑可使工作者隨時獲得回饋，可鼓舞士氣或提醒當事者趕快檢討改進。總結性評鑑可使工作者瞭解目標的達成程度、各階段的銜接是否良好及優先順序是否正確；只有兩者兼顧，才能使工作產生效果和效率。

5. **內部和外部評鑑兼用**：內部評鑑可培養組織自我檢討的習性，發揮自動自治的精神；外部評鑑可增加評鑑的客觀性；二者並用，可互補長短。

6. **注意評鑑項目的綜合性與整體性**：學校行政工作包含教務、訓導、總務、人事及公共關係等工作，必須這些因素個個發揮其功能，而且相輔相成；評鑑時應把這些因素都納入評鑑項目中，且要注意評鑑這些因素彼此配合是否良好。

7. **注意評鑑後的追蹤改進**：要使評鑑能發揮其效用，必須作好評鑑後的改進工作，即根據評鑑結果，研擬改進計畫並執行之，以謀求工作的進步和發展。

第四節 幼兒園評鑑的檢討與接受評鑑的準備

壹 幼兒園評鑑的檢討

幼兒園評鑑是一項教育評鑑，教育評鑑的實施，免不了牽涉到價值性的判斷，其中是非曲直往往引起爭議，綜觀美國與我國的經驗，秦夢群（民88）認為教育評鑑最引起爭議之問題有三：

1. 評鑑最重要的目的不只在證明而在改善，教育評鑑不僅臧否事實，尚需有正面的改善工作，以CIPP評鑑模式來說明，背景、輸入、過程、輸出四評鑑一脈相連，最後之輸出評鑑應即回饋成為下一次背景評鑑的參考；在此循環中，一個教學不彰的學校經找出原因後，應切實改善，而改善之成果即是下一次作背景評鑑之重要資料，如仍舊不理想，則可加以追究，這樣才能達到改善的目標。

2. 以美國為例，對於評鑑人員的選任也頗有批評，有圈內人與圈外人之爭，前者認為教育評鑑牽涉甚多專業知識，應由教育相關人士參與實施；後者則懷疑圈內人的客觀性，不如由圈外秀異人士擔綱。近來各國之評鑑人

員的選任雖仍以大學教育相關科系的教授爲主，也視需求酌量加入圈外人士及資深教師，但究竟應以何種人員爲評鑑主力，至今尚未有一定共識。

3. 評鑑方法應爲質化或量化：在測驗時期，評鑑的成果是一堆客觀測量的數字，晚近的評鑑也多半難逃以量化方式進行排名的命運，基本上，評鑑人員先設定各種指標，再視實際觀察之結果對被評鑑者打出等第，並以此作出最後的結論，各校情況不一，硬要在同一標準下比較，較常遭致抗議，且量化之各效標過於瑣碎，彼此間相互矛盾，很難看出整體的辦學績效。而質化的方式則以觀察、訪談、座談，並取得共識爲主，被批評爲過於主觀，不符合客觀公平的標準。對採用量化或質化方法，仍未取得一致共識。

我國教育評鑑制度的問題與改進途徑，可以分別從下列幾個層面加以分析（陳美玉，民89）：

1. **目標的認定**：能認同輔導與協助的功能，但卻未能兼顧應有的原則，在評鑑過程仍不免帶有上對下的視察色彩，常類似局外人到校找麻煩般，不能讓被評鑑者感受到促進成長的誠意，造成學校教育人員對於評鑑的排斥。未來發展趨勢是更強調評鑑的民主化、專業化與相互尊重的原則，建立起正確的觀念，能互相合作、尊重對方的態度進行專業互動，才能強化過程性輔導與協助的功能，扭轉學校教育人員的排斥心態。

2. **實施過程**：評鑑實施大多爲一個整天或半天，僅能就書面資料部分作爲考核與視導，其他如訪談、現場觀察、座談會等質性資料，以及各種過程性資料的掌握，較爲不足，使評鑑較偏重總結性的考核；被視導者爲了得到好的評鑑結果，會竭盡所能的掩藏不足，對於實際問題的診斷與改善，反而顯得不夠用心，不免助長視導及評鑑的形式化。若能多採用同儕視導的方法，並重視形成性評鑑，實施過程能順利擴展，時間能較有彈性應用，評鑑時間能拉長，則較能接近學校內部事實，越能有助於問題診斷與改善。

3. **使用方法**：目前過度倚賴文件查閱以及實地訪查的時間過短的情形，除了應有效的增加評鑑的時間及次數之外，更重要的是能更強調同僚視導，以及自我評鑑功能的發揮，才能減輕人力與資源嚴重不足的問題。

4. **評鑑結果的運用**：必須更重視形成性及追蹤性評鑑的價值，才能使相關的考評報告得到有效的運用，並能集學者專家及學校同僚等專業者的能力，針對考評結果，協商改進的策略，實不應僅著重績效性的評鑑，更應重

視日後的追蹤性輔導與協助，而且儘量避免各校立於齊一水準之下作比較，多考量各校的主客觀環境限制與資源條件，以及其改善現況的努力，作為學校績效考評的依據。

內政部依據「加強推展社會福利獎助作業要點」於民國83年展開第一次臺灣區地區托兒所評鑑工作，而各縣市政府也訂有各種評鑑計畫，如「臺南市公私立托兒所評鑑計畫」，定期或不定期對托兒所進行評鑑工作，在進行評鑑過程中，發現一些問題是值得檢討的（王立杰，民95b）：

1. **無客觀的機構主辦評鑑工作**：托兒所評鑑工作都是由主管行政機關來主導，雖然聘請專家學者參與，總給人「球員兼裁判」的印象，因此要落實評鑑工作，應將主導權委由民間團體來主辦，如美國幼兒園的評鑑是由幼兒教育協會（National Association for the Education of Young Children, NAEYC）來主辦。

2. **評鑑的公信力受到質疑**：其主要因素在於評鑑委員評鑑標準是否一致，由於評鑑托兒所數龐大，評鑑委員頗多，委員的素質與評分一致性較不易控制，其評鑑結果容易招致質疑。

3. **評鑑內容太複雜**：83年評鑑報告提出此次評鑑內容設計問題，因不圓滿，以致在填答時，產生許多混淆與錯誤。

4. **未落實追蹤輔導工作**：有些縣市未落實評鑑後的輔導工作，而失去評鑑的目的。

5. **限於經費無法持續**：各縣市政府社會侷限於經費問題，沒有持續進行托兒所評鑑工作。我國內政部兒童局已於民國88年11月正式成立，其組織架構中有一組托育服務組，令各縣市政府，自89年1月起，紛紛成立兒童福利課，在中央及縣市政府均成立專責單位後，希望能落實評鑑工作，以保障幼兒受教品質。

貳 幼兒園接受評鑑的準備

幼兒園如何做好評鑑工作（王立杰，民95b）：

1. **心態調整**：園長應抱著自我改進機會的態度，不要認為是主管行政機關找麻煩、挑毛病。

2. **分工合作**：由園長、教保人員、行政人員和其他職員工依據個人的

專長和執掌，組成自我評鑑小組，然後按評鑑內容準備資料並作自我評估。

3. **資料正確**：幼兒園準備的資料必須正確，絕不可作假，若隱藏缺失，評鑑委員就無法協助提出改善建議，因此，幼兒園方應養成平日即蒐集和建立資料，以免臨時抱佛腳的情形。

4. **整齊美觀**：幼兒園應依照評鑑內容分門別類加以裝訂成冊，使評鑑委員想檢閱相關資料時很容易取得，不致產生誤會。此外，資料封面宜設計美觀，以獲得委員的良好印象。

5. **場所適當**：幼兒園布置評鑑場所時，須考慮遠離幼兒活動室，以免吵雜干擾；有一獨立場所，讓評鑑委員能專心檢閱資料；室內空氣要流通；場所及附近宜美化綠化。

幼兒園接受評鑑應有的準備如下（蔡春美、張翠娥，民96）：

1. **理念與行政方面**：(1)應建立各種行政管理的表冊與規章；(2)收費與待遇應制度化；(3)師資素質應力求合格專業。

2. **環境設備方面**：(1)設施設備應合乎幼兒身心發展原則；(2)各種設備應著重在教育功能的發揮。

3. **教保活動方面**：(1)教保有關表格簿冊應確實填寫，包括全學年的課程發展與教學活動設計、教學日誌等；(2)教學活動的安排應符合教育原理；(3)多方照顧幼兒的安全與健康；(4)重視親職教育與社會資源的應用。

第 **8** 章

幼兒園的行政歷程

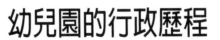

　　園所長若能做好園所的人事溝通與協調，讓教職員工之間維持和諧的人際關係，在推動各項工作時，將更容易獲得教職員的合作。園所的人事協調，宜把握下列幾個要項（信誼基金會學前兒童教育研究發展中心主編，民72）：

　　(一) 基本原則

　　1. 園所長與教職員工的關係，應建立在誠實與信任的基礎上。2. 對每位教職員工的督導應公平。3. 誠摯地關心教職員們的需要，並且時常主動幫助他們。4. 允許教職員自由發表自己的意見。5. 對教職員所提的建議，能給予慎重的考慮。6. 在家長與教職員的互動關係中，能支持教職員的立場。7. 尊重教職員的個別差異，並幫助每個人發揮其特殊才能。8. 園所長必須隨時提醒自己，作教職員工的楷模。

　　(二) 如何對教職員工提出建設性的批評

　　1. 作為一個園所長，在督導教職員工的工作時，經常需要提出一些批評，然而，批評之態度不當，反亦招致反效果，所以這時需注意：1. 對教職員工的工作有所批評時，儘量保持客觀的態度。2. 除非是在很緊急的情況中，否則在提出批評之前，園所長最好先給自己一點時間，去瞭解並評估整個問題，以選擇最好的處理方式。3. 與教職員交談時，要儘量和藹可親，婉轉而具體地指出其缺失之處。4. 謹慎地只針對當事者所做的事提出批評，不要牽連其他的教職員工。如果幾位教職員工都犯了同樣的錯誤，那就不需一一地和他們討論，可等到教職員會議時再提出來。

　　(三) 關心教職員的私人問題

　　1. 教職員常會被私人的問題所困擾，而影響到期工作情緒，因此，園

所長得學習在他們需要的時候，隨時給予體諒和支持。園所長應如何去幫助一位有私人困擾的教職員：1. 選擇時間：首先要作的事安排一個不受干擾的時間，邀請當事者一起討論或同時共進餐點。2. 建立信心：要讓一個人說出自己的私人問題是很困難的，因此，開始時最好先讚許當事者在園所的良好表現，讓他建立起信心和安全感。3. 表明立場：園所長有時也可以先談談自己的問題，讓當事者瞭解每個人多少都會有困擾，也許和別人討論過後，會幫助自己澄清問題，此時，園所長可表現出自己非常樂意分擔教職員工的困難。4. 引導抒發：如果當事者不願提出自己的問題，園所長或許可以這樣說：「最近你看起來似乎有點心事，是不是有些私人的問題在困擾著你，也許說出來會讓你覺得舒服些。」「我並不是想打聽你的私事，只是想有機會瞭解你的問題，看看我是否能幫得上忙。」5. 傾聽與鼓勵：當事者在敘述他的問題時，園所長的主要工作就是傾聽，並隨時關切他的感受，讓當事者在你的友誼和信任裡，能夠放鬆心情，面對問題。6. 解決問題：如果這個問題是關於當事者配偶或家人間的關係，可能建議他去接受專家的輔導。如果這個問題嚴重影響到當事者的工作情緒，則可斟酌園所的情況，建議他請幾天假，讓他有時間去處理自己的問題和情緒。但是如果這個問題一直干擾他的工作職務，就必須考慮讓他停職了。

(四) 對新進教師的指導

當園所長聘請新教師時，最好通知他在園任教師離職前一週即來上班，以便辦妥交接工作，並且提供他下列的指導事項，幫助他很快地適應新環境：1. 將他介紹給其他教職員工。2. 與他討論園所的教育目標及教學原則。3. 為他介紹說明園所的各項設備器材和有關資料。4. 安排一段時間，讓他觀摩其他教師的教學。5. 每天在課餘時，主動和他交換意見，聽聽他的心得或問題。6. 在開始的一週內，不要經常到教室去觀看他上課，讓他在沒有壓力的自然情況下，逐漸熟悉新環境。

(五) 提供教職員舒適和方便的工作環境

教職員的人事管理，也包括隨時提供教職員一個舒適方便的生活空間或適時的給予關懷，讓他們始終保持愉快的心境。例如：1. 設置一個教職員工休息室，裡面放置簡便的臥床、茶几、靠椅、枕頭、鏡子等設備，讓教職員工在課餘或身體不適時，有個安靜休息的地方。2. 提供一個可妥善保管

教職員工私人物品的地方，以免除教職員工置物時的麻煩。3. 準備一個專供教職員使用的布告欄，張貼一些消息，例如：教師研習會的通知、有趣的社會新聞、可愛的圖片等。4. 若教師臨時需要助理幫忙，園所長也可隨時充當助理。5. 在教職員會議和課餘時間供應茶水果汁和一些小點心。6. 事先說明在何種情況下，允許教職員工於上課時間使用或接聽電話。7. 在每位教職員生日時，可藉由各種方式，如請他吃壽麵並送一張生日卡，來表示慶賀祝福之意。

　　瞭解人事協調的要項後，園所行政人員與教師應瞭解行政歷程的運作需包括計畫、組織、溝通、領導、決定與評鑑，因為評鑑已在前面章節介紹過，在此省略不再贅敘，以下就其他行政歷程：計畫、組織、溝通、領導、決定，加以說明。

第一節　計畫

　　計畫是園所行政的重要依據與綱領，以下先舉列出若干學者專家對於著手進行行政計畫的原則之看法，再歸納出若干原則，以供園所參考。

　　顏國樑（民89）認為計畫應周延、具體可行且經濟有效，在擬訂計畫時，應注意下列原則：(一) 計畫的方法要科學化：1. 作計畫的人要有充分知能，並具行政計畫的觀念；2. 計畫之研擬要循序進行；3. 先經科學研究後再進行計畫的研擬；4. 依據客觀資料研擬，並聽取各方意見；5. 以系統的方法，科學的態度，慎重處理數據資料；6. 以研究小組方式進行研擬，並儘量做到相對的客觀。(二) 採取先「由上而下」，再「由下而上」的規劃方式：先採取「由上而下」的方式規劃計畫目標、可用資源、執行策略和要項，計畫草案完成後，徵詢基層及相關人員的意見，再進行「由下而上」的細部規劃與適度修正，最後由規劃小組再予以統合。(三) 計畫應具明確性和整體性：在明確性方面，計畫呈現方式應具體化，對於計畫目標、策略、執行項目的優先順序和執行的績效評估標準等，均應具體而明確的陳述。在整體性方面，整個計畫的目標、項目、方法、經費、預期成效，須前後連貫。(四) 加強計畫的宣導與溝通的工作：在推展計畫前，應與相關人員和團體事

先做好溝通，以增加支持；同時執行人員應有積極的文宣觀念，運用傳播行銷的理念，對計畫實施影響的對象，如家長、學生、教師、行政人員、社區民眾，進行溝通，使計畫推動時具有民意基礎。(五) 行政計畫應進行可行性的評估工作：可行性的評估有四個層次：1. 適當：規劃必須適當，規劃時應讓相關執行人員參與；2. 可能：規劃適當也不一定能實現，應分析資源、共識和權力等是否具備；3. 可行：可由經濟上、技術性、政治上、法律上的可行性等方面評估；4. 實驗：計畫實施前若能先進行實驗，以掌握不確定的影響因素。

　　謝文全（民91）認為行政人員於做計畫時，應注意到下列原則：(一) 計畫方法要科學化：欲達到科學化需做到：作計畫的人要有充分的知能、要循序漸進、態度要認真而嚴謹細心、要根據客觀的資料研擬，並多方聽取相關人員的意見，以求集思廣益。(二) 要讓成員及有關人員參與計畫之擬定：可集思廣益、產生認同和支持、增加客觀合理性和可執行性、滿足成員的尊榮感和成就感。(三) 應兼作各種必要的計畫：如：長、中、短程計畫；整體計畫和各部門單位計畫，以及各單位中人員的個人計畫；軟、硬體計畫。(四) 內容要具有一貫性、一致性及可行性：各計畫間應互相包容而不發生矛盾，相輔相成而不產生牴觸；且具可行性，是有可能加以執行或實現的。(五) 作好的計畫應予書面化：可避免遺忘、便於公布周知、不因人事遷調而人去政息且有助於評鑑。(六) 執行前要作好宣導溝通工作：實施前一定要作好宣導或溝通工作，讓受影響的人都能徹底瞭解該項計畫的內容與用意，由瞭解產生支持，進而願意去執行或遵守。

　　秦夢群（民95）認為教育計畫之原則有五：(一) 方法多元：規劃必須集思廣益、力求客觀，才能遇見問題、解決問題，在進行計畫過程中，必須多參考教育專家、相關行政人員、教師之意見，才能讓問題的真相更為彰顯，方能在解決之策略上有所斬獲。(二) 內容統整：計畫內容應重視與整體環境步調一致，且與整體之相關因素進行統合規劃，才能增進執行過程之順暢；換言之，即是目標、步驟、經費、預期成效等皆必須能前後呼應，內外統整。(三) 目標明確：計畫之訂定應說明由何人執行、由哪些單位執行、哪些事項必須優先進行，需要哪些配套措施。具體明確的計畫才可讓相關人員在執行的過程中減少不確定感，進而增進計畫的成效。(四) 具體可行：任何計

畫需考量現實制與需要，如資源需求及經費需求等，一旦偏離了現實因素之考量，則所擬訂的際遇計畫將流於理想的空談而無法落實。(五) 合乎彈性：計畫要有彈性應變措施，亦應隨時對計畫內容再次進行討論。若執行上已不符合時空需求時，進行局部的修正與調整仍是必要的。

　　吳清山（民93）認為為期計畫行之有效，在擬訂計畫時必須遵循一定的程序和考慮要素。以下略述計畫的程序和考慮要素：一、擬訂計畫的程序：(一) 確定目標及範圍：在訂定目標時，對於問題的背景亟待解決的問題必須有清楚的認識，才能使目標與問題相結合，所訂目標較易達成。此外，也必須考慮資源運用情形，如經費、時間、人力……等，才不致將來執行紀錄時困難重重。其次便要界定計畫的範圍，考慮計畫的內容和時間，即計畫應包括哪些項目，要多少時間。(二) 蒐集現況資料：計畫人員依所訂目標及範圍蒐集各種現況資料，以供擬訂計畫之參考，蒐集資料的方式有很多種，主要有問卷調查、訪問會議、文獻分析及調閱檔案等。在蒐集資料過程，首先需確定所要蒐集資料內容有哪些，如人事、經費、法令等；其次要確定資料的價值與正確性；最後，要將所蒐集的資料，作一適當的整理、歸類與保存，便於取用。(三) 分析及解釋資料：從資料的分析及解釋中，大略可理解將來草擬計畫的人力、時間、經費及法令等所遭遇的問題有哪些，然後才能採取有效的對策。(四) 編擬計畫草案：草案通常包括七大結構：1. 計畫目標（要做什麼？做到什麼程度？）；2. 計畫緣起（為何要做？做了有何好處？不做有何不良影響？）；3. 執行策略（如何去做？為何如此做？由何單位主協辦？在何處做？）；4. 實施時程（何時開始做？各執行項目之起迄時間？各項工作之實施順序？何時完成？）；5. 所需資源（需要多少人力？與經費預算？）；6. 評估指標（如何評量計畫執行成效？）；7. 附則（或協調配合事項）。(五) 修正草案：計畫草案擬妥後，即加以公開，廣徵學者專家及社會各界人士意見，可採用座談會或公聽會的方式，以獲得更多的意見；然後，根據社會各界所提意見，加以歸納整理，作為修正草案之依據。(六) 決定計畫：草案經修訂後，若有兩種以上的方案，則必須就各種方案分析其利弊得失，選擇一個最佳方案，從可行性、有效性、經濟性及合理性考慮；若只有一種草案，則針對各界所提意見加以修訂，使其合乎實際需求，然後直接簽呈機關首長核定後發布實施。二、擬訂計畫需考慮的要素：(一)

瞭解學校外在環境：學校本身是一個開放系統，常會受到外在政治、經濟、社會及文化環境的影響，尤其社會環境中的社區及人口，對學校更具影響力。此外，如何利用科技來增進學校行政效率，亦值得重視。(二) 掌握學校內在環境：學校外在環境很難加以控制。但學校內在環境較能加以掌握。學校內在環境通常包括人員、經費、時間和法規。(三) 決定計畫工作內容：一般常考慮下列五點：做什麼（what）、誰來做（who）、何時做（when）、如何做（how）、多少錢（money）。

綜合上述學者專家之意見，將著手園所行政計畫時須掌握的原則，說明如下：

(一) 計畫方法要科學且徵詢意見

計畫人員應以系統的科學方法，並組成研究小組，研擬組織計畫目標和確定範圍。計畫時須集思廣益、力求客觀，且須廣泛聽取各方意見，如參考教育學者、專家、相關行政人員、教師、家長、社區人士之意見，將徵詢各界的意見蒐集後，加以綜合分析和歸納，才能顯現出計畫擬定的主軸，計畫方能周全。

(二) 計畫資料要蒐集且分析解釋

計畫者依所訂目標及範圍，蒐集各種現況資料，供擬訂計畫參考，蒐集資料的方式主要有問卷調查、訪問會議、文獻分析及調閱檔案等；在蒐集時需先確定所要蒐集資料內容，依據客觀資料研擬，慎重處理數據資料，並分析及解釋，以瞭解計畫的人力、時間、經費及法令等問題；其次要確定資料的價值與正確性，然後才能採取有效的對策；最後，將所蒐集的資料作整理、歸類與保存。

(三) 計畫目標要連貫且具體明確

對於長、中、短程計畫的目標，與整體計畫的目標和各部門單位計畫的目標，以及各單位中人員個人計畫的目標；軟、硬體計畫的目標，必須要前後連貫，且應具體明確，才可讓相關人員在執行的過程中，減少不確定感，進而增進計畫的成效。

(四) 計畫內容要統整且彈性可行：應兼作各種必要的計畫

計畫內容包括策略、執行項目的優先順序和執行的績效評估標準，以及

執行方法、經費與預期成效，均應具體而明確的陳述，且前後連貫；應互相包容且相輔相成；應具可行性且具有彈性。計畫內容應配合整體環境步調，且與相關因素進行統合規劃，以增進執行之順暢，即是目標、步驟、經費、預期成效皆能前後呼應，內外統整。計畫內容有彈性應變措施，且必要可對內容加以修正與調整；亦需考慮計畫內容是否能符合適當、可能、可行和實驗的可行性評估。

(五) 計畫人員要相關且專業嚴謹

進行計畫時，應讓相關執行人員參與提供意見和擬訂計畫，可達到集思廣益的效果，一方面能讓相關人員產生認同和支持；另一方面，透過相關人員的多元參與，可增加客觀合理性和可執行性，同時，也能滿足成員的尊榮感和成就感；而參與計畫的人員應具有充分知能，並具行政計畫的觀念與科學的態度，如此才能謹慎運用相關資料。

(七) 計畫呈現要書面且清楚明白

計畫呈現方式應書面化，可避免遺忘計畫內容，還方便公布周知，不會因為人事遷移調動而讓計畫執行暫停，或對計畫執行方式、內容、人員產生爭執，而且可作為評鑑的依據；因此，計畫書面內容應力求具體清楚，對於計畫目標、策略、執行項目的優先順序和執行的績效評估標準等，均應清楚明白的敘述，且計畫內容應清楚說明由何人執行、由哪些單位執行、哪些事項必須優先進行，需要哪些配套措施，才能讓計畫執行順利。

(七) 計畫執行要宣導且溝通瞭解

在推展計畫前，執行人員應有積極的文宣觀念，應與相關人員和團體事先作好宣導或溝通工作，運用傳播行銷的理念，讓受影響的對象，如家長、學生、教師、行政人員、社區民眾等，都能徹底瞭解該項計畫的內容與用意，由瞭解產生支持，進而願意去執行或遵守，使計畫推動時，具有民意基礎。

第二節　組織

組織是園所行政的重要結構與組成，以下先舉列出若干學者專家對於著

手進行行政組織的原則之看法，再歸納出若干原則，以供園所參考。

　　謝文全（民91）認為行政組織的原則有：(一) 訂有組織目標：使組織存在合理化而能獲得大眾支持，引導成員努力而增進組織的協調；作為設計及選擇組織活動的基準，與作為考核改進的依據。(二) 劃分部門實施專業分工：即為水平分化，將組織的活動或工作，劃分為若干領域，並指派適當的成員，負責各領域的工作或活動，組織因而形成若干並列的部門，彼此分工合作，協力達成組織的目標。(三) 做階層分化實施層級節制：即為垂直分化，將組織分成上下若干層級，彼此間構成主從的關係，或指揮服從的關係，以利成員及部門的指揮和協調，進而達成組織的目標。(四) 制定法規作為行事的基準：組織有必要制定法令規章，訂立共同的行為法則或準繩，可使行政措施制度化，當組織有問題待處理時，成員即可依法處理，迅速解決。(五) 依情境作適度的分權：組織經劃分部門及作階層分化後，即應分配各部門及各階層的權利與責任，宜依情境的需要，決定採用較偏於集權制或偏於分權制。(六) 組織用人應才德兼顧：組織所任用的人才，需具備做事的能力和為人處事的品德，才能有效地完成組織所賦予的任務。(七) 適當保障成員的任期與安定：組織須適當地保障成員的任期，使其工作安定，可使其堅定獻身專業之職志，可專心致力於組織工作提高工作效率，能瞭解組織狀況，完善規劃並實行長期計畫。(八) 建立書面檔案制度：組織行事應做成書面資料，並分類保管，可使日後有案可稽，不致遺忘；可使組織的行動前後一致，達到公平的地步，省時省力；可吸取寶貴的教訓或啟示，收到前事不忘後事之師的效果。(九) 重視組織變革與發展：組織須依情境的變化而變化，而情境變化的來源來自組織的外部與內部，這些內外部環境有了變動，組織必須隨著做調適，才能持續生存與發展。

　　吳清山（民93）認為行政組織的原則有下列八項：(一) 統整原則：行政組織係由內部各個單位所組成的一個完整有機體，為了發揮事權集中、指揮統一的功能，必須對各個單位的功能與職權加以統整，以減少「爭功諉過」、「衝突摩擦」的現象。(二) 協調原則：每個組織都中都有不同的單位、人員和事情，惟行政組織各單位與人員能夠分工合作，則有賴協調。因此，組織的結構應有利於成員的協調溝通，使成員能為達成目標而努力。(三) 層級原則：構成行政組織單位乃是職位與成員，把職位與成員適切配合

成為若干的工作單位，集合這些工作單位，就形成不同的層級，各層級的成員及確定其地位、角色、職務與責任，則有助於指揮與領導，使命令能夠貫徹。(四) 功能原則：健全行政組織各個單位，必須有一個明確的功能，使學校行政順利運作，各單位有明確的功能，才不至於產生「有事沒人辦，大家辦一事」的現象。(五) 幕僚原則：一般行政組織，有些單位是從事主管業務的工作，有些單位則是負責幕僚的工作，而幕僚的工作主要在提供資料和協助監督，所以，幕僚人員有建議權，而無決定權。因此，健全的行政組織，應讓幕僚人員盡其本分，貢獻智慧。(六) 權責相稱原則：行政組織中，成員所享有的權利和責任應該相稱。即是課以成員執行的責任，就必須賦予工作的權利。(七) 控制幅度原則：在行政組織中，主管控制成員幅度不宜太大，才能對所屬部門給予充分的注意，控制幅度宜在五、六人為限。(八) 績效原則：行政組織的部門設置編制及人員任用，應以適應工作事實需要，力求經濟合理，避免無謂浪費。此外，人力亦要作合理有效的配置，以發揮「人盡其才」的功效。

張德銳（民95）認為行政組織的若干原則如下：(一) 發展適度的科層化：如能善用科層體制的特徵，並同時避免其副作用，當可提升組織的效能。(二) 組織結構宜採用整合的組織模式：整合組織具有高度複雜化、中度集中化和正式化、低度的階層化；此外，另具有高度的適應力和工作滿足感、中度的生產力和效率。換言之，整合組織企圖保持「有機組織」在適應立即工作滿足感上的優勢，另方面努力挽回「機械組織」在生產力及效率上的長處。(三) 依組織策略來設計較適宜的組織結構：在非常小型的組織裡，適合簡單結構；在一個穩定大型的組織裡，可採行機械科層體制；在現代的學校社會裡，為了符應教師專業自主的潮流，較適合專業科層體制。(四) 體認學校是「鬆散結合的系統」：學校行政人員必須不斷地以學校成員共享的願景、價值、信念、規範與語言，來結合學校成員，以維持學校成員間的關係不會太過鬆散，才會有共同努力的方向；也必須運用社會化（socialization）與再社會化（resocialization）的歷程，來培養系統成員所具有的共同價值。(五) 善用學校本位管理實務：讓學校有更多的人事、預算和課程決定權，如：讓學校有更多聘用教職員的權責；可在分配到的年度預算總額內，配合年度工作計畫，自主決定如何支配使用。鼓勵各校成立校務

發展小組或學校審議會，以規劃學校短中長程計畫，並加以監督和評鑑其執行情形。(六) 發展開放的組織氣氛：積極方面：行政主管應能以身作則，熱心服務，精力充沛，認識負責，這樣才能帶動風氣；其次要能關懷與體恤部屬，並不斷給予適切的激勵。消極方面：宜盡量消除影響教師教學工作的行政阻礙，且應避免不信任和過嚴的行政監督。(七) 採取參與式的行政管理：讓組織成員有參與的機會，則可以使成員對決定內容有深入瞭解，產生認同和支持；另方面可滿足成員的尊榮感和成就感需求，並有助於組織氣氛的改善。(八) 塑造學習型組織之學校文化：在學習型學校裡，學校成員才能持續不斷的學習，以及運用系統思考從事各種不同的行動研究和問題解決，進而增強成員個人的知識和經驗，以及改變整個學校的組織行為，強化學校組織變革和創新的能力。

　　綜合上述學者專家之意見，將著手園所行政組織時須掌握的原則，說明如下：

(一) 組織目標與功能應合理明確

　　組織的目標與功能應明確闡述清楚明白，且應合理，如此才能使組織存在合理，而能獲得大眾支持，並引導組織成員盡心努力，而增進組織的協調；此外，組織的目標與功能可作為設計及選擇組織結構與活動的基準，與作為考核改進的依據。同時，組織的目標與功能能促進行政組織各個單位有自己明確的功能，使學校行政順利運作，各單位有明確的功能，才能協調一致，相輔相成。

(二) 組織結構與部門應專業統整

　　現代學校的組織結構，應是以教師專業自主為主體的型式，適合專業科層組織；此種特徵符合整合組織所具有的高度複雜化、中度集中化和正式化、低度的階層化，且具有高度的適應力和工作滿足感、中度的生產力和效率。因此，在規劃園所組織結構和劃分部門時，應著重組織各結構和部門的專業分工與統整，利於成員的協調溝通合作，使成員能為達成目標而努力，協力達成組織的目標。

(三) 組織階層與幅度應適度節制

　　學校組織的階層劃分與控制幅度應符合學校組織的專業特徵，不宜有太多的階層；因此，組織階層的垂直分化，應有助於指揮與領導，使命令能夠

貫徹；有利成員及部門的統整和協調，進而達成組織的目標。此外，在學校行政組織中，主管控制成員幅度不宜太大，才能對所屬部門和成員給予充分的關注，所以，控制幅度宜在五、六人為限。

(四) 組織規則與程序應明確清楚

學校組織應制定必要的辦事規則與程序或辦法，使組織成員辦事有所依循；因此，組織制定辦法規章應明確清楚，使訂立法則或準繩確實可行，不但可使行政措施制度化，當組織有問題待處理時，成員即可依規則與辦法處理，迅速解決。此外，為了使組織各單位與人員能夠分工合作，組織所訂之規則與辦法，應有一定的彈性空間，且利於各單位與成員方便協調溝通，使成員能為達成目標而努力。

(五) 組織授權與分權應權責相符

組織劃分部門及階層後，應分配各部門及各階層的權利與責任，宜依情境的需要，決定採用偏於集權制或分權制，如採用偏向於分權制，讓組織成員有參與的機會，則可使成員對參與決定內容有深入瞭解，產生認同和支持，同時可滿足成員的尊榮感和成就感需求，並有助於組織氣氛的改善。組織成員所享有的權利和責任應該相稱，賦予成員工作的權力，就必須課以執行的責任。

(六) 組織用人與配置應盡其才德

組織各部門選擇人員及任用人員，應以需具備做事的能力和為人處事的品德，適應工作事實需要，力求經濟合理，避免無謂浪費，才能有效地完成組織所賦予的任務；此外，應按其才德分配至適當的業務或幕僚單位，若屬負責幕僚的工作的單位，應善盡幕僚的本分工作即提供資料和協助監督，貢獻智慧，讓人力作合理有效的配置，發揮「盡其才德」的功效。

(七) 組織人事與氣氛應安定開放

只要組織成員認真、專心致力於組織工作，組織應適當保障成員任期，使其工作安定，以提高工作效率，如此組織成員才能深入瞭解組織情況，進行完善的規劃並執行長期計畫。此外，行政主管應能以身作則，熱心服務，開誠布公，認真負責，帶動正向積極的開放風氣；其次，行政主管要能關懷與體恤部屬與教師，不斷給予適切的激勵；再次，行政主管宜儘量消除影響教師教學工作的阻礙，且應避免不信任教師，以及過度嚴苛的監督。

(八) 組織檔案與資料應書面e化

組織的一切檔案和資料應予以書面化和電腦化，組織的行事過程與紀錄應做成書面檔案和電腦化資料，並分門別類保管，可使日後有檔案和資料，可供查考，不致遺忘，致生錯誤；同時，也可使組織行動能前後連貫一致，省去尋找雜亂無章的檔案和資料，所浪費的時間和精力，達到提高組織效能的結果；亦可吸收以前相關事務的寶貴經驗或啟示。

(九) 組織經營與發展應共享學習

組織應依情境的變化而隨著做調適，而組織必須調適良好，才能持續生存與發展。情境變化的來源來自組織的外部與內部，這些內外部環境有了變動，導引著學校成員必須透過持續不斷的學習，以及運用系統思考，從事各種不同的行動研究，才能使問題獲得解決，進而增強成員的知識和經驗，以及改變學校的組織行為，強化學校組織變革和創新的能力。因此，學校行政人員需不斷地與成員共享的願景、價值、信念、規範與語言，來結合學校成員共同努力和培養成員共享價值。

第三節　溝通

溝通是園所行政的重要連結與樞紐，以下先舉列出若干學者專家對於著手進行行政溝通的原則之看法，再歸納出若干原則，以供園所參考。

秦夢群（民88）認為行政人員必須開放自己成為訊息流通的必經之地，以符合「洞燭機先」的要求，在實務上，可考慮採取以下幾個行動，這些行動也可作為溝通原則的參考：(一) 瞭解學校正式與非正式溝通的管道：組織中是否有順風耳、包打聽等重要資訊人物存在，其往往是非正式與小道溝通的樞紐，適當運作，可得到許多正式溝通所不能獲得的資訊。(二) 瞭解組織中是否有溝通障礙：辦公室的區隔與溝通形式之檢討。(三) 何種溝通媒介最為有效：例如口頭、文字，還是其他型式？(四) 溝通的內容傾向負面還是正面：如：若每次會議中所聽到的皆是批評謾罵，可藉由各種研習進修機會，幫助組織成員轉為提出建設性的意見和批評，才有助解決問題。(五) 瞭解組織文化與其溝通習慣：有些組織較為保守，傾向檯面下解決問題；有些組織

較為開放，雖然在會議上爭得面紅耳赤，也不傷感情。組織中的溝通習慣行之有年，應予以尊重。

楊振昇（民89a）認為溝通是個人與個人、個人與組織、或組織與組織之間普遍存在的活動，往往必須因人、因事、因時、因地、因物的不同而採取不同的溝通方式；為能使溝通的過程順利進行，達成預定的目標，他列舉出十項行政溝通的基本原則：(一) 適合收訊者的知識水準：溝通的媒介或方式必須適合收訊者的知識水準，才能達到溝通的效果。一般來說，對於知識水準較高者，可以採取「兩面俱陳」方式，將所要傳達的訊息作背景的利弊得失分析，使收訊者有較完整的訊息可供參考，進而作理性、客觀的回應；對於知識水準較低者，可採取「單面陳述」的方式，直接說明優點和正面效果，以加深印象，而得到其認同和支持。(二) 訊息的內容要具說服力：溝通的訊息必須要明確化，詳細說明相關原因，並顧及收訊者的需要，使訊息內容具高度的說服力，較容易被收訊者所接受。(三) 掌握溝通的時效與時機：進行溝通時，應掌握溝通訊息內容的時效性，因收訊者對溝通訊息記憶猶新，較能避免干擾；把握與選擇適當時機，則應注意收訊者的情緒好壞，以免影響到溝通的氣氛與結果。(四) 採取主動溝通展現誠意：主動溝通可使受訊者產生受到尊重的感覺，感受到送訊者溝通的誠意；另一方面，也較能避免溝通的訊息受到扭曲，徒增溝通時的困難。(五) 有效爭取意見領袖支持：在溝通的過程中，若能爭取意見領袖或其他德高望重者的支持，往往能形成一股強而有力的支持力量，而有助於問題的解決。(六) 公開肯定參與者的貢獻：對於熱心、積極參與教育活動的專家、學者、教育人員、社會大眾和相關團體，行政主管應透過公開場合，宣揚其具體事蹟，肯定其貢獻，並表達誠摯謝意。(七) 審慎處理相關攻訐批評：應針對有關的批評與攻擊，做審慎與適切的回應，積極去除其疑惑，進行有效的溝通，才能化阻力為助力，化危機為轉機，有效爭取支持；若對方提出的質疑、批評與攻擊是合理的，則有必要也有義務提出適當的回應和修正。(八) 加強相關革新內容宣導：滿足現狀、抗拒變遷是絕大多數人共同的心理傾向，當要推動若干革新事項時，要充分做好宣導工作，給予相關人員心理上的緩衝和調適期，以降低成員心理上的抗拒與排斥，也有助於成員對革新內容的瞭解。(九) 充分運用多元溝通媒介：溝通媒介十分多元，舉凡語言、文字、資訊網路、大眾媒體等均屬

之，為了有效提高宣傳的效果，應充分運用多元化的溝通媒介，結合各項有利資源，吸引社會大眾對相關革新的重視。(十) 兼採正式與非正式溝通：進行溝通的過程中，正式溝通雖有其功能，但若能適度運用非正式溝通，則將有助於溝通效果的達成。

謝文全（民91）認為行政人員欲使溝通順利而有效，平時就需建立良好的溝通基礎，臨事溝通時亦應遵循下列原則：(一) 平時建立良好的溝通基礎：與人相處應平易近人、關懷他人；平時多聽取並尊重成員的意見、努力進德修業、提供成員在職教育更新觀念。(二) 創造成員自動協調的條件：為促進成員的共事及協調其行動，在平時能創造一些足以促進成員自動協調的條件，則成員行事自趨協調，可減少很多溝通的行動。(三) 兼訴諸組織及收訊者的需要及利益：溝通的內容越符合收訊者的利益和需要，收訊者就越願意接受，溝通效果越佳，因兼顧組織目標並驅動收訊者的團體責任感，又能兼顧收訊者的需要利益而誘導其接受。(四) 藉曉之以理等方法使訊息有說服力：訊息要具有說服力才易被對方接受，要使訊息具有說服力，可從下列方法著手：曉之以理、符合組織及收訊者的需要利益、具體及有一致性。(五) 媒介多樣化且明確易懂：運用多種媒介進行溝通，可提供多種刺激，使收訊者動用各種感覺器官（如聽、視、觸覺等）來接受訊息，使其印象深刻，記憶猶新，明確易懂。(六) 溝通管道要普及而暢通：溝通管道要普及需兼顧正式和非正式軌道的設立與應用，兼設上行及平行的溝通管道，及兼有組織內和組織外的管道。(七) 善用言詞或技巧維護對方的尊嚴：在溝通進行中，應隨時留意對方的人格，絕不可輕易傷害到對方的尊嚴，否則雙方撕破臉後，溝通就無法持續下去。(八) 妥善地處理僵局：溝通過程中若遇到僵局，需加以適當的處理，才能克服障礙，達成溝通的目標，解決僵局的根本方法在分析其形成的原因，再對症下藥。

吳清山（民93）認為為了有效增進學校行政溝通效果，應從掌握有效溝通原則和肯定非正式溝通功能二方面下手，茲分別說明如下：(一) 掌握有效溝通原則：1. 重視雙向溝通：學校行政人員不要偏重單向溝通，要重視並善於利用雙向溝通，使收訊者有表達自己意見的機會，才容易達到溝通的目的，對達成共識有很大的助益，也有助於工作的推動。2. 善用溝通媒介：溝通媒介相當多，可採用書面，亦可用口頭方式，學校行政人員可依人員的

多寡、訊息的內容、場地的大小等各種因素，採用不同的媒介，來增強溝通效果。3. 培養傾聽的技巧：具有良好的傾聽技巧，有助於雙方的溝通，如：將注意力放在他人的講話上；傾聽重要的訊息；排除外在的干擾；讓發訊者講完其訊息，不要打斷；摘記或重述其重要概念，以免誤解；不要太快下判斷；發展回饋過程。4. 訊息簡明扼要：溝通訊息要簡明扼要，必要時，可重複訊息，抓住重點，才能提高溝通效果。5. 適當控制時間：如果溝通時間太長，亦造成疲憊狀態，對訊息注意力降低；若是太短，也無法充分表達意見，亦不是好現象，因此在進行溝通時，如何有效的控制時間，是很重要的。6. 建立信賴度：要建立別人的信賴，應充實專業知能，培養良好的品德，平時及溝通進行時態度要誠懇，這些都是學校行政人員平時必須培養的。(二) 肯定非正式溝通功能：1. 善用員工之間的傳言，作為探測真正意見的工具。2. 發現非正式組織的領袖，做非正式溝通，以蒐集重要的訊息，達成正確的決策。3. 明辨讒言，及時予以制止，免得彼此猜忌，而且害及無辜。4. 明察謠言，正確闢謠，以免混淆視聽。5. 透過非正式溝通，放出氣球，以測試大加的反應，做為決策或修正的參考。6. 正式宣達命令之前，先經由非正式通路，使大家心理上有準備，並適當消滅抗拒或抱怨。

　　黃宗顯（民95）認為提升行政溝通成效的原則，可按下列層面分別提出：(一) 就溝通的預設層面而言：1. 不要預設一次溝通即能完全達成目的。2. 不要預設溝通對象是完全獨立自主的。3. 不要預設尊卑性的不當主體地位關係。4. 不要預設溝通成果的單一性。(二) 就溝通的個體層面而言：1. 考量溝通對象的特質。2. 誠心尊重溝通者的發言權與需求。3. 培養傾聽的技巧。4. 邀請相關人員參與。5. 創造「雙得取向」的溝通。6. 妥適處理溝通衝突的問題。7. 平常要建立良好的溝通關係。(三) 就溝通的問題屬性層面而言：1. 確認溝通問題的內容與性質。2. 採取切合問題屬性的溝通行動。3. 兼顧維持性與發展性的溝通。(四) 就溝通的訊息傳遞與型態層面而言：1. 善用正式與非正式的溝通管道。2. 妥適應用各種溝通媒介。3. 注意訊息的正確性和說服力。4. 採取促進性的溝通互動型態。(五) 就溝通的結構層面而言：1. 注意溝通的時機與情境。2. 留心組織系統間或單位間溝通成效的問題。3. 注意法規與組織傳統要素。4. 注意外界期望與教育時勢。5. 注重整體溝通系統的回饋與反省。

　　Click（2000）認為園所應鼓勵教職員能進行鼓勵良好的溝通：園所應協助教職員發展好的溝通技巧，舉辦有效溝通的工作坊，介紹如何運用Thomas Gordon的「我」訊息，要求參與者練習運用一個句子，來陳述問題或關注焦點，例如：我覺得難過…，或我覺得沮喪…，或我沒受到鼓勵…。討論傾聽者接受此種訊息時的反應；此外，也應關注非語言的溝通，討論一些非語言訊息所傳達的意義，如：咬緊牙關、雙臂交疊抱胸、缺少眼神交會、驚訝表情。在討論之後，透過角色扮演和討論當運用「我」的訊息敘述感受時和非語言的的肢體語言是否一致。參與過此類工作坊後，鼓勵教職員運用這些技巧來解決自己的問題；在教職員會議中，鼓勵每位成員參與討論，讓平常較少說話者能有發表意見的機會，而長篇大論者能限制他們說話的時間。

　　綜合上述學者專家之意見，將園所行政溝通時須掌握的原則，說明如下：

（一）培養溝通技巧，發展良好關係

　　平時應建立組織良好的溝通關係，應先瞭解組織文化與尊重其溝通習慣，培養組織成員溝通與傾聽的技巧，如：舉辦有效溝通的工作坊，討論傾聽者的反應；關注非語言的溝通，討論非語言訊息所傳達的意義；透過角色扮演和運用「我」的訊息敘述感受，以及非語言的的肢體語言；鼓勵教職員運用溝通與傾聽技巧，來解決自己的問題；在會議中，鼓勵每位成員參與討論，讓平常較少說話者能有發表意見的機會。此外，亦應培養組織成員良好的溝通態度，如：應抱持多次溝通才能達成目的；溝通對象並非完全獨立自主；溝通雙方的主體地位平等；溝通成果有多種可能。因此，行政人員與人相處應平易近人、關懷他人，平時多聽取並尊重成員的意見，努力進德修業，提供成員提升溝通與傾聽技巧的機會。

（二）展現溝通誠意，營造溝通環境

　　行政人員為促進成員的共識及協調成員的行動，在平時能創造一些促進成員主動溝通的條件，讓成員行事主動溝通與協調。行政人員主動溝通可使收訊者產生覺得被尊重的感覺，感受到行政人員溝通的誠意，也能避免溝通的訊息受到扭曲。此外，若有必要邀請相關人員參與相關事務溝通時，應對於熱心且積極參與的學者、專家、教育人員、社會大眾和相關團體，行政人

員應公開宣揚其貢獻，並表達誠摯謝意。

(三) 重視雙向溝通，兼顧各方利益

行政人員應重視雙向溝通，且應瞭解溝通內容越符合收訊者的利益和需要，收訊者就越願意接受，溝通效果越佳，既能兼顧組織目標並促進溝通者各方的團體責任感，又能兼顧其需要利益而使其接受。因此，在進行溝通時，對於知識水準較高者，可以採取「兩面俱陳」方式；對於知識水準較低者，可採取「單面陳述」的方式，以得到其認同和支持。在開會時，請成員提出建設性的意見和批評，有助於維持與發展的溝通，解決組織系統間或單位間的問題，滿足各方需求和利益，並顧及外界期望與教育時勢。

(四) 溝通內容合理發揮其說服力

行政人員應確認溝通問題的內容與性質，並採取適合問題屬性的溝通行動，首先務求溝通訊息內容的明確化、合理化，並顧及收訊者的需要，向收訊者詳細說明相關原因，且溝通訊息應具有高度說服力，才易被收訊者接受，要使訊息具體、有一致性與具說服力，可運用曉之以理，並符合溝通者各方的需要利益。

(五) 善用有效媒介，內容明確易懂

溝通媒介十分多元，舉凡語言、文字、資訊網路、大眾媒體等均屬之；行政人員應運用多種媒介進行溝通，且應瞭解溝通的媒介必須適合收訊者的知識水準，才能達到溝通的效果；為了有效提高溝通的效果，充分運用多元化的溝通媒介；同時，也必須瞭解哪些溝通媒介最有效，善用這些溝通媒介，結合各項有利資源，吸引注意，使收訊者動用各種感覺器官（如聽、視、觸覺等）來接受訊息，使其印象深刻，記憶猶新，簡明扼要，明確易懂。

(六) 正式與非正式溝通普及暢通

行政人員應瞭解學校正式與非正式溝通的管道，使正式和非正式溝通管道普及，兼採正式與非正式溝通，且使之暢通，才能加以善用。溝通管道要普及，需兼顧正式和非正式溝通管道的設立與應用，兼顧上行及平行的溝通管道，及兼有組織內和組織外的管道；瞭解組織中是否有溝通障礙，檢討辦公室的區隔是否造成溝通進行的障礙。非正式溝通管道中，重要資訊人物的適當運作，作為探測真正意見的工具，達成正確的決策；發現非正式組織

的領袖，爭取意見領袖或其他德高望重者的支持，做非正式溝通，有助於問題的解決。行政人員應明辨讒言，及時制止，避免猜忌，傷及無辜；明察謠言，正確闢謠，以免混淆視聽。

(七) 維護對方尊嚴，加強溝通宣導

在溝通進行中，行政人員應瞭解滿足現狀、抗拒變遷是絕大多數人共同的心理傾向，故應隨時留意絕不可輕易傷害到對方的尊嚴，否則雙方撕破臉後，溝通就無法持續下去。因此，行政人員當要推動若干革新事項時，應要充分做好溝通與宣導工作，給予相關人員心理上的緩衝和調適期，以降低成員心理上的抗拒與排斥，也有助於成員對革新內容的瞭解。

(八) 妥善處理僵局，注重溝通回饋

行政人員若在溝通過程中遭遇僵局，應加以適當的處理，才能克服障礙，達成溝通目標，而解決僵局的根本方法，在分析其形成的原因，再對症下藥，以妥適處理溝通衝突的問題。針對有關的批評與攻擊，做審慎與適切的回應與反省，積極去除其疑惑，進行有效的溝通，才能化阻力為助力，化危機為轉機，有效爭取支持；若對方提出的質疑、批評與攻擊是合理的，則有必要也有義務提出適當的回饋和修正。

(九) 掌握溝通時機，適當控制情境

行政人員在進行溝通時，應掌握溝通訊息內容的時效性，讓收訊者對溝通訊息記憶猶新，避免時間過久，忘記溝通訊息，產生不必要的溝通干擾；行政人員也應把握與選擇適當的溝通時機，注意收訊者的情緒好壞，以免影響到溝通的氣氛與結果；此外，也應對溝通的物理情境，加以控制得宜，務求溝通情境能有促進性的溝通互動，不致干擾溝通的進行。

第四節　領導

領導通常包括兩個重要因素，一是領導是發生在群體中，此群體至少要二人以上，身為領導者必須領導其他人；其二是領導是有意圖的影響力，即是群體中至少有一人意圖某些事情的發生（Sullivan, 2003）。領導是園所行政的重要舵手與方向，以下先舉列出若干學者專家對於著手進行行政領導的

原則之看法，再歸納出若干原則，以供園所參考。

　　楊振昇（民89b）認為領導是一項科學，也是一門藝術，以下列舉行政領導的幾項原則供作參考：(一) 充實領導者本身的學養：領導者必須重視本身學識涵養的充實，不斷地進德修業，藉由豐富專門知識與能力的展現，充分發揮專家權，為組織的發展，開創正確的方向；此外，本身能以高尚的人格特質影響成員，使成員對組織和領導者產生認同，成為心悅誠服的追隨者，發揮參照權的影響。避免過度依賴本身職位上的權力（法職權），或憑藉強迫的手段（強制權）。(二) 堅固組織目標與成員需求：組織存在必定有其目標，以作為組織發展的方向與藍圖，而組織是由人所組成，組織成員各有不同的需求，為謀組織發展與進步，領導者應儘量兼顧組織目標的達成與成員需求的滿足。因此，領導者應儘量瞭解成員的各項社會心理需求，適時提供必要的協助，也應在工作上適當結合工作目標與其個人需求，以提高成員的工作滿足感。(三) 善用正式溝通與非正式組織：非正式組織的力量不可忽視，領導者應深入觀察，與瞭解組織內的各種非正式組織，尤其應掌握意見領袖的動向，化阻力為助力，以鞏固組織的團結，加速組織目標的達成。(四) 倡導學習型組織的建構：領導者應以身作則，不斷進德修業，自我超越，更應鼓勵全體成員成為積極型的學習者，不斷吸收新知，提升工作成效，結合每一位學習型的個人而成為學習型組織，進而為組織開創美好願景，永續經營。(五) 並用正式與非正式溝通：非正式溝通因為較不受傳統規範的限制，因此許多在正式溝通無法解決或形成共識的問題，往往能藉由非正式溝通而得以解決。因此，學校行政領導者應並用正式溝通與非正式溝通，兩者雙管齊下，以發揮相加相乘的效果。(六) 採行分層負責，適當授權：領導者在領導過程中必須採行分層負責的作法，適當地授權，以彌補領導者力有未逮之處；另可激發成員潛能，為組織貢獻心力。分層負責與適當授權時，必須注意成員「適才適所」、「用人不疑、疑人不用」的原則。(七) 鼓勵組織成員主動參與：隨著時代變遷，透過參與式的決策，以增加成員向心，發揮集思廣益的效果自屬必要。因此，領導者應透過適當管理，採行多元的獎勵措施，以積極鼓勵組織成員主動參與，為組織的發展與進步，提出各種應興革的具體建議。

　　謝文全（民91）認為領導是指引組織及成員的努力方向，並激勵成員的

士氣與糾合成員群體的力量，以共同實現組織目標的一種歷程；領導欲成功，需注意下列原則：(一) 有目標意識並依行政三聯制來達成目標：行政人員做事時能隨時想到目標，並以目標指引本身及成員的方向，且依行政三聯制的程序去做，即先擬訂計畫，再依計畫執行，執行之後加以考核。(二) 能知人善任：需選拔好的人才，然後使人才任使有方，善任成員的做法包括讓成員適才適所、尊重其人格、授權給成員、公正考核成員、給予成員進修及鼓勵。(三) 注意激勵成員的士氣：使成員既能認同組織，又能和同事團結合作，努力於組織工作的達成；激勵士氣的方法有採取高倡導高關懷的領導、提高待遇福利、提供良好工作環境、給予成就、獎勵與升遷的機會。(四) 在依法行政的基礎上以才德服人：若能在依法行事的基礎上，以才幹和品德來領導成員，則成員較會心服口服。(五) 兼顧組織目標達成及成員需要滿足：在決定組織政策或措施時，除需達到組織的目標之外，應考慮所決定的是否有礙成員個人需要的合理滿足，如會妨礙，則應修正；若因故無法修正，應考慮各種可行方案，協助成員去克服。(六) 瞭解並善用非正式組織：領導人員需瞭解非正式組織永遠存在於正式組織中，而無法消除的；故須妥善運用非正式組織，藉以加強正式組織的功能。(七) 在尊重人性的基礎上，酌情權變：領導應以尊重成員的人性為前提，進行「持經達變」，尊重人性是經，權變領導是權；權變領導是指領導行事應隨著領導情境的不同而變異，才能產生最佳的效果。(八) 善用溝通以協調成員的看法和行動：領導者需善於運用溝通的知能，來協調彼此之間的看法，以建立大家的共識，並採取一致的行動，齊力達成組織的目標。(九) 發揮成功領導者的特質與行為：領導者要成功引導成員，使其口服心服地完成組織目標，須具備並發揮領導者的才與德；領導者的特質與行為，包括：機智、堅忍、親和力、誠信、壯志和主動。

　　吳清山（民93）認為學校行政領導的有效與否，直接影響到校務的發展。要發揮有效的學校行政領導效果，可從下列途徑著手：(一) 增進領導者的素質和修養：如果領導者具有良好的素質和修養，很容易獲得部屬的好感與信賴，所以領導者應利用時間充實專業知識，多參加各種研習會或閱讀有關報章雜誌；同時也經常反省自己、檢討自己，使自己有豐富的學識，也有良好的品德。(二) 建立人性化的領導：領導者要把部屬當「人」來看待，

承認每位部屬有其存在的價值和尊嚴，多關懷部屬，協助解決其困難，與之保持密切的關係，重視其心理反應，部屬才會發揮自動自發精神，為達成學校教育目標而努力，千萬不要濫用和誤用權力。(三) 採用適宜的領導情境理論：領導學校部屬時，應該顧及學校教職員的屬性及環境的需求，能將自己的領導行為配合此獨特情境需求的領導方式，才能符合學校需要，發揮領導的效能。(四) 實施分層負責方式：領導者應採用分層負責方式，亦即分層授權，所謂「授權」即主管授與部屬一定的權力和責任，使部屬能在主管監督下，仍有相當的行動自主權。領導者要先確知自己的權責範圍，這樣才能瞭解哪些權該授給部屬，再根據部屬的能力，授予適當的權力，當發現部屬在工作有困難時，也要盡力協助其解決困難。(五) 實施用人唯才原則：用人唯賢，出於公正；其次以個人專長而給予適當職務，最後用人不疑，疑人不用，對部屬給予充分的信任。因此領導者應多去瞭解部屬的專長和潛能，並提供適當的機會，使部屬能充分發揮潛能，則部屬將更具有成就感與滿足感，學校效能就更容易發揮。

林新發（民95）認為認為領導係透過教育人員的團體力量來達成目標，而團體中的成員又人各有志，意見看法亦不盡相同，因而如何統合意見匯集共識，實在不是一件容易的事；故他認為領導的原則如下：(一) 有目標意識並依行政三聯制來達成目標：行政三聯制即計畫、執行、考核；建立及加強領導人員的目標意識，有下列四個途徑：1. 透過教育行政人員專業養成及進修研習課程之提供加以培育；2. 藉目標之宣導及傳播，來促使成員自我要求；3. 有賴上級之重視和強調；4. 將目標之擬定與執行情形，列入考核和評鑑項目內。(二) 教育行政人員應具領導哲學觀並對工作價值全神投入：領導人員的養成訓練應兼顧專業知能啟發及領導技巧訓練，以及行政倫理和道德意志，在領導時要能瞭解人性，尊重人性，以說服的方式培養部屬的道德意志，視領導行為為道德教育的工作，賦予組織生命及有關工作的價值和意義，使領導行為能兼顧組織目標與人性心理需求。(三) 能知人善任，適度授權：領導是引導並透過成員以達成組織的目標，因此組織素質的好壞及是否能盡其才，關係著領導成敗；人才經任用，必須繼之以善任，才能真正發揮用人的功能。(四) 善用轉型領導策略，以增進教師組織承諾，提升組織效能。(五) 發揮成功領導者的特質與行為：如機智、堅忍、親和力、誠信、

壯志、主動等。(六) 採用「中庸式動態平衡的領導」，兼顧組織目標達成及成員需求滿足。(七) 瞭解並善用非正式組織：首在接納其存在，然後設法瞭解，再進一步運用其正向功能協助正式組織的運作。(八) 在依法行事及尊重人性的基礎上，酌情權變：領導者應把握原則，在法令規章的範圍內和尊重人性的前提下，衡情論理，掌握時機，權宜應變，凡事將可合理解決。(九)善用溝通以協調成員的看法和行動：領導者必須善於運用溝通的方法和技巧，來協調彼此之間的意見和看法，以建立共識，齊一行動，並相互配合。(十) 掌握領導發展趨勢，培育知識經濟時代所需的領導特質和能力。

綜合上述學者專家之意見，將園所行政領導時須掌握的原則，說明如下：

(一) 目標管理，進行計畫執行考核

領導人員應建立及加強目標意識，可採用下列途徑： 培育目標管理的意識，可提供行政人員專業養成及進修研習相關課程；宣導及傳播組織目標，來促使成員訂定和要求自我目標的達成；上級行政人員或主管機關應重視和強調部屬或下屬機關單位的目標達成；考核和評鑑組織和個人目標之擬定與執行情形。因此，行政人員做事時應能隨時想到目標，並以目標作為指引組織及成員努力的方向，且依行政三聯制的程序去做，即先擬訂計畫，再依計畫執行，執行之後加以考核。

(二) 知人善任，分層負責適當授權

領導者在領導過程中，需選拔好的人才，用人唯才；用人唯賢，出於公正；然後使人才任使有方，依個人專長而給予適當職務，善任成員，讓成員適才適所；尊重其人格，授權與公正考核，並給予進修及鼓勵。採行分層負責的作法，適當地授權，以彌補領導者之不足；用人不疑、疑人不用，對部屬給予充分的信任；因此，領導者應多去瞭解部屬的專長和潛能，並提供適當的機會，使部屬能充分發揮所長，為組織貢獻心力，讓部屬具有成就感與滿足感，學校效能就更容易發揮；當發現部屬在工作有困難時，也要盡力協助其解決困難。

(三) 激勵成員士氣，鼓勵主動參與

領導者應採取高倡導高關懷的領導，並提高成員待遇與福利，提供良好工作環境，給予成就感，以及獎勵與升遷的機會，使成員能認同組織，又能

團結合作，努力於組織工作的達成。隨著時代變遷，透過參與決策的方式，以增加成員的向心力，發揮集思廣益的效果；因此，領導者應透過適當管道和方法，採行多元的獎勵措施，以積極鼓勵組織成員主動參與，為組織的發展與進步，提出各種應興革的具體建議。

(四) 依才能品德行事，兼顧法理情

領導人員必須重視本身學識涵養的充實，兼顧專業知能啟發及領導技巧訓練，以及行政倫理和道德意志，不斷地進德修業，藉由豐富專門知識與能力的展現，充分發揮專家權，為組織的發展開創正確的方向；此外，本身能以高尚的人格特質影響成員，使成員對組織和領導者產生認同，成為心悅誠服的追隨者，發揮參照權的影響。因此，領導者應在依法行事的基礎上，以才幹和品德來領導成員，並兼顧法令、合理性、同事情誼，避免過度依賴本身職位上的權力（法職權），或憑藉強迫的手段（強制權），則成員較會心服口服。

(五) 兼顧組織及成員目標的達成

領導者應採用中庸式動態平衡的領導，以兼顧組織目標達成及成員需求滿足。在決定組織政策或措施時，組織存在必定有其目標，以作為組織發展的方向與藍圖；除需達到組織的目標之外，組織是由人所組成，組織成員各有不同的需求，為謀組織發展與進步，領導者應儘量兼顧組織目標的達成與成員需求的滿足，考慮所決定的是否有礙成員個人需要的合理滿足，如會妨礙，則應修正；若因故無法修正，應考慮各種可行方案，協助成員去克服。因此，領導者應儘量瞭解成員的各項社會心理需求，適時提供必要的協助，也應在工作上適當結合工作目標與成員的個人需求，以提高成員的工作滿足感。

(六) 瞭解並善用非正式組織功能

領導人員需瞭解非正式組織永遠存在於正式組織中，而無法消除的，非正式組織的力量不可忽視；首先應接納其存在，領導者應深入觀察，與瞭解組織內的各種非正式組織，再進一步運用其正向功能，協助正式組織的運作；故須妥善運用非正式組織，藉以加強正式組織的功能；尤其應掌握意見領袖的動向，化阻力為助力，以鞏固組織的團結，加速組織目標的達成。

(七) 瞭解並尊重人性且持經達變

領導者領導學校部屬時，應該顧及學校教職員的屬性及環境的需求，要把部屬當「人」來看待，瞭解並尊重成員的人性為前提，承認每位部屬有其存在的價值和尊嚴，多關懷部屬，協助解決其困難，與之保持密切的關係，重視其心理反應，部屬才會發揮自動自發精神，為達成學校教育目標而努力。而尊重人性是經，權變領導是變，進行持經達變；權變領導是指領導行事應隨著領導情境的不同而變異，是能將自己的領導行為配合獨特情境需求的領導方式，才能符合學校需要，發揮領導的效能，產生最佳的效果。因此，領導者應把握原則，在法令規章的範圍內和尊重人性的前提下，衡情論理，掌握時機，權宜應變，凡事將可合理解決，千萬不要濫用和誤用權力。

(八) 善用溝通，建立共識協調一致

領導者必須善於運用溝通的方法和技巧，而非正式溝通因較不受傳統規範的限制，因此，許多在正式溝通無法解決或形成共識的問題，往往能藉由非正式溝通而得以解決。因此，行政領導者應並用正式溝通與非正式溝通，兩者雙管齊下，以發揮相加相乘的效果，來協調行政領導者與組織成員之間的觀念和想法，以建立大家的共識，並採取一致的行動，齊力達成組織的目標。

(九) 發揮成功領導的特質與素養

領導者要成功引導成員，使其口服心服地完成組織目標，須具備並發揮領導者的才與德；領導者的特質與行為包括：機智、堅忍、親和力、誠信、壯志和主動。領導者具有良好的素質和修養，容易獲得部屬的好感與信賴，所以，領導者應利用時間充實專業知識，多參加各種研習會或閱讀有關報章雜誌；同時，經常反省自己、檢討自己，使自己有豐富的學識，也有良好的品德。

(十) 運用轉型與學習型組織領導

領導者應以身作則，不斷進德修業，自我超越，持續掌握領導發展趨勢，培養知識經濟時代所需的領導特質和能力；善用轉型領導策略，以增進教師組織承諾，提升組織效能；更應鼓勵全體成員成為積極型的學習者，不斷吸收新知，提升工作成效，結合每一位學習型的組織成員而成為學習型組織，進而為組織開創美好願景，永續經營與發展。

第五節　決定

決定是園所行政的重要關鍵，以下先舉列出若干學者專家對於著手進行行政決定的原則之看法，再歸納出若干原則，以供園所參考。

顏國樑（民89）認為行政人員作決定時，欲提高決定的合理性，可遵循下列原則：(一) 掌握影響行政決定的因素：一位行政人員應瞭解影響行政決定的因素，並加以有效掌握，以提升決定的合理性，影響因素可能包括個人因素和組織因素。(二) 把握作決定運作的過程：決定的過程為：認識問題與範圍、蒐集資料、研擬解決的方案、選擇可行的方案、執行方案。在運用時應視教育情境及實際組織運作的情況，彈性運用。(三) 讓成員及有關人員參與決定：可產生集思廣益、認同和支持，使決定後事項較能順利推動，參與決定的方式有：諮詢式參與和共同決定式參與。(四) 追求決定的合理性：從若干變通方案中，選擇較佳的解決方案，強調最大價值目標的獲得，讓經濟效益最大化；決定不可能盡善盡美、完全合理、十全十美。(五) 明智把握作決定的情境：決定的情境交織連鎖了許多因素，約有十種，若瞭解這些因素並善加掌握和運用，較可提升決定的合理性，十種因素略述如後：容許作決定的時間、參與決定的人、受決定影響的人、適用資料、政策的程度、構思的變通方案、價值觀念的一致性、權責的來源、未來決定所受的影響、決定效果的評估。

吳清山（民93）認為提高學校行政決定的品質，仍有一些途徑可資遵循，茲說明如下：(一) 採用參與式的決定模式：應鼓勵教職員參與學校行政決定，使教職員能發揮所長；參與式的決定不只是希望教職員「參與」即可，更希望能夠「投入」（involvement），此乃基於互動的觀點，使收到集思廣益之效，以獲得最佳的學校行政決定。(二) 掌握影響學校行政決定因素：影響學校行政決定因素包括個人因素和情境因素，以及個人因素和情境因素的交互作用，影響到學校行政決定，領導者應洞悉這些影響力，加以有效的掌握，化阻力為助力。(三) 採用合理的決定方法：運用邏輯推理及客觀而準確的科學方法以作為決定的依據。(四) 瞭解評估學校行政決定效能的指標：如能瞭解評估行政決定的指標，並加以運用來檢視評估決定的品質。例

如：1. 對問題或情境有足夠的瞭解嗎？能早一點知道問題和事實，有助於決定嗎？有無額外的問題和訊息，這些能引導做較佳的決定嗎？爲何要提出這些額外的問題？2. 是否試著確定一個以上的可行方案？所選擇的方案是最好的一個嗎？有更好的可行方案嗎？如果有，爲何不考慮他方案呢？3. 是否評估所選擇可行方案的利弊得失？有哪些非預期的結果會影響最後的決定結果？有哪些問題還未預料到呢？其中理由何在？4. 其他相關人員影響決定的程度如何？若須重做決定，有哪些人會參與？有哪些人不讓他們參與呢？如何改變這些參與人員的決定過程方式呢？5. 抗拒此決定的程度如何？抗拒能夠預期、防止或減少嗎？能完全執行決定的程度如何？爲什麼決定未能完全執行？要負起何種責任？6. 決定所要達成的目標爲何？爲什麼不能達成目標呢？

　　Click（2000）認爲園所應鼓勵教職員能進行鼓勵良好的決定：假如園所已建立起民主的氣氛，應讓教職員發展良好的作決定技巧。而不是每次都是園所長作決定，讓他們也學著自己作些決定。例如：想購買昂貴的遊戲場設備，你會發現有些人想買這種，另外有人想買別種；假使你作選擇，會讓有些人高興，另一些人會不高興；所以要求他們透過作決定的過程，自己來作選擇；因此，他們會從作決定的過程中學習，也可能會滿足自己決定的結果。以購買遊戲場的設備爲例，要求員工透過下列過程來做出決定：1. 蒐集資訊：在此例中，他們應盡可能蒐集相關的資訊，以備做出選擇；此項設備外觀如何？期望的使用期限多長？價格多少？功能如何？這些設備可置於何處？2. 列出優先順序：基於學校教育的目的，排列出購買的優先順序，有些設備可激發兒童想像力，有些可發展體能，哪一個較符合園所的教育目標？3. 做出選擇：教職員應達成共識，做出選擇。4. 決定執行選擇的方法：這些設備需立即購買嗎？選在兒童在園時間設置，讓兒童可親眼目睹？或是利用週末兒童不在園所時間裝設，給兒童一個驚喜？5. 評估此項選擇：在這些設備設置一段時間後，要求教職員對此項選擇作評估，是否是一個好的決定？在此例中，可考慮兒童使用此項設備是否符合當初的期望？還是不符合當初的期望？有無另外的選擇讓決定可更好一點？這些作決定的過程，可運用在其他事務的決定上。

　　綜合上述學者專家之意見，將園所行政決定時須掌握的原則，說明如

下：

(一) 確實掌握影響行政決定因素

行政人員與參與決定者，應瞭解影響行政決定的相關因素，影響學校行政決定因素包括個人因素和情境因素，個人因素和情境因素的交互作用，影響到學校行政決定，領導者應洞悉這些影響力，並加以有效掌握，化阻力為助力，以提升決定的合理性。

(二) 慎重把握作決定的操作步驟

行政人員與參與決定者應掌握作決定的操作過程為：1. 認識問題與範圍，以瞭解作決定的目標和範圍；2. 蒐集資料，應盡可能蒐集相關資訊，以備做出選擇；3. 研擬解決的方案並列出優先順序，基於學校教育的目的，排列出優先順序；4. 選擇可行的方案，決定人員應達成共識，做出選擇；5. 執行方案，決定執行選擇的方法；6. 評估此項選擇，是否合乎學校教育目標與當初作決定的目標。在運用作決定的操作步驟時，應視教育情境及實際組織運作的情況，彈性運用。

(三) 相關人員參與形成民主氣氛

行政人員應建立起民主的氣氛，應讓教職員發展良好的作決定技巧；同時，鼓勵教職員參與學校行政決定，使教職員能發揮所長，參與決定不只是希望教職員參與即可，更希望能夠投入心力，使收到集思廣益、認同和支持之效，以獲得最佳的學校行政決定，使決定後事項較能順利推動；參與決定的方式有諮詢式參與和共同決定式參與。

(四) 採用合理決定方法追求效益

行政人員與參與決定者應運用邏輯推理，客觀而準確的科學方法，以作為決定的依據；從若干可選擇方案或變通方案中，選擇較佳的解決方案，以強調最大價值目標的獲得，讓經濟效益之獲得最大化；但須瞭解所做的決定只能求合理，雖不能令每個人滿意，但卻能被大家接受，因此，所做的決定不可能盡善盡美、完全合理、十全十美。

(五) 掌握決定情境因素提升合理

行政人員與參與決定者應瞭解並掌握影響作決定的情境因素，十種因素略述如後：容許作決定的時間、參與決定的人、受決定影響的人、適用資料、政策的程度、構思的變通方案、價值觀念的一致性、權責的來源、未來

決定所受的影響、決定效果的評估。因此，行政人員與參與決定者若瞭解這些情境因素，並善加掌握和運用，可提升決定的合理性。

(六) 瞭解並評估決定效能的指標

行政人員與參與決定者應能瞭解評估行政決定的指標，並加以運用，來檢視評估決定的品質和效能；較爲重要的如下：對問題或情境是否足夠瞭解？所選擇的方案是最好的嗎？有更好的可行方案嗎？是否評估所選擇可行方案的利弊得失？有哪些非預期的事務會影響最後的決定結果？其他相關人員影響決定的程度如何？如何改變這些參與人員的決定過程方式呢？抗拒此決定的程度如何？抗拒能夠防止或減少嗎？不能達成目標的原因何在？

第 **9** 章

幼兒園的公辦民營

　　教育部完成幼稚教育法修正草案，將「國幼班」納入法源，同時開放各級公立學校（不限小學）可附設幼稚園，公立幼稚園可實施公辦民營，並開始在北、中、南三區舉辦公聽會，徵詢各界意見（*中央日報，陳曼玲，93.10.10*）。在北、中、南三區公聽會的參與和討論，熱烈精彩可期，因為這議題關乎各位家長和幼童的權益。為了瞭解幼托園所公辦民營意涵，以下先敘述幼托園所公辦民營的源起，再論及實施方式和優缺點，最後根據上述分析，提出對我國幼托園所實施公辦民營政策時之啓示，供作參考。

第一節　🍎　國內外幼兒園實施公辦民營的背景原因

　　學校選擇權（school choice）和私有化（privatization）運動起源於學校廢除種族隔離政策，其用意是不再為學區教育築起一道高牆（Brown, 2002）。而公辦民營（private management of public school）理念源自於教育私有化和教育選擇權，教育選擇權的主要意義是可自由選擇就讀公立或私立學校，即是想打破公立學校壟斷教育市場的現象，讓私立學校也有和公立學校公平競爭的機會。而公辦民營的理念即是藉助私人企業的經營績效來經營管理公立學校，以解決公立學校績效不彰，學習成效低落的情形（Berube, 1994）。

　　學校實施公辦民營方式以特許學校較為人知曉，特許學校由教師、家長、社區人士或有關的團體或機構，和州或地方教育行政機關訂定契約而辦理的學校，特許合約的主要目的是改進學生的成就表現（Nathan, 1996）。

特許學校強調鬆綁與彈性，截至1998年9月爲止，全美共有1,050所學校採用特許合約（U. S. Department of Education, 1999）。且美國六個全國最大的民間學校經營管理企業集結成一個龐大的利益團體，以尋求更多的政府經費投入特許學校，並在州政府和聯邦層級上，修訂更友善的特許條款（Archer, 2004）。因此，美國公辦民營學校經營理念產生的背景來自於三方面：(一) 學校經營績效欠佳；(二) 減少科層體制束縛；(三) 民間興學呼聲日高（吳清山，民88）。

　　從上述可知，美國學校實施公辦民營方式的主要原因在於公立學校的績效不彰，學生學習成就低落，爲了解決此一情形，乃將私人企業的經營效率引入公立學校系統中，以期提升學校的效能，提高學生的學習水準，並增加家長與學生的教育選擇權，以免公立學校寡占教育市場。

　　在我國方面，早在日據時代，臺灣已有幼稚園、托兒所，但政府在教育政策上卻一直沒有受到應有的重視，民國70年幼稚教育法的公布，被稱爲臺灣幼兒教育發展的里程碑，但幼兒教育迄今仍未享有與國民教育同等的教育資源，在教育經費及人力分配上明顯偏低。而幼兒教育中，又因公私立幼教資源嚴重失衡，且未設置幼教專責單位，因此，教育部於民國82年公布以六年爲期的「發展與改進幼稚教育中程計畫」，以提升幼稚園師資教學專業知能、加強幼稚園環境與設備、推展幼稚園評鑑制度、擴大幼兒入學機會爲工作重點。而民間於民國83年4月10日教育改造大遊行之後，成立四一○教改聯盟，於民國86年3月公布了「幼教白皮書」，提出全面增修幼教法規、實施幼托合一、暢通進修管道、提高待遇福利與開放適性課程等建議。此外，行政院教育改革審議委員會在民國85年發表「教育改革總諮議報告書」，在幼兒教育改革部分，提出設置幼教專責單位，鼓勵從事幼教相關調查與研究、修訂「幼稚教育法」爲「幼兒教育法」、逐步實施普及與免費的幼兒教育、推展親職教育等保障幼教基本品質的六大建議。針對政府與民間的普及幼兒教育議題，並顧及目前臺灣幼教工作以私立爲主的現況，政府當投入更多經費，並藉民間的力量發展幼教事業（曾憲政、翁麗方，民88）。

　　近年來，政府行政單位在被要求精簡人事與經費的情況下，「結合民間資源」委託民間團體辦理提供福利服務之模式，逐被視爲「節省行政成本」、「提高民間參與」及「釋出公部門資源」的新興作爲。但伴隨而來的

政府監督、管理與民間之關係，以及民間團體接受委託之服務提供能量及品質等問題，需要加以面對（帥豫玲，民88）。在現今大多數學齡前幼兒已經進入幼托園所的情況下，私立園所又占絕大多數的幼教生態中，家長的沈重托育負擔、業者的托育成本高居不下，逐漸導致希望政府能夠對幼兒教育承擔更多的責任、投注更多的關心，甚至要求政府直接釋出資源交由民間運用的呼聲日益增高。在這股幼教發展趨勢中，「幼稚園公辦民營」是家長、幼教業者爭取政府釋放幼教資源的具體訴求之一（歐姿秀，民88）。

由上述可知，我國擬將幼托園所採公辦民營方式的主要背景是：因為政府教育經費有限，無法提供類似國民教育的普及教育，在節省經費成本和釋出公部門資源的考量下，故想結合民間的資源來投入幼兒教育，以滿足社會大眾對幼兒教育數量與品質的要求。比較美國和我國學校實施公辦民營的背景，美國是為了提升公立學校績效和學生學習的成果，並避免公立學校壟斷教育市場，增加家長的教育選擇權，而實施學校公辦民營；而我國則是為了節省政府的行政成本，減輕政府對幼兒教育經費的負擔，想結合民間資源進行幼托園所的公辦民營。其發展的背景是有所差異的，這背景差異的分析，可能對考慮是否實施公辦民營，或實施何種公辦民營方式，有相當程度的幫助。

第二節　幼兒園實施公辦民營的可能方式

由前述瞭解幼托園所公辦民營主要是結合政府和民間資源來經營管理幼托園所，但具體型式為何，從其實施的方式可清楚瞭解其意義。以下先列舉出幾位學者專家所認為的公辦民營型式，以便歸納整理。

吳清山（民88）認為目前公辦民營之可能模式，主要可分為下列四大類：

(一) 管理合約：由政府與業者訂定合約，雙方分別就經營目標、經費、時間、條件、內容、方式、學生評量等方面達成協議，業者依據合約來經營學校，政府負擔教育經費，業者擁有經營權，以經營能力來賺取管理費。

(二) 民間承包：由業者和政府訂定承包合約，業者定期向政府繳交承包

費，且自負盈虧。依參與程度又可分為三種：1. 政府提供土地和建築物，業者負責教學設備的採購、人員的聘僱及學校經營管理。2. 政府提供土地和建築物及教學設備，業者負責人員的聘僱和學校經營管理。3. 政府提供土地、建築物、教學設備、教學和行政人員，業者負責學校的經營管理。

（三）BOT：指建造、營運和轉移（Build, Operate & Transfer），即政府提供土地，業者負責興建，興建完成後，政府以特許方式交由業者經營一段時間，以作為其投資報酬，經營期滿後，業者將其資產和設備轉移給政府。

（四）特許學校（Charter School）：由一群教師或家長向政府請求建立一所公立學校或現有的公立學校中實施一種特定教育方案，其經費由政府所支持，但免受許多法規限制，本身可依其需要雇用和解聘人員與使用經費。

張明輝（民88）研究美國學校教育革新的計畫和策略，其中與公辦民營方式較為相關的有特許學校和「愛迪生計畫」（Edison Project, K-12），值得參考：

（一）愛迪生計畫：經由和州政府簽訂合約或成為委辦學校方式，建立其與夥伴學校的合作關係。在與夥伴學校的合作方式中，愛迪生計畫負責教育計畫、教學科技計畫的執行和學校的行政管理。另外，愛迪生計畫的夥伴學校採取分權的行政運作方式，每一項決定都必須對其執行成效負責。

（二）特許學校：契約中明訂有關學校教育計畫、預定達到的具體教育成果、學生評量的方式和學校行政管理等相關細節，經核定為特許學校後，學校的自主性提高，可免除實施許多州政府和地方學區規定的課程；惟特許學校須對其教育成效負完全責任，如未能達成預定績效，特許契約可能因而終止。特許學校的經費，由州政府直接撥付學校，不經由學區分配，免除中間層級的節制與干預，使能擁有更多的人事自主權與執行預算的裁量權。

李希揚（民88）所提教育事業民營化方式中，較適合幼托園所公辦民營的方式主要有四種：

（一）BOT制：由業者與政府訂立契約，業者投資參與教育建設之興建，興建完成後，由業者經營一段時間，作為投資報償，經營期滿後，業者將教育設施資產交還給政府來經營。其特點在引入民間充沛資金，與契約期滿的經營權移轉。

（二）外包制（contracting out）是業者與政府訂定契約，契約內容又可

細分爲三種形式：1. 管理合約：政府負責經費與行政資源（含人事權）的提供，民間承包者僅負責運用與管理，民間向政府收取管理費用，政府負責營虧。2. 民間承包：業者支付租金給政府以取得某一教育事業財產使用之經營權，並負責經費、人事的管理，且自負營虧。3. 個別事項外包：由業者提供「部分」教育事務的服務，如學生營養午餐、交通車、學校保全系統等，並向政府收取服務費用。業者擁有此單項事務之人事權，並自負營虧。

（三）公私合夥型（public-private partnership）：將業者引進教育事業中參與經營與管理，或由業者與政府共同來興辦教育事業。通常有兩種方式：1. 公辦法人公私合夥型：政府出資設立學校，但賦予學校法律上之獨立權力，使學校成爲一公法人，擁有人事、財政、經營上之自主、政府僅負監督之責。此方式必須釐清雙方之權利義務，較易起爭端，不易實施。2. 公私合營——衛星學校型：由業者提供土地、建築物給政府作爲公立學校用地及校舍，並負擔管理、維修、安全、設施、環境及保險之費用。政府則將此學區劃爲獨特學區，使該企業員工之子女均能進入該校就讀，並提供教師、課程、教材教具、行政支援、與其他必須用品及費用。此種方式較適合在大企業或特定區域中來實施，不適合一般學校。

（四）特許權型：透過特別立法經由特許權的方式，使教育事業之經營得不受現行法規之限制，使該教育事業具有特殊型態而在某些特定項目上，不同於其他教育事業。此一模式較適用於教育事業的實驗性措施上。

綜合上列各家的敘述，歸納整理出幼托園所可實施之公辦民營方式大致可分四種：BOT合約，管理合約，承包合約，特許合約，茲將四種幼托園所公辦民營的方式，敘述如下，並依其特點繪製成表9-1。

一、BOT合約

由業者與政府訂立BOT契約，契約中明訂土地是否由政府提供或由業者投資購地，業者集資興建幼托園所，興建完成後，由業者經營幼托園所一段時間，作爲業者的投資報償，經營期滿後，業者將幼托園所設施和資產移轉回由政府來經營。此種方式較符合適合政府缺乏充足的經費，但民間資金又願意投入興建幼托園所，且有豐沛的利潤足以回收投入的資金。目前國內的高鐵興建，即運用此方式。

二、管理合約

由政府與業者訂定管理合約，業者向政府收取經營幼托園所的管理費，業者依據管理合約來經營管理幼托園所，政府負擔幼托園所經費，業者擁有幼托園所的經營權。此種方式較適合政府的財政經費足以負擔業者的經營管理費。

三、承包合約

由政府和業者訂定承包合約，政府定期向業者收取經營幼托園所的承包費，業者需自負幼兒園所的盈虧。而承包的程度又可分為三種：1. 由政府提供幼兒園所的土地和建築物，而業者負責採購幼兒園所的教學設備、聘僱人員及經營管理幼托園所。2. 由政府提供幼托園所的土地、建築物及教學設備，由業者負責聘僱人員和經營管理幼托園所。3. 由政府提供幼托園所的土地、建築物和教學設備，與聘僱教學和行政人員，由業者負責經營管理幼托園所。此種方式較適合幼托園所的盈餘較為豐沛的情形，業者才有利潤願意來承包經營幼托園所。依據臺北市市有幼稚園委託民間經營管理實施要點（民9212.16訂定）和新北市政府委託民間辦理幼稚園實施辦法（民87.12.17發布）中，目前新北市公辦民營乃採上述第二種方式辦理，業者付土地和建物之租金作權利金，若有盈餘則將盈餘之10%付給政府做為回饋金。

四、特許合約

由具有教育理念或想進行實驗教學的教師或家長，由他們擬出教育方案或計畫，向政府申請經營管理公立幼托園所，其經費由政府直接撥付給幼托園所，幼托園所的自主性提高，可免除政府的許多規定，並擁有人事權和經費使用權，但須對幼托園所的教育成效負全責，如未能達成預定績效，特許合約隨時終止，政府收回幼托園所的經營權。此方式較適合幼托園所進行實驗教學計畫或教育方案，較不著重幼托園所是否能有盈餘，讓獲得特許合約的教師或家長擁有幼托園所的經營權與享有較多特許的自主權，得以進行實驗教育計畫。

表9-1 幼兒園公辦民營的四種可行方式

模式	土地	建物與設備	經營費用	人事權	付費	備註
BOT合約	政府或業者	業者	業者	業者	無	約滿轉移
管理合約	政府	政府	政府	政府或業者	政府付管理費給業者	
承包合約	政府	政府或業者	業者	政府或業者	業者付承包費給政府	依契約而定
特許合約	政府	政府	政府	業者	無	

資料來源：作者根據內文歸納自行整理。

第三節 幼兒園實施公辦民營的優缺點

上述將幼兒園公辦民營的四種可能方式加以討論後，以下將探析幼兒園實施公辦民營的優缺點。

蓋浙生（民87）認為公辦民營政策在教育經費短絀下，是一項可以考慮「開源」的措施，其有五項優點：(一) 可節省政府在教育經費上的開支，進一步達到開源的效果。(二) 可將企業化的經營理念引入校園，帶動教育的改革。(三) 可刺激現存公私立學校，提升教育品質。(四) 可鼓勵社會大眾及民間團體共同關心下一代教育問題。(五) 可解決私人興學時，土地取得不易的困難。但他也承認「公辦民營」可能會呈現下列質疑問題：(一) 國民教育以培養五育並重的健全國民為目標，民間企業踏入校園之後，為求短暫顯著績效，以提升學生學業成績或升學率來表現經營的成績，恐有違教育的本質。(二) 教育人力資源的培育，不能夠在短暫時期內檢視，如人格與道德教育等情意教育，可否交由企業人員規劃、執行，都必須長時間的追蹤觀察，才能瞭解與改進。

吳清山（民88）認為公辦民營學校的優點有五項：(一) 績效性：在不增加政府的教育經費下，使公立學校辦得像私立學校一樣有績效。(二) 競爭

力：不必受政府過多法規的限制，其經營較為自由和靈活，才能表現更好的績效，績效提高後，競爭力也隨之提高。(三) 革新性：其經營方式本身就具有革新意味，較容易產生新的教學方案。(四) 解放性：可打破現行的窠臼，試圖建立一種新的學校營運方式和學校文化。(五) 彈性化：學校可依據社會變遷、家長和學生需求，就現有制度、課程和教學做一調整，充分展現適應性和彈性。缺點有二項：(一) 造成另一種教育機會不公平：私人企業重視顯而易見之成效，較不願投資教育事業。(二) 利潤獲得重於教育目標達成：過於重視利潤，忽略教育目標。

曾憲政和翁麗方（民88）認為幼稚園公辦民營的經營方式，可兼顧公辦與民營的優點，提升幼教成效，降低幼教成本，保障教育品質，提供幼教多元自由發展的空間，是雙贏的可行方案；此外，成立財團法人，土地和房舍需法人化，園舍需通過嚴格的公眾使用建築物審核標準，取得學校建築使用執照等條件，不但解決私立幼稚園立案困難的問題，也提供私立業者公平競爭環境的必要條件。

臺北市公辦民營三民托兒所所長歐姿秀（民88）認為公辦民營業者享有的局部經營優勢為：(一) 享有比較低廉的場地租金、開辦經費的補助，比起一般私立必須負擔都會地區高居不下的房屋租金、及前期的開辦經費，確實減輕不少經營上財務壓力。(二) 公辦民營托兒所屬於政府委託辦理的特性，在配合政府推動托育相關政策上，自然是責無旁貸，有利於政府發揮整體的規劃效果。例如：低收入戶子女免費就托、危機家庭子女安置、特殊需要幼兒優先就托等。但也有其沈重的包袱，公辦民營托兒所一樣必須努力準備各項設備器具的耗損折舊、人員退休撫卹等基金；對於工作人員的各項進修福利，無法完全比照公立托兒所。

臺北市社會局兒童及婦女福利科科長帥豫玲（民88）認為籌設公辦民營托兒所之優點為：結合民間資源以減輕政府在福利服務上的經費成本外，亦期望補足公部門因法規限制而無法提供滿足特定族群的需求，就托育服務而言，公辦民營托兒所除了一般兒童的托育服務外，配合托育政策提供弱勢或特殊兒童、收托2歲以下幼兒的多元化托育服務，更扮演托育服務示範和宣導的參考目標。此外，在專業人員的比例上，或硬體設施設備管理上，皆符合相關法規的要求，在托育機構評鑑過程中，公辦民營托兒所亦都能獲得績

優的評選。但其缺點是：在收費標準需依照主管行政機關核定的標準來經營托兒所的條件下，公辦民營托兒所自負盈虧的壓力並不小於私立托育機構，且又需面對市民對收費標準的質疑。

新北市教育局社教課課長江思瑩（民88）認為幼稚園公辦民營的效益主要有四項：(一) 顧及幼兒受教權益；(二) 充分整合政府和民間資源的經濟效益；(三) 符合雙薪家庭需求的社會效益；(四) 提高政府機關服務民眾的行政效益。但在實施幼稚園公辦民營時，遭遇的困難有下列三項：(一) 委託設置辦法周延及適合性尚待評估；(二) 獲利空間有限，業者投資經營意願較弱；(三) 委辦行政程序繁複，可能影響幼稚園開學招生時機。

許素梅（民92）提出國民中小學實施公辦民營可能遭遇到之困境，也頗具參考價值，可作為幼托園所公辦民營推動時之參考：(一) 法律規章限制，阻礙模式發展；(二) 欠缺足夠誘因，形成民營障礙；(三) 評鑑尚未建立，缺乏監控機制；(四) 民營追逐利潤，忽略教育理念；(五) 勢力不當介入，影響教育環境。

陳麗珠（民90）在論及高等教育若欲採公辦民營方式，認為應審慎為之，其理由仍具參考價值：教育事業與一般的公共事業最大不同，應該在於其非營利性，因為教育的利益除了由受教者本身所享有外，亦有一部分的公共利益「外溢」到社會中，為全體民眾所享有。……公辦民營的經營模式，僅限於有營利性質，並且可以恆常獲利者，高等教育既不適合，又不應該以公辦民營的方式行之，至少應該審慎為之。

Janice（1996）認為選擇公辦民營業者的過程，即充滿政治味，在1995年時，15所公辦民營學校開始營運，在短期上雖可收到立即的效果，但長期而言，已破壞既存的公立學校之地方控制模式，破壞社區的組織架構。

Brown（2002）對公辦民營學校持反對意見，有如下理由：(一) 沒有其他配套措施，光靠學校管理型態的改變，不足以使學校品質改善；(二) 公辦民營學校的利潤，不足以誘使更多私人企業投入；(三) 私人公司沒有機會經營績效良好的學校，限縮了其經營管理市場；(四) 績效不彰學校的家長，較反對學校採公辦民營方式；(五) 學區的教育行政機關人員會考量公辦民營方式是否會造成自己職位不保；(六) 教師工會的反對；(七) 富有的學區不會採用公辦民營方式。

　　而國外實施之成效，亦可做歸納優缺點之參考：1990年佛羅里達州Dade County地區的公立學校和教育替代方案公司（Education Alternatives Incorporated, EAI）簽訂一份為期5年的學校公辦民營契約，EAI的主要目標是維持師生比在12：1，提供教師在職進修，改善學生運用電腦的能力，募籌集教育基金，契約期滿後發現，學生出席率和家長參與校務程度提高，以及學校成員態度的轉變，但對學生的學業成績並無改善（Edward, 1997）。

　　從1992年8月到1996年2月，EAI公司提供馬里蘭州的Baltimore學區9所學校公辦民營的管理服務，實施3年半時間後，學區中止公辦民營契約（5年期），由馬里蘭大學Baltimore教育研究中心進行研究，於1995年選擇7所公辦民營學校和7所一般學校進行對照比較，至1996年完成研究。結果顯示公辦民營學校的教師花較多的時間和學生在一起，且教師的流動率並無變化，公辦民營學校在班級人數上有增加的趨勢，課程上減少藝術、音樂和體育，在學業成就和入學率並無多大的改變（Leak & William, 1997）。

　　1993年明尼蘇達州的Minneapolis地區的學區辦公室和公共策略集團（Public Strategies Group, PSG）簽訂一份3年的公辦民營契約，但經一年半的實施後，學區終止契約，學區已付給PSG 66%的酬勞，PSG達成使輟學率下降，出席率上升，增加家長的參與，但卻無法改善學生的測驗成績，且無法和教師公會完成訂定教師聘約（Jackson, 1997）。

　　1994年康乃迪克州Hartford地方教育行政機關與EAI簽訂一份5年契約來管理學區學校，經一年半的實施後，地方教育行政機關中止此項合約，EAI宣稱已盡責經營管理32所學校，花費2,000萬美元在教育科技上和160萬美元在硬體改善上，爭議來自EAI所提之預算案中包含削減教學人力，地方教育行政機關宣稱EAI無法執行合約上的規定，而EAI則宣稱是因學區沒有依據合約付款而終止契約（Cazares, 1997）。

　　綜上所述，各學者專家和實務工作者對幼兒園實施公辦民營的意見及相關研究，茲將其可能具有的優缺點，歸納整理如下：

一、幼兒園實施公辦民營，可能具有下列幾項優點

(一) 減少政府教育經費的花費

引入民間充沛的資源到幼教領域中，一方面可以呼應民間對幼教領域

重視和設立幼兒園的呼聲之外，亦可減輕政府在幼教和托育服務上的經費成本，節省政府在教育經費上的支出。

(二) 協助業者解決立案的困難

業者若要設立幼兒園，先要成立財團法人，且土地和房舍需法人化，園舍需通過嚴格的建築物審核標準，取得園舍建築使用執照，公辦民營方式不但解決幼兒園立案的困難，並且在簽訂承包合約或管理合約後，即可取得經營權。

(三) 提高幼兒園經營的成效

公辦民營方式可能提高幼兒的就學率和出席率，增加家長的參與程度，可刺激現存公私立幼兒園，提升教育品質，在幼兒園教師和保育專業人員的比例上，或硬體設施設備管理上，皆要求符合相關法規，以期托育機構評鑑過程中，公辦民營的幼兒園都能獲得較佳的評等。

(四) 配合政府兒童托育的政策

公辦民營幼兒園除了一般兒童的托育服務外，也能配合政府的托育政策提供弱勢或特殊兒童、收托2歲以下幼兒的多元化托育服務，成為托育服務的示範和宣導的參考對象。

(五) 園所獲得較多自主的空間

公辦民營的幼兒園可依據社會變遷、家長和幼童的需求，適當地調整課程和教學目標和方法，透過法令的鬆綁和專業自主，充分展現幼兒園的自主性和彈性，以提高幼兒園的經營績效。

二、幼兒園實施公辦民營，可能具有下列缺點

(一) 園所過度重績效而忽略教育目標

幼兒園教育以培養健康快樂的幼兒為目標，民間企業介入經營後，為求迅速且顯著的績效，過度重視幼兒智育表現來展現經營的績效，如減少藝術、音樂和體育的課程，來加強智育課程，有違教育本質。況且幼兒各方面的成長無法在短期內檢視，如人格、道德和情意都需長期薰陶。

(二) 業者重視高獲利而減低投資意願

公辦民營幼兒園須負擔設備器材的耗損折舊和幼教人員的退休撫卹等，但對幼教人員的各項進修福利，卻無法比照公立幼兒園，且收費標準需

依照主管行政機關核定的標準來收取，若無利潤可圖，較不願投資幼兒園的公辦民營事業。

(三) 園所收費標準高而受到民眾質疑

前述公辦民營幼兒園的收費標準雖受到政府主管機關的約束，但其收費仍高於一般公立幼兒園，使得民眾對於公辦民營幼兒園的收費標準感到懷疑，又民意機構近來有意調高公辦民營幼兒園的收費標準，以期能平衡政府的預算和收支，如此一來，又必須面對民眾更大的質疑聲浪，但違背原先構想設計之美意。

(四) 法令和程序繁複而阻礙園所運作

公辦民營幼兒園的委辦行政程序繁複，可能影響開學招生時機。同時，公辦民營幼兒園委託設置辦法的周延性及適當性，也受到質疑，可能有運用特權不當介入運作的機會；此外，相關法律規章限制多，阻礙公辦民營模式的發展。

(五) 評鑑機制未建立而品質缺乏監控

對於公辦民營幼兒園的評鑑機制向未建立，或建立得不夠完備，導致對評鑑結果有所懷疑，因此，對於幼兒園公辦民營的成效缺乏監控，容易讓業者有機可趁，甚至無法察覺經營不善的公辦民營業者。甚至，教育行政機關和公辦民營業者於評鑑的標準和結果看法有所爭議，這些評鑑機制的相關事宜，都應事先予以訂定清楚。

第四節　對我國幼兒園實施公辦民營之啓示

以下列綜合學者專家對幼兒園公辦民營的意見，以及前面論及之幼兒園公辦民營的背景、方式和優缺點，加以考量，對我國幼兒園實施公辦民營有下列幾點啓示：

一、修訂完善法令並保留自主空間

應修訂較為完善的幼兒園公辦民營相關法令，在法令中應給予幼兒園公辦民營業者適度的自主彈性空間，這自主彈性的空間，關係著公辦民營方式的成效，且能提高民間業者參與的意願。如王如哲（民91）從美國公辦民營

學校的經驗分析後，即指出確保公辦民營學校的自主性立法條文強弱，對其成效影響甚鉅。蓋浙生（民87）認為修訂法令，能提高民間配合公辦民營的意願。

二、建立監督機制並控制園所品質

在實施幼兒園公辦民營時，政府應做好其審核和監督的角色，應設立審議委員會來負責審理業者所提出之幼兒園經營管理計畫，同時也應予以監督和評鑑，以做為獎勵或終止合約的依據。吳清山（民88）認為應成立「公辦民營審議委員會」，負責申請案審理。同樣地，主婦聯盟前董事長李美玲（民88）也認為在幼兒園公辦民營的制度下，政府應扮演審核和監督角色，最好設立評審委員會，評審民間機構提出的幼兒園辦學理念、園務發展計畫、課程與教學設計等經營管理企畫案；此外，政府也應負責監督與考核，建立客觀有效的評鑑制度，以作為監督與考核的基準；同時，園方亦可以此評鑑標準提升辦學的品質。

三、依據地區需求並慎選民營方式

前面已討論幼兒園公辦民營的方式和優缺點，瞭解各種公辦民營方式有其較適宜的情境，如：BOT方式較適合政府財政困窘，業者資金充沛且認為有利潤，有意願投入資金參與幼兒園的興建、經營。管理合約式較適合將閒置之幼兒園或績效不佳的幼兒園，交由公辦民營業者來經營管理，但政府需支付一筆管理費給業者。承包合約式則適合業者認為承包經營幼兒園有相當的利潤盈餘，來參與經營管理，業者需支付一筆費用給政府。特許合約式較適合由教師或家長來進行實驗教學或教育方案，此種方式較無利潤上的考量，只維持收支平衡即可。因此，可依地方需求和業者意願，政府和業者共同約定公辦民營方式。如許素梅（民92）認為可擇定優先措施，權宜調整模式。

四、考量家長負擔並兼顧教師權利

應考慮家長的經濟負擔，倘若公辦民營的幼兒園收費高於公立幼兒園，政府宜考慮給予家長補助；也應顧及公立幼兒園改為公辦民營時，宜給予教師相同的待遇與福利，若是新開辦學校，則應事先在招聘教師時，詳細說明清楚公辦民營園所教師的權利和義務。同時，加強公辦民營理念的宣

導和優缺點的溝通，以減少民眾和幼兒園教師的抗拒和質疑。如吳清山（民88）認為應加強公辦民營宣導與溝通，以減少學校人員抗拒；同時發行公辦民營說帖，尋求財主、人事、議會單位支持。此外，蓋浙生（民87）認為公辦民營與公校公營的教職員待遇應相同。

五、給予合理盈餘並獎勵營運績優

不管實施BOT、管理合約、承包合約或特許合約中的哪一種公辦民營方式，都應給予業者合理的利潤空間，若無利潤可言，業者則便會缺乏投入幼兒園公辦民營參與的意願。倘若，經營績效高，合乎政府標準，應給予獎勵或獎金，以促使其願意繼續經營管理幼兒園。如許素梅（民92）認為實施彈性獎勵措施，才能保障業者基本權益。新北市私立三暉幼稚園的園長陳麗霞（民88）也認為目前政府規定的收費標準明顯偏低（比起一般私立幼兒園），經營不易，人事經費負擔沈重，若再加上退休撫卹制度，幾乎無法經營，未來政府若欲吸引更多有理想、有能力、具專業素養，有志從事幼教工作的個人或團體投入，有些條件應該再放寬，讓受托單位有較大的空間和彈性，成效將會更好。

六、明訂權利義務並敘明評鑑標準

教育行政機關和私人企業雙方都應訂定契約，並在契約中明訂雙方的權利和義務，且將日後評鑑的標準或指標訂定清楚，以免日後產生問題，對簿公堂。如Doughty（1997）綜合國外學校公辦民營之實施情形後，認為公辦民營方式要成功，需要下列因素：(一) 行政機關和私人公司雙方需將雙方的權利和責任明訂清楚；(二) 雙方將評鑑的方式和標準也要訂定在契約中。

（本文係由作者於民國94年4月22日屏東美和技術學院主辦之「南臺灣2005幼兒保育學術研討會」所發表的論文改寫而成）

第**10**章　幼兒園的危機管理

　　本章分爲四節，第一節爲幼兒園危機管理的意涵，第二節爲幼兒園危機管理的模式，第三節爲幼兒園危機管理的原則，第四節爲幼兒園運用危機管理時面對媒體採訪的因應措施。

第一節　幼兒園危機管理的意涵

　　以下將對於危機、危機的特性、校園危機的意義、校園危機的種類和危機管理的意義的相關研究情形，整理如下，略作初步文獻探討。

（一）危機的意義

以下先將學者專家對危機的看法列舉如下，研究者最後再加以綜合歸納出危機的意義。

　　黃新福（民81）認爲危機對組織生存具有威脅的情境或事件，在緊急狀況下，決策者需在有限的時間和資訊下做出決定。楊淑娟（民82）認爲危機發生在無預警的情況下，干擾組織的正常運作，導致財產或名譽損失或傷亡事件，決策者必須在有限的時間和資訊下，迅速做決定以降低損失。周蕙蘋（民84）認爲危機是一種對組織生存具立即且嚴重威脅的情境或事件，而此情境或事件是由組織內外環境因素所引起。張蒼波（民85）指出危機是在無充分預警下突然發生，可能造成生命財產重大損失，迫使決策者必須於短時間內決策因應，採取適當措施以降低損失的事件。

　　顏秀如（民86）認爲危機是一種對組織目標構成嚴重威脅的情境或事件，使得領導者在不確定的情境下，並在有限的時間內作出適當的決定，以

使危機對組織產生正面的影響。秦夢群（民87）認為危機是在極不穩定的狀況和急迫時間壓力下，必須做出立即決定的情勢。黃富源和侯友宜（民91）認為危機包括危險和機會兩層意義，具有未充分預警、不確定、可能產生負面效果和時間急迫等特性。

　　Dutton（1986）認為危機相當於威脅或逆境，意味著個人或團體若不採取補救措施，則將會產生對個人或團體的負面影響。Fink（1986）認為危機是一種時間和情況都不穩定的情境，需要做出急迫的決定，其結果不是變壞，就是有轉機，兩者機率占一半。Nudell和Antokol（1988）認為危機是一種讓人產生恐懼和時間緊迫的情境，而恐懼的原因來自組織成員覺得無法獲得想要的資源、無法達成目標，或無法維護他們重視的價值。Meyer和Holusha（1988）認為危機是組織陷於一種危險的環境中，決策者無法有效控制情境，且需在有限時間內選擇有限的替代方案。Brooth（1993）認為危機是個人、團體或組織所遭遇的一種情境，此情境是由於環境突然改變所產生的壓力，使得他們無法運用例行程序來處理。

　　綜合上述各學者專家的意見，將危機的意義定義如下：

　　　　一種突發的情境或事件，它會威脅和干擾組織運作，迫使決
　　策者必須在有限時間和資源下，迅速做出決定，否則將會對組織
　　或成員造成生命、財產或名譽的損害。

(二) 危機的特性
　　以下先將學者專家對危機的特性之看法列舉如下，研究者最後再加以綜合歸納出危機的特性。

　　孫本初（民86）認為危機的特性包括危機的形成具有階段性，危機本身具有威脅性與不確定性，尤其在時間上具有緊迫性。蔡崇振（民86）認為危機具有下列特性：1. 嚴重危害組織的主要目標，處理不當可能造成生命財產的損失，名譽信用的傷害，公信力的破壞，導致組織的解體；2. 反應的時間有限，決策者必須在短時間內，作出正確決定，否則事態擴大，損害益深；3. 具突發性且不確定性高，危機狀況常有混亂複雜而又有時間壓力。

　　朱愛群（民91）歸納出危機的特性有八：1. 具有威脅性；2. 具有時間緊迫性；3. 具有不確定性；4. 具有階段性；5. 具有複雜性；6. 具有雙面性；7. 具有新聞性；8. 具壓力性。徐士雲（民91）歸納出危機的特質有八項：1. 突發性；2. 急迫性；3. 威脅性；4. 不穩定性；5. 階段性；6. 資源薄弱性；7. 結果關鍵性；8. 結果妥協性。Krauss（1998）認為危機的主要特性有四：1. 緊急性（urgency）；2. 模糊性（ambiguity）；3. 複雜性（complexity）；4. 不確定性（uncertainty）。

　　綜合上述各學者專家的意見及前述歸納之危機定義，將危機的特性敘述如下：

　　1. **威脅性**：此突發的情境或事件，會威脅組織或組織成員個人的生命、財產或名譽的損害。

　　2. **急迫性**：此突發的情境或事件需在時間短促下要做出回應，以降低或減少其對組織與成員的生命、財產或名譽的傷害。

　　3. **不確定性**：此突發的情境或事件，因為時間短促，容易對整個情況模糊和不確定，影響對此情境或事件的判斷。

　　4. **突發性**：此突發的情境或事件，發生在無預警的情況下，有突如其來的錯愕、驚嚇等感覺。

　　5. **干擾性**：此突發的情境或事件，需要組織成員立即處理，花費大量的人力和時間，會干擾組織的正常運作。

　　6. **資源有限性**：為瞭解和處理此突發的情境或事件，組織除了花費大量的人力和時間外，也必須投入其他資源，但組織的資源並非無限制地可使用，組織所掌握與可運用的資源是有限的。

　　(三) 校園危機的定義

　　以下先將學者專家對校園危機的意義之看法，列舉如下，研究者最後再加以綜合歸納出校園危機的意義。

　　紀俊臣（民86）認為校園危機是因校園內外之重大事件，導致學校組織功能運作失去正常的情況。張德聰（民86）認為校園危機是發生在校園內外，與學校師生相關的緊急事務，包括學生自殺事件、學生交通事故。黃德祥（民86）認為校園危機是指校園內外發生突發意外或緊急事件，對於學校

師生身心造成不安、壓力、傷害甚至死亡，並且干擾學校正常運作，或學校現有人力與資源難以立即解決者。唐璽惠（民87）認為凡是發生於校園內外與全部師生有關的事件或情境，該事件或情境對其成員身心會造成不安、壓力或傷害，並以校園現有的人力與資源，難以立即獲得解決者，均可稱之為校園危機。

許龍君（民87）認為就學校整體而言，當校園遭遇難關而無法適當處理時，學校運用過去有效的處理模式與方法，仍然無法解決，以致校園所受的傷害持續存在或擴大，而感到緊張與焦慮不斷的提升，陷於束手無策的無力感狀態；就成員個體性而言，教職員工生個人遭遇難關無法適當處理時，致使個體可能遭遇重大傷害與變故，亦屬校園危機。

林志成（民88）認為學校危機可分為校園危機和非校園內危機，學校危機是指因性騷擾、學生安全、重大體罰、重大衝突與偶發事件等，而使學校相關人員產生急迫的危機感、威脅感和恐懼感，進一步導致學校聲譽受損、發展受阻，嚴重影響學生學習。

Harris（1990）認為校園危機是學校一種暫時失去正常運作的狀況，學校成員常伴隨著強烈的情緒和反應。Shrestha（1990）認為校園危機是學校或學校成員個人的一種經驗，且容易造成學校成員身心創傷的難忘經驗。Everett（1991）認為校園危機是一個不穩定或突然改變現況的情形，會擾亂學校的正常運作，學校成員需立即注意並加以解決。Jones和Paterson（1992）認為校園危機是突發且無法預期的事件，可能會造成嚴重的傷亡，且會對學校造成深遠的負面影響。Seltzer（1992）認為校園危機是突發的緊急情況，亦即校園發生不尋常的事情，且會引起學校成員異常的生理和心理反應。

Gilliam（1993）認為校園危機是學生的異常行為，需要學校立即予以注意，以維護老師和學生的安全。Munro和Wellington（1993）認為校園危機是指會影響到學校中大部分成員的傷亡事件，需要迅速且有計畫地加以回應。Batsis（1994）認為校園危機會阻礙學校的正常運作，造成校園混亂的情形。McDowell（1995）認為校園危機是突發且不可預期的事件，可能帶來嚴重傷亡，對學校產生負面影響。Gullatt和Long（1996）認為校園危機泛指擾亂或改變學校正常運作的事件。Decker（1997）認為校園危機是指所有

擾亂和改變學校正常運作的事件。Wheeler（2002）認為校園危機是學校遭逢無預警的事件，並對校園造成負面影響，也可能帶來嚴重傷亡。

綜合上述各學者專家的意見及前述危機之定義，將校園危機定義如下：

> 一種突發情境或事件，會威脅和干擾學校運作，迫使學校教育人員必須在有限時間和資源下，迅速做出決定，否則將會對學校與學校成員造成生命、財產或名譽的損害。

(四) 校園危機的分類

以下先將學者專家對校園危機分類的看法列舉如下，研究者最後再加以綜合歸納出校園危機的分類。

內政部（民68）將意外事件處理分為：1. 外傷；2. 燙傷、燒傷、灼傷、曬傷；3. 扭傷、骨折、頭部外傷；4. 淹溺；5. 五官疾患：異物進入眼睛或耳鼻、流鼻血、誤吞異物、螫傷、咬傷、化學藥品、煤氣、食物中毒。

鄭英敏（民85）將校園危機事件分為三類：1. 自然災害；2. 意外事故；3. 犯罪事件。陳芳雄（民86）將校園危機分為七類：1. 自然災害；2. 工地安全、老舊設備、校舍、教學設備；3. 師生衝突；4. 學生問題；5. 意外事件；6. 不良分子入侵；7. 毒品。

陳寶山（民86）認為校園危機可分為五大類：1. 人的因素：歹徒外力侵入、親子、同儕或師生關係不良；2. 事的因素：方法不當、過程疏忽、忽略安全；3. 時的因素：地震、颱風、水災、火災、早晨、午間、課間、放學；4. 地的因素：遊戲場所、工作場所、運動場所、校園偏僻和隱蔽處，如廁所、地下室、樓梯間；5. 物的因素：建物老舊、年久失修、器材用具銹腐以及樹枝、落葉、盆景等。

張德聰（民86）將校園危機事件分為二大類：1. 與學生有關：包括學生自我傷害、學生暴力、學生意外、高危險群學生；2. 與教師有關：對教師暴力事件。

許龍君（民87）將校園危機事件分為十一類：1. 自然災害、意外和偶發事件；2. 校園暴力；3. 兩性問題；4. 性騷擾和性侵害；5. 毒品入侵；6. 精

神疾病學生的困擾；7. 自我傷害；8. 偷竊行為；9. 打工和直銷問題；10. 學生抗爭事件；11. 其他：逃學、輟學、校園行騙、電腦危機、下毒、歹徒綁架、飆車殺人和怪異事件。

　　侯世昌和蔡文傑（民87）將校園危機事件分為十七類：1. 校園各項災害；2. 校園偷竊；3. 學生綁架；4. 食物中毒；5. 校園爆裂物；6. 陳情抗議；7. 師生衝突；8. 設備的危機；9. 專科教室的隱憂；10. 校外教學的危險；11. 交通的危險；12. 運動傷害；13. 性侵害；14. 暴力傷害；15. 恐嚇勒索；16. 濫用藥物；17. 自我傷害。

　　唐璽惠（民87）將校園危機事件分為十類：1. 天然災害；2. 公共安全；3. 師生衝突；4. 校園暴力；5. 毒品入侵；6. 校園自我傷害；7. 偶發事件；8. 學生違規事件；9. 外力介入；10. 其他。

　　林永楨和林素卿（民90）將校園危機分為三大類：1. 校園偏差行為因素；2. 環境體制因素；3. 突發因素。教育部（民91）將校園危機事件分為五類：1. 學生意外事件；2. 校園安全維護事件；3. 學生暴力與偏差行為；4. 輔導與管教衝突事件；5. 少年及兒童保護案例。Caylor（1991）將校園危機事件分為九類：1. 師生受傷；2. 火災；3. 炸彈威脅；4. 爆炸；5. 暴風雨；6. 有毒金屬；7. 歹徒入侵；8. 交通意外；9. 學校廢止。

　　Everett（1991）將校園危機事件分為四大類：1. 天然災害：洪水、地震、龍捲風；2. 環境災害：化學物品外洩、工廠爆炸；3. 學校意外事件：綁架、自殺、殺人、交通事故、槍械氾濫、嚴重疾病；4. 特殊狀況：暴力或性虐待、吸毒、懷孕、家庭問題。

　　Herman（1994）將校園危機分為五類：1. 個人危機（individual-related crises），包括中輟生、性騷擾、不適任教師等；2. 團體危機（group-related crises），包括改變學區引起家長不滿、教師工會的抗爭等；3. 財務危機（finance-related crises），包括違法挪用校務基金、補助和預算被突然取消等；4. 人事處理危機（administrator's personal crises），包括教職員的降職處分、解聘等；5. 重大危難（major disasters），包括交通事故、火災、颶風、槍枝氾濫和暴力事件等。

　　綜合上述各學者專家的意見，將幼托園所校園危機的分類整以歸納如下：

1. 天然災害：地震、風災、水災、火災等災害。

2. 意外事故：工地意外、交通事故和設備安全問題。

3. 傳染疾病：腸病毒、SARS、流行性感冒等。

4. 犯罪事件：歹徒入侵校園、性騷擾、性侵害、偷竊、下毒、綁架、勒索、校園爆裂物。

5. 學校行政問題：園所財務困難、教職員工捲款離職、評鑑結果差、剝削教職員工、不當解聘教職員工。

6. 教師問題：親師關係不良、不適任教師、教師抗爭、教師間不和睦。

7. 學生問題：打架、自殘（殺）、攻擊行為、逃（輟）學。

8. 家長問題：家長抗爭、家庭問題、惡意中傷學校。

(五) 危機管理的意義

以下先將學者專家對危機管理意義之看法，列舉如下，研究者最後再加以綜合歸納出危機管理的意義。

何俊青（民86）認為危機管理是指一種有計畫的、連續的及動態的管理過程；亦即政府或組織，針對潛在或當前的危機，於事前、事中或事後，利用科學方法，採取一連串的因應措施，且藉由資訊回饋，不斷修正調適，有效預防、處理與化解危機的歷程。

顏秀如（民86）認為危機管理是組織為避免或降低危機情境所帶來的損害，所進行的管理措施或因應策略；換言之，是指組織從平時的危機準備到危機復原的一個不斷學習、適應的連續性過程。

朱元祥（民89）認為危機管理是一種系統化的問題解決策略，根據理性思考模式，使危機不必然發生，或將損害減至最低的管理策略。徐士雲（民91）認為危機管理是組織為了預防危機與消弭危機而有系統的採取一連串措施，包括危機前的預防準備，以及危機後的處理。李明芳（民92）認為危機管理是從事前的防範到危機發生時的應變和事後的復原與改進，是一種持續性的動態管理過程，且需因地制宜；因此，組織應依需求訂定危機管理計畫，並常設危機管理小組。

Fink（1986）認為組織為了防止危機發生或消弭危機所帶來的風險和疑

慮，所採取的任何措施都是危機管理；換言之，危機管理就是一種應變準備。Harris（1990）認為危機管理是對危機事件的計畫和回應，控制危機狀況，以減低對人員身心的傷害。Booth（1993）認為組織準備一套可行的危機管理計畫，更從組織環境、制度、文化和行為層面來進行組織重新設計的工作，從基本層面來防止危機的發生。

綜合上述各學者專家的意見，將危機管理的意義，定義如下：

危機管理是組織為避免或降低危機情境所帶來的生命、財產或名譽損害，所進行的策略管理計畫，從危機前的預防與準備，到危機中的因應與處理，乃至危機後的復原與改進之連續性、動態性和回饋性的過程。

依上述定義將「校園危機管理」的意義訂為：

校園危機管理是學校為避免或降低危機情境所帶來的生命、財產或名譽損害，所進行的策略管理計畫，從危機前的預防與準備，到危機中的因應與處理，乃至危機後的復原與改進之連續性、動態性和回饋性的過程。

第二節　幼兒園危機管理的模式

Nunamaker、Weber和Chen（1989）認為危機管理主要有三階段：(一) 危機發生前的活動：包括危機規劃、訓練、計畫書、感應系統，以達到預測或避免危機發生；(二) 危機發生時的活動：包括危機管理小組、危機情境監測、危機資源管理、配備位置規劃，以期持續追蹤危機情形，以作為決策之參考；(三) 危機發生後的活動：包括檢討、調整原來計畫，以期達到修正之參考。

高義展（民93）認為危機管理有三步驟：(一) 事前預防：亦即事前處理，防患於未然，「居安思危，有備無患」。舉凡危機處理計畫之訂定、危機小組織組成、師生知能之增進、觀念的宣導、建立共事、巡邏箱之設置、

巡邏網之建立、門禁管理、器材安全的維修、資料檔案的建立、建立良好的學校公共關係、熟悉法令流程、消除安全死角等。(二) 事中處理：把握時效、掌握現場、召開小組會議，發揮危機小組的功能、建立共識、統一發言人、迅速通報上級、家長及有關單位、聯絡肇事單位廠商、安撫其他學生、安排代課、以合宜之言詞與穿著，面對媒體、勿掩飾事實、不誇大事實、彙整問題及答案等。(三) 事後復健：檢討應變處理方式及過程做成案例及建檔、檢討原因及補救措施、安撫、照顧、醫療、理賠、安全教育、生活輔導、心理輔導、常規訓練、獎懲勇於承擔、法律諮詢等。

　　Lerbinger認為危機管理計畫主要包括三個階段：危機發生之前、危機發生的當時，以及危機結束的善後。危機發生之前的太平時期，管理者應查明該組織最可能面臨什麼樣的危機，決定發生的可能性，然後盡可能事先做好準備。在第二階段，即危機發生當時，是轉變最劇烈、最不穩定，也是最危機顯的時期，因為時間緊迫，而且必須在極度不確定的情況下做出決策。此時管理階層最高目標，是將危機本身及媒體報導所造成的傷害減到最低。在第三階段，即善後階段，管理階層應致力於重整組織架構、企業文化、控管機制及企業管理政策，藉此恢復元氣並重振公司聲譽（于鳳娟譯，民90）。

　　鳥崎正男（民91）認為危機管理的四大階段是：(一) 預知、預測問題行為或事故等；要正確預知、預測，決定性的關鍵在於有用的情報量、迅速得到正確的情報，以及對於情報做出正確的解釋。一般的預測必須要觀察學生不平靜的態度，如：準備鐵管、突然早退……等，藉由一些徵兆來預測抗爭的發生。(二) 防患問題行為或事故等的發生於未然：能夠預知、預測後，就要聯絡相關學校立刻趕到抗爭場所，在緊急情況下也要和警察取得聯絡，藉此採取防患抗爭於未然的方法，並立刻實行。(三) 對應問題行為或事故等：發生問題後要制止抗爭、確認受傷的情況，並照顧傷者，把握狀況、聽取事情始末、指導相關學生、同時聯絡警察、向家長提出報告等。這時好好做紀錄非常重要，一旦被追究責任時，這份記錄就可派上用場。事先分配好任務，盡可能詳細地按照時間的經過來做紀錄。(四) 防止問題行為或事故等的復發：一連串的緊急對應結束後，就要趕緊討論如何防止復發。可和相關學校會商，舉行聯合協議會，定期舉行情報交換，同時持續指導相關學生等，要配合問題進行事後處理。

　　顏秀如（民86）認為校園危機管理的內涵及其運作可分為五階段：(一) 危機的準備與預防：包括擬定危機應變計畫、成立危機處理小組、建立溝通及工作網路、編製危機反應手冊、注意相關的法律事務與人員的教育訓練。(二) 危機訊息的辨識與評估：包括危機的辨識和危機的評估。(三) 危機的控制與處理：包括危機處理小組的運作、校長在危機管理過程中的角色與危機溝通。(四) 長期的追蹤調查與輔導。(五) 不斷的學習及修正。此五個階段猶如一個循環圈的五個部分，是緊密銜接，循環不已。

　　李秀娟（民95）認為危機管理主要分為五個階段：(一) 預防階段：主要在預警偵測，如危機管理計畫、標準作業流程之擬定與設置危機管理小組。(二) 準備階段：建立安全檢查制度、醫療急救系統、實施危機管理演練、危機管理手冊編定和建立發言人制度等。(三) 回應階段：有效的組織運作、實施緊急應變措施、適當的領導協調和妥善的運用公共關係等。(四) 復原階段：進行重建復原作業、實施健全的心理輔導。(五) 學習階段：召開危機事件檢討會議、適度修正危機管理策略及提供危機管理新知訊息等。

　　教育部訓委會（民92）認為危機處理的技術性考量與應變方式，有幾項應變方式值得參考：(一) 第一時間反應對策的敏度：尤其是預知可能有危機發生時，要能馬上有所反應。(二) 不要一下子急著完全滅火：設法去滅火讓火勢變小，讓火種變少。有時暫停一下換個角度看問題，怎麼滅火最好。(三) 認清問題的癥結：設法抽絲剝繭，發現問題的伏因。(四) 框住問題的先局：設法框住問題的範疇，縮小範圍，從中規劃構想對策。(五) 作瞬間決策：依判斷力，作瞬間決策與方案，展現一些作為給別人看。(六) 行政中立：不偏不倚，權衡學校與教育的職權與本身的權益，來處理學生事物。(七) 按程序而行：協助學生時仍應依循正常正當正規的程序而行。(八) 無法者速定法：若為有先例或法規可遵循者，需在最短期間內召集相關人員依據實際情況去制定規範。(九) 不要與刻意肇事或改革者衝突：有人會故意放話、挑撥、或招惹事端，故要設法調整心態，不要與刻意肇事者起衝突，徒生事端。(十) 內部控制：危機或意外事件發生時，校內的正規運作仍須照常進行。(十一) 不要只注意初期的受害者：如無法接受意外事實的同學或好友，可對受害同學、同系、同班、同寢室、同實驗室之同學或好友加以輔導和諮商，藉由彼此傾談、互訴，將有助於大家情緒之平靜。(十二) 不要全被

危機籠罩：表面上要思考解決問題以消弭危機，內心要能鎮定如山，思緒清明，尋找破局之策。(十三) 趕到現場：一有意外，相關人員要迅速到現場處理，以獲取先機，表現關心，以獲取受害者親朋好友的好感。(十四) 逗留現場時間不要太久：如情況不易掌控，又無其他人員支援或有利之形勢，則先離開現場，可在現場外有一段距離處，和留守現場的同仁互通訊息，以獲得不同角度，可能另有新的看法去解決危機。(十五) 不要多言，不要製造新的問題：不要多言，尤其是一些可能激起受害者親朋不滿的話語要絕對避免，除非是安慰的好話，人家聽得進去，否則只會徒然製造問題。(十六) 有時故意讓事件萌生，但在可控制的範圍：有時讓火慢慢熄滅，靜觀其變，再出對策。(十七) 不要凡事一肩挑：將責任劃分清楚，凡事不要一肩挑，有時學會說NO，避免陷入流沙。(十八) 請有關單位主管出面協調：與當事學生的老師、主任或其他相關單位主管出面協調，有時亦可請其他處室或中心提供行政支援。(十九) 建立醫療法律之諮詢顧問群：平時宜規劃醫療諮商師與法律顧問團，請醫生和律師提供專業預防措施或預防方案。(二十) 平日與地方軍警單位保持聯繫，良性互動：平日與這些相關單位善作敦親睦鄰之舉，以利意外發生時期可提供協助。(二十一) 寫下所做的，記錄成手冊、報告：要將所想的、所規劃的、所做的扼要詳實記錄，給別人參考，以給自己回顧。

幼兒教師處理危機時，除了應請求上司、專家和社區專業人士協助外，可運用一些解決問題技巧：(一) 釐清問題；(二) 集合相關人員；(三) 蒐集相關資料；(四) 學習此問題相關知識；(五) 意見分享和腦力激盪；(六) 研究發展計畫；(七) 保持聯繫；(八) 約定時間再集合作檢討；(九) 保持記錄；(十) 維持專業倫理（幼兒安全第一和保護隱私）（康雅淑譯，民91）。

教育部（民91a）認為幼教人員平日對於可能發生的各種類型災害或意外事件，需要作經常性之預防工作，其要點如下：(一) 訂定危機事件防護計畫：目標、工作要領、進度、人員、經費等。(二) 因應天然災害成立任務編組的救護組織：所有教職員工編配任務，分工負責安全管理，養成良好觀念。(三) 對教師施予危機事件宣導和訓練：例如防火教育宣導、電器安全使用介紹、警報設備、防火設備器材使用訓練等，以提高處理危機事件的能力。(四) 對幼兒施予危機事件宣導和訓練：例如防火教育宣導、電器安全使用介紹等，並配合各項教保活動實施宣導，以培養憂患意識，並增進幼兒臨

危不亂之能力。(五) 園方應裝置及準備各項設備，並定期進行安檢及保養，以確保其最佳狀況或時效。此外，災難發生時及災後初期照顧孩子時，應注意事項有：(一) 保持鎮定、清醒、等待救援，鼓勵孩子。(二) 點算個數，儘速與孩子的家人取得聯繫。(三) 給予孩子安全感，如牽手、擁抱等。(四) 讓孩子發洩情緒。(五) 注意孩子的反應，協助孩子舒緩情緒及避免進一步的傷害。事件過後，照顧經歷重大意外災難事件孩子，應注意：(一) 評估災難後創傷壓力疾患的高危險群；(二) 接納與包容災後幼童的初期反應；(三) 注意失親兒童的反應，協助度過哀傷歷程；(四) 長期追蹤孩子狀況。

　　幼兒園所危機意識之建立，具體方法如下：(一) 全體員工方面：1. 加強危機意識與觀念；2. 落實安全教育的灌輸，定期舉辦研習課程，並研討改進；3. 結合教育資源，利用專題介紹、影帶、書刊、圖片等，進行案例之研討以增廣見聞，同時要經常實地演練，以備不時之需。另應編訂安全手冊，熟記手冊內容；4. 熟悉全員的設備裝置，如電源、水源、火源、儀器操作、消防設備、滅火措施等。(二) 幼兒方面：1. 將安全教育與日常生活結合；2. 安排幼兒安全教育課程，引導幼兒認識環境及如何安全運用園所設施；3. 藉由活動來宣導危機意識及安全的重要；4. 善用機會教育，教導幼兒遵守安全規則之必要；5. 運用視聽教學方式，介紹意外事件發生情形，灌輸幼兒自保觀念及方法（捷飛教學研發中心，民92）。

　　鄔佩麗（民89）認為校園危機處理技巧，應包括六個步驟：(一) 首先確定問題的核心，以判斷處理的主軸；(二) 確定當事人是否安全，以免引發持續的危機事件；(三) 在過程中，強調對相關人士提供支持的態度，以做到情緒上的安撫；(四) 根據事件處理結果，尋找可以達到有效解決的方法；(五) 開始研擬計畫；(六) 最後和相關的單位或個人建立合作關係，使需要協助的個人都能獲得幫助。

　　做好危機管理應必須事先做好以下六項工作：(一) 找出潛在危機與風險區；(二) 設立危機門檻，指派危機預警負責人；(三) 設立並訓練危機管理小組及成立危機聯絡中心；(四) 事先取得執行應變計畫的許可；(五) 列出應知會的相關人士名單並排出先後順序；(六) 列出媒體名單並準備背景資料，指派並訓練發言人（于鳳娟譯，民90）。

　　鄭婉妮（民94）認為托育機構危機管理的程序為：(一) 表現負責任的態

度；(二) 迅速投入救援力量；(三) 通知幼兒家長，最好請幼兒家長立即到校；(四) 向家長分別說明事實；(五) 掌握狀況、判斷危機因素；(六) 儘快宣布真相；(七) 尋求最佳解決方案；(八) 發布明快周全的處理策略；(九) 提出善後措施；(十) 通報上級機關。此外，托育機構面對危機處理的注意事項有：(一) 園所校門要維持暢通；(二) 健康中心平日即須準備急救藥品及擔架；(三) 平時要舉行緊急事件應變處理演習；(四) 事後要注意園所幼兒或受傷學生的心理輔導；(五) 平時應保持與治安單位的聯繫。

綜合上述教育主管機關和專家學者的看法，茲將校園危機管理分為三個階段，校園危機發生前的預防、校園危機發生時的因應和校園危機發生後的復原，其詳細內容敘述如下：

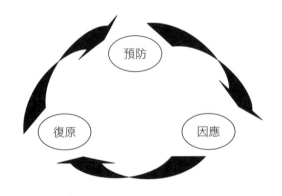

圖10-1 危機管理的三階段

資料來源：研究者自行整理。

一、校園危機發生前的預防

(一) 擬定危機應變計畫

平時就應擬定危機發生時可依循的運作計畫，或建立危機管理的標準作業流程，在計畫或流程中，詳細規劃人員的分組和任務，相關配合使用的設備，以及相關人員的作業位置等。

(二) 成立危機處理小組

應迅速成立危機處理小組，作為危機管理的最高指揮中心，負責監督組織成員應正確實施危機管理的應變計畫或標準作業流程，學校所有人員應遵

從危機處理小組的指令，危機處理小組也可視危機管理的需要，適度調整上述計畫或流程。

(三) 建立聯絡和工作網

在平時就應規劃危機管理的各相關工作團隊和團隊成員的聯絡網，同時也應建立與相關醫療院所、主管教育行政機關、社會機構的聯絡網，並建立親師緊急聯絡的檔案，可在危機事件發生後，聯絡相關教師、家長、學生和相關單位人員。

(四) 編製危機反應手冊

將危機管理的應變計畫或標準作業流程、危機處理小組成員之任務和職責，以及相關人員的分組和任務、相關團隊成員與機構的聯絡網路等訊息，編製成危機反應手冊，以讓全校每位行政人員和教師，瞭解危機發生時的處理流程。

(五) 熟悉相關法規事務

平時學校可聘請無給職的法律顧問，可透過諮詢法律顧問；或利用平時在職進修研習，邀請法律顧問或相關學者專家，到校講授相關法律事務和實例，以讓全校每位行政人員和教師熟悉相關法令規定。

(六) 師生的宣導和演練

平時能加強對師生宣導預防危機事件的發生等注意事項，以加強師生的危機意識；並透過實際操作、演練，以熟悉完機管理的應變計畫或標準作業流程，確實督導相關團隊運作和聯絡事宜，以因應校園危機事件的發生。

(七) 建立緊急醫療系統

除了與相關醫療院所建立聯絡網之外，在平時即應調查家長的學生就醫意願，並根據家長的意願，規劃安排緊急醫療系統，包括安排輕傷者到附近的醫療院所就醫，和重傷者到大型醫院急救，並能事先規劃緊急運送傷患路線。

(八) 建立統一發言制度

園所和學校應設置發言人，或由學校主管指派相關行政人員兼任，發言人受危機管理小組的指導，負責統一對外發言，並接受採訪或發表新聞等事宜，以利學校對外說明內容一致，避免學校成員對外發言不當，造成對學校

的困擾。

(九) 建立良好公共關係

學校平時應和社區與社區民眾（包括家長）建立良好的關係，宜做好敦親睦鄰等相關工作，並積極參與和協助社區的公共事務，並與媒體記者建立良好的聯繫溝通管道，適時提供學校相關資訊，以使媒體對學校做出較為公正的報導。

(十) 加強校園巡邏安檢

平時即應督導學校警衛或相關工作人員，如學校導護老師，加強校園巡視，以避免校園危機事件的發生；平時應檢查相關設備和設施，並加強門禁管理，管控人員進出，且隨時檢查並維修器材，以避免學生受到傷害。

二、校園危機發生時的因應

(一) 召開危機處理會議

在得知危機情境或事件發生時，即應迅速召集危機處理小組成員開會，並迅速蒐集各方面的危機情境或事件之相關訊息，並根據相關訊息，迅速瞭解危機情境或事件的性質，並判斷是否啟動危機應變計畫。

(二) 啟動危機應變計畫

當危機處理小組判斷偶發情境或事件是危機事件後，即應迅速啟動危機應變計畫，依據危機應變計畫或標準處理流程予以進行，相關人員應立刻進入危機管理的作業位置，執行任務。

(三) 妥善運用公共關係

危機發生時應妥善運用平時與社區、社區民眾（包括家長）、媒體記者所建立的良好關係，主動聯絡相關醫療院所、主管機關和社會機構協助處理，並請媒體記者密切注意學校發布之新聞稿。

(四) 持續監控危機狀況

學校危機管理小組派遣相關人員持續瞭解校園危機事件的狀況和原因，並請相關人員隨時回報危機事件演變狀況，以及社區人士和相關單位的發言，與媒體報導的相關情形，以利危機管理小組對危機事件的研判。

(五) 緊急調配各項資源

學校危機管理小組應確實督導危機應變計畫或標準作業流程的實施情

形，並視危機情形適度緊急調配可資運用的人力和物力資源，如安排代課教師以照顧班級，和指派輔導人員安撫學生，或請求相關單位予以協助處理。

(六) 統一發言和作紀錄

由學校學校危機管理小組所指派之發言人統一對外發言或接受採訪，並製作發言稿或新聞稿發送新聞媒體，做為記者採訪與發稿的參考；同時並將發言稿或新聞稿予以存檔，作成檔案紀錄，以作為日後檢討和參考的依據。

(七) 速通報上級和家長

學校危機管理小組應指派人員迅速聯絡相關的家長，讓家長瞭解危機事件的狀況和原因，以及學校緊急應變處理的措施；同時，迅速通報上級機關與相關單位上述狀況、原因與處理措施，必要時，可請其指導或協助處理。

(八) 照顧傷者安撫學生

學校相關人員應依循危機應變計畫或標準處理流程所編製的危機反應手冊來進行處理，並儘速讓受傷學生送醫治療，以求獲得妥善照顧；同時，也應指派輔導人員安撫同班同學或學校其他的老師、家長，以免情緒過於悲傷或激動。

(九) 尋求法律諮詢協助

學校危機小組應迅速諮詢學校所聘請的法律顧問，讓其明瞭危機事件的狀況與原因，以及學校緊急處理的經過；或直接聘請律師協助處理危機事件，讓律師直接參與危機處理小組之決策，也可委請律師代為發言，以發揮其法律專業知能。

(十) 合宜誠實面對媒體

學校危機小組所指派的發言人接受採訪時，應誠實以對，且穿著得體，語氣和緩，態度從容不迫，切勿言詞閃爍模糊、意圖掩飾事實經過、甚至扭曲事實、對於學校應負的負責也不應推諉卸責。

三、校園危機發生後的復原

(一) 實施長期追蹤輔導

校園危機發生後，應對受傷害學生與家長、同學或教師與家屬、同事，給予必要的長期生活輔導、心理輔導，若有必要，可以商請相關社會福利機構介入協助與輔導，並安撫和照顧受影響的學生、家長和教師。

(二) 協助傷者醫療理賠

校園危機發生後，應迅速協助傷者向保險公司申請理賠，如學生可協助向承保學生平安保險的保險公司，教師可向公保單位或自行參加的團體保險公司申請理賠。若過失責任在學校，也應迅速賠償傷者，以盡速撫平傷者和家屬身心的傷痛。

(三) 加強常規安全教育

校園危機發生後，應加強學生的常規訓練和安全教育，以喚起學生的危機意識；對於學校教職員工平時脫序、失常的行為，應予以防範和檢討，請當事人迅速改正其行為，並指派相關人員輔導其改善。

(四) 召開事件檢討會議

校園危機發生後，學校危機處理小組應盡快召開會議，以檢討相關人員是否有過失，檢討危機應變計畫或標準處理流程，與危機應變手冊是否需要改進，危機處理方式及過程是否恰當，列出優缺點以供日後實施的參考。

(五) 作出獎懲承擔功過

學校危機處理小組在深入檢討後，應對善盡職守的相關人員予以記功嘉獎，或給予公開表揚；對於怠忽職守的相關人員也應作出懲處。倘若危機事件的責任應由學校負責，學校也應勇於認錯並承擔相關責任。

(六) 加強瞭解相關法規

校園危機發生後，學校危機事件檢討會議中，若認為危機事件處理過程中，顯示學校行政人員、教師或學生對若干相關法令瞭解不足，或在處理過程中忽略相關法令，應加強相關人員熟悉瞭解，以提升相關法律知能和處理的方式。

(七) 修正危機應變計畫

若危機應變計畫或標準處理流程，與危機應變手冊需要改進，應針對危機應變計畫或標準處理流程，與危機應變手冊的缺失，加以修正改善，以利相關人員的運作與實施，且符合實際運用的情形。

(八) 詳實記錄事件經過

危機發生後，應詳實記錄校園危機事件的狀況和原因，與危機事件處理過程，以及危機事件檢討會議的內容，並將這些記錄製作成檔案，形成案例並予以妥善保管，以提供往後實施危機管理的重要參考資料。

(九) 記取教訓避免再犯

全校師生應從此次或以前的校園危機事件中，記取慘痛的教訓，將優點繼續保持和發揮，讓缺點加以修正和改進；當有類似此危機情境或事件發生時，即應緊急通知相關行政人員和教師，以加強防範，避免再犯。

(十) 學習危機管理新知

學校危機管理小組成員、學校行政人員和教師，以及職員工，對於相關的危機管理新知、技巧和方式，應多加研習，並加強演練，以提高學校危機管理小組成員、學校行政人員和教師，以及職員工的危機管理知能。

第三節　幼兒園危機管理的原則

教育部訓委會（民92）認為危機管理的原則性考量需注意五點：(一) 法理情的考量：使我們面對危機時先思考如何依法行事，和理性面對危機，先做應該做的事，且能善用「有情」和「感性」去處理危機，善用吾人的一顆心。(二) 教育的目的和學校的規定：在危機管理的過程需衡量是否符應教育的目的和學校的校規。(三) 社會責任：學校有教育責任和社會責任去運用訓輔諮商資源來引導輔助學生。(四) 道德標準：道德的精神可配合法理情三者相互運用，找到其中較可善用的方法或角色。(五) 校園防護方案與危機處理的程序制定：每一學校都應以制定各校的校園防護方案、執行辦法或各種危機處理、意外事件的因應策略、方案與流程表。其中包括：指導委員會、緊急應變處理小組、受理小組、工作執掌的劃分。

教育部（民91a）認為幼稚園公共安全危機處理原則有：(一) 防患未然：對可能危害安全的人、事、物等因素，事前評估、推測、檢查與預防。(二) 尊重人性：重幼兒需求，考量幼兒發展，提供安全無障礙的學習環境。(三) 科學管理：利用電腦記錄、整理可用資訊，隨時代提升安全品質與效率。(四) 共同參與：結合教育、學校行政人員、建築師、教師、學生、社區人事、管理人員等分別貢獻心力，一同發揮效用，確保公共安全。(五) 專人負責：依園務行政管理功能，建立專人負責的管理組織，逐集負責檢核，提高幼稚園公共安全管理的效能。(六) 聯繫溝通：各分層的工作族群之間密切

協調與溝通，使計畫、執行與考核三程序，連結為堅固而靈活的安全體系。
(七) 主動積極：改變好逸惡勞的懶惰心態，養成積極主動的態度，建立完整的管理網路，有效發揮公共安全管理功能。(八) 整體持續：以全方位的整體觀念及作法，來取代單層面，臨時性安全維護措施，亦應隨時偵測未諳因素，謀求妥善的防範方式。(九) 教育訓練：利用各種相關的課程、活動、模擬狀況、設計的情境來指導、訓練學生。(十) 把握時效：為了減低損害程度與後遺症，幼稚園及其他相關人員應該切實把握時效，冷靜、快速、妥善、圓滿的予以處理或化解。

許龍君（民87）認為校園危機處理原則有：(一) 沉著冷靜、調適危機壓力：包括急迫和非急迫危機的壓力調適，與整理思緒，進入危機處理方案的思考。(二) 迅速投入救援力量：包括運用現有人員、召回必要人員、尋求助力與各相關力量的協調、聯繫。(三) 掌握狀況、判斷危機因素：包括瞭解危機的主因與主體、衡鑑危機程度、衡鑑危機的急迫性、研判危機的延伸性與擴展性與持續蒐集資訊。(四) 尋求最佳解決方案：包括接案人員的思考方向和處理要領、召開危機小組處理會議。(五) 注意事項：包括主動、先制、運用統合力量、尋找著力點、優先處理重點、防止案情擴大、防範後續的發展、採取適當的保密措施、危機處理人員要步調齊一、妥善應對相關人員和主動處理善後。

鳥崎正男（民91）認為危機管理的鐵則是事先做好萬全準備，與事後迅速的應對，包括：(一) 提高全體教職員的危機管理意識；(二) 共同瞭解危機管理手冊；(三) 準備緊急用品；(四) 努力蒐集活用情報；(五) 精通法律知識和家長的意識；(六) 秉持誠意從事日常的教育活動；(七) 留下教育活動的紀錄；(八) 慎重進行最初的應對；(九) 瞭解指揮系統；(十) 不要推測，要得到正確的情報；(十一) 應用戰略和戰術；(十二) 組織的任務分擔要明確。

鄭婉妮（民94）認為托育機構危機管理的原則為：(一) 行動迅速、救人第一、財物儘量減少損失；(二) 緊急事件時，應儘速通知園所長或董事，並展開分工合作，迅速做最有效的處理；(三) 立即通知相關人員，召開危機小組會議，對外發言；(四) 封鎖現場，安定幼兒的情緒；(五) 報告上級並與治安機關聯絡；(六) 備妥交通工具於校門口隨時待命；(七) 傷者儘速送去急救；(八) 園所內發現有陌生人或形跡可疑的人，務必加以盤問或通報處理。

綜合上述教育主管機關和專家學者的看法，茲將校園危機管理的原則有十項，其詳細內容敘述如下：

一、防患預備

學校教職員工應對可能危害校園安全的人、事、物等因素，加以預防和排除，平時應加強巡視校園，做好校園的門禁管制，定時檢查設備和器材，遇有損壞應立即維修或設置護欄加以警示，以預防學童受傷。

二、宣導演練

學校行政人員和教師應利用相關課程，宣導危機預防和處理的正確觀念；規劃演習活動，運用模擬狀況，讓全校教職員工和學生，都能參與模擬情境來進行演練，以增加學校成員對危機管理流程的精熟度。

三、迅速救援

當學校發生危機事件時，為了顧及學校成員的生命安全與減低傷害程度，學校教職員工和學生及其他相關人員應該切實把握時效，冷靜、快速、妥善的救援傷者，並聯絡相關的醫療院所，按照事先規劃好的路線，迅速送醫治療。

四、兼顧法理情

當處理校園危機事件時，在迅速救援傷者之後，也應思考如何依法行事，才不會使學校成員在處理危機事件時，違反相關法令；同時，也應理性、冷靜面對危機，集思廣益找出較適當的處理方式；此外，也能以誠懇和關懷的心來照顧傷者和面對社會大眾。

五、齊心協力

全校教職員公應同心協力來面對與處理校園危機事件；此外，若能結合教育行政機關、學校行政人員、教師、學生、社區人士、法律顧問（律師）和醫師、社會福利機構人員等專業人員等，共同貢獻心力，以減低傷害和衝擊。

六、統一指揮

學校危機管理小組應依據危機應變計畫，召開危機管理小組會議，以危機管理小組為統一指揮中心，學校內各單位依照危機應變手冊執行任務，並

接受指揮中心的調度，不要隨意對外發表言論，由發言人統一對外發言。

七、聯繫溝通

當危機事件發生時，應盡速聯絡家長，通報主管教育行政機關，通知救援機構和醫療院所協助救援；學校危機管理小組應保持與校內各工作團隊間的聯繫、溝通，並協調相關資源以供運用，以使大家行動協調一致，不致混亂。

八、主動積極

學校應以積極主動的態度處理危機事件，迅速救援傷者，安排相關輔導人員協助安撫傷者家屬和輔導其他學生；並隨時觀看媒體報導的內容，若媒體有不正確的報導，也應透過發言人，主動積極回應其相關報導，並請其迅速更正。

九、掌握資訊

學校危機管理小組對於危機事件的發生狀況、原因，應迅速加以瞭解；並快速且廣泛的蒐集相關資訊，同時也應檢視資訊來源的可靠性，以清楚明白掌握危機狀況和變化情形，作為適當因應危機事件的重要參考。

十、判斷果決

學校危機管理小組應綜合研判相關資訊，以確認問題的真實面貌；除了應迅速啟動危機應變計畫，督導教職員工執行危機應變手冊的任務外，也應迅速調度人力和物力等各項資源，投入處理危機事件。此外，對於社區和媒體對危機事件的反應和報導，也需要迅速研判，並加以回應。

第四節　幼兒園運用危機管理時，面對媒體採訪的因應措施

教育部訓委會（民92）認為與新聞媒體的應變之道有：(一) 主動與新聞媒體聯繫：如在平時已做好敦親睦鄰，可先聯繫幾位較熟的記者，告知事件之扼要敘述與校方已在著手處理之舉，可準備簡單新聞稿，提供他們參考。(二) 掌握先機，不要被模糊焦點。(三) 當機立斷，作必要澄清。(四) 對

不幸事件不要作太多的辯辭。(五) 平衡、平實地描述事件經過。(六) 不要給媒體有炒作之機。(七) 避免媒體之捕風捉影。(八) 統一公關發言人。(九) 暫時封口，用寫文章表達。(十) 掌握最後底線。(十一) 不能讓校長曝光太早。(十二) 必要時，對媒體或散布不實言論提出毀謗告訴，維護有關人員或校方之權益。

　　危機發生時的管理溝通，尤其是面對媒體時，應注意下列方針：(一) 查明並面對危機的事實；(二) 危機管理小組應保持積極，高階主管應保持警覺；(三) 成立危機新聞中心；(四) 找出事實真相；(五) 口徑一致；(六) 儘快召開記者會，公開、坦承、準確地告訴媒體實情；(七) 與政府官員、員工、消費者、利益關係人以及其他相關人士進行直接溝通；(八) 採取適當的補救措施；(九) 記錄日誌；(十) 事後溝通與改造（于鳳娟譯，民90）。

　　緊急時刻對大眾傳媒的相應措施，事態發生時採取對策的五項要點：(一) 關鍵看領導人的公關姿態；(二) 明確的表達是與否；(三) 毅然的表示無法回答；(四) 迅速採取對策；(五) 面談比電話對答效果更佳。此外，緊急會見記者的要點有：(一) 主動召開記者會；(二) 緊急接見記者時的五項要點：包括表示歉意、說明現狀、查明原因、表明防止再度發生類似的事件的策略、表明責任等；(三) 緊急接見記者的時間地點和情況：包括要考慮截稿時間、在什麼地方舉行、在哪一種情況下進行；(四) 決定發言人的原則：考慮下列檢核點以慎重決定人員，包括不易感情用事、和藹可親、發言人的態度和服裝等；(五) 記者接待室的準備工作：包括儘量準備一間寬敞的房間、要特意指定攝錄影機的位置、注意開始會談的時機、注意結束會談的時機等（霍士富編譯，民85）。

　　林明地（民91）認為與大眾媒體建立關係的原理原則為：(一) 瞭解大眾媒體的特性；(二) 瞭解第一線媒體工作者的權限與職責；(三) 主動（而非被動）提供重要之教育訊息，達到宣傳的目的；(四) 主動邀請大眾媒體從業人員參加學校重要活動；(五) 若短期無法設置專職的新聞發言人，學校亦應指定專人負責全校新聞之發布；(六) 成立危機處理小組，於平時即正常運作，碰到特殊事件時，得以鎮定從容處之；(七) 所提供訊息應正確；(八) 提供媒體可以得到訊息的聯絡電話或住址；(九) 個別化地瞭解地區性的媒體工作者；(十) 妥善處理媒體的不實報導；(十一) 誠實地回答問題，不隱藏事實；

(十二) 快速答覆；(十三) 瞭解各媒體從業人員之名字、聯絡方式、立場、對於教育的態度；(十四) 可考慮（或聯合數校）邀請媒體工作者說明媒體特性等主題；(十五) 公平對待各媒體，避免造成「獨家新聞」的情況。

綜合上述教育主管機關和專家學者的意見，校園危機發生時，面對媒體採訪的因應措施應包括：

一、統一發言，口徑一致

由發言人統一發言，其發言內容依照學校危機管理小組的指示，學校其他人員應避免接受媒體採訪，若不得已必須發言，發言內容也須與發言人的內容一致，或請他詢問發言人，由發言人發言。

二、查明原因，說明現狀

學校應儘速查明校園危機事件發生的狀況和原因，並請發言人針對校園危機事件發生的狀況、原因和現況，說明清楚；因此，學校危機管理小組應迅速查明校園危機事件的原因和現況，以指導發言人，對外發言的內容。

三、掌握先機，主動聯繫

學校應在平時已做好敦親睦鄰，建立良好的公共關係；可先聯繫幾位社區人士，和學校熟稔且對學校較為友善的媒體記者，詳實告知事件之始末，與校方危機處理態度和方式，並準備新聞稿，以提供他們撰稿的參考。

四、當機立斷，澄清謠言

學校對於有關校園危機事件的不實謠言，應立即予以澄清；並商請對學校較為友善的家長和社區人士發言，以維護學校聲譽。澄清謠言時，仍應由發言人出面澄清謠言，並儘量舉出人證、物證、時間和地點，以昭公信。

五、平實描述事件經過

學校對於校園危機事件的發生狀況和原因，不應加以掩飾和扭曲，發言人應和緩且誠實地描述事件經過和學校處理的態度和方式，不避重就輕，避免欲蓋彌彰，否則屆時真相大白，反遭嚴厲譴責。

六、表示歉意，說明責任

因為校園危機事件的發生，不論是否真是學校的過失，首先，發言人應在道義上先行表示遺憾和歉意後，再婉轉說明學校對危機事件發生前，所做

的各項宣導和演練，以及危機事件發生後，處理的態度和方式，以釐清學校的責任。

七、妥善規劃採訪場所

不論是記者到校園中採訪，或由學校主動召開記者會，學校都應妥善規劃採訪的場地或記者會的會場，包括採訪車和SNG車的停放位置、攝影機的擺設位置、電線連結的位置、記者的座位、休息區和麥克風的擺放位置，都應事先加以規劃和聯繫溝通，務使動線順暢且符合所需。

八、適時提供新聞文稿

學校面對記者全天候的採訪和轉播，應準備可供媒體記者等待和休息的休息室，以及適時準備書面新聞稿，供記者取用，作為撰稿和發稿的參考與依據；若能每天向媒體報告學校對於危機事件每天處理的情形和進度，則更能獲得信賴。

九、園（所）長勿太早發言

學校危機管理小組應指示先由發言人發言，來說明危機事件發生的狀況、原因和現況，以及學校處理的態度和方式；危機事件結束後，再由園所長發言，以避免發言人的發言內容不當，才有轉圜的空間。否則，園所長發言不當後，事情沒有轉圜的餘地。

十、對不實言論提告訴

學校應對於社區人士或媒體不實報導或造謠者，提出回應和請其更正，以破除不實的謠言和報導；倘若社區人士或媒體仍繼續宣傳或報導不實言論，可考慮提出告訴，以維護學校相關人員或校方之權益，還學校相關人員之清白。

（本文係由作者、蔡淑苓副教授、沈文鈺助理教授兼主任於臺南科技大學校內教師專題研究論文改寫而成）

第 11 章 幼兒園教師的工作倦怠

工作倦怠（burnout）一詞最早由美國心理學者Freudenberger所提出來的（施耀昇，民80；吳金香，民89；Talmor, Reiter & Feigin, 2005；Wood & McCarthy, 2002）。工作倦怠有職業倦怠、工作疲乏、專業倦怠、工作透支等不同譯名（謝文全，民93；張慶勳，民85）。

工作倦怠常發生在幫助別人的工作者身上，如：護士、教育者、社工員（謝月英，民79；Luthans, 2002；Talmor, Reiter & Feigin, 2005）。Newstrom和Davis（2002）進一步指出，除了協助學生解決問題的指導老師、照顧健康的專業人員、社會工作者之外，持續高度壓力的專門職業，如機場塔臺的指揮人員、顧客服務人員、侍者、證券經紀人，也較其他行業容易發生工作倦怠。Ivancevich、Konopaske和Matteson（2005）也提出類似的看法：工作倦怠的發生較常發生與人接觸，且照顧別人的工作者身上，根據研究顯示，工作倦怠較常發生在幫助別人的專業工作者身上，如：教師、護士、醫生、社工員、治療專家、警察、假釋官。George和Jones（1999）也認為工作倦怠較常發生在其工作性質是負責幫助、保護或照顧其他人的工作者身上，例如護士、醫生、社工員、教師、律師和警務人員；他進一步指出，這些人常因工作性質的關係，而使工作倦怠感逐漸發展。

因此，教師工作者宜對工作倦怠加以深入瞭解並加以預防，以免讓工作倦怠對自己、學生、學校產生負面的影響。以下分別對教師工作倦怠之意義與特徵、教師工作倦怠之徵候與影響、教師工作倦怠之成因、教師工作倦怠之預防與因應等四部分，分別探討之。

第一節 🍎 **教師工作倦怠的意義與特徵**

　　爲瞭解教師工作倦怠之意義與特性，以下先舉出若干學者專家的看法，稍後，再歸納出教師工作倦怠的意義和特徵。

　　謝文全（民93）認爲工作倦怠乃是個體對工作產生一種負面態度現象，亦即對工作表現出疏離、厭倦及心力交瘁的行爲。陳益綜（民86）認爲工作倦怠主要是個體主觀的反應在職業環境與服務對象上冷漠不當的狀態。何東墀（民78）認爲工作倦怠是對服務的對象不關心、不尊重，以及一系列負面反應的症狀，工作態度及行爲表現產生疏離與退縮，同時，工作者感受到身心交瘁的痛苦，以致覺得無法忍受。黃淑珍（民77）認爲工作倦怠是高度個人的內在心理經驗，是一個負向的經驗。George和Jones（1999）認爲工作倦怠是工作者心理、情感和身體耗竭的情形。Newstrom和Davis（2002）認爲工作倦怠是個人生理和心理脆弱，即員工個人情感的耗盡。工作倦怠爲身體和心理的疲累和空乏狀態，也是一種被傷害的狀態（Talmor, Reiter & Feigin, 2005）。

　　李建智（民94）認爲教師工作倦怠是教師的心理及生理產生耗竭的現象。王嬋媚（民93）認爲教師工作倦怠是教師身心及情緒受到傷害。吳宗達（民93）和陳榮茂（民91）認爲教師工作倦怠是教師對於教學或行政工作的疏離現象，並對教學失去熱忱，反應在生理、情緒及行爲態度上的負向改變。陳蓮妃（民92）認爲教師工作倦怠是教師在個人行爲、情緒及生理上產生不良症狀。劉淑貞（民92）認爲教師工作倦怠包含了生理、行爲、情緒、態度等表現負向的改變。陳建瀧（民89）認爲教師工作倦怠是指教師工作士氣低落，不願意積極從事，甚至消極的怠惰。林勝結（民87）認爲教師工作倦怠是教師逐漸失去原有的工作熱忱與動機，對學校、同事及學生產生疏離傾向，在教學工作上缺乏成就感，並在生理、情緒、態度及行爲上產生負向改變的歷程。

　　綜合以上學者之意見，將教師工作倦怠的定義爲：教師工作倦怠是生理、心理和情感感到疲累、耗竭和受傷害，且對工作環境（學校、同事、教學或行政工作）與服務對象（學生和家長）失去動機與熱忱，產生不尊重、

疏離與冷漠，反應在生理、心理及行為上的負向改變。

　　Wood和McCarthy（2002）認為工作倦怠的三個主要特徵，即是失去人性、減少個人成就、情感耗盡。情感的耗盡即包括工作帶來的耗盡感、早晨感到疲累、挫敗的、不想和他人一起工作；人性的失去即包括工作帶來的無情感、對待他人像物品、不關心別人發生什麼事、感覺其他人責備你；低個人成就即包括無法有效地處理問題、無法對他人產生正面的影響、無法瞭解別人的問題或認清楚別人、不再為自己的工作感到高興（Ivancevich, Konopaske & Matteson, 2005）。Talmor、Reiter和Feigin（2005）也認為工作倦怠者會表現出心理的耗盡、失去人性和缺乏自我實現感；其中，心理的耗盡主要出現在高度投入的工作者身上，尤其是那些對工作高度參與、興趣和關注，最後導致對例行和無聊的工作產生情感耗盡。而失去人性常因為壓力所造成，而對顧客的問題缺乏關注，待他們如物而非人。缺乏自我實現感則是處於壓力之下，不管工作者多麼努力，還是缺乏真正成就感，導致對自己產生失望。教師工作倦怠主要的特徵為生理、心理和行為的耗盡，其主要為：(一) 耗盡，即是缺乏專業實現感；(二) 失去人性的態度，即是透過責備學生的形式來表現；(三) 教師的專業失敗感。

　　George和Jones（1999）也同意上述看法，認為工作倦怠的三項關鍵特徵是低個人成就感、情感耗盡、失去人性。工作倦怠者常覺得他們不是在幫助別人，也不覺得有成就感；常因奮不顧身協助他人的持續壓力中，覺得精疲力盡。工作倦怠者有時會對待需要幫助的人，如一般事務，讓人覺得沒有人性。他們二人進一步舉例說明：工作倦怠的社工員可能會將需要新家庭照顧的受驚嚇小孩，當做只是工作事務的一個編號而已，這種想法可能會導致社工員對待此名小孩的行為，是冷漠而有距離的。在個人與工作情境互動下，產生高度工作壓力與低度工作滿意，因無法有效因應，而引起生理、情緒及態度上的耗竭，對服務對象失去關心而缺乏人性化（depersonalization），工作情緒低落，且缺乏個人成就感，失去工作動機而產生工作疏離的現象，不但危及個人，而且影響服務對象及機構福祉（謝月英，民79）。

　　從這些學者專家所提出看法，可歸納得知教師工作倦怠有三個主要特徵：

(一) 情感的耗盡

常出現在那些對工作高度有興趣、關注和參與的高度投入教師身上，會感到疲累、挫敗的、不想和他人一起工作，最後會導致對學校、同事和例行的教學或行政工作，失去動機、熱忱、不尊重、疏離與冷漠。

(二) 人性的失去

常責備學生，對學生和家長的問題缺乏關注，對待他人像物品，缺乏人情感甚至無情，不關心別人發生什麼事，常感覺別人在責備你。

(三) 低個人成就

教師無法有效地處理問題、瞭解問題或認清楚別人，無法對他人產生正面的影響，不管工作者多麼努力，還是缺乏真正成就感，不再為自己的工作感到高興，導致對自己產生失望。

第二節　教師工作倦怠的徵候與影響

為瞭解教師工作倦怠之徵候和影響，以下先舉出若干學者專家對造成教師工作倦怠的徵候和影響之看法，稍後，再歸納之。

工作倦怠常會表現出疲累、長時間的感冒、頭痛、失眠、耗盡，這些症狀可能是因為過度運用個人的能量、力量和資源所引起。外在的行為可能表現出生氣、怒氣衝天、譏笑、偏執、妄想或藥物濫用等情形（Edmonson & Thompson, 2001）。Newstrom和Davis（2002）認為工作倦怠者較容易抱怨、將自己的過錯推給別人、容易發脾氣、曠職、工作表現的質量降低，這種疏遠的感覺促使他們離職。Wagner III和Hollenbeck（2002）認為工作倦怠可能導致嚴重的身體的傷害，包括冠狀動脈失去功能或心臟疾病，而造成死亡。

George和Jones（1999）認為工作倦怠者造成美國平均每年造成18到24位在職人員或離職人員死亡；工作者謀殺他們的同事或管理人員，以及其他暴力行為，常有暴力行為、藥物濫用或其他心理問題的病史。

Talmor、Reiter和Feigin（2005）認為教師工作倦怠的外在表現通常包括過度的生氣、焦慮、失望、疲累、無聊、譏笑、身心失調和情感枯竭等反應；此外，教學績效顯著下降，常因生病而沒有上班，以及提早退休。

Luthans（2002）認為有教師工作倦怠的教師可能對學生過度嚴格，負面且低度期望，因而生理和心理感到耗竭，對教學工作低度投入，對學生低度關心，工作倦怠產生孤立感和失去控制感，讓工作倦怠者和其他工作者，甚至和工作性質格格不入。

謝文全（民93）認為工作倦怠可分為個人性與組織性的工作倦怠兩種，組織性的工作倦怠表現在成員對機關學校工作的態度和行為上，其主要徵候包括離職率及曠職率高、工作士氣低落、工作表現衰退、服務品質降低、工作效率低、缺乏目標導向、抱怨工作、反抗上司、與同事爭執、對同事缺少溝通和信任感、欠缺工作創新、逃避工作上的人際接觸、無法投入工作。個人性的工作倦怠表現在個人生理和心理上，其徵候有生理、認知、情緒與行為等方面的徵候，包括虛弱、長期疲倦、欠缺活力與熱誠、失去胃口、吃得太多、胃腸不適、心臟病、失眠、潰瘍、焦慮、抵抗力弱、感冒、耳鳴、頭痛、眩暈、失眠及高血壓等。工作倦怠對個人與組織可能產生下列四點影響：(一) 傷害工作者的身心健康。(二) 引發家庭及人際關係等生活問題。(三) 造成工作缺勤及離職現象。(四) 降低工作品質及組織績效。

吳金香（民89）認為教師工作倦怠的徵候表現可分為三類：(一) 生理方面：頭痛、腸胃功能失調、腹瀉、頭昏、心跳加快、血壓升高、失眠、耳鳴、經常感冒等。(二) 心理方面：焦慮、抑鬱、工作不滿意、易怒、多疑與猜忌、容易緊張、自憐感、被排斥感、無聊、疲乏感、缺乏成就感。(三) 外顯的教學行為與態度：冷漠、與同事的人際關係差、常請假、教學時精神無法集中、服務士氣低落、時常抱怨、教學效率低落、討厭學生、抗拒學校的改革措施、想離職。

陳蓮妃（民92）認為工作倦怠造成教師降低個人工作效率及工作品質。陳建瀧（民89）認為工作倦怠造成教師工作動機不強，工作情緒低落。黃淑珍（民77）認為工作倦怠不但使個人工作效率低落，且對工作機構中的士氣影響甚鉅。李建智（民94）認為工作倦怠造成教師對週遭環境採取冷漠、疏離、嘲諷的態度，甚至使教師想要離開此環境。

謝月英（民79）認為教師工作倦怠的影響，包括下列幾項：一、影響學生學習效果及人格發展：(一) 喪失對學生的關注和情感，以疏離、缺乏人性化的方式對待他們。(二) 教師表現僵化和權威，師生間缺乏雙向溝通。二、

影響學校教育品質及專業精神：(一) 學校工作士氣低落，降低服務品質，遲到早退、缺席、曠職、離職、退休比例提高。(二) 離開教育崗位，不願重返教職，造成國家和社會的損失。三、影響教師個人四層面：(一) 生理耗竭，長期的疲勞與抵抗力減低，藥物中毒、發病等。如：疲勞、虛弱、失眠、體重減輕、易感冒、暈眩、頭痛眼疾、胃腸不適、潰瘍、泌尿系統疾病、心臟血管疾病及藥物濫用等。(二) 情緒耗竭，產生負向情緒，感到無助與絕望，如：冷淡、憂鬱、煩惱、緊張、易怒、焦慮、沮喪、孤單、膽怯、挫折、罪惡、無助感與無望感。(三) 心理耗竭，產生負向認知，減損心智活動能力；如：對工作不滿、負向自我概念、低自尊、負向自我語言、注意力不集中、低挫折忍容力，刻板化、悲觀、缺乏自信、缺乏同情心和理想、無力感及無價值感。(四) 行為症候，產生疏離的行為，包括三方面：1. 對服務對象漠不關心、缺乏同情與耐心，甚至有嘲諷、獨裁、攻擊等行為。2. 人際關係惡劣，抱怨工作、反抗上司、與同事爭執、師生關係不良，婚姻和家庭的衝突等。3. 工作效率低、不投入、疏離工作、缺席、曠職、離職及提早退休等。

　　王嬋媚（民93）認為工作倦怠造成的影響有四項：一、生理方面：(一) 容易疲倦、頭痛、睡眠不足、感冒、失眠、胃口欠佳，腰酸背痛。(二) 精疲力竭、缺乏活力。(三) 高血壓、氣喘、胸口鬱悶、腸胃疾病與慢性病。二、心理方面：(一) 情緒失控、挫折感與沮喪，容易緊張，缺乏自信心。(二) 嚴重的罪惡感與悲觀想法，有自殺傾向。(三) 沮喪、沒有人關心、挫折容忍低、冷漠。三、行為方面：(一) 過度的抽菸、喝酒與使用藥品習慣。(二) 有暴力與攻擊行為，人際關係退縮。(三) 抗拒變革，工作績效不好，容易曠職或辭去工作。(四) 遲到、早退。四、態度行為：(一) 對人冷漠、嘲諷。(二) 生活消極、缺乏工作目標，經常改變自我的信念，因對工作缺乏熱情而降低組織承諾。

　　綜合以上學者專家之意見，歸納整理出教師工作倦怠的徵候和影響，有以下幾項：

一、教師工作倦怠的徵候

(一) 生理方面：常有虛弱、失去胃口、吃得太多、腸胃不適、腹瀉、失眠、潰瘍、抵抗力弱、常感冒、耳鳴、頭痛、眩暈、高血壓、疲累、心悸、體重減輕、頭痛、眼疾、泌尿系統疾病、心臟血管疾病等。

(二) 心理方面：焦慮、失望悲觀、抑鬱、情緒失控易怒、妄想、多疑與猜忌、容易緊張、自憐感、被排斥感、無聊、沮喪、缺乏自信、罪惡感、自殺傾向、覺得沒有人關心、挫折容忍低、負向自我概念、低自尊、負向自我語言、注意力不集中、刻板化、無力感、無價值感、無成就感、挫折感。

(三) 行為方面：譏笑、偏執、容易抱怨、諉過、人際關係不佳、過度抽菸和喝酒、藥物濫用、自殺、暴力與攻擊行為。

(四) 態度方面：無情、冷漠、消極、失去理想、常改變自我信念。

二、教師工作倦怠的影響

(一) 傷害生理和心理健康

工作倦怠對教師造成生理和心理上的負面影響，如上述徵候，在生理方面：有腸胃不適、腹瀉、潰瘍、抵抗力弱、常感冒、耳鳴、頭痛、眩暈、高血壓、眼疾、泌尿系統疾、心臟血管疾病……等。在心理方面：有焦慮、悲觀、抑鬱、易怒、妄想、多疑與猜忌、沮喪、罪惡感、有自殺傾向……等。這些都會傷害身心健康。

(二) 惡化家庭及人際關係

工作倦怠的教師表現出容易逃避工作上的人際接觸，常對家人或同事抱怨，對家人或同事缺少溝通和信任感，常與家人或同事發生爭執與衝突，與同事之間互動關係差，造成與同事人際關係惡劣，甚至與家人互動關係不佳，引起婚姻關係的惡化和家庭的問題等。

(三) 降低教學品質及績效

工作倦怠的教師工作動機不強，工作情緒低落，常抱怨工作，反抗上司，工作效率低，不投入且疏離工作，經常缺席，造成曠職率離職率高，以及提早退休等情形。此種服務士氣低落，對教學工作低度投入的情形，造成服務品質降低，教學績效顯著下降，甚至抗拒學校的改革措施。

(四) 損害學生的受教權利

工作倦怠的教師容易表現出冷漠、低度關心與討厭學生，對學生過度嚴格，對學生抱持負面且低度期望，缺乏同情與耐心，甚至有嘲諷、獨裁、傷害等行為，造成師生關係不良。此外，常請假，教學時精神無法集中、教學效率低落。這些情形都會損害學生的受教權。

(五) 破壞教師專業的形象

工作倦怠的教師在身心方面失去健康，家庭產生問題和同事間人際關係惡化，教學品質不佳，工作服務績效下降，冷漠對待並討厭學生，甚至有嘲諷和傷害等行為，造成師生關係不良，損害學生受教權。這些都會影響到家長、社區民眾，以及社會各界對教師專業形象的評價。

第三節　教師工作倦怠的成因

為瞭解教師工作倦怠之原因，以下先舉出若干學者專家對造成教師工作倦怠的因素之意見，稍後，再歸納出教師工作倦怠的成因。

何東墀（民78）認為工作倦怠是由於工作壓力而引起。George和Jones（1999）指出工作倦怠是因為工作者經歷一段時期的高工作壓力後所產生。Newstrom和Davis（2002）認為工作者高度緊張的壓力持續一段時期，個人無法立即產生能力來應付而造成的。廖相如（民92）認為工作倦怠是因為工作環境的不適應，充滿了壓力、工作負荷過重，或理想與現實無法配合所造成的不適應。陳益綜（民86）認為工作倦怠主要是個體主觀的感受，來自於對期望的失落所引致的負向情感及認知改變，並困於應對。Talmor、Reiter和Feigin（2005）認為工作倦怠可能是因為人們對此工作角色的定義過於誇大，或是由於社會價值和規範的要求過於高遠，以致於難以實現，這些都導因於對工作者的要求過於沈重，超過其負荷。Ivancevich、Konopaske和Matteson（2005）認為造成工作倦怠的因素可能有：工作負擔沈重、終端工作、工作過度機密和文書工作、對於工作表現缺乏溝通和回饋、角色衝突和混淆、人際關係困難、獎酬系統不以工作表現為考量。此外，個人的因素也是影響工作倦怠發生的可能性，例如：女性較男性易發生工作倦怠，年輕的

員工較年長的員工（50歲以上）易發生工作倦怠，未婚的工作者較已婚的工作者易發生工作倦怠。Luthans（2002）的工作倦怠可能是工作失去基本目標和實現的結果，縱使讓你擁有較多的個人時間，通常無法幫助你解決工作倦怠。工作倦怠不只是個人的問題，也是個人工作所在的社會環境所造成之問題。

　　陳蓮妃（民92）認為教師在工作環境中，因長期過度工作的壓力而造成。劉淑貞（民92）則認為教師工作倦怠成因是對壓力反應缺乏適當的因應對策。陳建瀧（民89）認為教師工作倦怠是教學工作對該教師已失去誘因使然。陳榮茂（民91）認為教師在教學與行政工作事務上，因個人認知的目標理想一直無法達成，或是工作負擔過重、工作壓力過大所引起。吳宗達（民93）則認為是教師在與學校環境互動過程中，因個人所認知的目標理想一直無法達成，或是工作負擔過重、工作壓力過大所引起。李建智（民94）認為教師在教學的過程中，長期因為個人教育理念與現實環境差距過大，或是工作壓力超過個人的負荷而造成的。王嬋媚（民93）認為教師因長久不變的教學工作，或家長與社會對教師期許過高，或教師個人因素，或學校組織變革時，個體無法對工作壓力產生自我調適所造成。Talmor、Reiter和Feigin（2005）認為教師工作倦怠導因於持續的工作壓力，且教師的專業失敗感源自於真正的個人專業能力和理想期望的專業能力之間的鴻溝所造成。林勝結（民87）認為教師在教學環境的要求下，由於工作過度負荷、過度追求不切實際的目標、或無法有效因應工作壓力與挫折而造成。李倩華（民81）認為教師工作倦怠最主要是壓力持續增強，個人不得不耗費許多精力和情緒來應付壓力並試圖解決問題，如果個人努力無效，壓力又持續存在，則會產生的現象。Edmonson和Thompson（2001）則認為老師的工作倦怠由五個角色因素構成：角色混淆、角色衝突、角色期望衝突、角色超載、角色自我概念。此五種因素會相互影響且會影響工作倦怠感。

　　Seyfarth（2002）認為教師工作倦怠的因素可能由於工作責任內容的不清楚而產生角色衝突，或是沒有足夠的權力來執行被指派的責任而導致責任和權力失衡，可能是工作負擔太重或太輕，或是沒有足夠的資訊來執行被指派的任務，也可能是與行政人員的互動時，沒有得到績效表現的回饋，與無法影響行政人員對教師工作上的決定。

　　Wood & McCarthy（2002）認為因為教師的工作經常在課堂中進行教學與學生互動，教室容易變成這些工作倦怠教師的保護場所，較少與同事互動，同事無法提供專業事務的意見供作教師參考，易與其他教師失去聯繫，所以較容易導致失去人性的特徵出現。教師在開始初任教師時所設定的目標或理想，當後來工作倦怠現象出現後，便覺得當初的目標或理想微不足道，甚或無法達成。角色衝突和角色混淆與工作倦怠有很大的關係。工作倦怠與工作者覺得其工作無意義感或無力感有關，或與教師角色的期望不斷的變遷，或與先前的教育信念產生衝突，導致教師產生工作倦怠。

　　謝文全（民93）認為導致工作倦怠的原因有下列三項：一、工作負荷或壓力過度。二、工作與志趣不符或目標理想過高。三、行政及領導不當。

　　王嬋媚（民93）進一步分析教師工作倦怠的原因可能包括下列各項：一、社會因素：(一) 學校轉型後，教師缺乏第二專長或教學能力不足。(二) 社會大眾對教師的定位及偏見。(三) 家長對教師不尊重，學生不易管教。二、個人因素：(一) 個人背景因素與人格特質的差異。(二) 過分理想化，所承受的工作量太多而負荷太重。(三) 缺乏成就感，教學熱情降低。三、學校因素：(一) 同事與人際關係不好。(二) 教師角色衝突與矛盾。(三) 校長的領導風格與學校行政資源缺少。(四) 教師缺乏教學自主性。四、教學因素：(一) 學生學習動機低落且不易管教。(二) 教師除了教學工作以外，增加許多其他事務。(三) 教材缺乏變化，過於單調。

　　Talmor、Reiter和Feigin（2005）認為教師工作倦怠和壓力的三項因素：一、人格因素，包括：過度敏感、理想化、熱愛、過度關心、沒有自信、維持控制。二、背景因素，包括：性別、年齡、教學年資、家中子女人數、教育程度。三、環境因素，包含四個：(一) 心理層面：心理和情感的因素，如：獨立、工作的變化、工作負擔、重要性、自我表現的機會、專業發展；(二) 結構層面：空間、建築設計、噪音、工作者能彈性改變的程度、顧及個人需求；(三) 社會層面：與工作者直接接觸的人，包括顧客、同事和主管、組織的次文化、領導型式、同事間的溝通方式、與顧客間的溝通方式、遭遇顧客提出的艱難問題、顧客對客服人員的態度；(四) 組織（科層體制）層面：文書工作過度負荷、缺乏溝通、管理的因素包含：法令和規則、做決定和制訂政策、工作職位、不同角色的衝突、角色和工作的混淆、工作上的擾

亂、妨礙個人績效。大部分教師感覺受到學生暴力的威脅，害怕特定學生並相信他們可能會傷害自己。三項會造成教師們工作倦怠的因素是對工作缺乏振奮感、對教師有太多期望、懼怕去上班。此外，教師認為自己的職業與其他行業比起來，較不受尊敬。

Schlichte、Yssel和Merbler（2005）認為造成教師工作耗損的因素有六：一、沈重的工作負擔；二、過多的文件工作；三、學生行為管理的問題；四、缺乏或拙劣的行政支援；五、校長的管理型式；六、學校組織結構的負面影響。

綜合以上學者專家之意見，歸納出教師工作倦怠的成因，可分為下列四項：

一、個人因素方面

個人因素方面有下列幾項：(一) 個人背景因素，包括性別、年齡、婚姻、教學年資、家中子女人數和教育程度。(二) 人格特質：包括個人過度敏感、熱愛、過度關心、沒有自信、維持控制。(三) 角色自我概念，包括個人對自己的期望過分理想化。(四) 缺乏成就感，教學熱情降低，覺得工作無意義感或無力感。(五) 缺乏適當的因應調適。(六) 教師專業能力不足。(七) 角色發生衝突和混淆、超載。

二、學校因素方面

學校因素方面有下列幾項：(一) 與同事互動與聯繫不佳，人際關係不良。(二) 沒有參與學校決策，包括無法影響行政人員對教師專業工作上的決定。(三) 校長領導方式不佳。(四) 無足夠權力和資訊來執行被指派的責任。(五) 工作負荷過重或太輕，負擔太多文書工作。(六) 缺乏良好的行政支援。(七) 學校組織的變革太快，或因應策略不佳。(八) 缺乏工作表現溝通和績效表現回饋。(九) 獎酬和升遷不公。(十) 學校資源不足。(十一) 缺乏專業發展的機會。

三、教學因素方面

教學因素方面有下列幾項：(一) 學生學習動機低落。(二) 學生管教困難。(三) 工作責任內容不清，除教學外尚有其他事務。(四) 教學欠缺變化，過於單調。(五) 缺乏自我表現機會。(六) 教師缺乏教學自主性，無彈性改變

的空間。

四、社會因素方面

社會因素方面有下列幾項：(一) 與家長溝通困難、受刁難，對教師不尊重。(二) 社會大眾對教師的期望過高。(三) 法令和規章不合宜。

第四節　教師工作倦怠的預防

若教師因為前述四項因素所產生的壓力長期累積下來，無法有效解決，則易形成教師工作倦怠，而教師工作倦怠不僅影響教師本身身心健康，甚至傷及家庭、同事、學生、學校，甚至危及教師專業形象，因此探討教師工作倦怠的預防與因應之道，可使學生受益，並增進教師專業實現，實有其重要性。以下先列舉學者專家之意見，再予以歸納整理。

Sari（2004）認為預防校長和教師發生工作倦怠的預防措施有：(一) 教育行政機關應備妥預防的計畫，以提供協助。(二) 教育行政機關應提供較佳的工作條件、適當的薪資和資源，以提升校長和教師的服務意願。(三) 校長和教師應參加壓力管理的訓練計畫，以提升自尊和和自信，增強其內外在動機。(四) 隨時注意校長和教師有無工作倦怠的徵兆，並增加工作滿足感，增加其工作的價值感。(五) 透過互相尊敬和瞭解，以成為可靠且有效率的工作夥伴。(六) 應讓教師覺得其工作是很重要的，且不是家長和教育主管機關的沈重負擔。(七) 對於浪費太多時間在行政程序和工作紀錄上，教育行政機關應想辦法加以改進。(八) 教育行政機關應儘量避免增加校長和教師的工作不滿足感，以免降低其工作滿足。

Schlichte、Yssel和Merbler（2005）認為防止初任教師的工作倦怠，有下列幾點：(一) 良師和初任教師之間建立起強而有力的分享關係是很重要的；(二) 初任教師不應只依賴單一來源的支持，除了良師之外，尚須行政人員建立同事間的支援和協助之環境；(三) 行政人員需瞭解初任教師所遭遇的壓力來源，除了良師外，需要指派夥伴教師以促進其社會化；(四) 教導初任教師瞭解與學生建立良好關係的重要性，並增加學生的進步和成就，以維持教育者和學習者間的橋樑；(五) 行政人員應瞭解師生間的關係對學生的成就

表現相當重要，當初任教師放棄時，學生也會跟著放棄；(六) 師範教育機構應鼓勵學生進行互助合作，提供其機會練習建立合作支援的同儕團體，這些技巧有利於初任教師的教學工作，而此種支援網絡的發展，對教學成功和專業滿足是很重要的因素。

Seyfarth（2002）認為預防教師工作倦怠的方法有：(一) 減少時間壓力，藉由提早提醒與提供協助和支援，以幫助教師早點完成必要的文書工作。(二) 協助教師處理情感和心理的問題，可協助找尋相關服務機構或社團等資源。(三) 提供訓練以幫助教師處理學生相關問題。(四) 藉由指出教師能改進的地方，以消除教師對績效評鑑的恐懼；甚至讓教師有評鑑學校行政人員的機會。(五) 對教師在教學上的表現，提供明確建議的回饋。(六) 如教師要求，可讓其參加家長會議，並提供家長會議的計畫與執行的相關訓練。(七) 找時間與老師非正式談話，讓教師有機會談他們想談的事和心理的負擔。(八) 舉辦旅遊或比賽，讓教師獲得休息，且與同事能共度美好時光。(九) 藉由喚起他們往日成功的事例，協助那些心情沮喪的教師維持教育的信念，可邀請昔日學生回到母校，暢談教師如何協助他們度過難關，邁向成功的過程。

Taylor、Zimmer和Womack（2005）認為預防教師工作倦怠，提出幾項建議：(一) 鼓勵教師參與課程決定。(二) 學生和家長應為學生的學業成就擔負責任，而非只推給教師。(三) 多提供相關教師專業發展的機會。(四) 增加地方學區教師的福利。

Wood和McCarthy（2002）認為預防教師工作倦怠的方法可分三個層級：(一) 主要預防：其目標在減少因工作倦怠產生新個案；(二) 次級預防：提早找出有類似工作倦怠等症狀的教師，並施以輔助；(三) 第三級預防：找出最近有工作倦怠失序行為的教師，施以某種程度的輔導和協助。第一層級是預防教師工作倦怠，第二層和第三層則是發現教師有類似或真有工作倦怠情形後，加以協助和輔導。教育服務諮詢委員會根據上述三層級提出預防教師工作倦怠的方法：

(一) 第一級主要預防

1. 提供適當的資源和設備，以支援教師的教學需要。2. 提供清楚明確

的工作說明和期望，以避免教師的角色混淆和衝突。3. 建立和維持開放的溝通管道，以提供行政支援和績效表現的回饋。4. 允許並鼓勵教師參與專業發展活動，並運用良師輔導和小組工作方式，使其產生成就感和實現其專業發展。

(二)第二級預防

找出有早期工作倦怠徵兆的教師，包含：1. 感覺不像來學校上班或曠職多日的教師。2. 無法集中精神在工作上。3. 感覺被工作負擔壓垮且對工作任務有不適當的態度。4. 與同事合作時常有退縮的態度或常與同事有衝突情形。5. 常針對學校事務勃然大怒。6. 經常有失眠、消化不良、頭痛和心悸等現象。7. 無法表現出專業能力並導致嚴重事故。

(三)第三級預防

改善工作倦怠徵兆，一旦教師發生工作倦怠，必須決定教師是否能或願意繼續其工作。影響其決定的因素中，尤其是經濟因素，考量家庭是否需要其工作薪資賴以維生；其次，是轉業的困難，需考量其他就業市場的供需情形；再來，是退休的考量，是否犧牲多年的教學年資。最後，教師大概通常會做出三類的決定：1. 選擇結束教育專業工作。2. 從事壓力較輕的工作，或學校將先前負重責大任的職務改由其他老師擔任；3. 選擇重新定義自己的角色，將重心轉移至家庭和朋友；或請調至其他較適合自己的學校繼續任教。教師每天必須面對全班學生，與家長、行政人員、諮詢專家與其他老師互動與溝通，這些都是潛在的壓力來源。此外，面對低薪和日益減縮的學校預算，和要求愈趨嚴苛的績效標準，這些因素可能造成教師發生工作倦怠的情形。

謝文全（民93）認為工作倦怠的預防及因應之道有：(一) 適度減少壓力來源。(二) 組織用人適才適所。(三) 建立社會支持系統。(四) 主管多關懷成員。(五) 給予成員自主空間；(六) 暢通溝通與聯誼管道；(七) 學習適當的因應技巧。

顏耀南（民90）指出教師接受工作倦怠鬆弛課程以應付工作倦怠感，再加上適當休息、運動、正常的飲食，可避免職業倦怠的來臨，因此，為防止教師工作倦怠的發生，可以從教師的養成教育、學校組織、個人本身、社會

支持系統等方面著手，提供有效之防範策略，以協助教師克服工作倦怠。

　　吳金香（民89）認為預防與因應工作倦怠的策略有二個方向，一為教師個人的因應策略：善於管理時間有計畫地完成工作任務、多做運動、練習鬆弛、休息與尋求社會支持等。二為學校組織策略，行政主管可運用的方式：教學目標的明確化、教師工作職責的具體化、建立有效的組織溝通網絡、加強教師在職進修，以及實施校內教職員工身心保健計畫等。

　　張慶勳（民85）認為避免教師工作倦怠，提高其工作滿足的方法有：(一) 減輕教師工作壓力。(二) 尊重教師專業自主權。(三) 擴增教師參與校務決定機會。(四) 校長領導宜兼重倡導與關懷層面。(五) 校長宜運用轉化領導的策略。(六) 營建具有創造性及價值性的學校文化。(七) 提升教師工作成就感。

　　楊筱雲、蘇建文（民83）對教師工作倦怠的預防提出三方面建議：一、教師個人方面：(一) 確實釐清工作動機與工作意願。(二) 加強專業知能的培養。(三) 充實生活適應能力，建立主動、積極的人生觀。(四) 調整作息時間，以因應交通問題。(五) 適度協調工作量之分配及利用休假調劑身心。二、學校方面：(一) 增進員工福利。(二) 改善組織制度。(三) 加強專業訓練。(四) 提振工作精神。(五) 改善主管領導之能力。三、行政主管機關方面：(一) 檢討改善相關制度。(二) 檢討相關法令規定。(三) 加強對托兒所之管理與輔導。

　　鄭麗芬（民83）對教師的個人因應，提出下列四點策略：(一) 學習減輕壓力的技巧：老師應學習有關的技巧，像鬆弛訓練，來增強自己的適應能力。(二) 自我關注，注動休閒與運動：教師應重視嗜好的培養，參與休閒活動，以紓解不必要的障礙。(三) 自我評估與設立目標：教師要能夠對工作與對自己有正確的認知，建立合理的期望與目標，才能在工作中得到成就感。(四) 更新自我能量，建立新的自我報酬：要不停地自我進修，以維持不斷的活力與熱忱。

　　綜合以上學者專家所提出的對教師工作倦怠預防與因應方法，提出針對教師個人及學校方面、主管教育行政機關等三方面的預防與因應之道：

一、教師方面

(一) 建立正確自我概念和目標

教師要能夠對自己有正確的認知，瞭解和評估自己的優缺點和能力，如此才能對工作建立合理的期望與目標，自我關注，確實釐清自己的工作興趣、動機與工作意願，才能全力以赴，在工作中得到成就感，並建立主動、積極的人生觀。

(二) 提升專業知能與態度

要不斷地自我進修，以提升自己的專業知識和技能，如此，才能藉由不斷地更新自我的能量，來維持不斷的活力、熱情與熱忱，才能展現自己的專業態度。這樣透過專業成長而改變的自我成長，也是一種的自我報酬。

(三) 學習減輕壓力的技巧

教師應學習相關減輕壓力的技巧，如鬆弛訓練，以應付工作倦怠感，來增強自己的適應能力。亦可從事良好嗜好的培養，參與正當休閒活動與運動，以紓解不必要的障礙，再加上適當休息、正常的飲食，可避免工作倦怠。

(四) 善用時間管理的技術

教師應善用時間管理技巧，以妥善於管理時間，有計畫地完成工作任務；透過適當的調整作息時間，以因應工作等相關問題；並適度安排每日、每週、每月工作量之分配，固定挪出時間休息和運動，及利用休假調劑身心。

(五) 尋求親友的支持協助

教師應主動和家人、親戚、朋友聯繫與溝通，藉由家人的鼓勵和關懷，以增加自己的歸屬感和自信心，並在遭遇壓力和問題時，能尋求家人、親戚、朋友的協助，以減輕壓力，擺脫工作倦怠。

二、學校方面

(一) 適度減少教師工作壓力和壓力來源

減輕教師工作壓力並適度減少壓力來源，可藉由提早提醒，並提供協助和支援，以幫助教師儘早完成工作，以減少時間壓力；亦可提供清楚明確的工作說明和期望，以避免教師的角色混淆和衝突。

(二) 改善學校不公平的相關制度

學校組織中可能有不公平的相關制度，如能加以改善相關的學校組織制度，例如：將不公平的績效和獎懲制度予以改進，讓績效表現良好的教師能夠獲得應有的獎酬和升遷，增加教師成就感和自信心，以符合組織用人適才適所的原則。

(三) 建立聯誼管道和社會支持系統

可透過舉辦旅遊或比賽，除讓教師獲得休息外，也能與同事建立良好互動關係；宜建立同事間的支援和協助之環境、運用良師輔導和指派夥伴教師予以協助並促進良好人際關係；協助教師處理情感和心理的問題，可輔助找尋相關服務機構或社團等資源；透過互相尊敬和瞭解，成為可靠且有效率的工作夥伴。

(四) 學校主管人員宜改善領導能力

學校主管人員應多主動關懷成員，學校主管領導教師時，宜兼重倡導與關懷層面，並宜運用轉化領導的策略，以期使讓教師產生願意工作、喜歡工作、進而樂在工作的情形。

(五) 建立並暢通溝通與回饋管道

建立和維持開放的溝通管道，學校主管人員應找時間與老師非正式談話，讓教師有機會暢談難解的事務和心理的負擔，以提供行政支援，適度協調工作量之分配，並提供適當的資源和設備，以支援教師的教學需要；學校主管人員對教師的教學表現提供明確建議，以消除教師對績效評鑑的恐懼；甚至讓教師有評鑑學校行政人員的機會。

(六) 尊重教師專業自主權，給予專業發展機會

學校主管人員應尊重教師專業自主權、多提供成員自主空間，與相關教師專業發展的機會；允許並鼓勵教師參與專業發展活動，並運用小組工作方式，使其產生成就感和實現其專業發展。

(七) 增加教師參與校務決定機會

鼓勵並擴增教師參與學校事務決定的機會，教師可參與決定的學校事務種類繁多，例如：鼓勵教師參與課程決定，對於實施課程所採用的教材、教科書、教學方法、評量方式、學生作業方式、評量成績，應給予參與決定的機會，並給予適當的自主決定空間，以提升教師自主性和成就感。

(八) 對教師施以處理學生問題和親師溝通的相關訓練

增加教育訓練，以幫助教師處理學生相關問題，並促進與家長良性溝通、互動和互助合作。透過教育訓練讓教師瞭解與學生建立良好關係的重要性，並增加學生的學習成就，以維持教育者和學習者間的橋樑；透過良性的親師溝通，讓家長和學生瞭解應為學生的學業成就擔負責任。

三、主管教育行政機關

(一) 實施預防與因應教師工作倦怠的計畫

宜備妥教師工作倦怠的預防和因應計畫，除了預防措施外，尚應有因應計畫，包含類似前述Wood和McCarthy（2002）所提出之第二級和第三級的預防計畫，隨時注意教師有無工作倦怠的徵候，針對類似工作倦怠徵候和已工作倦怠的教師提供輔導與協助，提供給學校實施辦理，並輔導學校來協助教師。

(二) 鼓勵和輔導教師參與相關訓練，以提升其自信和自尊

宜多鼓勵和輔導教師參加壓力管理的訓練計畫，以提升其自尊和和自信，讓教師覺得其工作是很重要的，且不是教育主管機關和學校的沈重負擔，增強其服務學校的內外在動機。

(三) 提供較佳的工作條件和資源，減少工作負荷

宜提供較佳的工作條件、適當的薪資和福利，與足夠的資源，以提升教師的服務意願，並增加工作滿足感，儘量避免增加教師的工作不滿足之相關因素，例如：浪費太多時間在行政程序和工作紀錄上，教育行政機關應想辦法加以改進，以提升其工作的價值感。

參考書目

一、中文書目

于鳳娟譯（民90）。Lerbinger, O.著。危機管理。臺北市：五南。（原著出版年：1997年）

中央日報（民93年10月10日）。幼教法修正草案各級公立學校准設附幼公辦民營。中央日報，第13版。

內政部（民68）。托兒所教保手冊。臺北市：作者。

王立杰（民95）。幼保機構行政的意義與重要性。載於王立杰、田育芬、段慧瑩、張碧如（編著），托育機構行政管理與實務（四版）（頁1-1到1-29）。臺北市：永大。

王立杰（民95b）。托育機構評鑑。載於王立杰、田育芬、段慧瑩、張碧如（編著），托育機構行政管理與實務（四版）（頁4-1到4-31）。臺北市：永大。

王如哲（民91）。學校公辦民營之法律問題與制度設計——以美國為例，載於國科會人文處教育學門成果發表會會議手冊。臺北：國科會人文處教育學門。

王武章（民92）。中部地區國民中學校長校園危機因應策略之研究。彰化師範大學教育研究所碩士論文，未出版，彰化。

王嬋媚（民93）。高中職轉型為綜合高中組織變革，教師角色壓力與工作倦怠相關之研究——以社會支持為干擾變項。國立中山大學人力資源管理研究所碩士論文，未出版，高雄。

王靜珠（民89a）。托育機構行政管理與實務（修訂版）。臺北市：華騰文化。

王靜珠（民89b）。幼稚園行政（四版）。臺北市：五南。

臺北市社會局（民96）。臺北市托育機構行政管理手冊。民國96年10月1日，取自臺北市社會局網站：http://www.dosw.taipei.gov.tw/i/i0100.asp?ll_code=27

田育芬（民95）。幼兒管理。載於王立杰、田育芬、段慧瑩、張碧如（編著），托育機構行政管理與實務（四版）（頁6-1到6-44）。臺北市：永大。

行政院秘書處（民93）。文書處理手冊。臺北市：行政院秘書處。

行政院衛生署（民92）。衛生統計指標。民國93年11月15日，取自：http://www.doh.gov.tw/statistic/data/死因摘要/92年/92.htm

朱元祥（民89）。Are you ready?——論危機管理。教育研究，72，52-59。

朱愛群（民91）。危機管理——解讀災難謎咒。臺北：五南。

李希揚（民88）。邁向二十一世紀之教育改造工程——教育事業民營化之探討，載於教育行政論壇第四次研討會手冊。臺北：國立臺灣師範大學。

李宏才（民92）。混沌理論應用在國小校長危機管理之研究。國立政治大學教育研究所博士論文，未出版，臺北。

李明芳（民92）。危機管理機制之研究——以地方教育局為例。國立臺北師範學院國民教育研究所碩士論文，未出版，臺北。

李秀娟（民95）。臺北縣國民中學校園危機及其管理策略之研究。國立臺北教育大學教育政策與管理研究所碩士論文，未出版，臺北。

李美玲（民88）。淺談幼兒教育券與公辦民營政策。現代教育論壇，5，132-134。

李建智（民94）。國中教師對學生問題的容忍度與職業倦怠之相關研究。國立彰化師範大學教育研究所碩士論文，未出版，彰化。

李倩華（民81）。教師的職業倦怠。諮商與輔導，77，36-38。

吳金香（民89）。學校組織行為與管理。臺北市：五南。

吳宗達（民93）。國民小學身心障礙資源班教師工作壓力與工作倦怠之研究。國立彰化師範大學特殊教育研究所碩士論文，未出版，彰化。

吳清山（民84）。美國學校經營型態的新實驗：談「公設民營」的革新方式。比較教育通訊，36，23-27。

吳清山（民88）。臺北市國民中小學實施「公辦民營」之可行性分析。教育政策論壇，2(1)，157-179。

吳清山（民93）。學校行政（六版）。臺北市：心理。

何東墀（民78）。國民中學益智班教師工作滿意、工作壓力與工作倦怠之調查研究，特殊教育學報，4，20。

何俊青（民91）。危機管理在學校經營之應用。教育研究，5，113-134。

沈進發（民90）。臺北縣國民小學初任校長工作內涵、入職狀況及其相關因素之探討。國立臺北師範學院國民教育研究所碩士論文，未出版，臺北。

林玉珠（民93）。娃得福幼教課程模式之理論與實踐。載於簡楚瑛主編，幼教課程模式，287。臺北市：心理。

林永楨、林素卿（民90）。校園危機類型探討分析。載於黃坤錦（主編），校園危機與師資培育，127-146。臺北：五南。

林志成（民88）。學校危機管理與危機決策的分析。國立臺灣體育學院，5，236-272。

林明地（民91）。學校與社區關係。臺北市：五南。

林佩蓉、蔡培玲、顏瑜雯、顏吉祥、練雅婷、段慧瑩（民84）。幼稚園園長手冊。臺北市：臺北市教育局。

林素華（民92）。校園危機管理之研究。南華大學非營利事業管理研究所碩士論文，未出版，嘉義。

林淑貞（民91）。校園學生死亡事件之處理過程及其處理模式的探討。南華大學生死學研究所碩士論文，未出版，嘉義。

林新發（民95）。教育行政領導。載於謝文全等（合著），教育行政學：理論與案例

（287-325頁）。臺北市：五南。

林勝結（民87）。簡介「教師工作倦怠量表」及其應用。學生輔導，**63**，34-35。

林賢春（民92）。臺北市大學校院校園危機管理之研究。臺北市立師範學院國民教育研究所碩士論文，未出版，臺北。

周蕙蘋（民84）。危機管理之研究。文化大學政治學研究所碩士論文，未出版，臺北。

施耀昇（民80）。教師工作倦怠研究的理論模式及實徵研究之探討。嘉義師院學報，**5**，91-92。

信誼基金會學前兒童教育研究發展中心主編（民72）。幼稚園托兒所行政管理手冊。臺北市：作者。

段慧瑩（民95）。行政人事管理。載於王立杰、田育芬、段慧瑩、張碧如（編著），托育機構行政管理與實務（四版）（頁3-1到3-90）。臺北市：永大。

段慧瑩、張碧如（民95）。幼保人員生涯規劃。載於王立杰、田育芬、段慧瑩、張碧如（編著），托育機構行政管理與實務（四版）（頁8-1到8-41）。臺北市：永大。

侯世昌、蔡文杰（民87）。校園危機急轉彎。臺北：幼獅。

紀俊臣（民86）。校園危機處理之法律問題探討。教育資料與研究，**14**，3-10。

帥豫玲（民88）。托兒所公辦民營──以臺北市為例。現代教育論壇，**5**，140-142。

孫本初（民86）。校園危機管理策略。教育資料與研究，**14**，11-20。

秦夢群（民87）。教育行政──實務部分。臺北市：五南。

秦夢群（民88）。教育行政──理論部分（二版）。臺北市：五南。

秦夢群（民95）。教育計畫之理念與方法。載於謝文全等（合著），教育行政學：理論與案例（頁189-214）。臺北市：五南。

高義展（民93）。學前教育機構行政管理與實務。臺北：群英。

高義展（民95）。學前教育行政管理與制度。臺北市：鼎茂。

徐士雲（民91）。國民小學校園危機管理之研究──以臺北市為例。國立臺北師範學院國民教育研究所碩士論文，未出版，臺北。

徐德俊（民92）。體育活動風險研究──以國立花蓮高工為例。國立東華大學教育研究所碩士論文，未出版，花蓮。

馬惠娣（民92）。921震災後校園重建過程與經驗之研究──以南投縣一所國中為例。國立政治大學學校行政班碩士論文，未出版，臺北。

唐璽惠（民87）。校園危機處理。學生輔導雙月刊，**58**，44-57。

孫立葳（民89）。幼兒園經營：品質指標之理論與實務。臺北市：五南。

桂冠編譯室（民88）。Caurso, J. J.和Fawcett, M. T.著。幼兒教育督導：發展的觀點。臺北市：桂冠。（原著出版年：1986年）

教育部（民83）。幼稚園教師手冊。臺北市：教育部國教司。

教育部（民89）。87學年度全國各級學校校園事件統計分析報告。臺北：作者。

教育部（民91）。校園事件通報管理系統實施要點。教育部91.4.23臺均字第91048138號

　　函頒。

教育部（民91a）。幼稚園公共安全及危機處理手冊。臺北市：作者。

教育部訓育委員會（民92）。學生事務危機處理。臺北市：作者。

教育部（民102）。幼兒教育。載於中華民國教育現況簡介，教育部全球資訊網，
　　民國102年7月15日，取自：http://www.edu.tw/pages/list1.aspx?Node=3818&Type
　　=1&Index=2&WID=45a6f039-fcaf-44fe-830e-50882aab1121

張明輝（民88）。學校教育與行政革新之研究。臺北：師大書苑。

張蒼波（民85）。危機處理理論在警察行政中的運用。警光雜誌，485，35-36。

張翠娥（民96a）。幼稚園與托兒所的教學行政。載於蔡春美、張翠娥、陳素珍（合
　　著），幼教機構行政管理：幼稚園與托兒所實務（三版）（頁189-234）。臺北
　　市：心理。

張翠娥（民96b）。幼稚園與托兒所的保育行政。載於蔡春美、張翠娥、陳素珍（合
　　著），幼教機構行政管理：幼稚園與托兒所實務（三版）（頁237-276）。臺北
　　市：心理。

張德銳（民95）。教育行政組織。載於謝文全等（合著），教育行政學：理論與案例
　　（頁215-249）。臺北市：五南。

張德聰（民86）。從青少年次級文化談校園危機處理。教育資料與研究，14，37-53。

張慶勳（民85）。學校組織行為。臺北市：五南。

陳木琳（民93）。臺北縣國小教師SARS信念、預防行為意向與教學意向相關因素研
　　究。國立臺灣師範大學衛生教育研究所碩士論文，未出版，臺北。

陳芳雄（民86）。校園危機處理。臺北：幼獅。

廖鳳瑞、陳姿蘭編譯（民91）。Meisels, S. J.等著。幼兒表現評量：作品取樣系統。臺
　　北市：心理。（原著出版年：2001）

陳美玉（民89）。教育行政視導與評鑑。載於吳清基（主編），教育行政（頁
　　169-195）。臺北市：五南。

陳冠蓁（民92）。臺中縣托兒所教保人員安全教育信念與實施現況之研究。朝陽科技大
　　學幼兒保育系碩士論文，未出版，南投。

陳建瀧（民89）。協助教師解除工作倦怠。國教天地，138，67-69。

陳益綜（民86）。學校輔導人員的工作倦怠現象與需求之探討——以現實治療法檢視
　　之。輔導季刊，33(1)，39-51。

陳榮茂（民91）。國民小學教師工作壓力與工作倦怠關係之研究。國立臺中師範學院國
　　民教育研究所碩士論文，未出版，臺中。

陳蓮妃（民92）。國民中學訓導主任工作壓力與職業關係之研究。國立高雄師範大學教
　　育學系學校行政碩士班碩士論文，未出版，高雄。

陳聰明（民93）。北部地區公私立技術學院校園危機管理之研究。臺北市立師範學院國
　　民教育研究所碩士論文，未出版，臺北。

陳麗珠（民90）。我國高等教育財政改革之趨勢與展望。高雄師大學報，**12**，51-69。

陳麗霞（民88）。「幼兒教育券」、「幼稚園公辦民營」真的能為幼教注入新希望？現代教育論壇，**5**，143-146。

陳寶山（民86）。校園意外事件與校園安全。教育資料與研究，**14**，21-28。

許素梅（民92）。國民教育階段學校公辦民營之可行性。師友，**428**，38-42。

許龍君（民87）。校園安全與危機管理。臺北：五南。

康雅淑譯（民91）。Miller, K.著。危機處理教師手冊：如何幫助孩子面對生活中的棘手問題。臺北縣：光佑文化。（原著出版年：1996年）

捷飛教學研發中心（民92）。園所危機處理手冊。基隆市：捷飛幼教事業管理顧問有限公司。

鳥崎正男（民91）。學生指導的危機管理：學習處理緊急狀況時的方法。臺北市：國際村。

湯志民（民93）。幼兒學習環境設計。臺北市：五南。

黃宗顯（民95）。教育行政溝通。載於謝文全等（合著），教育行政學：理論與案例（327-362頁）。臺北市：五南。

黃淑珍（民77）。國中教師背景因素、工作情境、人格特質與工作倦怠的相關研究。國立臺灣師範大學心理與輔導研究所碩士論文，未出版，臺北。

黃富源、侯友宜（民91）。談判與危機處理。臺北：元照。

黃新福（民81）。危機管理之研究——從組織層面來探討。政治大學公共行政研究所碩士論文，未出版，臺北。

黃德祥（民86）。校園危機處理的原則與策略。臺灣省中等學校輔導通訊，**51**，8-31。

黃瓊慧（民91）。國民小學公共關係之研究——以個案學校為例。臺東師範學院教育研究所碩士論文，未出版，臺東。

曾憲政、翁麗芳（民88）。幼兒教育改革的省思——從「幼兒教育券」、「幼稚園公設民營」談起。現代教育論壇，**5**，125-131。

游肇賢（民91）。全面品質管理在校園危機管理的應用。教育研究，**10**，167。

彭秀英（民91）。臺灣地區國民小學校園緊急傷病處理現況與相關因素探討。國立臺灣師範大學衛生教育研究所碩士論文，未出版，臺北。

彭鐻（民93）。水患對學校經營影響之個案研究。國立臺北師範學院教育政策與管理研究所，未出版，臺北。

靖娟兒童安全文教基金會（民95）。如何選擇重視娃娃車安全的托育機構。民96年8月24日，取自http://www.safe.org.tw/safe/family_content.asp?id=24

楊振昇（民89a）。教育行政溝通理論。載於吳清基（主編），教育行政（頁113-137）。臺北市：五南。

楊振昇（民89b）。教育行政領導理論。載於吳清基（主編），教育行政（頁139-167）。臺北市：五南。

楊淑娟（民82）。公關危機管理個案研究——以麥當勞與長谷建設的危機為例。輔仁大學大眾傳播研究所碩士論文，未出版，臺北。

楊筱雲、蘇建文（民88）。影響臺北市托兒所教保人員工作倦怠之相關因素研究。家政教育，12(6)，73-80。

葉嘉青譯（民88）。Godwin, A.和Schrag, L.著。托育機構經營管理。臺北市：華騰。（原著出版年：1996）

鄔佩麗（民89）。危機與契機：校園問題行為輔導手冊。臺北市：幼獅。

萬家春（民85）。校園意外事件之危機處理。教師天地，82，36。

廖相如（民92），桃竹苗四縣市國民小學教師成就動機、制握信念與工作倦怠關係之研究。國立新竹師範學院國民教育研究所碩士論文，未出版，新竹。

廖鳳瑞（民77）。幼稚園的行政與管理。臺北市：正中。

蓋浙生（民87）。公立學校BOT公辦民營——看國外倡導的經營理念。師說，119，15-17。

劉淑貞（民92）。員工工作特性與工作倦怠之關聯性研究——以技術學院行政人員為實證對象。中原大學企業管理學系碩士論文，未出版，桃園。

蔡春美、張翠娥（民92）。幼稚園與托兒所的評鑑。載於蔡春美、張翠娥、陳素珍（合著），幼教機構行政管理：幼稚園與托兒所實務（二版）（頁343-394）。臺北：心理。

蔡春美、陳素珍（民101）。幼兒園的行政意涵與籌備規劃。載於蔡春美、張翠娥、陳素珍（合著），幼兒教育體系與運作：幼兒教保行政管理與實務（頁63-108）。臺北市：心理。

蔡春美、張翠娥（民96）。幼稚園托兒所與家庭、社區的關係。載於蔡春美、張翠娥、陳素珍（合著），幼教機構行政管理：幼稚園與托兒所實務（三版）（頁279-330）。臺北市：心理。

蔡崇振（民86）。從兩個實例談校園危機處理。教育資料與研究，14，58-61。

歐秀姿（民88）。政府釋放幼教資源的省思。現代教育論壇，5，151-153。

謝文全（民91）。學校行政（八版）。臺北市：五南。

謝文全（民93）。教育行政學（二版）。臺北市：高等教育。

謝月英（民79）。克服教師工作倦怠。國教月刊，36（7、8），10-11。

謝謹如（民89）。高雄市國民中學學校環境與危機管理關係之研究。國立高雄師範大學教育學系碩士論文，未出版，高雄。

鄭英敏（民85）。學校危機處理。教師天地，82，24。

鄭彩鳳（民91）。學校行政：理論與實務（三版）。高雄市：麗文文化。

鄭婉妮（民94）。淺談托育機構危機管理。幼教資訊，159，2-9。

鄭麗芬（民83）。學校輔導人員工作倦怠之探討。諮商與輔導，106，頁21-23。

霍士富編譯（民85）。危機管理與公關運作——理論、實務與事例。臺北市：超越企管

顧問。

簡楚瑛、張孝筠（民93）。蒙特梭利課程模式。載於簡楚瑛（主編），幼教課程模式，383。臺北市：心理。

薛秀宜（民90）。情緒智力對危機管理之影響——以南投縣九二一災區學校教師為例。國立中山大學教育研究所碩士論文，未出版，高雄。

蕭秋菊（民91）。桃園縣國民小學教師校園緊急傷病危機管理需求調查。國立臺北師範學院國民教育研究所碩士論文，未出版，臺北。

顏秀如（民86）。國民中學校園危機管理之研究。國立臺灣師範大學教育研究所碩士論文，未出版，臺北。

顏國樑（民89）。教育行政計畫與決定。載於吳清基（主編），教育行政（頁87-98）。臺北市：五南。

顏耀南（民90）。教師職業倦怠相關變項之後設分析研究。國立山正大學教育研究所碩士論文，未出版，高雄。

譚至皙（民91）。臺灣中部地區國小教師對自然災害的防備態度及因應行為之研究。臺中師範學院環境教育研究所碩士論文，未出版，臺中。

二、英文書目

Adwards, W. S. (1992). *Training secondary school administrators for crisis management*. Unpublished doctoral dissertation, University of Georgia. (UMI ProQuest Digital Dissertations publication No. AAT9235395)

Archer, J.(2004). Private charter managers team up. *Education Week, 23(21)*,1. Washington: Feb 4, 2004. ProQuest document ID: 539003101.

Austen, A. (1990). *The dilemma of decision-making: Reflections of Suffolk county superintendents(crisis management, New York)*. Columbia University Teachers College Edd. (DAI-A 51/12)

Batsis, T. M. (1994). *Crisis management in Catholic schools*. (ERIC Document Reproduction Service No. ED383068)

Berube, M. R.(1994). *American school reform: progressive, equity, and excellence movements, 1883-1993*. Connecticut: Greenwood Publishing.

Booth, S. A. (1993).*Crisis Management Strategy: Competition and Change in Modern Enterprises*. N. Y.: Routledge.

Boynton, C. M. (1990). *A study of responses of Washington and Oregon school districts to staff and students with AIDS*. Unpublished doctoral dissertation, Seattle University. (UMI ProQuest Digital Dissertations publication No. AAT9029236)

Brown, F. (2002). Privatization of public elementary and secondary education in the United

States of America. *Education and The Law, 14*(1-2), 99-115.

Burnett, S. L. (2000). *An investigation of school violence prevention strategies utilized within Louisiana school districts*. Unpublished doctoral dissertation, University of Louisiana at Monroe. (UMI ProQuest Digital Dissertations publication No. AAT9993724)

Caylor, M. J. (1991). Trial by fire (and tornado) taught us to plan or crises. *The executive educator, 13*(2), 22-24.

Cazares, P. (1997). *The private management of public school: The Hartford, Connecticut, Experience*. The Annual Meeting of the American Education Research, Chicago, IL, (ERIC Education Reproduction Document, No. Ed 407738).

Celaya, J. R. (2003). *Student's and parents' understandings of school safety in relationship to emergency crises*. Unpublished doctoral dissertation, The University of Arizona,. (UMI ProQuest Digital Dissertations publication No. AAT3089916)

Christensen, L. K. (2001). *Crisis management plan characteristics in elementary schools as perceived by Nebraska public school principals*. Unpublished doctoral dissertation, University of Nebraska at Omaha.

Click, P. M. (2000). *Administration of schools for young children*(5th ed.). Albany, NY: Delmar of Thomson Learning.

Cohen, S. E. (1998). *Principles' experiences with school crises*. Unpublished doctoral dissertation, University of Virginia. (UMI ProQuest Digital Dissertations publication No. AAT9840461)

Decker, R. H. (1997). *When a crisis hits, will your school be ready?* (ERIC Document Reproduction Service No. ED413665)

De Diemar, J. M. (1996). *The role media relations specialists in school crisis management involving violence: A needs assessment survey of Kansas school districts*. Kansas State University,. (UMI ProQuest Digital Dissertations publication No. AAT9637245)

Doughty, S. (1997). *The private management of public school: Lessons learned from the experience of four school districts*. The Annual Meeting of the American Education Research, Chicago, IL, (ERIC Education Reproduction Document, No. Ed 407741).

Dutton, J. E. (1986). The processing of crisis and non-crisis strategic issue. *Journal of management studies, 23*(5), 502-517.

Edmonson, S. L. & Thompson, D. P. (2001). *The "role" of burnout among special educators: the relationship between burnout and role tensions*. Paper presented at the Annual Meeting of the American Educational Research Association, Seattle, WA. Retrieved March 13, 2007, from ERIC database. (ERIC Document Reproduction Service No. ED454655)

Edward, D. L. (1997). *The private management of public school: The Dade County, Florida,*

Experience. The Annual Meeting of the American Education Research, Chicago, IL, (ERIC Education Reproduction Document, No. Ed 407740).

Everett, S. M. (1991). *Crisis management in schools. Master of education requirement.* (ERIC Document Reproduction Service No. ED334491)

Fink, S. (1986). *Crisis management-planning for inevitable.* Common wealth publishing Co.,Ltd.

Gainey, B. L. S. (2003). *Creating crisis-ready school districts.* University of South Carolina. (UMI ProQuest Digital Dissertations publication No. AAT3115108)

George, J. M. & Jones, G. R. (1999). *Understanding and managing organizational behavior(2nd ed.).* New York: Addison-Wesley.

Gilliam, J. E. (1993). Crisis management for students with emotional/behavioral problems. *Intervention in school and clinic, 28*(4), 224-230.

Graveline, M. M.(2003). *Teacher self-efficacy at managing a school crisis. Unpublished doctoral dissertation.* University of Hartford. (UMI ProQuest Digital Dissertations publication No. AAT3108261)

Gullatt, D. E. & Long, D. (1996). What are the attributes and duties of the school crisis intervention team? *NASSP Bulletin, 80*(580), 104-113.

Harris, M. B. C. (1990). *Crisis Management: A school district response to suicide.* (ERIC Document Reproduction Service No. ED339973)

Herman, J. J. (1994). *Crisis management – A guide to school crisis and action taken.* California: Corwin Press.

Ivancevich, J. M., Konopaske, R. & Matteson, M. (2005). *Organizational behavior and management(7th ed.).* New York: McGraw-Hill.

Jackson, L. (1997). *The private management of public school: The Minneapolis, Minnesota, Experience.* The Annual Meeting of the American Education Research, Chicago, IL, (ERIC Education Reproduction Document, No. Ed 407737).

Janice, S.(1996). *Massachusetts charter schools: when reform goes wrong.* Radical teachers. Cambridge: Oct31, 1996, 49, 17. ProQuest document ID: 592464611.

Rodd, J. (1998). *Leadership in early pathway to professionalism(2nd ed.).* New York, NY: Allen & Unwin.

Jones, M. & Paterson, L. (1992). *Preventing chaos in times of crisis: A guide for school administrators.* (ERIC Document Reproduction Service No. ED350700)

Krauss, J. L. (1998). *An examination of a paradox in crisis management: Can we prepare for the unpredictable?* Unpublished doctoral dissertation, College of Business and Economics, Washington State University.

Leak, L. E. & William, L. C. (1997). *The private management of public school: The*

Baltimore experience (Based on the UMBC evaluation of the Tesseract Program in Baltimore City) . The Annual Meeting of the American Education Research, Chicago, IL, (ERIC Education Reproduction Document, No. Ed 407731).

Luthans, F. (2002). *Organizational behavior(9th ed.).* New York: McGraw-Hill.

McDowell, E. E. (1995). *Crisis debriefing teams' manager's handbook.* (ERIC Document Reproduction Service No. ED410710)

Meyers, G & Holusha, J. (1988). *Managing Crisis.* London, Unwin.

Munro, P. & Wellington, D. (1993). When crisis strikes: strategies for managing student grief. *School in the middle, 2*(3), 18-22.

Nathan, J.(1996). *Charter Schools: Creating Hope and Opportunity for American.* California: Jossey-Bass Publishers.

Newstrom, J. W. & Davis, K. (2002). *Organizational behavior: human behavior at work(11th ed.).* New York: McGraw-Hill.

Nudell, M. & Antokol, N. (1988). *The handbook for effective emergency and crisis management.* Lexington, Mass-achusetts: D.C. Health and Company.

Nunamaker, J. F. Jr., Weber, E. S. & Chen, M. (1989). Organizational crisis management systems: planning for intelligent action. *Journal of Management Information Systems, 5*(4), 7-32.

Sari, H. (2004). An analysis of burnout and job satisfaction among Turkish special school headteachers and teachers, and factors effecting their burnout and job satisfaction. *Education Studies, 30*(3), 290-306.

Schlichte, J., Yssel, N. & Merbler, J. (2005). Pathways to burnout: case studies in teacher isolation and alienation. *Preventing school failure, 50*(1), 35-40.

Seltzer, J. A. (1992). *Crisis at a bronx junior high: responding to school-related violence.* (ERIC Document Reproduction Service No. ED357304)

Seyfarth, J. T. (2002). *Human Resources management for effective schools(3rd ed.).* Boston, MA: Allyn & Bacon.

Shrestha, B. (1990). *Crisis management in the schools: new aspects of professionalism.* (ERIC Document Reproduction Service No. ED324809)

Sullivan, D. R. (2003). *Learning to lead: effective leadership skills for teachers of young children.* St. Paul, MN: Redleaf Press.

Talmor, R., Reiter, S. & Feigin, N. (2005). Factors relating to regular education teacher burnout in inclusive education. *European Journal of Special Needs Education, 20*(2), 215-229.

Taylor, B., Zimmer, C. & Womack, S. T. (2005). *Strategies to prevent teacher stress and burnout.* Retrieved March 13, 2007, from ERIC database. (ERIC Document

Reproduction Service No. ED490663)

U. S. Department of Education (1999). *The state of charter schools third-year report-
-A. states and charter Schools.* Retrieved March 3, 2004: http://www.ed.gov/pubs/
charter3rdyear/A.html

Wagner III, J. A. & Hollenbeck, J. R. (2002). *Organizational behavior: securing competitive
advantage(4th ed.).* Orlando: Harcourt College Publisher.

Wheeler, G. A.（2002）. *Crisis management needs: Perceptions of Virginia principals.*
Unpublished doctoral dissertation, University of Virginia.

Wood, T. & McCarthy, C. (2002). *Understanding and preventing teacher burnout.* ERIC
Digest. Retrieved March 13, 2007, from ERIC database. (ERIC Document Reproduction
Service No. ED490663)

國家圖書館出版品預行編目資料

幼兒園行政理論與實務／張弘勳著. -- 三版.
-- 臺北市：五南圖書出版股份有限公司,
2022.02
　面；　公分
　ISBN 978-626-317-569-3（平裝）

1.CST：幼稚園　2.CST：托兒所
3.CST：學校行政　4.CST：學校管理

523.28　　　　　　　　　　111000753

1ISX

幼兒園行政理論與實務

作　　者 ― 張弘勳（205.3）

發 行 人 ― 楊榮川

總 經 理 ― 楊士清

總 編 輯 ― 楊秀麗

副總編輯 ― 黃文瓊

責任編輯 ― 黃淑真、李敏華

封面設計 ― 王麗娟

出 版 者 ― 五南圖書出版股份有限公司

地　　址：106台北市大安區和平東路二段339號4樓

電　　話：(02)2705-5066　　傳　　真：(02)2706-6100

網　　址：https://www.wunan.com.tw

電子郵件：wunan@wunan.com.tw

劃撥帳號：01068953

戶　　名：五南圖書出版股份有限公司

法律顧問　林勝安律師事務所　林勝安律師

出版日期　2008年3月初版一刷（共二刷）
　　　　　2014年9月二版一刷（共四刷）
　　　　　2022年2月三版一刷

定　　價　新臺幣500元

經典永恆・名著常在

五十週年的獻禮——經典名著文庫

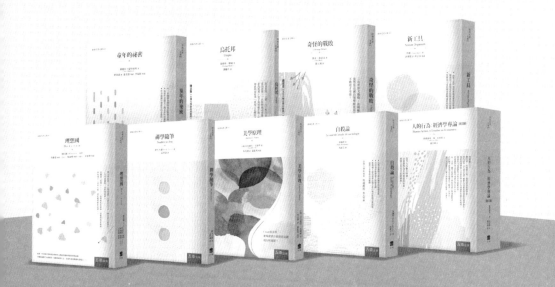

五南，五十年了，半個世紀，人生旅程的一大半，走過來了。
思索著，邁向百年的未來歷程，能為知識界、文化學術界作些什麼？
在速食文化的生態下，有什麼值得讓人雋永品味的？

歷代經典・當今名著，經過時間的洗禮，千錘百鍊，流傳至今，光芒耀人；
不僅使我們能領悟前人的智慧，同時也增深加廣我們思考的深度與視野。
我們決心投入巨資，有計畫的系統梳選，成立「經典名著文庫」，
希望收入古今中外思想性的、充滿睿智與獨見的經典、名著。
這是一項理想性的、永續性的巨大出版工程。
不在意讀者的眾寡，只考慮它的學術價值，力求完整展現先哲思想的軌跡；
為知識界開啟一片智慧之窗，營造一座百花綻放的世界文明公園，
任君遨遊、取菁吸蜜、嘉惠學子！